जीवन स्थगित है

I0642597

प्रमोद भारती

डायमंड बुक्स

SMS New Hindi at
9911044500 for Alert

ISBN : 978-93-5083-035-2
© लेखकाधीन
प्रकाशकः डायमंड पॉकेट बुक्स (प्रा.) लि.
X-30 ओखला इंडस्ट्रियल एरिया, फेज-II
नई दिल्ली
फोन : 011-40712200
ई-मेल : sales@dpb.in
वेबसाइट : www.diamondbook.in

JEEVAN STHAGIT HAI

by : Parmod Bharti

एक

मैं समय हूं, किन्तु फिर भी मैं साक्षीमात्र ही हूं। पृथ्वी, जल, अग्नि, वायु व आकाश प्रकृति के उत्तरोत्तर सूक्ष्मतर अवयव हैं और समय सूक्ष्मतम है। क्योंकि प्रकृति के ये सारे उपादान ही संकल्परहित व निर्लिप्त हैं, समय भी संकल्परहित व निर्लिप्त है और इसलिए नियति जैसी कोई भी अवधारणा सत्य नहीं हो सकती है अर्थात् कर्मफल का आस्रव प्रकृति के तत्त्वों को प्रभावित नहीं कर सकता है। फिर प्रारब्ध क्या है? प्रकृति में जिसे हम कार्य-कारण का सिद्धांत कहते हैं, वही मानवीय संदर्भों में नैसर्गिक परिणितियों के उत्तरोत्तर क्रम के रूप में प्रकट होता है। प्रत्येक व्यक्ति की उपस्थिति सम्पूर्ण समष्टि को प्रभावित करती है और सम्पूर्ण समष्टि प्रत्येक व्यक्ति के जीवन पर प्रभाव डालती है, यह अन्योन्याश्रितता ही प्रारब्ध है किन्तु इसमें नियति जैसा कुछ भी नहीं है। व्यष्टिगत व समष्टिगत संकल्पों की परस्पर चेष्टा ही वस्तुत: प्रारब्ध है और प्रकृति में इस पारस्परिक चेष्टा का प्रतिफलन ही हमें संसार के रूप में परिलक्षित होता है। अर्थात् जीवात्माओं का संकल्प ही निर्णायक तत्त्व है न कि प्रकृति की स्वत: स्फूर्त कार्य-कारण श्रृंखला। पुरुष का एक से अनेक में प्रतिफलित होना और जीवात्माओं की पारस्परिक चेष्टा का संकल्परहित प्रकृति पर क्रियाशील प्रभाव ही विश्वप्रपंच है।

सिद्ध पुरुषों ने गम्भीर स्वर में उद्घोष किया –

''सच्चिदानंद, अब समय आ गया है कि तुम्हें पुन: मनुष्य पर्याय में जन्म लेना चाहिए।''

सचिन की समाधि टूटी और उसने अलसाए भाव से इधर-उधर देखा ''हे समाहत पथ-प्रदर्शको! पार्थिव जन्म में मेरी अब क्या रुचि है? आत्मलीनता के बाद लौकिक जीवन में विशेष क्या बचता है? जन्म और मृत्यु का चक्र व्यर्थ है और पुन: पुन: इस चक्र में प्रवर्तन के उपरांत जीव का इससे ऊब जाना भी स्वाभाविक है। पृथ्वी पर तीनों ही प्रकार के दु:खों का अतिशय अभाव सम्भव नहीं है अर्थात् किसी ना किसी प्रकार से ज्ञानीजन के लिए भी आधिभौतिक,

आधिदैविक व आध्यात्मिक दु:ख बने ही रहते हैं। यह सत्य है कि दु:ख ही जीवन का एकमात्र तथ्य नहीं है, सुख की उपस्थिति भी समानुपातिक है। जीवन में कुछ अच्छे अनुभव भी हैं जैसेकि सुख, प्रेम, कविता, संगीत, सौंदर्यबोध, प्रकृति का सान्निध्य, ध्यान, उत्सवधर्मिता, सम्पन्नता इत्यादि। किन्तु हे महात्मन्, फिर भी लौकिक जीवन का सबसे बड़ा तथ्य तो व्यर्थता का बोध ही है। दु:ख की भुक्ति तो व्यर्थ है ही सुख की भुक्ति भी व्यर्थ ही है, क्योंकि भुक्ति की दोनों अवस्थाओं में ही जीवात्मा अपने स्वभाव से च्युत होकर व्यर्थ के प्रमाद और अशांति से गुजरता है। सुख और दु:ख दोनों ही पराश्रित होते हैं और बाह्य परिस्थितियों पर अवलम्बित होते हैं। वास्तविक आनंद तो अपने स्वभाव में स्थित होना ही है। आत्मा ही चिद्स्वरूप, सत्स्वरूप और आनंदस्वरूप है, इसलिए गुरुजनो, मेरी आपसे विनती है कि मुझे आत्मलीन ही रहने दें।''

दिव्य पुरुषों ने परस्पर दृष्टि-प्रक्षेप किया और पुन: अनुरोध किया ....

''सचिन हममें से केवल एक तुम्हीं हो जिसमें किसी भावी जन्म में गुरु बनने की क्षमता है। तुम्हें बहुत-सी आत्माओं का उद्धार करना होगा तभी तुम निर्वाण को उपलब्ध हो सकते हो। इसे चाहो तो अपना अदृष्ट और प्रारब्ध समझ सकते हो और इसके परिपाक का समय समुपस्थित है। पृथ्वी पर इस समय कुछ श्रेष्ठतम सद्‌गुरुओं का जन्म होने वाला है और तुम्हें इनकी शिक्षा को अक्षुण्ण करना होगा। पृथ्वीलोक पर जन्म हो जाने के पश्चात् भी हम सभी तुम्हारा सहयोग करते रहेंगे। तमोगुण के आधिक्य के कारण जन्म के उपरांत तेईस वर्ष तक तुम्हें आत्मा की विस्मृति हो जाएगी, किन्तु तेईसवें वर्ष में अकस्मात् तुम्हें आत्मबोध होगा और तुम माया के सम्मोहन से पुन: वापस आ जाओगे।''

सचिन ने पूछा था -

''क्या इस जन्म में मेरा आध्यात्मिक ऊर्ध्वगमन भी होगा और क्या इस जन्म के पश्चात् मोक्ष भी संभव है?''

सिद्धपुरुषों ने कहा था...

''स्यात् नहीं, क्योंकि सभी परिस्थितियां तुम्हारे अनुकूल नहीं होंगी। इस जन्म में तुम्हारा साक्षात्कार कुछ महान आत्माओं से होगा; ये आत्माएं तो निर्वाण में लीन हो जाएंगी, किन्तु तुम इनकी शिक्षाओं को भविष्य के लिए संरक्षित करने का कार्य करोगे। इस जन्म में तुम्हें आध्यात्मिक साधना का कुछ अवसर भी मिलेगा, कुछ आध्यात्मिक गति होना भी संभव है, किन्तु तुम्हारी यात्रा पूरी नहीं होगी। अदृष्ट के कारण बाधा आएगी और दूसरों का आध्यात्मिक उत्थान करने के लिए तुम्हें एक-दो जन्म और लेने पड़ेंगे। अब हम सब मिलकर यह सामूहिक संकल्प करेंगे कि तुम्हारे सूक्ष्म शरीर का प्रवेश मनुष्य योनि में हो जाए।''

4 *जीवन स्थगित है*

इसके पश्चात् सभी दिव्यात्माएं सिद्धासन में बैठकर गहरे ध्यान में लीन हो जाती हैं। यह वृतांत काल के एक ऐसे खण्ड से सम्बंधित है जब हिंदुओं के नवें अवतार का समय जा चुका था और दसवें अवतार का समय अभी आया नहीं था। कहते हैं कि पृथ्वी पर कलियुग अपने दुर्दम्य प्रभाव की ओर अग्रसर हो रहा था।

जब सचिन की स्मृति वापस लौटी तो उसने अपने आपको एक सोलह वर्षीय युवती की गोद में लेटे हुए पाया। संभवत: यह युवती सचिन की माता थी और इस युवती की आंखों से अश्रुधारा बहकर सचिन के चेहरे पर पड़ रही थी।

पिता कह रहे थे : "इस बालक का बचना दुष्कर है। इस बालक की त्वचा पर सूजन और व्रण हैं। यह दुर्बल और अस्वस्थ भी है। जन्म के उपरांत प्रत्येक बालक रोता है, किन्तु लगता है कि इसमें रोने का सामर्थ्य भी नहीं है।"

दादाजी ने कहा: "जा बेटा मौलश्री, छत पर जाकर कांसे की थाली जोर-जोर से बजा दे। इसके बाद बैठक में बैठे हुए लोगों में से किसी को बैण्डबाजे वालों को बुलाने के लिए भेज दे।"

पिता ने कहा : "बाबोजी एक-दो दिन ठहर जाते। व्यर्थ में शत्रुओं को हर्षित होने का अवसर मिलेगा। लगता है कि यह बालक बचेगा ही नहीं।"

दादाजी ने डांटा था : "कैसा नास्तिक है? ज्योतिषी तू है कि ज्योतिषी मैं हूं? बालक का जन्म रोहिणी नक्षत्र के तीसरे चरण में हुआ है, इसके जन्म लग्न में उच्च का शनि है जो इसे आरोग्य एवं दीर्घ आयुष्य प्रदान करेगा। अष्टम स्थान में बृहस्पति के साथ उच्च का चंद्रमा है जो महामृत्युंजय योग बनाता है। बालक मृत्युंजयी, आत्मज्ञानी एवं मृत्योपरांत भी यशस्वी होगा। पंचम भाव में बुध-शुक्र की युति इसे विद्वान और ग्रंथकार बनाएगी। शनि के कारण यह आंग्ल-भाषा का भी ज्ञाता होगा। किसी भी प्रकार के अनिष्ट की कोई भी आशंका नहीं है।"

मां ने अपने आंसू पोंछ लिए थे और अब सचिन भी अनुद्विग्न दिखाई दे रहा था, किंतु पिता कीर्तिस्वरूप वास्तव में ही नास्तिक थे और वे अब भी आश्वस्त दिखाई नहीं दे रहे थे। बालक की त्वचा तीन-चार दिनों में स्वस्थ होने लगी। परिचारिका द्वारा हल्के-हल्के गर्म सरसों के तेल की मालिश करने से बालक को गुदगुदी-सी होती तो वह ताबड़तोड़ हाथ-पैर चलाने लगता। श्री तेजबहादुर शर्मा ने कहा, "बालक का नाम बीजाक्षर 'वि' से विष्णु, विमल, विनोद, विक्रम इत्यादि होना चाहिए, किन्तु जन्म का नाम रखने से इसको शारीरिक कष्ट की आशंका है। इसलिए इसका नाम मैं रखता हूं– सच्चिदानंद।" यह सुनकर सचिन अपने हाथों व पैरों को तीव्रगति से चलाने लगा मानो वह अपने दादाजी के प्रति धन्यवाद-ज्ञापन कर रहा हो।

सचिन का प्रादुर्भाव जिस ग्राम में हुआ था वह शिखावाटी अंचल के तोरागढ़ जनपद का साम्भलसर ग्राम था। उसके पितामह का नाम श्री तेजबहादुर शर्मा एवं पिता का नाम श्री कीर्तिस्वरूप शर्मा था। जिस आवास में उसका जन्म हुआ था, उसे एक मध्यमवर्गीय परिवार की दो चौक की हवेली कहा जा सकता था। आवास के सामने एक लम्बा–चौड़ा खाली मैदान था जिसमें बच्चे गर्मियों की चांदनी रातों में दस–ग्यारह बजे तक भी खेला करते थे। इस आवास के दोनों ओर दो बड़ी–बड़ी हवेलियां थीं जिन्हें देखने मात्र से ही गृहपतियों के वैभव का प्रदर्शन होता था। हवेलियां बहुत बड़ी थीं और विविध प्रकार के भित्ति–चित्रों से सुसज्जित थीं, किन्तु जैसाकि इस क्षेत्र की हवेलियों में प्राय: होता है, हवेलियों में खुलेपन का अभाव था। इन्हें बनाते समय वैभव, प्रदर्शन एवं सुरक्षा का ध्यान अधिक रखा गया था और मनोरमता का कम; जबकि श्री तेजबहादुर का आवास बहुत खुला एवं मनोरम था। अगल–बगल की दोनों हवेलियां भी एक तरह से किले जैसी ही थीं। मैदान के दूसरे किनारे पर एक बहुत बड़ा गढ़ था जिसमें तोपें भी रखी हुई थीं। इतना बड़ा गढ़ आसपास के किसी ठिकाने पर नहीं था। इस ग्राम का सीमांत होते ही एक नवाब की जागीरदारी शुरू हो जाती थी, शायद इसीलिए इस गढ़ को इतना बड़ा और मजबूत बनाया गया था। गढ़ के चारों तरफ एक नहर बनी हुई थी जिसमें पानी भरा जा सकता था और इस नहर के चारों ओर बहुत सुदृढ़ और स्फीत परकोटा था। स्यात् यह गढ़ कभी भी लड़ाई में काम नहीं आया था, किन्तु उस युग में कब सौहार्द्र भंग हो जाए, यह नहीं कहा जा सकता था। गढ़ का दरवाजा भी बहुत सुदृढ़ था और इसमें लोहे की बहुत नुकीली और मोटी सलाकाएं इस प्रकार लगी हुई थीं कि इसे हाथियों की टक्कर से भी नहीं तोड़ा जा सकता था। इस गढ़ का महत्त्व स्यात् इसलिए था कि यह जयपुर राज्य की सीमा पर स्थित आखिरी गढ़ था। अस्तु, यह बात और है कि महाराजा और नवाब के संबंध सदैव ही मित्रतापूर्ण रहे थे। दोनों राज्यों की रिआया में भी गहरा भाईचारा था और इस क्षेत्र में हिन्दुस्तान की मिश्रित संस्कृति को स्वाभाविक रूप में देखा जा सकता था।

गढ़ के बायीं ओर से एक रास्ता बाजार से होता हुआ मठ, औषधालय और हाईस्कूल तक जाता था। गांव में एक शासकीय और दो निजी अस्पताल थे और ये दोनों इसी रास्ते पर अवस्थित थे। यह रास्ता गलियों में घूमकर दुबारा अपने प्रस्थान–बिंदु तक ही लौट आता था। गढ़ के दायीं ओर से होता हुआ एक रास्ता गढ़ के मुख्यद्वार तक पहुंचता था, सचिन का घर गढ़ के पिछवाड़े की ओर पड़ता था। बाद में गढ़ के मुख्यद्वार के सामने बस स्टैण्ड भी बन गया था और कुछ दुकानें भी खुल गई थीं, मुख्य बाजार भी बस स्टैण्ड से दूर नहीं था। गांव बड़ा था और इसमें शताधिक रास्ते व गलियां थीं। सचिन के बचपन

के समय इस क्षेत्र के गांवों में नल नहीं लगे थे, किन्तु गांव में बहुत से बड़े-बड़े कुएं थे। इन कुओं का पानी बहुत गहरा था, किन्तु अथाह था। कुओं का पानी मीठा था और कभी भी कम नहीं पड़ता था। सारे गांव की जलापूर्ति के लिए तीन-चार कुएं ही पर्याप्त थे; यह बात भिन्न है कि कुओं की गहराई डेढ़ सौ फीट से कम नहीं थी। गांव में नदी अथवा तालाब नहीं थे। बरसात के पानी को इकट्ठा करने के लिए कई पक्के जोहड़े और घरों में कुण्ड बने हुए थे; ये कुण्ड भी कुओं की तरह ही बड़े बनवाए जाते थे। घर की छतों को बरसात आने से पहले साफ किया जाता था और नालों से होता हुआ यह स्वच्छ पानी कुण्डों में भर जाया करता था। पहली एक-दो बरसातें छतों को धोने के काम आती थीं। गांव में कम-से-कम तीस-चालीस हवेलियां वैभवपूर्ण और दर्शनीय थीं। ये हवेलियां प्रवासी बनियों की थीं जिनमें से अधिकांश कलकत्ता(वर्तमान कोलकाता), बम्बई(वर्तमान मुंबई), आगरा, अहमदाबाद, सूरत आदि में सफल व्यापारी थे। गांव में दोनों धर्मों और सभी जातियों के लोग अभिन्न भाव से रहते आ रहे थे। आपस में बहुत प्रेम व लगाव की भावना भी एक सामान्य बात थी। सभी एक-दूसरे को जानते थे और सभी में परस्पर युक्त होने का भाव था।

सचिन के घर के पास भी एक बहुत बड़ा कुआं था, जिसे लालचंद जी का कुआं कहा जाता था। लगभग एक-तिहाई गांव की जलापूर्ति इसी कुएं से होती थी। कुओं से सभी समान अधिकारपूर्वक पानी खींचते थे, जाति और धर्म इस सम्बंध में कोई अर्थ नहीं रखते थे। कुओं का पानी पीने और नहाने-धोने सभी प्रकार के उपयोग में आता था। श्री तेजबहादुर शर्मा के घर का पानी एक माली परिवार भरता था। पानी मिट्टी के पक्के घड़ों में भरकर लाया जाता था और इस परिवार का प्रत्येक व्यक्ति एक बार में एक से लेकर तीन घड़े तक पानी भरकर लाता था। प्राय: दो घड़ों को एक-एक करके सिर पर रख लिया जाता था, इसे दोघड़ कहा जाता था। कोई एक व्यक्ति ओटे पर खड़ा हो जाता था और एक-एक करके इन मटकों को सिर पर से उतारता था। बाद में इन मटकों को सीमेंट के बने हुए किसी एक हौज में उंड़ेल दिया जाता था अथवा वैसे का वैसे जलघर में रख दिया जाता था। प्रत्येक घर में एक या अधिक जलघर बने हुए होते थे जिन्हें परिंडा कहा जाता था। प्राय: दस वर्ष से कम अवस्था के बच्चे जलघर में प्रविष्ट नहीं हो सकते थे। उनके लिए पानी की अलग मटकियां भरकर लोहे के स्टैण्डों पर रख दी जाती थीं और साथ में एक-दो गिलास भी रख दिए जाते थे। यदि कोई छोटा बच्चा अपने अस्वच्छ हाथों से मटके को छू देता था तो यह मटका उतर जाता था और इसे बड़े लोग काम में नहीं लेते थे। प्राय: पानी प्रात: वेला में ही भरवाकर रखा जाता था,

किन्तु गर्मियों में कभी-कभी शाम को भी पानी भरवाना पड़ता था। पानी माली परिवार के ही दो-तीन व्यक्तियों द्वारा मिलकर खींचा जाता था और इस घर के स्त्री-पुरुष स्वयं पानी भरने के लिए नहीं जाया करते थे।

घर में झाड़ू लगाने, बरतन मांजने और लकड़ियां तोड़ने के लिए दो कुम्हारियां आया करती थीं। बरतन प्रायः बालू रेत अथवा राख से रगड़कर सूखे मांजे जाते थे और मांजने के बाद इन्हें कपड़े से पोंछा जाता था। गाय का चारा-पानी तैयार करने, चराने के लिए बाहर ले जाने और दोनों वक्त दुहने के लिए गौशाला का एक नियमित कर्मचारी आया करता था। पन्ना बाई एक विधवा भाटनी थी जिसके जिम्मे आटा पिसवाना, पापड़ बेलना, मंगोड़ी चूंटना, दाल पिसवाना, बाजार से सामान लाना इत्यादि काम हुआ करते थे। आटा घर से बाहर पनचक्कियों पर पिसवाया जाता था, जबकि दाल व मसाले घर पर ही पत्थर की चाकियों पर पीसे जाते थे। छोटे कपड़े महिलाओं द्वारा घर पर ही धो लिए जाते थे और उन्हें छत पर लोहे के तारों की अलगनियों पर डालकर सुखाया जाता था। उन दिनों कपड़ों में कलफ, नील व टीनोपाल देने का प्रचलन भी था। हैंगर व प्रेस उस जमाने में भी हुआ करते थे। बहुत प्रारंभ में कोयलों से सुलगने वाली प्रेस हुआ करती थी जिसका स्थान बाद में बिजली की इस्तरियों ने ले लिया था। भारी-भरकम कपड़े घर की महिलाएं स्वयं नहीं धोती थीं; इन्हें धोने के लिए धोबी को दिया जाता था। इसी प्रकार विशेष अवसरों पर भी कपड़े धोबियों से ही धुलवाएं जाते थे जो इन्हें धोकर नए कपड़ों जैसा ही कर देते थे। गांव में हिन्दू और मुसलमान दोनों तरह के धोबी थे और श्री तेजबहादुर शर्मा के घर में कपड़े बरकत धोबी को दिए जाते थे जो कि मुसलमान था। होली-दीवाली, शादी-बारात, तीज-त्योहार इत्यादि अवसरों पर धोबी के धुले हुए कपड़े पहनना ही अच्छा समझा जाता था। घर की महिलाएं दो ही काम करती थीं, खाना बनाना और रोजमर्रा के काम में आने वाले कपड़े धोना। घर के पुरुष भी कभी-कभी बाजार से कीमती सामान लाने के अतिरिक्त और कोई काम नहीं करते थे। डाकघर जाने व सब्जी लाने का काम प्रायः बच्चे किया करते थे। उस युग की भी अपनी एक संस्कृति थी और कुछ लोग प्रायः विश्रांतजीवन ही व्यतीत किया करते थे।

सचिन का जन्म एक आडम्बर रहित विद्वान ब्राह्मण परिवार में हुआ था। इस परिवार में विद्वत्ता की एक अविच्छिन्न परम्परा विद्यमान थी और पुरोहित कर्म ही इसकी आजीविका का साधन था। श्रम, कृषि व व्यापार को ये लोग आदर की दृष्टि से नहीं देखते थे। इनके दृष्टिकोण से विद्वान ब्राह्मणों के लिए उचित कर्म शिक्षण, शास्त्रों का अनुशीलन, ज्योतिष व आयुर्वेद ही था। जैसाकि स्वाभाविक था, सचिन के पिता ने जैसे ही आठवीं कक्षा उत्तीर्ण की थी तो

श्री तेजबहादुर शर्मा ने उन्हें अष्टाध्यायी और लघुसिद्धांत कौमुदी पकड़ा दी थी और अंग्रेजी पढ़ाई करने से मना कर दिया था। इस युग के ब्राह्मण आंग्ल-भाषा को राक्षिसी समझते थे और आश्चर्य नहीं कि श्री तेजबहादुर शर्मा भी इनसे कुछ भिन्न नहीं थे। वे कीर्तिजी को भी अपनी तरह ही व्याकरणाचार्य, आयुर्वेदाचार्य, ज्योतिषाचार्य अथवा साहित्याचार्य इत्यादि बनाना चाहते थे। उनका मानना था कि कीर्ति भागवत व ज्योतिष का प्रकाण्ड विद्वान बन सकता था और उसके लिए राजकीय सेवा करने का कोई औचित्य नहीं था। श्री तेजबहादुर शर्मा राजकीय सेवा को हेय दृष्टि से देखते थे एवं राजकीय वृत्ति को जीवनयापन के लिए पर्याप्त नहीं समझते थे। उन्होंने स्वयं भी सात पुत्रियों व दो पुत्रों सहित ग्यारह व्यक्तियों के परिवार को अपने पाण्डित्य के बलबूते पर ही पाला था और कभी भी आर्थिक अभाव का अनुभव नहीं किया था। मृत्यु के समय भी उनके पास हजारों स्वर्णमुद्राएं बची हुई थीं, जिन्हें उन्होंने अपनी सातों पुत्रियों में बांट दिया था। किन्तु कीर्तिजी प्रारंभ से ही स्वयं को एक बुद्धिवादी समझते थे और उनमें श्रद्धा का अभाव था, इसलिए वे आकाशीय वृत्ति पर अवलम्बित नहीं रहना चाहते थे। उन्होंने पिता के विरुद्ध स्पष्ट विद्रोह कर दिया था और सभी कर्मकाण्डविषयक पुस्तकों को फाड़कर कुएं में फेंक दिया था। श्री तेजबहादुर शर्मा युग परिवर्तन के इस आग्रह को समझने में असमर्थ रहे थे और उन्होंने कीर्तिजी को आगे की पढ़ाई के लिए पैसे देना बंद कर दिया था। उनके इस व्यवहार को उचित नहीं कहा जा सकता था; स्वयं उनके भाई इसके विपरीत अपने पुत्र-पौत्रों को डॉक्टरी, सी.ए. इत्यादि की पढ़ाई करवा रहे थे; किन्तु श्री तेजबहादुर शर्मा में इस सामयिक व युगानुकूल कर्त्तव्य का अभाव था। इन विषम परिस्थितियों में कीर्तिजी ने अपनी एक विवाहिता बड़ी बहन से पैसे उधार लेकर कलकत्ता से मैट्रिक व इंटर की परीक्षा उत्तीर्ण की थी। मैट्रिक की परीक्षा में वे प्रथम श्रेणी में उत्तीर्ण हुए थे और इंटर में भी उनके अंक अच्छे थे। आगे की पढ़ाई वे शिक्षक हुए बिना एक स्वयंपाठी विद्यार्थी के रूप में नहीं कर सकते थे। उन दिनों विश्वविद्यालय के नियमों के अनुसार एक शिक्षक ही एक स्वयंपाठी विद्यार्थी के रूप में परीक्षा दे सकता था। इसलिए उन्हें अठारह वर्ष की अवस्था में ही गांव के हाईस्कूल में एक शिक्षक के रूप में कार्यग्रहण करना पड़ा था। बीस वर्ष की अवस्था में उन्होंने प्रथम श्रेणी में बी.ए. उत्तीर्ण कर लिया था और वे गांव की स्कूल में ही सहायक प्रधानाध्यापक बन गए थे। उन दिनों बी.ए. में प्रथम श्रेणी में कोई पांच-सात अभ्यर्थी ही आते थे और इसलिए इस योग्यता सूची में आने वाला एक व्यक्ति अगले वर्ष ही आई.ए.एस. में उत्तीर्ण हो गया

था। कीर्तिजी से भूल यह हुई कि इसी समय उन्होंने विवाह के प्रस्ताव को स्वीकृति दे दी थी और इसके दो वर्ष बाद सचिन का जन्म भी हो गया था। यह बात अवश्य है कि हाईस्कूल की व्यवस्थापक समिति ने तत्काल यह घोषणा कर दी थी कि कीर्तिजी के एम.ए. करते ही वे उन्हें हेडमास्टर बना देंगे और वर्तमान हेडमास्टर साहब अपने लिए दूसरा प्रबंध कर लेंगे। बाद के सारे घटनाक्रम से यह स्पष्ट हो गया था कि कीर्तिजी में सही समय पर सही निर्णय लेने की योग्यता का अभाव था और उनमें पर्याप्त महत्त्वाकांक्षा भी नहीं थी। बीस वर्ष की अवस्था में विवाह करने के पश्चात् पैंतीस वर्ष की अवस्था तक वे सात बच्चों के पिता बन गए थे।

अस्तु, सचिन के दादा श्री तेजबहादुर शर्मा भागवत के प्रकाण्ड प्रवक्ता थे, वे अच्छे-खासे कवि और ज्योतिषी भी थे। यह एक आश्चर्य की बात है जिसे तर्कसंगत ढंग से समझाया नहीं जा सकता कि उन्होंने प्रमुख-प्रमुख व्यक्तियों और घटनाओं के बारे में सार्वजनिक रूप से साखियां बनाकर सैकड़ों भविष्यवाणियां की थीं जिनमें से सबकी सब सच साबित हुई थीं। इनमें से कुछ भविष्यवाणियां तो उनकी मृत्यु के पश्चात् भी घटित हुई थीं और इसलिए उन्हें एक वचनसिद्ध अध्यात्मपुरुष माना जाता था। आज यह कहना संभव नहीं है कि उनकी भविष्यवाणियों का आधार उनका ज्योतिष ज्ञान था अथवा उनके भीतर किसी अन्य प्रकार के अंतर्ज्ञान की क्षमता थी। यह बात भी ध्यान देने योग्य है कि वे कोई प्रियभाषी, व्यवहारकुशल अथवा प्रचारकुशल व्यक्ति नहीं थे। वे जितने विद्वान थे, उतने ही स्पष्टवादी और स्वाभिमानी भी थे। फिर भी उनकी बनाई हुई साखियां उनकी मृत्यु के पचास वर्ष बाद तक भी लोक स्मृति में रहीं और लोगों के आश्चर्य का कारण बनती रहीं। एक बात जो निश्चित रूप से कही जा सकती थी, वह यह थी कि वे निश्चित रूप से एक निष्कपट और निरभिमानी व्यक्ति थे और उनकी भविष्यवाणियां वास्तव में ही चमत्कारपूर्ण थीं। आज इस बात पर विश्वास करना भी दुष्कर होता जा रहा है और धीरे-धीरे वह पीढ़ी भी विदा हो रही है, जो इन भविष्यवाणियों की साक्षी रही थी। उनके जीवन का सबसे बड़ा सिद्धांत मानव प्रेम था। उनकी वास्तविक सहनुभूति सदैव ही श्रमिक वर्ग के प्रति रही थी जो कि मेहनत से अपनी रोजी-रोटी कमाता था। यहां तक कि वे संध्या के समय प्राय: इस वर्ग के किसी संघर्षरत सदस्य के पास पहुंच जाया करते थे और उससे यह पूछना नहीं भूलते थे कि घर-खर्च में उसे कोई दिक्कत तो नहीं आ रही है। उन्हें सरल हृदय और परिश्रमी लोगों से जितना लगाव था, उतनी ही कपटी और पाखण्डी लोगों से वितृष्णा थी, यद्यपि वे अपने व्यवसाय के कारण धनिक वर्ग पर ही

जीवन स्थगित है

अवलम्बित थे। कलकत्ता का मारवाड़ी समाज उनकी कर्मभूमि था और उन्हें वहां आत्मज्ञानी व केवली माना जाता था। वे भागवत के अनन्य विद्वान थे और संस्कृत का मूलपाठ उनके लिए मातृभाषा जैसा ही था। बाद में भाषाटीका वाली पुस्तकें भी छप गईं थीं और इन पुस्तकों को रखने वाले पण्डितों का वे बहुत मजाक उड़ाया करते थे, क्योंकि उन्हें ऐसे लोगों पर आश्चर्य होता था। वैदिक, संस्कृत व लौकिक संस्कृत दोनों का ही अन्वय, विग्रह व व्याख्या करने में वे प्रथम दृष्टया ही सक्षम थे। वे अपने सामने बस्ते में बांधी जाने वाली खुले पन्नों वाली पुस्तकें ही रखा करते थे, जिनमें केवल संस्कृत का मूल पाठ होता था। भागवत के सारे श्लोक उन्हें कण्ठस्थ याद थे, वे केवल प्रसंग को जानने के लिए यदाकदा पुस्तक की ओर देखा करते थे। सचिन ने उन्हें अस्सी वर्ष की अवस्था तक भागवत का पारायण करते हुए देखा था; वस्तुस्थिति यह थी कि इस अवस्था में उन्हें न तो आंखों से अच्छी तरह दिखाई देता था और न ही उन्होंने कभी ऐनक लगाया था। वे जीवनपर्यन्त कभी भी किसी आंखों के डॉक्टर के पास नहीं गए थे और न ही उन्होंने कोई ऐनक क्रय किया था। उन्हें यह विदित भी नहीं था कि एक अवस्था-विशेष के बाद ऐनक लगाना चिकित्सीय दृष्टि से आवश्यक होता है। लगता है कि इस अवस्था तक आते-आते उन्हें पुस्तकें वैसे ही कण्ठस्थ हो गई थीं। भागवत का पारायण व व्याख्या करने की उनकी एक शैली थी; वैसी मौलिक व सटीक व्याख्याएं अन्यत्र कहीं भी दुर्लभ थीं। वे वास्तव में ही एक शुद्ध हृदय कृष्ण भक्त थे; इसलिए उनके श्रोता भावविभोर हो उठते थे और गलदश्रु दशा को प्राप्त हो जाया करते थे। सात दिनों के इस साप्ताहिक पारायण के उपरांत प्रायः सभी श्रोता श्रद्धा व सम्मोहन से आपूर्त हो उठते थे।

इस स्थल पर एक और बात का उल्लेख भी प्रासंगिक है। साम्भलसर के जागीरदार ठाकुर शम्भू सिंह शिखावत जयपुर महाराज के सगे भाई और साढ़ू थे। जयपुर राज्य का राजकाज चलाने के लिए पांच सदस्यों की एक कार्यपालिका समिति हुआ करती थी। वे उसके सबसे अधिक सक्रिय और प्रभावशाली सदस्य थे। सचिन के परदादा श्री विशुद्धस्वरूप शर्मा ठाकुर साहब के शिक्षक रह चुके थे और उनका यज्ञोपवीत भी उन्होंने ही करवाया था। किन्तु उनके अल्पायु में ही संन्यस्त हो जाने के कारण श्री तेजबहादुर शर्मा गढ़ में आने-जाने लगे थे। उस समय की संस्कृति बहुत भिन्न थी। क्योंकि मैं समय हूं, मैं इस बात का साक्षी हूं कि इस घर के छोटे-छोटे बालक-बालिकाओं तक को स्वयं ठाकुर साहब व ठकुरानी साहिबा सम्मान के साथ अपने बराबर तख्त पर बिठाया करते थे। जब तक ठाकुर साहब गांव में रहे, श्री तेजबहादुर शर्मा

नियमित रूप से गढ़ जाते रहे थे। यहां तक कि धनाढ्यतम लोगों द्वारा किए गए कलकत्ता आने के आग्रह की भी उन्होंने कोई परवाह नहीं की थी। ठाकुर साहब के जयपुर में बस जाने के बाद श्री तेजबहादुर शर्मा का मन भी गांव से उचट गया था और उनका अधिकतर समय अपने अनुज श्री हरिदत्त शर्मा के साथ कलकत्ता में ही व्यतीत होने लग गया था। इस बात का कोई कारण समझ में नहीं आता कि श्री विशुद्धस्वरूप शर्मा अपनी दोनों पत्नियों को छोड़कर युवावस्था में ही संन्यस्त क्यों हो गए थे? लगता है कि उन्हें अकस्मात् कोई योग्य गुरु मिल गया था जिसके साथ भ्रमण करते हुए वे महाराष्ट्र तक जा पहुंचे थे। दोनों भाईयों में बड़े श्री तेजबहादुर शर्मा उस समय मात्र चौदह वर्ष के थे और श्री हरिदत्त शर्मा उनसे भी कोई दस वर्ष छोटे थे। दोनों भाइयों का लालन-पालन व शिक्षा-दीक्षा अपने-अपने ननिहाल में ही हुई थी।

कालांतर में सचिन के परदादा श्री विशुद्धस्वरूप शर्मा ने योग में अनेक सिद्धियां प्राप्त कर ली थीं और वे महाराष्ट्र में विशुद्धगिरि के नाम से एक प्रख्यात योगी के रूप में प्रकट हुए थे। स्वाभाविक है कि तब तक उनके योग गुरु की मृत्यु हो चुकी थी। एक सिद्धपुरुष होने पर भी संतान के प्रति जिज्ञासा व चिंता का भाव श्री विशुद्धगिरिजी के मन से नहीं छूटा था। एक दिन अचानक उन्होंने गढ़ के परकोटे के भीतर आकर धूनी रमाली थी। श्री तेजबहादुर शर्मा प्रायः नित्य ही इस गढ़ में आया-जाया करते थे। लगता है कि वे उन्हीं के बारे में आश्वस्त होना चाहते थे। प्रहरियों का साहस उन्हें रोकने का नहीं हुआ और धुआं भीतर के कक्षों तक प्रविष्ट कर गया। ठाकुर साहब को बहुत क्रोध आया और वे स्वयं इस योगी से मिलने के लिए भीतर की ड्योढी से बाहर आए। जैसे ही वे पास पहुंचे अचानक एक चमत्कार घटा और उन्होंने झुककर श्री विशुद्धगिरि के पैर छू लिए। बाद में उन्होंने अपनी डायरी में लिखा था कि मैं भी क्या करता, श्री विशुद्धगिरि ने जलते हुए अंगारे अपनी झोली में उठा रखे थे। ऐसा लगता है कि ठाकुर साहब ने इतने वर्षों बाद भी उन्हें तत्काल पहचान लिया था और इसलिए बाद में उनके रहने के लिए एक बहुत बड़ा मठ गांव के दूसरे किनारे पर बना दिया था। इसी मठ के परिसर में बाद में एक अंग्रेजी औषधालय भी खोल दिया गया था। ठाकुर साहब के साथ चौसर खेलते हुए श्री विशुद्धगिरिजी की तस्वीरें आज भी इस मठ में देखी जा सकती हैं। इस पूरे क्षेत्र में ही विशुद्धगिरिजी की ख्याति आद्यतन एक चमत्कारिक योगी के रूप में विद्यमान है और उनके संबंध में बहुत-सी किंवदतियां प्रचलित हैं। कुछ समय वहां व्यतीत करने एवं मठ में आने वाले अपने सभी पारिवारिक सदस्यों को देखने के पश्चात् एक रात्रि को वे अचानक

यहां से गुप्त रूप से प्रयाण करके पुनः महाराष्ट्र पहुंच गए थे, जहां आज भी उनकी समाधि बनी हुई है। उनके प्रस्थान करने के बहुत समय बाद तक भी साम्भलसर के इस मठ में नियमित रूप से आरती होती रही थी और उनके द्वारा प्रयुक्त वस्तुओं जैसे कमंडल, खड़ाऊं, चिमटे, चादर, बिस्तर इत्यादि के दर्शन किए जाते रहे थे। किन्तु श्री विशुद्धगिरि पुनः कभी भी लौटकर साम्भलसर वापस नहीं आए और उनकी देह महाराष्ट्र में ही पंचतत्त्वों में लीन हो गई थी। महाराष्ट्र में उनका बहुत बड़ा आश्रम है जिसके प्रति आद्यतन भी वहां के निवासियों में अटूट श्रद्धाभाव पाया जाता है।

जिस समय श्री तेजबहादुर शर्मा की मृत्यु हुई थी, सचिन की अवस्था मात्र पांच वर्ष की थी। उसे याद था कि वे सिर पर रंगबिरंगी पगड़ी बांधा करते थे जिसे राजस्थानी भाषा में ''पेचा' कहा जाता है। वे लम्बी सफेद दाढ़ी रखते थे जिसे बार-बार कंघी करने की उनकी आदत थी। वे प्रायः धोती-कुर्ता पहना करते थे, किन्तु उनके पहने हुए 'अंगरक्खे' भी बैठक की संदूक में रखे हुए थे। सर्दियों में वे रूई अथवा सर्ज का कोट पहना करते थे और अधिक ठंड लगने पर कोट के ऊपर एक दुशाला अथवा लोई भी डाल लिया करते थे। बचपन में सचिन उनकी अंगुली पकड़कर बाजार अथवा कुटुम्ब के अन्य घरों में जाने लग गया था। वे दाएं हाथ में सदैव एक गुप्ती अथवा बेंत लेकर चला करते थे और सचिन बाएं हाथ की अंगुली पकड़कर आराम से उनके साथ-साथ चला करता था; उसे तेजी से डग नहीं भरने पड़ते थे और न ही उसे दौड़ना पड़ता था। वे बहुत लोकप्रिय थे क्योंकि जो भी व्यक्ति मिलता था, वह दूर से ही झुककर उनका अभिवादन करता था। एक भी व्यक्ति बिना अभिवादन किए उनके बगल से नहीं गुजरता था। प्रत्येक व्यक्ति दूर से ही कहता था 'महाराज की जय हो' और झुककर उन्हें प्रणाम करता था। कुछ लोग सचिन को संबोधित करना भी नहीं भूलते थे, किन्तु सचिन केवल विस्मयपूर्वक उनको देखा करता था। एक बार सचिन ने झुककर एक वृद्ध दुकानदार के पैर छू लिए थे, जिस पर उसने बहुत ग्लानि प्रकट की थी और बदले में उसने भी सचिन के पैर छुए थे। इसके बाद सचिन समझ गया था कि वह छोटा होते हुए भी आदरणीय था और उसे केवल उन्हीं लोगों के प्रति आदर प्रकट करना था जो उसके कुटुम्ब के थे। सचिन की दादीजी का कहना था कि सचिन के दादाजी अमीर व गरीब दोनों में समान रूप से लोकप्रिय थे। यद्यपि स्टेट टाइम समाप्त हो चुका था फिर भी बड़े लोग उनसे डरते थे और छोटे लोगों की उनके प्रति श्रद्धा थी। उन्हें उस गरीबी का आभास था जो आज से पचास वर्ष पहले सब जगह व्याप्त थी। वे प्रत्येक मनुष्य की यथाशक्य

सहायता करना अपना दायित्व समझते थे। उन्होंने धनवान लोगों को भी हजारों चांदी के रुपए उधार दे रखे थे, जिनका उल्लेख उनकी मृत्यु के बाद उनकी बहियों में मिला था। कुछ लोग ऐसे भी थे जो चांदी के सिक्के उधार ले जाया करते थे और बरसों बाद उतने ही कागज के रुपए देकर स्वयं को ऋण मुक्त समझ लिया करते थे। ऐसे लोगों में कुछ लखपति भी सम्मिलित थे। वे लोग उनसे कुछ पूंजी उधार लेकर कलकत्ता गए थे और बरसों बाद लखपति होकर वापस लौटे थे। लोगों का यह मानना था कि उनके हाथ का दिया हुआ पैसा बहुत शुभ होता था और फलता था। वे अपनी आय में सबका अधिकार समझते थे, इसलिए किसी भी व्यक्ति को आर्थिक अभाव होने पर उनसे सम्पर्क करने में संकोच नहीं होता था। घर पर नियमित आने-जाने वाले लोग भी उनके पारिवारिक सदस्यों जैसे ही थे। वे कृपण नहीं थे, फिर भी यह आश्चर्यजनक बात थी कि उन्होंने अपने पुत्रों को कॉलेज और यूनिवर्सिटी भेजकर विधिवत शिक्षित करना आवश्यक नहीं समझा था। स्यात् वे बदलते हुए समय की अपेक्षाओं को पहचानने में सक्षम नहीं थे। स्यात् वे अपने भाइयों की तरह यह नहीं समझ पाए थे कि इस बदलते हुए युग के मापदण्ड कुछ भिन्न होने वाले थे।

गांव के लोगों में उनको लेकर जितना सम्मान था उतनी ही आशंका भी थी। अधिकांश लोग उनकी अप्रसन्नता से डरते थे। लोगों का यह मानना था कि वे वचनसिद्ध थे और उनके मुंह से निकली हुई बात आश्चर्यचजनक रूप से सत्य सिद्ध होती थी। किंतु अधिकांश लोग उन्हें अपरिग्रही और सत्यनिष्ठ समझते थे, वे ये मानकर चलते थे कि आर्थिक मामलों में थोड़ी बहुत स्वतंत्रता लेने पर उन्हें कोई नाराजगी नहीं होगी। उनकी आय का साधन केवल उनकी विद्वत्ता थी, फिर भी वे कभी भी उधार दिया गया पैसा वापस नहीं मांगते थे। ठाकुर साहब सदैव ही उन्हें कुछ ना कुछ देना चाहते थे; हो सकता है कि इसका कारण श्री विशुद्धगिरि भी रहे हों। किन्तु उन्होंने कभी भी किसी आर्थिक अभाव का अनुभव नहीं किया था और न ही कभी कुछ स्वीकार किया था। सातों लड़कियों के विवाह में ठाकुर साहब स्वयं भी सम्मिलित हुए थे और कन्यादान के समय उन्होंने प्रत्येक बार चांदी की थाली में भरकर स्वर्ण-मुद्राएं भिजवाई थीं, किन्तु प्रत्येक बार श्री तेजबहादुर शर्मा ने एक ही स्वर्ण-मुद्रा स्वीकार की थी। आग्रह करने पर वे यह कहते थे कि आवश्यकता पड़ने पर आपको समाचार भिजवा दूंगा, अभी तो आप इन्हें वहीं पर रख लें। यह सब कुछ सार्वजनिक तथ्य था; इसलिए उधार लिया गया धन लौटाने की बात को अधिकांश लोग गंभीरता से नहीं लिया करते थे। इस संबंध में सचिन

की दादीजी की धारणा कुछ अलग थी। उनका मानना था कि श्री तेजबहादुर शर्मा के पहले सात लड़कियां हुई थी और बुढ़ापे में जब पुत्रों का जन्म हुआ था तो अधिकांश लड़कियों के विवाह भी हो चुके थे। वे कभी भी पुत्रों के जन्म के प्रति आश्वस्त नहीं थे और इसीलिए धनसंचय की कामना भी उनमें उत्पन्न नहीं हुई थी। हो सकता है कि इस बात में कोई विशेष तर्क नहीं रहा हो, किन्तु यह सर्वविदित है कि परिग्रह करना उनके स्वभाव में नहीं था।

श्री तेजबहादुर शर्मा की आस्था भगवान श्रीकृष्ण के प्रति ही अधिक थी। वे सुबह उठते ही भजन गाना प्रारंभ कर देते थे, उनके अर्थागमन का सबसे बड़ा साधन श्रीमद्भागवत का पारायण ही था जिसे 'सप्ताह' बांचना कहा जाता था। सात दिनों के भीतर ही पर्याप्त आय हो जाया करती थी। अधिकतर 'सप्ताह' उन्होंने कलकत्ता में ही बांची थी, किंतु अपनी अंतिम 'सप्ताह' का पारायण उन्होंने गांव में ही किया था और सचिन भी उसका साक्षी रहा था। उनके इन प्रशंसकों में शेखावाटी क्षेत्र के सभी प्रतिष्ठित घराने सम्मिलित थे। इन घरानों का यथा बिड़ला, पोद्दार, डालमिया, खेतान, कानोडिया, केडिया, सांगानेरिया, बंका इत्यादि सभी का संबंध झुंझनू, चुरु और सीकर जिलों से था। वे इतने लोकप्रिय थे कि आज से सत्तर साल पहले भी उनका एक चलचित्र बनाने का प्रयास किया गया था। सात दिनों में ही हजारों चांदी के सिक्के व औसतन बीस-पच्चीस तोले सोना श्रोताओं द्वारा चढ़ावे के रूप में भेंट किया जाता था, इससे अधिक श्रोताओं की श्रद्धानुसार था। शेखावाटी अंचल में उन दिनों एक मजाक प्रचलित था कि श्री तेजबहादुर शर्मा के कुटुम्ब में सभी भाइयों के घरों में सोने की सिल्लियां थीं। सप्ताह के आखिरी दिन भागवतवाचक को रथ में व्यासपीठ पर बिठाकर बाजार से होते हुए सारे गांव की परिक्रमा करते हुए शोभायात्रा निकाली जाती थी। गाजे-बाजे के साथ कथावाचक पर चंवर डुलाए जाते थे। सचिन को तीन ऐसे मौकों पर वितृष्णा व निराशा का साक्षात्कार करना पड़ा था। अन्य श्रोताओं व अन्य बच्चों के साथ आखिरी क्षण तक वह भी रथ के पीछे-पीछे चल रहा था। उसे आशा थी कि घर के बच्चों को भी रथ पर बिठाया जाएगा और उन्हें रथ पर बैठे हुए सभी शिक्षक व सहपाठी देखेंगे जिससे उनका बहुत सम्मान बढ़ेगा, किन्तु यात्रा की समाप्ति तक किसी ने उन्हें रथ पर बैठने के लिए नहीं कहा। इस घटना की पुनरावृत्ति तीन बार हुई थी—श्री तेजबहादुर शर्मा के साथ, श्री कृष्णबिहारी शर्मा के साथ व श्री हरिदत्त जी शर्मा के साथ और तीनों बार बच्चों पर चंवर डुलते-डुलते रह गए थे। बच्चों को सबसे अधिक नाराजगी इन तीनों सज्जनों से ही हुई थी, क्योंकि इनमें से दो सचिन के दादाजी लगते थे और एक सचिन के ताऊजी

लगते थे। अन्य अवसरों पर इन सज्जनों का व्यवहार अच्छा था, ये हंसकर उत्साहपूर्वक बच्चों से मिलते थे, किन्तु रथ पर बैठते ही ये अप्रत्याशित रूप से अन्यमनस्क हो गए थे। ये बात समझ में आने वाली नहीं थी, क्योंकि भागवत पर चढ़ाए हुए रुपए व मेवे भी बच्चे उठा लेते थे और सब उन्हें प्रोत्साहित करते थे। आंधी के आम की तरह होने वाली सिक्कों की इस बौछार पर बच्चों का भी अधिकार था और कुछ चांदी के सिक्के बच्चों के बटुओं के हवाले भी हो जाया करते थे। किंतु रथयात्रा के समय किसी ने भी बच्चों को प्रोत्साहित नहीं किया था; सचिन के अतिरिक्त अन्य बच्चों ने भी इसे अनुभव किया था और आने वाले कई दिनों तक अप्रसन्नता व्यक्त की थी। यह बात सचिन को बहुत बाद में पता लगी थी कि व्यासपीठ पर बैठने का अधिकार केवल कथावाचक को ही होता था।

आय का दूसरा मुख्य साधन 'सावे' हुआ करते थे। विवाह संस्कार के मुहूर्त को सावा कहा जाता है। यूं तो कलकत्ता जैसे स्थान पर विवाह संस्कार करवाने वाले सैकड़ों पण्डित मिल जाते थे, किन्तु धनिक परिवारों के लिए बड़े से बड़े पण्डित को बुलवाना प्रतिष्ठा का प्रश्न होता था। पाणिग्रहण सम्पन्न करवाने का शुल्क भी पण्डित की प्रतिष्ठा व स्वयं की श्रद्धानुसार ही होता था। परिणामत: श्री तेजबहादुर शर्मा जैसे विद्वान पण्डितों को बुलाने की होड़ हुआ करती थी और उन्हें एक-एक सावे पर एकाधिक स्थानों पर विवाह संस्कार करवाने पड़ते थे। उन्हें लेने के लिए व अन्यत्र छोड़ने के लिए पार्टी अपनी कार भेजा करती थी जिससे उनका समय बच जाया करता था। वे धनिकतम लोगों के घर पर ही जा पाते थे और बाकी लोगों को उन्हें मना करना पड़ता था। वर्ष भर में डेढ़-दो सौ विवाह संस्कार करवा देना साधारण बात हुआ करती थी और इससे होने वाली आय भी पर्याप्त हुआ करती थी। उनकी आय का साधन उनका अचूक ज्योतिष ज्ञान व ओजस्वी मानसपाठ भी था जिसमें वे सबसे आगे थे। उनके द्वारा शास्त्रों की की गई व्याख्याओं का आज भी स्मरण किया जाता है। शास्त्रों को समझने में वे वास्तव में ही अद्भुत थे और उनके माध्यम से साक्षात् ऋषि परम्परा जीवित थी। उनके व्यक्तित्व का सबसे अधिक अतार्किक पक्ष उनके द्वारा की गई ज्योतिषीय भविष्यवाणियां थीं जो आश्चर्यजनक रूप से खरी उतरती थीं।

श्री तेजबहादुर शर्मा परम सात्त्विक प्रवृत्ति के व्यक्ति थे। वे कृष्ण के उपासक थे और तामसिक तंत्र-साधना के विरोधी थे। यद्यपि उन्होंने मिलने के लिए आने वाले लोगों के लिए अपनी बैठक में हुक्के, चिलम, गांजा, भांग इत्यादि की व्यवस्था भी कर रखी थी, किन्तु वे स्वयं इनके सेवन से कोसों दूर रहते थे। वे सदाचारी, स्वाभिमानी व विद्वान व्यक्ति थे और उनका

जीवन स्थगित है

सबसे बड़ा गुण सभी मनुष्यों के प्रति प्रेम था। कहा जाता है **आत्मवत सर्वभूतेषु यः पश्यति सः पण्डितः** और इसलिए वे किसी भी मनुष्य को बड़ा अथवा छोटा नहीं समझते थे। किसी का मनुष्य होना ही वे गौरवपूर्ण समझते थे, किन्तु दर्प के विरुद्ध थे। अपने कौटुम्बिक भाईयों में वे सबसे बड़े थे और किसी के भी परिवार में उनकी उपस्थिति के बिना साख-संबंध, शादी-विवाह, हवन-पूजन, व्रत-उद्यापन आदि मांगलिक कार्यों का सम्पन्न होना असंभव था। अपनी मृत्यु से पूर्व मात्र आठ दिन के लिए वे घर पर सीमित रहे थे और उस समय उनकी अवस्था लगभग अस्सी वर्ष थी। वर्षों घर से बाहर का खाना खाने के कारण स्यात् उन्हें आंत्रशोथ हो गया था और हैजे के भीषण संक्रमण ने उनके प्राण ले लिए थे। उनकी चिकित्सा डॉक्टर चटर्जी कर रहे थे जो एम.डी.थे और अत्यंत सुयोग्य डॉक्टर थे, किन्तु उन दिनों बहुत अच्छी दवाइयों का अभाव था। चार दिनों से उन्हें ग्लूकोज का ड्रिप दिया जा रहा था, किन्तु फिर भी पानी की कमी के कारण वे परलोकगामी हो गए थे। सचिन की अवस्था उस समय पांच वर्ष थी और मृत्यु से उसका यह पहला साक्षात्कार था। वे इतने लोकप्रिय थे कि उनका सारा दाहसंस्कार ही उनके श्रद्धालुओं द्वारा लाई गई चंदन की लकड़ियों से संपन्न हो गया था। धनिक लोगों ने अपने घरों में पहले से ही चंदन काष्ठ की व्यवस्था कर रखी थी। उनके जाने के बाद घर के बाहरी प्रांगण और बैठक में एक तरह की रिक्तता आ गई थी। अब बैठक प्रायः बंद ही रहने लगी थी।

दादाजी के देहावसान के बाद जिन तीन व्यक्तियों ने सचिन को बचपन में सबसे अधिक प्रभावित किया वे थे...दादीजी, मौलश्री जीजी और रविकांत भाई साहब। इनका सान्निध्य सचिन के लिए बहुत उपयोगी सिद्ध हुआ था। दादीजी एक अत्यंत धर्मपरायण महिला थीं और सचिन को सत्रह वर्ष की अवस्था तक उनका सान्निध्य मिला था, इसके बाद वे दिवंगत हो गईं थीं। दादीजी बहुत मेधावी भी थीं। राजस्थानी लोकोक्तियों, मुहावरों, लोक कथाओं, पर्व कथाओं, गीतों व भजनों का वे जीता-जागता कोष थीं। उनका ज्ञान इतना विशद व विशिष्ट था कि उसे संरक्षित किया जाना आवश्यक था। इस ज्ञान को कई पुस्तकों में संयोजित किया जा सकता था। कीर्तिजी ने कई बार इसके लिए योजना भी बनाई थी, किन्तु गृहस्थ बड़ा होने के कारण वे पर्याप्त समय नहीं निकाल सके थे। बहुत कुछ परम्परागत था जो इस पीढ़ी के साथ ही विदा हो गया था। सचिन की ताईजी व माताजी तो अपनी सास से अत्यल्प भी नहीं सीख पाई थीं, उनमें वैसे गुण ही नहीं थे। जब तक दादीजी जीवित रहीं, उनकी सक्रिय भागीदारी के बिना कोई भी पर्व, त्यौहार व मांगलिक कार्य संपन्न होना संभव नहीं था। उनके जाने के बाद उनकी बेटियों ने इस रिक्त स्थान को

भरने का यथाशक्य प्रयास किया था, फिर भी बहुत से आयोजन, उल्लास व रीतिरिवाज धीरे-धीरे लुप्त होते चले गए थे। वर्तमान में तो केवल लकीर पीटना ही रह गया है।

दादीजी रोजाना सुबह-शाम माला फेरती थीं और भजन गाती थीं। उनके पास भजनों व लोकगीतों का एक दुर्लभ कोश था जिसे बचाया नहीं जा सका था। भजन गाने का उनका ढंग बहुत हृदयस्पर्शी व मधुर होता था। उनके द्वारा गाए जाने वाले कुछ भजन दुर्लभ व अविस्मरणीय थे। यथा 'श्रीमद्भागवत' व 'महाभारत' दोनों में एक प्रसंग मिलता है जिसे वे इस प्रकार गाती थीं :

ठाकुरजी का बाजणियां कींवाड़
रावरूपां रो किसनजी रो मालियोजी केसोरामजी
रामजी
रुक्मण गोर किसन बर सांवलाजी केसोरामजी।
जाओ ऐ जाओ रुक्मण डावड़िये घर नार
डावड़ियो सिसपाल सकल म सोवणोजी केसोरामजी
रामजी
रुक्मण गोर किसन बर सांवलाजी केसोरामजी।
थे छो ठाकुरजी म्हार हीवड़ रा आधार
थे छो ठाकुरजी म्हार जीवड़ रा करतार
डावड़ियों म्हार डाव पग की मोचणी जी केसोरामजी
डावड़ियों म्हार ल्याव पग की मोचणी जी केसोरामजी
रामजी
रुक्मण गोर किसन बर सांवलाजी केसोरामजी।

(श्रीकृष्ण को जरासंध के कारण मथुरा छोड़कर द्वारिका आना पड़ा था। वहां आने पर उन्होंने रुक्मिणी को यह कहा कि मैं तुझे कुछ भी नहीं दे सका, इससे अच्छा तो यह होता कि तेरा विवाह शिशुपाल से ही हो जाता। रुक्मिणी इसका प्रत्युत्तर देती है।)

यह भजन बिलकुल राजस्थानी शैली का है और इसे गाना भी सरल नहीं है। इसे तभी गाया जा सकता है जब सुना गया हो।

स्मृति व गायन की निपुणता में दादीजी अन्य सभी महिलाओं से आगे थीं। लोकगीतों के गायन में भी वे महिलाओं में अग्रणी हुआ करती थीं। उनके द्वारा गाए गए कुछ लोकगीत विशिष्टत: राजस्थानी संस्कृति का ही प्रतिनिधित्व करते थे। यथा...इस लोकगीत को देखिए...

जीवन स्थगित है

आमजी पाक्या नींबू ऊफण लाग्या
ढोला-मारूणी दोनूं बातांजी लाग्या
थान सासरिये म प्यारो कुण सखिरी
नींबू ऊफण लाग्या।
ढोला मारूणी दोनूं बातांजी लाग्या
थान पीवरिए म प्यारो कुण सखिरी
नींबू ऊफण लाग्या।
एक पियारा म्हान सुसरोजी लाग
तो दूजी म्हारी रातादेई सास सखिरी
नींबू ऊफण लाग्या।
एक पियारा म्हान जेठजी लाग
तो दूजी म्हारी लंजोसी जिठाणी सखिरी
नींबू ऊफण लाग्या।
एक पियारा म्हान देवरजी लाग
तो दूजी म्हारी छैलछड़ीली द्योरानी सखिरी
नींबू ऊफण लाग्या।

(ढोला चाहता है कि मरवण उसका नाम ले दे, इसलिए वह बार-बार अपने प्रश्न को दुहराता है। मरवण धीरे-धीरे करके सास, ननद, जेठ, देवर सबका उल्लेख कर देती है, किन्तु यह नहीं कहती कि मुझे सबसे प्रिय आप ही लगते हो। वह केवल अपने हाव-भाव से यह दर्शाना चाहती है, किन्तु मुंह से बोलकर कुछ भी नहीं कहना चाहती। राजस्थानी लोक साहित्य में साफगोई को महत्त्व न देकर वक्रोक्ति को ही महत्त्व दिया जाता है। यही विशेषता इस गीत में भी मिलती है।)

दादीजी का नाम नारायणी था और वे वस्तुत: ही लोकोत्तर थीं। वे बुद्धिमत्ता और स्नेह की साक्षात् प्रतिमा थीं। बच्चों में प्रति रात्रि उनके आजू-बाजू वाले पलंगों पर आधिपत्य जमा लेने की होड़ लगी रहती थी। बच्चे रात को आठ-आठ, नौ-नौ बजे तक बाहर से बालू-रेत में खेलकर आते थे, आने के बाद नहाते थे और नहाते ही पलंगों पर कब्जा करने के लिए दौड़ पड़ते थे। कम-से-कम चार बच्चे एक ही आयुसमूह के थे और प्रतिस्पर्द्धा होना स्वाभाविक था। पलंग पर लेटते ही खुजली होने, हाथ-पैर दु:खने इत्यादि की शिकायतें प्रारंभ हो जाती थीं। प्राय: भोजन की प्रतीक्षा करनी पड़ती थी और नींद को रोकना पड़ता था। उस वृद्धावस्था में भी दादीजी बारी-बारी से प्रत्येक बच्चे की शिकायत दूर करती थीं और कभी भी क्रोध नहीं करती थीं। प्रत्येक शाम को

दादीजी बच्चों की पीठ में खुजली करती थीं और बच्चे भी दादीजी की पीठ में खुजली करते थे। हाथ-पैर दु:खने पर वे अपने हाथों से हाथ-पैरों को दबाती थीं। इतने में खाना तैयार हो जाता था और कुछ बच्चों का आग्रह दादीजी के हाथ से खाना खाने का भी होता था। उन्हें जीवन में एक बार भी किसी बच्चे पर क्रोध करते अथवा डांटते-डपटते हुए नहीं देखा गया था। खाना खिलाने के बाद वे बच्चों को अपने हाथों से थपकियां देकर सुलाती थीं। कभी-कभी सभी बच्चे जिद पर अड़ जाया करते थे और दादीजी व ताईजी दोनों को मिलकर उन्हें लम्बी-लम्बी कहानियां सुनानी पड़ती थीं, जो रात को दो-दो बजे तक भी समाप्त नहीं होती थीं। प्राय: बच्चे हुंकारा भरते-भरते बीच में ही सो जाया करते थे और आखिरी कहानी अधूरी रह जाया करती थी। सबसे पहले बहनें सोती थीं और सचिन सबसे आखिर में सोता था। दादीजी व ताईजी भी तब तक प्रतीक्षा करती थीं जब तक सभी बच्चे एक-एक करके सो नहीं जाते थे। शेखावाटी क्षेत्र में गर्मियों की रातों का आनंद ही भिन्न होता था, यहां की रातें भी अरब की रातों जैसी ही होती थीं। रात को एक भी मक्खी या मच्छर देखने को नहीं मिलता था। एक कोने पर ताईजी का पलंग हुआ करता था और दूसरे कोने पर दादीजी का; बाकी सभी बच्चों के पलंग बीच में हुआ करते थे। यह आवश्यक था क्योंकि कुछ बच्चे गहरी नींद में उठकर भी चल दिया करते थे। घर के अन्य बड़े लोग जैसे कीर्तिजी, सचिन की माताजी, रविकांत भाई साहब इत्यादि छत पर सो जाया करते थे। छत पर सोना और भी अधिक सुहावना होता था। जब ताऊजी कलकत्ता से आए हुए होते थे तो ताईजी भी छत पर सोती थीं और उनके स्थान पर नीचे रविकांत भाई साहब सोते थे। घर की छत के तीन अलग-अलग भाग थे और किसी भी एक भाग से अन्य दो भाग दिखाई नहीं देते थे। छत के एक हिस्से पर ताऊजी व ताईजी, दूसरे हिस्से पर कीर्तिजी व उनकी पत्नी और तीसरे हिस्से पर रविकांत भाई साहब, सचिन व अन्य अतिथियों का स्थायी आधिपत्य हुआ करता था। तीसरा भाग बहुत बड़ा था और बीस-तीस लोग इस पर सो सकते थे। बुआजी व जीजाजी इत्यादि सभी मेहमान इसी तीसरी छत पर सोते थे। थोड़ा-सा बड़ा होते ही सचिन ने अकेले छत के इस तीसरे भाग पर कब्जा कर लिया था और रविकांत भाई साहब बैठक के सामने वाले चबूतरे पर सोने लगे थे, अन्य सभी बच्चे छत पर सोने से डरते थे। शुरू-शुरू में कीर्तिजी और रविकांत भाई साहब दोनों ने सचिन को भी डराने की कोशिश की थी। उन्होंने बताया था कि बगल वाली बड़ी और सूनी हवेली के पंचबारे में बहूजी की आत्मा रहती है जो आधी रात को उठकर कभी नाचती है तो कभी रोने लगती है। सचिन के माता-पिता पास ही छत के दूसरे भाग में सोते थे, इसलिए वह इस बात से अधिक विचलित

नहीं हुआ था। उसे छत पर लेटकर चांद और तारों को देखना बहुत सुंदर लगता था और सचिन स्वयं बहूजी को भी देखना चाहता था। प्रारंभ में प्रत्येक बच्चे को डर लगता है, शुरू-शुरू में सचिन को अंधेरे में सीढ़ियों को पार करने में भी डर लगता था और वह दौड़कर सीढ़ियों को पार करता था, किन्तु बाद में वह इस डर की व्यर्थता को समझ गया था। उन दिनों बिजली नहीं हुआ करती थी, किन्तु छत पर पहुंचते ही चांद और तारों के प्रकाश में सब कुछ साफ-साफ दिखाई देता था। एक-दो दिन उसे छत पर अकेले सोने में विचित्र लगा था, कीर्तिजी को भी उसका ध्यान रखना पड़ा था, किन्तु बाद में उसे इसकी आदत पड़ गई थी। उसे कभी न तो बहूजी के पैरों के घुंघरुओं की आवाज सुनाई दी थी और न ही किसी के रोने की आवाज। रविकांत भाई साहब का कहना था कि उसका देवता-गण था इसलिए भूत-प्रेत उसे कभी भी दिखाई नहीं देंगे, अन्यथा बहूजी तो सभी को दिखाई देती है। कभी-कभी पानी पीने अथवा लघुशंका करने के लिए सचिन की आंख खुल जाया करती थी। धीरे-धीरे वह चांद को देखता हुआ दुबारा नींद के आलिंगन में चला जाया करता था। चांद सबसे अधिक सुंदर उसी कोने से दिखाई देता था जहां वह अपना पलंग बिछाकर सोया करता था। ऐसी ही रातों में सचिन के पिता ढोला-मारू, रा दूहा, बिहारी की 'सतसई', जायसी का 'पद्मावत', अलंकार-मंजरी इत्यादि अपनी पत्नी को पढ़कर सुनाया करते थे जो उनके लिए पाठ्यक्रम था और पत्नी के लिए मात्र मनोविनोद का विषय था। यह सामग्री आज भी सचिन की स्मृति का अविस्मरणीय अंश है। इनमें से कुछ उद्धरण उसे आज भी याद हैं। कभी-कभी कीर्तिजी रात को उठकर खुर्शीद, सुरैया, नूरजहां इत्यादि के गाए हुए बहुत पुराने गीत भी गाने लगते थे। उन्हें 'शाहजहां', 'अनमोल घड़ी', 'रतन', 'मिर्जा साहिबा', 'मेला' इत्यादि ऐसी फिल्मों के गीत पसंद थे जो सभी 1950 व 1955 के बीच में प्रदर्शित हुई थीं।

घर में एक ग्रामोफोन रिकॉर्ड भी था जिसे उन दिनों 'चूड़ी बाजा' कहा जाता था। सबसे पहले इस चूड़ी बाजे की आवाज कुछ खराब हुई थी, फिर एक-एक करके सारे रिकार्ड भी टूट गए थे। बाद में इसे उठाकर रख दिया गया था ताकि विशेष-विशेष अवसरों पर प्रयोग किया जा सके। प्रारंभ में सचिन भी सभी बच्चों की तरह पुराने गीतों का मजाक उड़ाया करता था, किन्तु बाद में उसे भी इन्हें गाने की आदत पड़ गई थी। अस्तु, यह सब कुछ बाद की बातें हैं। जिन दिनों सचिन दादीजी के पास सोता था, कभी-कभी बच्चे बिना खाना खाए भी सो जाया करते थे और रात को उठकर पलंग पर बैठ जाया करते थे और रोने लगते थे। दादीजी अपनी बगल में स्टील के दो कनस्तर रखकर सोया करती थीं जिनमें से एक में गोंद, दिलखुशार, सूजी, मोतीचूर

इत्यादि के लड्डू हुआ करते थे और दूसरे कनस्तर में नमकीन व मीठे सुहाल और पेठे हुआ करते थे, इसलिए बहुओं की नींद खराब नहीं हुआ करती थी और बच्चों को भी संतोष हो जाया करता था। बच्चे थोड़ा-बहुत खाते थे और बीच में ही दुबारा सो जाते थे। देसी घी के बने हुए लड्डू व मठरी बहुत लम्बे समय तक खराब नहीं होते थे, यहां तक कि सचिन ने अपनी मां के विवाह की मठरी भी एक-दो बार खाई थी।

प्रातःकाल सचिन की आंख कुएं की चलती हुई घिरनी की आवाज, दादीजी के छाछ बिलौने की आवाज, मोर के नाचने के दृश्य, पक्षियों के छत पर पानी पीने की आवाज के साथ खुलती थी। दादीजी रोजाना सुबह दही बिलोकर उसमें से मक्खन निकाला करती थीं, फिर उसमें काली मिर्च और मिश्री मिलाकर बच्चों में बांट दिया करती थीं। छाछ का उपयोग वे सूखी सब्जियां बनाने के लिए करती थीं। वे कभी भी निठल्ले बैठना पसंद नहीं करती थीं, मौका मिलते ही काम में लग जाया करती थीं और कोई भी काम उनके लिए छोटा अथवा बड़ा नहीं होता था। बच्चों के कहने पर वे किसी भी काम में अविलम्ब तत्पर हो उठती थीं, यद्यपि उनकी इस बात से कई बार बहुओं को अप्रसन्न होते हुए भी देखा जाता था। ऐसी थीं सचिन की दादीजी। वे दादीजी जैसी ही दादीजी थीं और बहुएं भी बहुओं जैसी ही बहुएं थीं। प्रत्येक गृहणी चाहे अच्छी पत्नी अथवा सास न होती हो, किन्तु अच्छी दादी या नानी वह सर्वदा ही होती है।

सचिन के बाल्यकाल की स्मृतियों में श्री रामनिवास दादाजी का भी एक विशिष्ट स्थान रहा था। वे सचिन के दादाजी के सात भाइयों में से एक थे। उनका रंग एकदम शुभ्र था और ऐसा लगता था जैसे दूध में केसर घोल दी गई हो। सिर पर वे हमेशा केसरिया रंग की पगड़ी बांधते थे और हाथ में लकड़ी की हैंडिल वाली स्टिक रखते थे। वे एक प्रखर प्रवक्ता और ओजस्वी व्यक्तित्व के धनी थे। वे एक प्रसिद्ध वैद्य थे। उन्हें 'कविराज' कहा जाता था और देखने में साक्षात् ऋषिस्वरूप प्रतीत होते थे। वे चिटिया पकड़े हुए तेजी के साथ मुख्य द्वार से प्रविष्ट होते थे और ड्योढ़ी पर बिना घोषणा किए हुए सीधे घर के भीतर आ जाया करते थे। सचिन उनको प्रायः नंग-धड़ंग ही सामने के चबूतरे पर खड़े हुए मिलता था। ताईजी और मां श्री रामनिवासजी को देखते ही घूंघट निकालकर भीतर चली जाया करती थीं; केवल दादीजी ही सचिन को लिए हुए बैठी हुई मिलती थीं।

आते ही वे सचिन से पूछते थे-

''वाह बेटा वाह! तू कैसी बीनणी लाएगा?''

सचिन कहता था -

"दादाजी! आधी सोने की और आधी चांदी की।"

सचिन ने यह उत्तर बहुत सोच समझकर ढूंढा था, क्योंकि उसके लिए इस संबंध की सार्थकता उन दिनों इतनी ही हुआ करती थी।

दादाजी कहते थे –

"वाह बेटा वाह! उसको इस सामने वाले आले (आलय) में बिठा देंगे। न तो वह घर का कोई काम करेगी और न ही कुछ खाने अथवा पहनने के लिए मांगेगी।" बाद में उपयुक्त समय पर यह स्पष्ट हुआ था कि स्यात् उनके द्वारा बार-बार उठाए गए इस प्रश्न में भी एक चेतावनी निहित थी। उनका यह कथन भी एक भविष्यवाणी की तरह ही सत्य सिद्ध हुआ था। सचिन की मां प्रत्येक बार इस संवाद को हंसकर टाल दिया करती थी। यदि उन्होंने इसका निहितार्थ समझा होता और इसे गंभीरता से लिया होता तो शायद यह दुर्योग टल सकता था।

कुछ विशिष्ट दिन हुआ करते थे जो सचिन को बचपन में विशेष प्रतीत होते थे। इनमें पहला दिन 'गोपाष्टमी' का था। सचिन को याद है कि जब तक दादाजी जीवित थे, उनके घर में एक सफेद, लम्बी और ऊंची राठी गाय थी और इस गाय की एक बछिया भी थी जो सचिन को बहुत बड़ी लगती थी। यद्यपि इस गाय को सरल प्रकृति की माना जाता था, किन्तु इसने एक-दो बार घर के ही कुछ लोगों को अपने सींगों पर लेकर उछाल भी दिया था। गाय के सींग बड़े थे, किन्तु आगे से कुछ मुड़े हुए थे और सभी बच्चों को गाय के ढालिये में जाने से मना किया जाता था। एक दिन अकस्मात् खड़े-खड़े ही इस गाय के एक नया बछड़ा पैदा हुआ था जिसका रंग प्रारंभ में कुछ पीलापन लिए हुए था। इसका रंग वैसा ही था जैसा ऊंटनी के दूध की खीर का होता है। यह बछड़ा अपनी मोटी-मोटी आंखों से सचिन को देखता था; इसके छोटे-छोटे कान बहुत सुंदर थे जो सचिन को देखते ही खड़े हो जाते थे; सचिन को भी इसके साथ खेलना बहुत अच्छा लगता था। शुरू-शुरू में एक-दो बार सचिन के बछड़े के पास जाने पर गाय ने मुंह से आवाज निकालकर अपनी अप्रसन्नता व्यक्त की थी, किन्तु बाद में वह भी इसकी अभ्यस्त हो गई थी। ढालिए के पिछवाड़े एक दूसरा दरवाजा था जिसके पास लकड़ी का एक छोटा खूंटा था, इस खूंटे से बछड़े को बांधा जाता था। सचिन ड्योढ़ी से बाहर निकलकर और घूमकर इस पिछले दरवाजे से बछड़े के पास पहुंचा करता था; इससे सचिन को गाय के बगल में से होकर नहीं गुजरना पड़ता था और गाय अपनी गर्दन भी नहीं हिलाती थी। धीरे-धीरे कुछ ही दिनों में बछड़ा एकदम सफेद रंग का हो गया था और देखने में बहुत सुंदर लगने लगा था।

गाय हर किसी को दूध नहीं दुहने दिया करती थी, दूध दुहने के लिए

गौशाला का एक कर्मचारी आता था जिसे सभी बच्चे मदन चाचा कहा करते थे। उनके हाथों में एक लम्बी-सी रस्सी हुआ करती थी, जिसे आते ही वे इस तरह से उछालते थे कि यह रस्सी गाय की पिछली टांगों से लिपट जाती थी। फिर वे तुरंत उकडू बैठकर इस रस्सी में गांठ लगाते थे और गाय की दोनों पिछली टांगों को बांध दिया करते थे। वे इसके बाद उकडू बैठकर पीतल के दुहारे को दोनों टांगों पर घुटनों के बीच में रखते थे और एक-एक करके गाय के चारों थनों को पानी से धोते थे। उस समय गाय के थन बहुत बड़े-बड़े लगते थे। पहले बछड़े को खोलकर उसे दूध पिलाया जाता था, फिर दूध को दुहारे में दुहा जाता था। दूध की पहली धार जैसे ही दुहारे में पड़ती थी तो बहुत खनकती हुई आवाज आती थी। जैसे-जैसे दुहारा भरता जाता था, यह आवाज बदलती जाती थी और धीमी पड़ती जाती थी। कई बार सचिन ने भी उकडू बैठकर बछड़े की तरह सीधा ही धार से दूध पिया था, मदन चाचा इसमें सहायता करते थे, फिर भी धार बहुत तेजी से नाक पर और मुंह में पड़ती थी और वहां से हटना पड़ता था।

गोपाष्टमी के दिन गौशाला में और बाहर मेला लगता था। इस दिन गाय और बछड़े दोनों को सजाया जाता था। उनके सींग और पूंछ लाल या हरे रंग से रंग दिए जाते थे और पीठ पर उसी रंग का बना हुआ साटन का कपड़ा पहनाया जाता था जो देखने में रेशम और मखमल जैसा लगता था। गले में गिल्लट के आभूषण पहनाए जाते थे जो देखने में चांदी जैसी लगती थी और एक मिश्र धातु होती थी। इन आभूषणों को पीठ पर भी सजाया जाता था। इस दिन गाय व बछड़ों की कई प्रकार की प्रतियोगिताएं हुआ करती थीं। सचिन के घर की गाय व बछड़े भी पुरस्कृत होकर लौटते थे। पुरस्कार मिलने पर मदन चाचा वाकई गर्व का अनुभव किया करते थे। सुबह-शाम गाय को वे ही नीरते थे, उसे दुहते भी थे और दुपहर में उसे चराने के लिए रोही में भी ले जाया करते थे।

दूसरा दिन 'तेल अमावस्या' का होता था और उस दिन सभी घरों में तेल जलाया जाता था। यह दिन बच्चों को विशेष स्मरणीय इसलिए लगता था कि सारा आकाश और सारी छतें चीलों और कौवों से भर जाया करती थीं। सबसे पहले पन्ना बाई और ओंकार की बहू पत्थर की चाकी पर बैठकर दाल पीसती थीं, फिर उस दाल से रसोई में बड़े और पकौड़ी बनाए जाते थे। इन बड़े और पकौड़ियों को बरतनों में भरकर सीढ़ियों और छत पर ले जाया जाता था। इसके बाद एक-एक बड़े को हाथ में पकड़कर उपर की ओर उछाला जाता था और सारे बच्चे मिलकर चिल्लाते थे...चील-चील बड़ो ले, कांजी को कड़ो ले। शुरू-शुरू में बड़े वापस छत पर गिर जाते थे, किन्तु शीघ्र ही सारा आकाश

चील और कौवों से भर जाता था। जैसे ही बड़ों को उछाला जाता था, चीलें उसे हवा में ही अपने पंजों के बीच में गूप लेती थीं और कौवे इसे चोंच में पकड़ लेते थे। चील अचानक नीचे की ओर उतरती थी, बड़े को अपने पैरों के पंजों में पकड़ती थी और फिर ऊपर उड़ जाती थी। कौवे हवा में उसी सीध में तैरकर आते थे और चोंच में बड़ा पकड़कर सीधे आगे निकल जाते थे। बीच में कभी-कभी चील और कौवे आसपास की हवेलियों की छतों पर भी बैठ जाते थे और अपने लूटे हुए बड़े-पकौड़ी आराम से कुतुर-कुतुर कर खाते थे। देखते-देखते ही सारे बरतन खाली हो जाया करते थे। किन्तु थोड़ी देर बाद ही अन्य घरों की छत पर यही कार्यक्रम फिर शुरू हो जाया करता था। इस दिन चील-कौओं की फुर्ती और उनका अनुशासन देखते ही बनता था, न तो ये पक्षी बड़ों पर झपट्टा मारते थे और न ही आपस में झगड़ते थे। ध्यान रखने की बात मात्र यह होती थी कि बच्चों को बड़ों को तुरंत हवा में उछाल देना चाहिए था, देर तक हाथ में पकड़े हुए चुपचाप खड़े नहीं रहना चाहिए था।

तीसरा पर्व 'गणेश चतुर्थी' का होता था जो विचित्र वेशभूषा के कारण स्मरणीय लगता था। सचिन और आशीष दोनों ही सुबह-सुबह नहा-धोकर सफेद कुर्ता पायजामा और सिर पर मखमल की गोल जरी के काम वाली टोपियां पहना करते थे। सचिन की टोपी थोड़ी बड़ी थी और इसका रंग नीला हुआ करता था। जबकि आशीष की टोपी थोड़ी छोटी और लाल रंग की हुआ करती थी। इस दिन दादीजी मखमल और गोटे के बड़े-बड़े पर्स भी दोनों के लिए बनाकर देती थीं जिसे वे कंध से लटका सकते थे। सुबह उठते ही दादीजी एक-एक सोने की गिन्नी दोनों पर्सों में डालती थीं। इसके बाद ताईजी इसमें एक-एक चांदी का सिक्का और ढेर सारे काजू किशमिश, बादाम, अखरोट इत्यादि डालती थीं। इसके बाद जो भी मिलता था, वह मेवे और नकद रुपए क्रमशः झोली और पर्स में डालता रहता था। शाम तक एक अच्छी खासी धनराशि इकट्ठी हो जाया करती थी। सभी बच्चे मिलकर मेवे तुरंत खाने की कोशिश करते थे ताकि उन्हें दुबारा झोली में भरा जा सके। नकद रुपए आने वाले दिनों में हाथ खर्च के काम आया करते थे। गिन्नियों समेत पर्स शाम को दुबारा संदूक में रख दिए जाते थे। गिन्नियां बहुत सुंदर लगती थीं, क्योंकि वे एकदम नई और चमकदार हुआ करती थीं। संदूक में रखने के बाद बच्चे उनके बारे में भूल जाया करते थे, जबकि चांदी के सिक्के वे हर साल इकट्ठे करते रहते थे। इसी प्रकार सचिन को जन्माष्टमी, शिवरात्रि व शीतलाष्टमी के त्यौहार भी विशेष प्रिय थे और इसका कारण इन अवसरों पर बनने वाले विशिष्ट व्यंजन थे जैसे पंजीरी, कुट्टू का हलवा, कुट्टू की पूरियां, सामक का हलवा, सिंघाड़े का हलवा, बाजरे की मीठी रोटी, मेथी-अमचूर की लौंजी इत्यादि। ये सारे पर्व उन दिनों संस्कृति के

अभिन्न अंग हुआ करते थे और इन अवसरों पर बनने वाले विविध व्यंजन, बीसों प्रकार के व्यंजन, धीरे-धीरे लुप्त ही होते जा रहे हैं। इनमें से एकाध व्यंजन कभी-कभी जब किसी फाइव स्टार होटल के रेस्तरां में खाने को मिल जाता है तो मारवाड़ी समाज अपने आपको धन्य अनुभव करने लगता है। बड़े होने पर सचिन को यह समझ में आया था कि किसी जाति की आस्था ही महत्त्वपूर्ण नहीं होती है, अपितु उसकी सांस्कृतिक परम्पराएं भी महत्त्वपूर्ण होती हैं जिन्हें बदलते हुए समय के साथ संरक्षित करना पड़ता है।

मनुष्य का सारा बचपन ही एक विस्मयलोक और परीकथाओं के जगत जैसा होता है। सचिन को अपने बाल्यकाल में बिताई हुई गर्मी की रातें बहुत अद्भुत लगती थीं। लोग रात का अंधेरा घिरते ही सुराहियों अथवा मटकियों में पानी भरकर छतों पर पहुंचा दिया करते थे, फिर छतों पर ही कुछ गद्दे और पलंग बिछा लिए जाते थे। इसके बाद छतों पर बैठकर खुली हवा में खाना खाया जाता था। छत के दो कोनों पर अर्द्ध-चंद्राकार पात्र बनाकर उनमें पक्षियों के पीने के लिए पानी भरा जाता था। मच्छरों का नामोनिशान तक नहीं होता था। सचिन के घर के सामने और दायीं तरफ बहुत लम्बे-चौड़े खुले मैदान थे, जिधर से मानो हवाएं स्वर्ग से चलकर आया करती थीं। रात में लाल और हरी निवार के बने हुए अपने पलंग पर लेटकर चांद और तारों को देखना एक अन्यतम अनुभव हुआ करता था। चांद धीरे-धीरे चलकर कभी बादलों में छिप जाता था और कभी बादलों से बाहर आ जाता था। यह कीर्तिजी ने सचिन को बताया था कि तात्कालिक रूप से बादल ही चलते हैं और चांद नहीं चलता है। यदि हम हथेलियों को गोल करके चांद को कैद कर लें तो चांद इस कैद से बाहर नहीं निकल सकता है। सुबह होते ही छत पर मोर, कबूतर, तोते, कमेड़ी, चिड़िया इत्यादि आकर बैठ जाया करते थे और उनके उड़ने की आवाज से नींद खुलती थी। पीछे से लालचंदजी के कुएं की भूण चलने की संगीतमय आवाज आती थी। पनिहारों के पानी भरने के बाद बीच के अंतराल में भी भूण कुछ देर तक अपने आप चलती रहती है, किन्तु इसकी आवाज बदल जाती है। आंखों में नींद भरी रहती थी और धीरे-धीरे करके आंखें खुलती थीं। सुबह का वक्त भी रात की तरह ही बहुत सुहावना हुआ करता था। परिजनों के अतिरिक्त भी कुछ लोग ऐसे थे जिन्होंने सचिन के मन पर अमिट छाप छोड़ी थी। दादाजी के साथ बैठक में बैठे रहने वाला रामजस कुम्हार भी एक ऐसी ही शख्सियत थी। उसका कहना था कि कुओं के नीचे एक पाताल लोक होता है जिसमें बौने रहते हैं। ये बौने पानी भरते समय डोलों (जलपात्रों) में बैठकर कुएं से बाहर ऊपर भी आ जाते हैं और इस दुनिया के लोगों से बात

भी करना चाहते हैं। उनके होंठ कुछ देर तक हिलते हुए भी दिखाई देते हैं पर उनकी बात समझ में नहीं आती है। जो समझदार लोग होते हैं वे दुबारा डोल को नीचे कुएं में उतार देते हैं क्योंकि ये बौने मछलियों की तरह होते हैं और बाहर की दुनिया में अधिक देर तक जी नहीं पाते। रामजस का कहना था कि उसने स्वयं भी ऐसे मनुष्य देख रखे थे जो कि हमारे नवजात बच्चों से भी अधिक छोटे होते हैं और जिन्हें हथेली पर बैठाकर आराम से घुमाया जा सकता है। रामजस ऐंचाताना था, सिर पर वह सफेद रंग की पगड़ी पहनता था, प्रत्येक कान में एक-एक बाली पहनता था, किन्तु वह दाढ़ी नहीं रखता था। रामजस का काम बैठक में बैठे हुए लोगों के लिए हुक्का भरना, चिलम तैयार करना और उन्हें किस्से-कहानियां सुनाना था। वह बहुत जबर्दस्त किस्सेबाज था। कभी-कभी वह और श्री तेजबहादुर शर्मा दोनों मिलकर रात को कहानियां सुनाना शुरू करते थे और इस प्रकार सुबह हो जाया करती थी। एक कहानी श्री तेजबहादुर शर्मा सुनाते थे और रामजस बीच में सहारा लगाता था, इसके बाद दूसरी कहानी रामजस सुनाता था और श्री तेजबहादुर शर्मा सहारा लगाते थे। कहानी कहने की इस शैली से श्रोताओं की आंखें नहीं झपकती थीं और वे सावधान बैठे रहते थे। इन दोनों के द्वारा सुनाई गई कहानियां वस्तुतः कहानियों की श्रृंखलाएं हुआ करती थीं जैसेकि लाले-विसाले का डेरा, बेताल पच्चीसी, किस्सा तोता-मैना, किस्सा हातिमताई इत्यादि। इनमें से कुछ कथानुक्रम आजकल पुस्तकों के रूप में भी प्राप्त हैं, किन्तु उनमें प्रमाणिकता व रोचकता का अभाव पाया जाता है। दूसरा ऐसा ही एक रोचक व्यक्ति था बरकत धोबी। वह एक प्रियदर्शी, फैशनेबल, व शालीन बुजुर्ग भद्रपुरुष था। उसका रंग एकदम गोराचिट्टा और कद लम्बा था और उसकी सफेद शफ्फाक दाढ़ी कभी-कभी मेहंदी से रंगी हुई भी होती थी। उसके पहने हुए कपड़े बहुत सलीके से धुले हुए, इस्तरी किए हुए और कीमती हुआ करते थे। यहां तक कि वह कमीज पर लगाने के लिए भी पीतल और चांदी के फैशनेबल बटन इस्तेमाल किया करता था। सारे कस्बे में सबसे अधिक सुंदर वस्त्र पहनने वाला व्यक्ति वही था। उसके बेटों की बीकानेर में स्नोव्हाइट की एजेंसी थी। फिर भी वह बहुत शिष्ट, विनम्र और मृदुभाषी था और बहुत सलीके से पेश आता था। वह कभी भी अनावश्यक बात नहीं करता था और उसमें एक तरह की तहजीब थी। यह उसकी भलमनसाहत ही थी कि वह सचिन के दादाजी और ताऊजी से मिलने के लिए महीने में एक-दो बार घर आ जाया करता था और धुलाई के कपड़े भी स्वयं ही ले जाया करता था। वह केवल सचिन के घर ही आया करता था और उसे आता हुआ देखकर सचिन को एक प्रकार के गर्व

का अनुभव हुआ करता था। बाकी सभी लोगों को धुलाई के अपने कपड़े उसके घर तक पहुंचाने होते थे। वह दो-तीन दिन के अंतराल से भट्टी अवश्य चढ़ाया करता था। मुरलीधर हलवाई भी कोई कम रोचक व्यक्ति नहीं था। उसके स्वयं के कोई बच्चे नहीं थे, इसलिए उसे सभी बच्चों से लगाव था। वह अपनी दुकान भी शायद बच्चों के कारण ही चलाता था, नहीं तो आमदनी से उसे कोई विशेष प्रयोजन नहीं था। वह संध्या के समय कुछ घंटों के लिए ही अपनी दुकान खोलता था और बाकी समय घर पर ही आराम करता था। एक परात में वह बच्चों के लिए अलग से छोटे पेड़े बनाता था। उसके पास कई तौल के पेड़े होते थे। सबसे छोटा पेड़ा दो नए पैसे का, उससे कुछ बड़ा तीन नए पैसे का और उससे भी बड़ा पांच नए पैसे का हुआ करता था। ये तीनों किस्म वह विशेषकर बच्चों के लिए बनाता था। असली पेड़े इनसे बड़े हुआ करते थे, जिन्हें वह दूसरी परात में रखता था और तौलकर ही बेचता था। तौल का भाव उन दिनों पांच रुपए किलो था। मुरलीधर हलवाई की खास बात यह थी कि वह बच्चों को दुकान से कभी खाली हाथ वापस नहीं भेजता था। वह कम पैसे में बड़े पेड़े भी दे देता था, पेड़े उधार भी दे देता था और बिना पैसों के भी दे देता था। यह एकमात्र ऐसी दुकान थी जहां बच्चों की भी उधारी चलती थी और उसकी कोई लिखा-पढ़ी भी नहीं हुआ करती थी। वह कस्बे का सबसे बड़ा हलवाई था और सबसे अच्छी मिठाई बनाता था; उसके पेड़े दूर-दूर तक लोकप्रिय थे और उसके पास अग्रिम बुकिंग चला करती थी। इतना होने पर भी वह अपने नन्हें-मुन्ने ग्राहकों को नहीं भूलता था और सबसे अधिक पेड़े उन्हीं के लिए बनाया करता था। शेखावाटी में शादी-ब्याह और पर्व-उत्सव पर अन्य मिठाइयों की तरह पेड़े बनाने का प्रचलन नहीं था और पेड़े केवल बाजार में ही मिलते थे। इसलिए बच्चे घर पर रखी मिठाइयों को छोड़कर भी पेड़े लेने के लिए इसी दुकान पर आया करते थे। मास्टर यामीन भी एक हरफनमौला तबियत का व्यक्ति था। वह बहुत अच्छा बैण्डमास्टर था और कस्बे का एकमात्र बैण्ड उसी के पास था। रोज रात को वह अपने वाद्य पर प्रैक्टिस किया करता था और सचिन उसके बैण्ड का फिल्मी संगीत सुनते-सुनते सो जाया करता था। फिर भी वह बीच-बीच में मामूली से मामूली काम करने में भी नहीं चूकता था। वह जितना निपुण संगीत बजाने में था उतना ही निपुण कुल्हाड़ी चलाने में भी था। वह एक ऊंटगाड़ी रखता था और कभी-कभी खेतों में भी चले जाया करता था। वहां पर खड़े हुए क्लिष्ट से क्लिष्ट पेड़ों को भी वह आनन-फानन में काट डालता था और फिर उन्हें लादकर नाम-मात्र के पैसों में बेच दिया करता था। वह कभी भी सौदेबाजी नहीं

जीवन स्थगित है

किया करता था जैसेकि पेड़ों को काटना ही उसके लिए चुनौती था। इसके बाद वह लकड़ियों को चीरने में जुट जाया करता था। वह कुल्हाड़ी को इस प्रकार चलाता था जैसे कोई कुशल योद्धा तलवार को चलाता है। कुछ ही देर में वह सारी लकड़ियों को चीरकर उनके ढेर लगा दिया करता था। आश्चर्य की बात यह थी कि इतना मेहनती होने पर भी उसे पैसों का कोई लालच नहीं हुआ करता था। वह एक ऐसा व्यक्ति था, जिससे अपने भाग्य को कोसने वाले आलसी लोग बहुत कुछ सीख सकते थे। सचिन को उसे काम करते हुए देखकर बहुत प्रेरणा मिलती थी। क्या हमारा समाज आज भी ऐसे लोगों के प्रति कोई न्याय संगत व्यवस्था कर पाया है? क्या हम आज भी कृषक और श्रमिक को उसका उचित पारिश्रमिक दे पाते हैं? क्या आज भी यह वर्ग अपने अधिकारों के प्रति पर्याप्त जागरूक हो पाया है?

जिस ब्राह्मण कुल में सचिन का जन्म हुआ था वह प्रारंभ से ही एक अग्निहोत्र ब्राह्मण कुल था। इस कुल से समिधा और आहुति की एक सतत परम्परा का अविच्छिन्न सम्बंध रहा था। स्वयं सचिन के दादाजी व ताऊजी भी यज्ञ-हवन इत्यादि पुरोहित कर्म में आजीवन संलग्न देखे गए थे। सचिन के ताऊजी यद्यपि आयुर्वेदाचार्य भी थे, किन्तु आजीविका के लिए उन्होंने केवल पुरोहितकर्म को ही अपनाया था। कलकत्ता के मारवाड़ी समाज में उनकी अच्छी प्रतिष्ठा थी और वे अपने सहकर्मियों में शीर्षस्थ थे। अपने पिता की तरह ही उनकी आय के साधन भी भागवत, सावे, मानसपाठ इत्यादि ही थे और उनकी आय भी पर्याप्त थी। किन्तु कोई भी व्यक्ति परिवेश के प्रभाव से नितांत असम्पृक्त नहीं रह पाता है। उनमें भी वैज्ञानिक चिंतन का अभाव था और वे परिवार नियोजन को धर्म के विरुद्ध मानते थे, इसका परिणाम यह हुआ था कि उन्हें पांच पुत्रों व चार पुत्रियों के एक भरे-पूरे परिवार को पालना पड़ा था। अपने पिता की तरह उनके भी नौ ही बच्चे थे। यूं देखा जाए तो श्री श्रुतिधर शर्मा एक बहुत ही सरल, चरित्रवान और विनम्र व्यक्ति थे। गृहस्थी के सारे झमेलों का भार वे पत्नी को सौंपकर स्वयं आश्वस्त रहते थे। बच्चों के प्रति स्नेहभाव का उनमें कोई अभाव नहीं था। वे बहुत विनोदप्रिय भी थे। दस वर्ष की उम्र में भी वे सचिन को अपनी गोद में उठा लेते थे और नाचने लगते थे। बचपन से ही उन्हें महिलाओं का अनुकरण करने का शौक था। वे मनोविनोद के लिए पर्दा लगाकर सो जाया करते थे और बिस्तर पर लेटे-लेटे ही खाने के लिए अजवायन, हलवा, पंजीरी इत्यादि मंगवाते रहते थे जो कि महिलाओं को प्रसव के उपरांत दिये जाते थे। उन्हें महिलाओं के सभी गीत और नेगचार भी कण्ठस्थ याद थे और उनके साथ बैठकर गाने में भी उन्हें कोई हिचकिचाहट

नहीं होती थी। उनके व्यक्तित्व में एक तरह की उदारता और सदाशयता थी, किन्तु यह कहना कठिन है कि अपने इतने बड़े परिवार पर वे पर्याप्त ध्यान दे पाए थे अथवा नहीं दे पाए थे।

सचिन को बचपन से ही बैठक की कोठरी के बक्से में रखी हुई पोथियों में उत्सुकता रहती थी। ये पोथियां संस्कृत की प्राचीन किताबें थीं, जिनका एक-एक पन्ना अलग-अलग होता है और उन पन्नों को सही क्रम देकर कपड़े के एक बस्ते में बांधना होता है। घर की यह परम्परा थी कि प्रत्येक बस्ते को बांधने से पहले पोथी के ऊपर दो, पांच या दस रुपए का एक नोट रख दिया जाता था। लगता है कि खाली पोथी को बांधना अपशकुन समझा जाता था। सचिन को प्रत्येक बस्ते को खोलते ही आश्चर्य का सामना करना पड़ता था, क्योंकि प्रत्येक बस्ते में से लाल या हरे या नीले रंग का एक नोट निकलता था। सचिन अविलम्ब जाकर ताऊजी से पूछा करता था कि यह नोट किसका है, जिसका उत्तर वे यह देते थे कि नोट उसी का माना जाता है जो बस्ते को खोलता है। थोड़ी देर में ही सचिन की उत्सुकता उस पुस्तक में समाप्त हो जाया करती थी, क्योंकि पुस्तक में केवल संस्कृत का मूलपाठ होता था। ताऊजी पुन: बस्ते में एक नया नोट रखकर व उसे बांधकर संदूक में वापस रख देते थे। रुपयों का इस तरह मिलना सभी बच्चों को अच्छा लगता था, किन्तु सचिन के अतिरिक्त कोई भी इन ग्रंथों को खोलकर नहीं देखता था। यहां तक कि मौलश्री जीजी और रविकांत भाई साहब भी इन्हें कभी नहीं खोलते थे। सब संस्कार की बात होती है।

बच्चों के लिए एक आश्चर्य की बात यह भी थी कि बैठक के सामने वाले कच्चे चौक में हाथ डालते ही एक रुपए से लेकर चवन्नी तक के बहुत सारे सिक्के सरलता से मिल जाया करते थे। कभी-कभी तो एक साथ लगातार पांच-पांच, दस-दस सिक्के नजर आ जाया करते थे। बच्चों को पैसे किसी से भी मांगकर नहीं लेने पड़ते थे और पैसे ढूंढने का यह खेल हमेशा ही सफल हुआ करता था। राजश्री सचिन से कोई छह महीने बड़ी थी और वे दोनों इस तरीके को अपनाते थे और उन्हें कभी भी खाली हाथ नहीं लौटना पड़ता था। ताऊजी के पास बहुत-सी रेजगारी हुआ करती थी, जिसे वे पलंग पर बैठकर गिनते थे और उनकी ढेरियां बनाते थे। लगता है कि पैसे गिनने के मामले में वे पर्याप्त सावधान नहीं थे और कुछ सिक्के वे गिनते समय नीचे डाल दिया करते थे। जो भी हो, धरती माता ने सचिन को पैसों के मामले में कभी निराश नहीं किया था। बारिश के तुरंत बाद एक-दो बार राजश्री और सचिन ने पैसों का पेड़ लगाने की कोशिश भी की थी। इसके लिए दोनों मिलकर धरती में एक गड्ढा बनाते थे, फिर उसमें एक सिक्का रखते थे और फिर उसे रेत से

जीवन स्थगित है

दुबारा ढक देते थे। कभी-कभी याद आने पर इस जगह सिंचाई भी कर दिया करते थे। शेखावाटी की इस धरती में पैसों के पेड़ उगना कोई अकल्पनीय बात नहीं हुआ करती थी। इसी जगह तोरई, काचर, मतीरी, पेठे इत्यादि के बीज भी बोए जाते थे। तोरई और तुलसी के फूल अचानक खिलते थे। तोरई के फूलों को देखकर सचिन को सोने की गिन्नियां याद आ जाया करती थीं और मंजरी के फूल चांदी की चवन्नियों जैसे दिखाई पड़ते थे।

वैसे तो श्री श्रुतिधर शर्मा को सभी ग्रंथों का अधिकारी विद्वान माना जाता था, किंतु उन्हें 'श्रीमद्भागवत' और 'रामचरितमानस' का पारायण विशेष प्रिय था। यद्यपि वे शास्त्रों के अध्ययन में ही निमग्न रहने वाले व्यक्ति थे, किन्तु उन्हें पूर्वाग्रह व रूढ़िवाद से कोई स्पष्ट लगाव नहीं था। वे सोचने समझने वाले जागरूक व्यक्ति थे, इसलिए शास्त्रों की विसंगतियों और विरोधाभासों के प्रति वे स्वयं भी श्रोताओं का ध्यान आकृष्ट करते थे। इन विसंगतियों को स्वीकार करने में भी उन्हें कोई हिचकिचाहट नहीं हुआ करती थी। सत्य के प्रति वे सदैव एक निष्पक्षता व समीक्षा का भाव रखते थे। इस बात को वे भी मानते थे कि शास्त्रों के अध्ययन मात्र से सत्य को उपलब्ध होना संभव नहीं हो पाता है। यह उनकी एक विशेष उक्ति थी जिसे वे बार-बार दुहराते थे - **'स्मृतिरेव भिन्नाः श्रुतिरेव भिन्नाः नास्तिर्मुनि यस्य वचनम् प्रमाणम्।'** यह एक आश्चर्य की बात थी कि एक सम्पन्नतम धार्मिक परम्परा के साथ अविच्छिन्न रूप से जुड़े होने के उपरांत भी सत्य के प्रति निष्पक्ष जिज्ञासा का शुद्ध भाव उनमें सदैव उपस्थित रहा था। शास्त्रों की मीमांसा और निष्कर्षण की उनकी शैली पूरी तरह तर्कसंगत और वैज्ञानिक थी।

सुनने में आता है कि बचपन में श्री श्रुतिधर शर्मा का बहुत लाड़ रहा था, क्योंकि सात पुत्रियों के उपरांत जन्म लेने वाले वे पहले पुत्र थे। बचपन में उन्हें घुड़सवारी का शौक था, इसलिए उनके और श्री कीर्तिस्वरूप जी के लिए दो अलग-अलग रंग के घोड़े खरीदे गए थे। बचपन में सचिन को भी घोड़े और तलवार का बेहद शौक था, किन्तु सबने उसकी इच्छा की अनसुनी कर दी थी। सबका कहना था कि परिस्थितियां बदल गईं थीं और अब घोड़े की पालखोट करना दुष्कर था। इतने लाड़-चाव में पलने के कारण जहां कीर्तिजी को जिद्दी और आत्मकेंद्रित कहा जा सकता था, वहीं श्री श्रुतिधर शर्मा इन अवगुणों से नितांत असम्पृक्त थे। परिस्थितियों के अनुकूल स्वयं को समायोजित कर लेने का गुण जहां श्री श्रुतिधर शर्मा में बहुत अधिक था, वहीं कीर्तिजी में यह गुण पूरी तरह नदारद था। कीर्तिजी अपनी अनुचित बात को भी बहुत तरीके से कहने में और दूसरों से इसे मनवाने के आग्रह में जहां

लगभग एक तानाशाह थे, वहीं श्री श्रुतिधर शर्मा अपनी उचित बात पर भी इतना जोर नहीं देते थे और दूसरों के दृष्टिकोण का सम्मान करते थे। सचिन को अपनी अस्मिता की रक्षा के लिए प्रारंभ से ही अपने पिता एवं रविकांत भाई साहब की अधिनायकवादी मनोवृत्तियों से संघर्ष करना पड़ा था और यह जुझारूपन उसके व्यक्तित्व का एक अंग बन गया था। कीर्तिजी के जिद्दी होने के कारण सचिन को बचपन से ही विद्रोही होना पड़ा था और औचित्य-अनौचित्य के बारे में विश्लेषण करना पड़ा था। मौलश्री जीजी और रविकांत भाई साहब जहां अपने पिता से एक तरह की अंतरंगता का अनुभव करते थे, वहीं अपने चाचा से वास्तव में डरते थे। सचिन का साहस देखकर उन्हें प्रसन्नता भी होती थी और आश्चर्य भी होता था। सचिन मितभाषी और भीरु नहीं था और अपने उचित दृष्टिकोण को स्पष्टत: बिना किसी लागलपेट के रखना वह अपना अधिकार समझता था। वह एक ऐसे वृक्ष की तरह था जिससे प्रत्येक झंझावात को पराजित होना पड़ता था, क्योंकि न तो वह झुक सकता था और न ही टूट सकता था। कीर्तिजी भी बहुत शीघ्र ही यह समझ गए थे कि सचिन के साथ किसी भी मुद्दे को लेकर वाद-विवाद करना व्यर्थ था। वह हरेक से उचित बात को सबसे पहले कहता था और फिर टस से मस भी नहीं होता था। जहां तक श्री श्रुतिधर शर्मा का प्रश्न था, उन्होंने कभी भी सचिन को विद्रोह करने का कोई अवसर नहीं दिया था। सचिन के विचार उनसे आश्चर्यजनक रूप से मिलने लगते थे।

दुर्दैव का विषय है कि श्री श्रुतिधर शर्मा के दो विवाह हुए थे। पहला विवाह तब हुआ था जब वे मात्र अठारह वर्ष के थे। पहली ताईजी भी सुंदर थीं और उनसे क्रमश: मौलश्री जीजी और रविकांत भाई साहब का जन्म हुआ था। विवाह के तीन वर्ष पश्चात् ही सचिन की पहली ताईजी का उनके पितृगृह में आकस्मिक निधन हो गया था और इन दोनों बच्चों को भी दादीजी ने ही पाला था। रविकांत भाई साहब सचिन से लगभग दस वर्ष बड़े थे और मौलश्री जीजी लगभग बारह वर्ष बड़ी थीं। इन मातृहीन बच्चों के प्रति भी कीर्तिजी के अनुशासनों को कठोर ही कहा जा सकता था। शायद वे इन बच्चों के प्रति ईर्ष्याभाव भी रखते थे, क्योंकि इनके जन्म से पहले वे घर के सबसे छोटे सदस्य हुआ करते थे और उनकी माता का सारा ध्यान उन्हीं की तरफ नियोजित रहा करता था। ताऊजी का दूसरा विवाह तेईस वर्ष की अवस्था में हुआ था और उस समय कीर्तिजी व श्री श्रुतिधर की दूसरी पत्नी की अवस्था लगभग सोलह वर्ष थी। प्रारंभ में इस दंपती के दो पुत्र हुए थे, जिनका शैशवावस्था में ही निधन हो गया था। इनकी सबसे बड़ी जीवित संतान राजश्री

जीवन स्थगित है

थी, जो सचिन से मात्र छह महीने बड़ी थी। इस प्रकार रविकांत भाई साहब और राजश्री की अवस्था में भी नौ-दस वर्ष का अंतर था। कहा जाता है कि दोनों बच्चों को अपनी विमाता के स्वभाव से कोई उपालम्भ नहीं था, किन्तु उन्हें कीर्तिजी का स्वभाव विचित्र लगता था। दूसरी ताईजी का स्वभाव इन दोनों बच्चों के प्रति भी पूरी तरह मानवीय था और उनके व्यवहार में कोई भेदभाव नहीं था। कीर्तिजी को दूसरी भाभी के स्वभाव के प्रति भी शिकायत थी, किंतु श्री तेजबहादुर शर्मा ने कीर्तिजी के रवैये की पूरी तरह उपेक्षा कर दी थी। ऐसा लगता है कि बचपन से ही कीर्तिजी में एक तरह की अपरिपक्वता थी जो उनमें अंत तक बनी रही थी। दादीजी के सर्वाधिक निकट मौलश्री जीजी, रविकांत भाई साहब और सचिन ही थे, हो सकता है कि कीर्तिजी को इस बात से भी अप्रसन्नता होती रही हो। बाद में श्री श्रुतिधर की दूसरी पत्नी ने भी चार पुत्रों एवं तीन पुत्रियों को जन्म दिया था, जिनमें से केवल राजश्री ही सचिन से कुछ बड़ी थी। जहां सचिन प्रारंभ से ही स्वयं को अपनी दादीजी के अंतरंग अनुभव करता था, वहीं राजश्री लगातार अपनी मां के चारों ओर मंडराती रहती थी। यह जैसे दोनों बच्चों में एक मूक समझौता हो गया था। दूसरी ताईजी के शेष बच्चों को भी अपनी माता से ही अपेक्षाकृत अधिक लगाव था। बचपन में गांव में रहते समय ये चार बच्चे हमजोली थे – राजश्री, सचिन, आशीष और विजयश्री। राजश्री सचिन से छह महीने बड़ी थी, सचिन विजयश्री से डेढ़ वर्ष बड़ा था और विजयश्री आशीष से छह महीने बड़ी थी। शेष बच्चे या तो बिल्कुल अबोध थे अथवा उनका जन्म ही नहीं हुआ था। इनमें से बड़ा होकर आशीष डॉक्टर बन गया था और बहनें अपने भरे-पूरे परिवारों को संभाल रही थीं और उनके पति उनकी प्रशंसा करते हुए नहीं थकते थे।

श्री श्रुतिधर की दूसरी पत्नी भी एक लम्बी-चौड़ी और सुदर्शन महिला थीं। वे गृहकार्य में पूरी तरह सक्षम थीं, मधुरभाषिणी और व्यवहारकुशल थीं। सचिन की दूसरी ताईजी व माताजी का नाम भी मिलता-जुलता था। ताईजी का नाम सुमित्रा व माताजी का नाम सुशीला था, जिन्हें घरवाले क्रमशः सुम्मि और सुल्लू कहकर पुकारते थे। जहां तक बच्चों का प्रश्न है, ताईजी सभी बच्चों के प्रति पर्याप्त उदार और स्नेहपूर्ण थीं। उनके शयनकक्ष व रसोई में सभी बच्चे निर्बाध रूप से विचरण करते थे और उन पर कोई अनावश्यक रोकटोक नहीं थी। शयनकक्ष की एक अलमारी में शीशे के मर्तबानों में काजू, किशमिश, बादाम, अखरोट, पिस्ता, नोजा, मिश्री इत्यादि रखे रहते थे और बच्चे बिना अनुमति के उन्हें इच्छानुसार जेबों के हवाले करने के अभ्यस्त थे। बादाम और अखरोट को फोड़कर खाना असुविधाजनक हुआ करता था क्योंकि फोड़ते थे

तो वे दूर तक उछल जाते थे और अन्यथा उनके किरचे-किरचे हो जाते थे। कभी-कभी ताईजी को बच्चों पर दया आ जाती थी और वे इन्हें स्वयं ही फोड़कर मर्तबानों में रख देती थीं। खाना चारों बच्चे इकट्ठे ही खाया करते थे और प्राय: ताईजी ही अपनी रसोई में पहले खाना बनाना प्रारंभ करती थीं। जो भी पहले खाना बना लिया करता था भोजन का क्रम वहीं से प्रारंभ हो जाता था, किन्तु यह भी ध्यान रखा जाता था कि दूसरी रसोई में क्या बन रहा है? बच्चों के खाना खाने का सबसे प्रिय स्थान बीच वाली चौकोर सीढ़ी थी, जिस पर चारों बच्चे आराम से बैठ जाया करते थे और नीचे से अथवा छत पर से दिखाई नहीं देते थे। भोजन की दूसरी किस्त शुरू होते ही पहले वाली थालियों को सीढ़ियों में ही छोड़ दिया जाता था और नई थालियों के साथ दूसरा दौर शुरू हो जाता था। जो चीज पसंद नहीं होती थी उसे बीच में ही छोड़ दिया जाता था। यहां उन्हें कोई भी रोकने-टोकने अथवा सलाह देने वाला नहीं था। विजयश्री प्राय: रोटियों की ऊपर वाली पपड़ी खाती थी और नीचे वाला हिस्सा छोड़ देती थी। इसी प्रकार सचिन चावल खाते समय चीनी और घी खा लेता था और नीचे वाला हिस्सा छोड़ देता था। सभी का अपना-अपना तरीका था।

कुछ व्यंजन ऐसे थे जिनको बनाने में दादीजी अधिक निपुण थीं, जैसे फालरी की कढ़ी, फोफलिए की कढ़ी, फली-काचरी की लौंजी, सांगरी-कैरिए की सब्जी, खेलरी का रायता, मेथी-अमचूर की लौंजी, बाजरे की मीठी रोटी, सुषआ रोटी इत्यादि। कुछ व्यंजन ऐसे थे जिन्हें बनाने में ताईजी अधिक निपुण थीं जैसे दाल का हलवा, दही-बड़े, दूध-अजवायन के परांठे, बेसन के चिल्ले, मालपुए, बेसन के गट्टे, फाटेड़े की सब्जी इत्यादि। कुछ व्यंजन ऐसे भी थे जिन्हें बनाने में सचिन की माताजी सबसे आगे थीं जैसे बासमती चावल, पोहा, आलू का हलवा, बड़े-पकौड़ी, पोस्त-मूंगफली की चिक्की, खीरानंद इत्यादि।

शेखावाटी के बड़े सबसे अधिक स्वादिष्ट बनते हैं क्योंकि वहां इन्हें बनाने के लिए उड़द की दाल का प्रयोग नहीं किया जाता। इसके स्थान पर मोठ, मूंग व भेटरड़ा तीन तरह की दालों को मिलाकर पीसा जाता है। इस बड़े की तुलना में उड़द की दाल का बड़ा बहुत फीका होता है। इसी प्रकार कांजी के बड़े एवं राई की मिर्च केवल शेखावाटी में ही अच्छे बनते हैं; अन्य लोगों को कांजी बनानी नहीं आती है। खीर व राबड़ी भी सबसे अच्छी शेखावाटी में ही बनती है क्योंकि खमीर उठाना भी एक तरह की कला होती है। दादीजी पाक-कला में बहुत निपुण थीं और धीरे-धीरे दोनों बहुएं भी सब कुछ सीखती जा रही थीं। खाना बनाने के बारे में तीनों को स्वतंत्रता थी, वे अपनी इच्छानुसार खाना बनाया करती थीं।

पाठ्यपुस्तकों के अतिरिक्त अन्य पुस्तकों से सचिन का परिचय भी ताईजी

के माध्यम से ही हुआ था। उनकी अलमारी में दो निजी पुस्तकें थीं और वे पुस्तकें पुस्तकालय से मंगवाकर पढ़ने की भी शौकीन थीं। इन दोनों पुस्तकों में ही चित्र बने हुए थे और सचिन के दृष्टिकोण से ये दोनों ही रोचक थीं। पहली पुस्तक का नाम था 'प्रेमसागर' और दूसरी पुस्तक का नाम था 'जासूसी कुत्ता'। 'प्रेमसागर' श्री लल्लूलाल कृत था और इसमें श्रीकृष्ण के बाल्यकाल की कथाएं थीं। 'जासूसी कुत्ता' किसी अंग्रेजी उपन्यास का अनुवाद थी, इसमें रेलगाड़ियों, रेलवे स्टेशनों तथा स्टेशन मास्टरों के बारे में रोचक वर्णन था। ताश और चौसर खेलना भी सचिन ने ताईजी से ही सीखा था। वे गर्मियों की दुपहरी में बच्चों को घर से बाहर नहीं जाने देना चाहती थीं, इसलिए बैठक में उनके द्वारा इन खेलों का आयोजन किया जाता था। इन खेलों में दादीजी और अड़ोस-पड़ोस के बच्चे भी सम्मिलित हुआ करते थे। दादीजी की एक विशेषता यह थी कि जब तक वे जीतती थीं खेल में भरपूर रुचि लेती रहती थीं, किन्तु जैसे ही वो लगातार दो बार हार जाती थीं ताश के पत्ते दूर फेंक देती थीं अथवा चौसर को हाथ से पकड़कर सारी गोटियों को उछाल देती थीं इसलिए हमें उनको जिताना पड़ता था। बच्चों के आग्रह करने पर चौसर के सारे जोड़े दादीजी ने ही बनाए थे। इसके लिए वे लाल, हरे और पीले रंग की साटन का प्रयोग करती थीं। वे स्वयं ही कैंची की सहायता से चौसर को काटती थीं और सूई-धागे से स्वयं ही सिलाई करती थीं।

गुड़ियों के शादी-विवाह का आयोजन भी दादीजी तथा ताईजी के सहयोग के बिना सम्भव नहीं होता था। सबसे पहले दादीजी साटन, जरी व गोटे की सहायता से गुड़ियों को बनाकर सिलाई करती थीं। गुड़ियों की आंखें बनाने के लिए चिरमी अथवा कौड़ी का प्रयोग किया जाता था। इसके बाद में अड़ोस-पड़ोस के बच्चों को अगले दिन गुड्डे-गुड़िया के विवाह में सम्मिलित होने के लिए निमंत्रित किया जाता था। विधिवत गीत गाए जाते थे, सारे नेगचार पूरे किए जाते थे और उसके बाद पाणिग्रहण संस्कार करवाया जाता था। फेरे पड़ने के पश्चात् भोजन का आयोजन किया जाता था। इस भोजन में पत्तलें, दोनें, गिलास व रामसागर का प्रयोग तो अन्य विवाह के कार्यक्रमों की तरह ही होता था, किन्तु भोजन की सामग्री कुछ भिन्न होती थी। भोजन की सामग्री में सूखे मेवे, मिठाइयां, मठरियां, फल, बिस्किट, चॉकलेट इत्यादि सम्मिलित होते थे और ताईजी इस सामग्री का प्रबंध एक दिन पहले करके रखती थीं। वे ही बच्चों को भोजन परोसती भी थीं। मिठाई व मेवे तो प्रायः घर पर ही मिल जाया करते थे, किंतु फल, बिस्किट, चॉकलेट आदि लेने के लिए स्वयं राजश्री व सचिन को बाजार जाना पड़ता था, क्योंकि वे ही समधी-समधन होते थे।

कीर्तिजी और सुशीला प्राय: इन कार्यों में कोई रुचि नहीं लेते थे, उन्हें प्राय: चौबारे में ही सोते हुए पाया जाता था, यहां तक कि विवाह के भोज में भी वे सम्मिलित नहीं हो पाते थे। रामलीला के आयोजन में भी ताईजी का भरपूर सहयोग रहता था, किंतु उसकी चर्चा उपयुक्त समय आने पर ही की जाएगी।

ताईजी का बचपन बम्बई में व्यतीत हुआ था और उन्हें मराठी का बहुत अच्छा ज्ञान था, इसी प्रकार सचिन की मां को भोजपुरी का बहुत अच्छा ज्ञान था, किन्तु दादीजी को इनमें से किसी भी भाषा का घर पर बोला जाना कतई नापसंद था। यह भी सुनने में आता है कि प्रारंभ में दोनों ही बहुओं को मारवाड़ी बोलना नहीं आता था और वे अपने-अपने पतियों से खड़ी बोली में बातें करती हुई पाई जाती थीं। दोनों छोटी ननदों के द्वारा मजाक उड़ाए जाने और नकल उतारने के कारण शीघ्र ही उन्हें मारवाड़ी सीखनी पड़ी थी। यह खेदजनक है कि इस सांस्कृतिक दुराग्रह के कारण बच्चे ये दोनों ही बोलियां सीखने से वंचित रह गए थे। यह भी बहुत दु:खद है कि ताईजी का निधन भी अकस्मात् ही हो गया था। कलकत्ता के एक अस्पताल में उनकी बाईपास सर्जरी हुई थी और सर्जरी अच्छी तरह सफल हो जाने पर भी उनकी चेतना अनीस्थिशिया जनित बेहोशी से वापस नहीं लौट पाई थी। अस्पताल बहुत प्रतिष्ठित था किन्तु लगता है उनका आधुनिक शल्य क्रिया में कोई भरोसा नहीं था। स्यात् विधि को यही स्वीकार्य था। होनी को कौन टाल सकता है?

सचिन के घर के पिछवाड़े एक मंदिर था जिसे इसी परिवार के पूर्वजों ने बनवाया था। इस मंदिर के दायीं तरफ लालचंदजी का कुआं था और कुएं से दो-तीन फर्लांग आगे गौशाला थी। सचिन के बचपन में ही यह मंदिर सूना हो चुका था और इसमें आरती, वंदना, पूजापाठ इत्यादि नहीं होते थे। रखवाली करने के लिए एक आदमी को अवश्य नियुक्त किया हुआ था जो नित्यप्रति सफाई करके चला जाता था। सचिन को इस मंदिर में आकर अपना समय बिताना बहुत प्रिय लगता था, क्योंकि यहां उसे एक विशेष प्रकार की गहन शांति का अनुभव होता था। मंदिर में बैठकर घण्टों एकांत-साधना की जा सकती थी क्योंकि यहां पर यदा-कदा ही कोई अपरिचित व्यक्ति प्रवेश करता था। यह मंदिर दूसरी मंजिल पर बना हुआ था और भूतल पर दो बड़े-बड़े गोदाम बने हुए थे और इन गोदामों के लोहे के दरवाजे सदैव बंद ही रहते थे; किसी को भी इन गोदामों में रुचि लेते हुए नहीं देखा गया था, लगता है कि ये दोनों गोदाम रिक्त थे। मंदिर में पहुंचने के लिए कोई तीस-चालीस बड़ी-बड़ी सीढ़ियां चढ़ना पड़ता था। सचिन को एकांत व विश्रांत मनोस्थिति में तल्लीनतापूर्वक मंदिर की मूर्तियों को देखना बहुत सुखद लगता था, इसलिए

जीवन स्थगित है

वह अकेला भी इस मंदिर में आया करता था। इस मंदिर में राधा-कृष्ण, शिव-पार्वती, गणेश व नंदी की श्वेत संगमरमर की बनी हुई मूर्तियां प्रतिष्ठित थीं। मूर्तियां दरवाजों के भीतर पूजागृहों में रखी हुई थीं और दरवाजे पारदर्शी शीशों के बने हुए थे, जिन्हें केवल चाबी की सहायता से ही खोला जा सकता था। राधा की मूर्ति इस प्रकार उकेरी गई थी कि इसके नाक-नक्श बहुत आकर्षक थे; लगता था जैसे यह अभी मुंह से बोलने लगेगी। इस मूर्ति की चुनरी सुर्ख लाल रंग की बनी हुई थी जिस पर जरी का कसीदा और किनारी बने हुए थे। सभी मूर्तियां बहुत स्वाभाविक थीं और वे सजीव लगती थीं। कभी-कभी सचिन अपनी हथेलियों को हवा में लहराकर इन मूर्तियों को 'त्या' कहता था। यहां के एकांत व विश्रांति में डूबकर सचिन यह जानना चाहता था कि वास्तव में मंदिर क्या होता है। यहां उसे कोई रोकने-टोकने वाला नहीं था और वह पूरी तरह इस वातावरण को आत्मसात कर सकता था।

इस मंदिर का एक कक्ष कीर्तिजी के आधिपत्य में भी था और इसकी चाबी केवल उन्हीं के पास रहती थी। कीर्तिजी को ग्रीष्मावकाश और दशहरे की छुट्टियों में स्कूल नहीं जाना पड़ता था और दोनों बाप-बेटे सुराही में पीने का पानी भरकर यहीं आ जाया करते थे। कीर्तिजी के पढ़ने का स्थान उनका कक्ष हुआ करता था और सचिन के पढ़ने का स्थान मंदिर के अंतःगृह की परिक्रमा हुआ करता था। कीर्तिजी के इस कक्ष में एक निवार का पलंग, एक लकड़ी की दराजों वाली बड़ी-सी मेज, और एक कुर्सी स्थायी रूप से रखी थीं और यह कक्ष परिक्रमा के सन्निकट ही उसके दायीं ओर स्थित था। इस कक्ष की दो दीवारों में चार खिड़कियां इस प्रकार बनी हुई थीं कि उनसे इतनी द्रुत व त्वरित शीतल हवा आती थी कि पलंग पर लेटकर आंख बंद करने के बाद नींद को रोकना संभव नहीं होता था और व्यक्ति घण्टों गहरी नींद में डूबा रहता था। कीर्तिजी बहुत बार यहां आते ही सो जाया करते थे और आंख खुलते ही घर की ओर वापस चल पड़ते थे। ऐसे मौकों पर भी सचिन परिक्रमा के पिछवाड़े बैठकर अपनी पढ़ाई पूरी करता था और पिता के जागने की प्रतीक्षा करता था। मंदिर के तीन ओर दूर-दूर तक खुले मैदान थे; इसके अतिरिक्त यह मंदिर दूसरी मंजिल पर भी था, इसलिए यह कक्ष प्राकृतिक और शीतल हवा के संचार के लिए बहुत अद्भुत था। यहां आने वाली हवा इतनी तरोताजा, प्रफुल्लतादायक व नैसर्गिक हुआ करती थी जैसे स्वर्ग से चलकर आने वाली हवा हो। गर्मियों की दुपहरी में यहां आकर नींद को रोकना बहुत कठिन हुआ करता था। कभी-कभी कीर्तिजी मेज और कुर्सी पर बैठकर अपनी पढ़ाई करते थे और सचिन बेसुध पलंग पर सोता हुआ दिखाई देता था।

यह वह समय था जिन दिनों कीर्तिजी क्रमश: हिंदी स्नातकोत्तर तथा अंग्रेजी स्नातकोत्तर की अपनी पढ़ाई में व्यस्त थे। ऐसा लगता है कि कीर्तिजी का यहां अकेले पढ़ाई में मन नहीं लगता था, इसलिए वे सचिन को भी अपने साथ ले आया करते थे। इससे उन्हें छोटे-मोटे काम भी नहीं करने पड़ते थे जैसे पीने का पानी दुबारा मंगवाना, पुस्तकें अथवा अन्य छोटी-मोटी चीजें मंगवाना, डाक मंगवाना, इत्यादि। सचिन आठ वर्ष की अवस्था से पूर्व स्कूल कभी गया ही नहीं था। उसका हिंदी, अंग्रेजी व गणित का मूलभूत ज्ञान इसी मंदिर में संपन्न हुआ था। वह प्रारंभ से ही सभी विषयों में अपने समवयस्क लड़कों से आगे था, इसका कारण इसी परिक्रमा में बैठकर किया गया उसका स्वाध्याय था। यद्यपि परिक्रमा में भी खुलकर हवा आती थी किन्तु यहां सोना सम्भव नहीं था; यहां बैठकर सचिन मनोयोगपूर्वक पढ़ सकता था। अंग्रेजी व्याकरण का जितना भी ज्ञान सचिन को था, वह इसी स्थान पर बैठ कर किए गए अध्ययन का परिणाम था। जब सचिन छठी कक्षा में आया था तब भी वह दसवीं कक्षा में पढ़ने वाले लड़कों से अधिक अंग्रेजी जानता था और प्रश्नपत्र हल करने में उनकी मदद किया करता था। कीर्तिजी प्रतिदिन प्रारंभ के आधे घण्टे में उसे कोई नया पैटर्न अथवा नियम बता दिया करते थे फिर या तो वे सो जाते थे अथवा स्वाध्याय में लीन हो जाया करते थे। सचिन बैठकर किताबों की सहायता से अपने अभ्यास में लग जाया करता था और पिता के घर प्रस्थान करने से पहले उनसे अपने उत्तरों का परीक्षण करवा लिया करता था जो कि प्राय: शुद्ध ही हुआ करते थे। व्याकरण के ज्ञान के बाद सचिन ने इसी परिक्रमा में बैठकर हिंदी से अंग्रेजी में अनुवाद करना भी सीखा था। कीर्तिजी के पास उन दिनों व्याकरण व अनुवाद दोनों के लिए बहुत अच्छी पुस्तकें हुआ करती थीं।

इसके बाद सचिन की उत्सुकता का आसपास के घरों के प्रति जागना स्वाभाविक था। सचिन के घर के दायीं तरफ सेठ वृद्धिचंदजी की हवेली थी जिसमें उन दिनों कोई भी नहीं रहता था। इस हवेली के ऊपर चमकता हुआ चांद रात को बहुत सुंदर लगता था। इस हवेली में तीसरी मंजिल पर एक पंचबारा था। कीर्तिजी और रविकांत भाई साहब दोनों का कहना था कि बहूजी की आत्मा रात को पैरों में घुंघरू बांधकर इस पंचबारे में प्राय: नृत्य किया करती थी। वृद्धिचंदजी की हवेली के खाली रहने के पीछे भी एक कहानी थी। बहूजी अपने पति की दूसरी पत्नी थीं; बद्री प्रसादजी डंडेवाले की सौतेली माता थीं और सेठ मथुरादास की सगी माताजी थीं। एक दिन उसने बद्री प्रसाद को भोजन परोसते समय उनकी खीर की कटोरी में जहर मिला दिया था जिसे नौकरानी ने देख लिया था। नौकरानी भली थी और उसने यह बात बद्री प्रसादजी को बता दी थी। पिता और पुत्र जब

जीवन स्थगित है

दोनों खाना खाने बैठे थे तो पुत्र ने अचानक अपनी थाली उठाकर पालतू कुत्ते के सामने फेंक दी थी। यह खाना खाते ही कुत्ता जमीन पर गिरकर छटपटाने लगा था और आधे घण्टे के भीतर ही मर गया था। उसी दिन बद्री प्रसादजी इस हवेली को छोड़कर अपने फार्महाउस में चले गए थे जिसे 'डंडा' कहा जाता था, क्योंकि शेखावाटी में डंडे का एक अर्थ परकोटा भी होता है। यह एक वर्गाकार इमारत थी और बहुत ही लम्बी-चौड़ी जमीन पर बनी हुई थी। इस इमारत में चारों तरफ परकोटे के सहारे कमरे, तिरबारियां और चबूतरे बने हुए थे और बीच में खेत था जो कि जंगल जैसा दिखता था। बद्री प्रसादजी का परिवार इस इमारत के केवल एक कोने को घेर पाता था और बाकी सारी इमारत या तो रिक्त पड़ी थी अथवा व्यापारिक सामान से भरी हुई थी। डंडे के ठीक सामने सिंचाई के लिए एक कुआं भी था।

सेठ वृद्धिचंद कलकत्ता में चांदी के सटोरिए थे और उनको सिल्वर किंग कहा जाता था। उनकी सफलता का सूत्र बहुत सरल था और स्वत: ही उनके हाथ आ गया था। उनके मित्रों व परिचितों द्वारा यह समझा जाता था कि उन्हें बाजार के उतार-चढ़ाव की समझ सबसे अधिक थी। वे जिस दिन बाजार से चांदी खरीदते थे सभी परिचितों को फोन कर देते थे, इससे उनके सभी परिचित भी बाजार से चांदी खरीद लेते थे। इससे बाजार में चांदी कम हो जाती थी और स्वत: ही चांदी का भाव बढ़ जाता था। सेठजी अचानक इस बढ़े हुए भाव में चांदी को बेच देते थे। उनकी देखा-देखी उनके परिचित भी चांदी को बेच देते थे और बाजार में चांदी की आवक अधिक होने से फिर एक बार चांदी का भाव गिर जाता था। इस प्रकार उन्होंने जिंदगी में एक ही काम किया था कि वे चांदी को सस्ती खरीदते थे और महंगी बेचते थे। इस प्रकार उन्होंने बहुत सम्पदा इकट्ठी कर ली थी। वे रोजाना कपड़ों की एक नई जोड़ी पहनते थे और अगले दिन उसे नौकर-चाकरों को दे देते थे। एक भी कपड़े को उन्होंने एक दिन से अधिक नहीं पहना था। उनके घर में दर्जी और धोबी रोज ही बैठे रहते थे। इसका दुष्परिणाम यह हुआ था कि बहूजी को लोभ हो गया था और उन्होंने यह प्रयास इसलिए किया था कि सौतेले पुत्र को सम्पत्ति में हिस्सा नहीं देना पड़े। बाद में बहूजी के एक पुत्र ने दूसरी हवेली बना ली थी और दूसरा पुत्र परिवार सहित जयपुर में रहने लगा था और यह हवेली इतनी लम्बी-चौड़ी होने पर भी खाली हो गई थी।

अस्तु, बद्री प्रसादजी डंडे में अपने पुत्र, पुत्रवधू और दो पौत्रों के साथ रहते थे। वे छोटी सी उम्र में विधुर हो गए थे और इतना ही उनका परिवार था। उनके पोते सचिन से दो-चार वर्ष ही छोटे थे। सचिन की दादीजी बहूजी की निंदा और

बद्री प्रसाद जी की प्रशंसा प्राय: करती रहती थीं, इसलिए सचिन को इस परिवार के विषय में भी जिज्ञासा हुई थी और वह इस परिवार से मिलने के लिए डंडे तक चला गया था। बद्री प्रसादजी के पुत्र श्री वासुदेव को सचिन ताऊजी और उनकी पत्नी को वह ताईजी कहा करता था। ताईजी इस डंडे में अकेली रहती थीं। इसलिए उन्हें तरह-तरह की पुस्तकें पढ़ने का शौक भी था। ताईजी के पास सरिता, मुक्ता, कादम्बिनी, चंदा मामा, पराग, नंदन, बाल भारती, इंद्रजाल कॉमिक्स इत्यादि का बहुत बड़ा सजिल्द संग्रह था, इसलिए सचिन का इस परिवार में आना-जाना प्राय: ही होने लगा था। डंडा जहां बना हुआ था, वह स्थान हवेली से दूर था। हो सकता है कि यहां अच्छे पड़ोस का अभाव हो और इसलिए यह परिवार अपना पर्याप्त समय पत्र-पत्रिकाओं को देने लगा हो। श्री वासुदेव ताऊजी फसल आने पर थोक में सस्ती चीजें खरीदते थे; उन्हें इकट्ठा करते थे और भाव बढ़ने पर बेच दिया करते थे। इस काम के लिए उनके पास न तो पूंजी का कोई अभाव था और न ही स्थान की कोई कमी थी। डंडे में गेंहू, चावल, बाजरा, दलहन, चीनी इत्यादि की हजारों बोरियां पड़ी रहती थीं। वे दुकानदारों के दुकानदार थे और यही उनकी आय का साधन था। कुछ समय पश्चात् घरेलू परिस्थितियों के कारण श्री बद्री प्रसादजी को अकेले ही पड़ोस वाली हवेली में भी आकर रहना पड़ा था। उस समय वे नितांत वृद्धावस्था में थे और एक छोटी जाति की विधवा औरत उनका चूल्हा-चौका संभाल रही थी। उन्होंने इस संबंध में लोगों की अनर्गल बातों की कोई परवाह नहीं की थी और विश्वसनीयता को ही महत्त्व दिया था। वे एक सुलझे हुए विचारों के व्यक्ति थे और पिचासी वर्ष की अवस्था में भी वे प्रतिदिन हिंदी व अंग्रेजी के कई अखबार पढ़ा करते थे और छापों में छपी हुई खबरों के बारे में कीर्तिजी से विचार-विमर्श करने में उन्हें बहुत आनंद आया करता था। बाद में श्री बद्री प्रसादजी की मृत्यु हो गई थी और श्री वासुदेवजी अपने छोटे से परिवार सहित इस हवेली में आकर रहने लग गए थे। छोटी बहूजी के पुत्र-पौत्रों को सचिन ने कभी भी इस हवेली में आते हुए नहीं देखा था। शायद भाइयों में आपस में कोई सम्पर्क नहीं था। यह हवेली इतनी बड़ी थी कि श्री वासुदेवजी के परिवार के यहां आ जाने पर भी खाली-सी लगती थी। रविकांत भाई साहब का तो यहां तक मानना था कि इस परिवार के आने के कारण केवल नीचे की मंजिल में चहल-पहल हुई है, जबकि पंचबारे में अभी भी बहूजी की आत्मा को नृत्य करते हुए देखा जा सकता था। यह बात अलग है कि नृत्य करते-करते बहूजी को कुछ याद आ जाता था और वो रोने लगती थीं। कहते हैं कि बाद में बहूजी को पति के हाथों बहुत तिरस्कृत होना पड़ा था और उन्हें अपने किए पर बहुत पश्चाताप भी हुआ था।

सचिन के घर के बायीं तरफ श्री निरंजन लाल केडिया की हवेली थी। उसमें निरंजन की मां, निरंजन की बहू और निरंजन के चचेरे भाई केशवजी रहते थे। निरंजन कलकत्ता में व्यवसाय करता था और कभी-कभी वहां से आता था। उसका रंग इतना काला था जितना कि इस क्षेत्र के लोगों में दुर्लभ होता है। यह कहा जाता है कि निरंजन की मां बहुत तेजतर्रार थी और उसने अपने पति को एक दिन भी सुख का सांस नहीं लेने दिया था। खैर, सचिन छोटा था इसलिए सचिन के प्रति यह महिला भी स्नेह का भाव रखती थी। गर्मियों की दुपहरी में जब सभी घर के बड़े सदस्य सो जाते थे तो सचिन इस हवेली की ओर चुपचाप खिसक लेता था, यहां तक कि वह पैरों में जूते पहनने की परवाह तक नहीं करता था। निरंजन की बहू का रंग एकदम गोरा-चिट्टा था, वह तारुण्यमयी भी थी और कम-से-कम सचिन के लिहाज से वह सुंदर भी थी। सचिन को यह बात समझ में नहीं आती थी कि दादीजी उसको सुंदर क्यों नहीं मानती थीं और वे क्यों उसे नाक नक्श के आधार पर सुंदर मानने से मना करती थीं। सचिन निरंजन को भाई साहब और उसकी बहू को भाभीजी कहता था। उस घर में प्रवेश करते ही सबसे पहले सचिन भाभीजी के कमरे में जाकर बैठ जाता था। भाभीजी बहुत रोचक बातें सचिन को बताती थीं। उनका कहना था कि वो शादी से पहले अपने माता-पिता के साथ बम्बई में रहती थीं और उन्हें फिल्में देखने का बहुत शौक था। भाभीजी का कहना था कि इस गांव की तुलना में बम्बई बहुत दिलचस्प जगह हुआ करती थी। वह सचिन को बिठाकर खास-खास फिल्मों की कहानियां भी सुनाया करती थीं और यह भी बताया करती थीं कि उस फिल्म के कौन-कौन से गाने प्रसिद्ध हुए थे। सचिन ने तब तक कोई भी फिल्म नहीं देख रखी थी लेकिन गाने क्या होते हैं, यह सचिन अच्छी तरह जानता था। निरंजन की बहू को भी एक अच्छा श्रोता मिल गया था जिससे वह बिना कुछ छिपाए सब कुछ साफ-साफ कह सकती थी। भाभीजी का कहना था कि सरकस फिल्म से भी ज्यादा जोरदार होता है और वे संक्षेप में सचिन को सरकस के बारे में बहुत कुछ बताया करती थीं। उनका कहना था कि सरकस में हाथी, बंदर, शेर, चीता, भालू, जोकर इत्यादि बहुत से कलाकार होते हैं जिनके करतब देखकर दर्शकों को दांतों तले अंगुली दबानी पड़ती है। सरकस में और फिल्मों में सबसे बड़ा अंतर यह होता है कि सरकस में हम जीते-जागते वास्तविक लोगों को देखते हैं जबकि सिनेमा में केवल उनकी तस्वीरें दिखाई देती हैं। यह बात अलग है कि ये तस्वीरें इतनी वास्तविक लगती हैं कि जल्दी ही हम भूल जाते है कि ये केवल तस्वीरें हैं। वे रेस के घोड़ों के बारे में भी सचिन को बहुत कुछ बताया करती थीं कि उन

दिनों कौन-से घोड़े सबसे ज्यादा जीतते थे। घोड़ों के नाम अंग्रेजी अक्षरों में होते थे जैसे बी-4, आर-7, डब्लयू-3 इत्यादि। एक दिन भाभीजी के डैडी ने, जो उनकी दृष्टि में महान थे, एक सफेद घोड़े पर दस हजार रुपए लगाए थे। घोड़े के जीतने की पूरी संभावना थी और उसके जीतते ही डैडी लखपति हो जाने वाले थे। लेकिन यह घोड़ा इतनी तेजी से दौड़ा था कि बीच में ही गिरकर मर गया था और उनके डैडी को इससे बहुत घाटा हुआ था। सबसे बड़ी चीज भाग्य होती है; उस दिन डैडी को इतना दुःख हुआ था कि उन्होंने इसके बाद रेस खेलना छोड़ दिया था। यह भाग्य की ही बात थी कि भाभीजी की शादी एक छोटे से गांव में हुई थी; दामाद भी लड़की से कम सुंदर था और विवाह के नौ वर्ष बीत जाने के बाद भी घर में कोई बच्चा नहीं हुआ था। उसके डैडी की सारी कमाई रेस के घोड़ों से ही होती थी, इस मामले में वे बहुत काबिल भी थे, किन्तु दुर्भाग्य की बात है कि सबसे बड़ा दांव उन्हें खोना पड़ा था। भाभीजी सचिन से बात भी करती रहती थीं और साथ में पोमचे, चुनरी, ओढ़नी आदि पर अपना सफेद और पीले गोटे का काम भी करती रहती थीं। हो सकता है कि कलकत्ता में ये लोग पोमचे इत्यादि बेचने का व्यवसाय भी करते रहे हों। भाभीजी इस काम में बहुत चतुर थीं और इस बाबत सचिन की दादीजी भी उनकी प्रशंसा करती थीं। गोटे के छोटे-छोटे सितारे होते थे, गोटे के बहुत छोटे-बड़े फूल और पत्तियां हुआ करती थीं, गोटे की किनारियां और झालरें हुआ करती थीं और इन सबको बारीक-बारीक सुइयों से टांका जाता था। इसे टांके का काम कहा जाता था। यूं तो भाभीजी सचिन को भी बहुत पसंद करती थीं, किन्तु उसके साथ वे सदा गम्भीर बनी रहती थीं जबकि रविकांत भाईसाहब के आते ही वे हंसना शुरू कर देती थीं और दोनों की हंसी बंद ही नहीं हुआ करती थी। रविकांत भाईसाहब भी ताईजी के बुलाने पर कभी-कभी वहां आ जाया करते थे और चिट्ठी-पत्री इत्यादि लिख दिया करते थे जो कि ताईजी अकसर भाभीजी से अलग बैठकर अपने रिश्तेदारों को लिखवाया करती थीं।

भाभीजी पर्याप्त व्यवहारकुशल भी थीं। जैसे ही सचिन वहां से विदा होने का मंतव्य प्रकट करता था, वे उसे थोड़ी देर ताईजी के पास भी बैठने की सलाह देती थीं। ताईजी अक्सर तिरबारी में बैठी हुई मिलती थीं जिसका पिछला दरवाजा नोहरे में खुलता था और उसमें से ठण्डी-ठण्डी हवा आती रहती थी। तिरबारी में सीढ़ियां और दुछत्ती भी बनी हुई थीं। दुछत्ती सुंदर थी लेकिन खाली पड़ी हुई थी। ताईजी सचिन को बहुत होनहार समझती थीं और उनका मानना था कि बड़ा होकर वह अपने दादाजी की तरह ही एक प्रकाण्ड पण्डित बनेगा। यद्यपि सचिन उस समय अवस्था में केवल पांच-सात वर्ष का ही था

किन्तु तिरबारी में पहुंचते ही वे उससे शास्त्र-चर्चा प्रारंभ कर देती थीं। उन्होंने उसे पुराणों में वर्णित बहुत-सी कहानियां भी सुनाई थीं और उन पर विचार-विमर्श भी किया था। ताईजी का कहना था कि कोई कितना भी बड़ा पण्डित हो जाए, सभी प्रश्नों के उत्तर वह भी नहीं दे सकता।

जैसेकि एक दिन उन्होंने सचिन से पूछा था–

''तू सनतकुमारों को जानता है?''

'हां जानता हूं। वो गिनती में सात थे, लेकिन एक सनतकुमार और भी हैं, वो हमारे रामनिवास दादाजी के बेटे हैं।'

''तो सनतकुमार नंगे क्यूं रहते थे? यही प्रश्न मैंने श्री तेजबहादुरजी से भी किया था।''

'यह तो एकदम सरल बात है। जब गर्मी ज्यादा पड़ती है तो मेरी भी पीठ में अलाइयां(घमौरियां) हो जाती हैं और मैं भी नंगा हो जाता हूं।'

''तेरी बात तो और है क्योंकि तू अभी छोटा है, लेकिन यदि कीर्तिजी अथवा श्रुतिधरजी नंगे हो जाएं तो यह कोई अच्छी बात थोड़े ही होगी।''

'मुझे तो यह बात भी अच्छी लगती है।''

फिर वो सचिन के बालों में अंगुलियां फेरने लगती थीं। उन्होंने बताया था कि सचिन के दादाजी का कहना था कि सनतकुमार परमज्ञानी थे और उनमें पुरुष होने का भाव अर्थात् पुरुषवेद नहीं था। ताईजी का कहना था कि वे इस उत्तर से संतुष्ट नहीं थीं। जिन स्त्रियों से सनतकुमार मिलते थे, उनमें स्त्री होने का भाव अर्थात् स्त्रीवेद होता था। इसलिए सनतकुमारों को उनकी भावना का ध्यान रखना चाहिए था। सचिन का मंतव्य था कि लड़कियों की भावना की परवाह नहीं करनी चाहिए। जो लड़कियां सचिन के साथ गट्टे खेलने से मना कर देती हैं सचिन भी उनकी परवाह नहीं करता है। यहां तक कि जब वे जाने लगती हैं तो सचिन उनके टंगड़ी लगा देता है और वे सुबकते-सुबकते अपने घर पहुंचती हैं। ऐसी लड़कियां अच्छी नहीं होती हैं। इस प्रकार प्रायः नित्य ही दुपहरी में दोनों का शास्त्रार्थ हुआ करता था। ताईजी ने बहुत-सी कथा-वार्ताएं सुन रखीं थीं और सचिन को भी उनसे सीखने को बहुत कुछ मिल रहा था। यह बात और है कि शास्त्र इतने गूढ़ होते हैं कि दोनों का उनको देखने का दृष्टिकोण कभी-कभी भिन्न-भिन्न भी हुआ करता था। फिर भी ताईजी का विचार था कि सचिन बड़ा होकर अवश्य ही विद्वान बनेगा और सभी प्रश्नों का उत्तर ढूंढने का प्रयास करेगा।

जैसी कि परम्परा है सास और बहू में कभी-कभी झगड़े भी हो जाया करते थे। उनके एक झगड़े के दौरान सचिन को पता लगा था कि निरंजन का

एक छोटा भाई प्रियरंजन भी था जो कि कई बरस पहले एक दिन कलकत्ता में घर से बाहर निकल गया था और फिर कभी भी लौटकर नहीं आया था। ताईजी का आरोप यह था कि भाई और भाभी का व्यवहार प्रियरंजन के प्रति अच्छा नहीं रहा होगा इसलिए वह घर छोड़कर चला गया होगा। भाभीजी बहुत शांत भाव से इसका प्रतिवाद कर रही थीं। ताईजी झगड़ा करती जाती थीं और रोती भी जाती थीं, फिर भी सचिन को भाभीजी की बात अधिक समझ में आ रही थी कि देवर और भाभी में तो झगड़ा कभी होता ही नहीं है और यह कि भाभीजी को घर में सबसे अधिक अच्छे देवरजी ही लगा करते थे। सचिन के परिवार के गांव छोड़ देने के बाद निरंजन भी अपने बेटे और पत्नी को अपने साथ ही कलकत्ता ले गया था। किन्तु ताईजी ने स्वयं यह घर छोड़ने से मना कर दिया था। उनका कहना था कि उनकी डोली भी इसी घर में आई थी और उनकी अर्थी भी यहीं से उठेगी। ऐसा सुनने में आता है कि बाद में उनकी मृत्यु बहुत दुःखद हुई थी। जो नौकरानी उनके घर पर आती थी, वही एक दिन उनका गला घोंट गई थी और घर का कीमती सामान भी ले गई थी। उनकी मृत देह रसोई घर में चूल्हे के पास रखी हुई मिली थी और उनके हाथों से सोने के कंगन भी गायब थे। उन दिनों तीन घरों में इसी प्रकार अकेली औरतों की हत्याएं हुई थीं और कीमती सामान गायब हो गया था। यह नौकरानी इन तीनों घरों में जाती थी, लेकिन प्रमाण के अभाव में उसे गिरफ्तार नहीं किया गया था। बाद में यह औरत एक पहुंचे हुए साधु की शिष्या बन गई थी और इसे एक बहुत बड़ी भक्त और अंतर्ज्ञानी मान लिया गया था। आजकल यह औरत श्रोताओं को रामायण की कथा सुनाती है और आध्यात्मिक शक्ति से उनके बिगड़े हुए काम बनाती है।

सचिन के घर के सामने लगभग सौ कदम की दूरी पर त्रिवेदियों का घर था। इस घर के सामने एक विशालकाय कीकर का पेड़ था जो तने पर आकर दो मोटी–मोटी डालियों में बंट गया था। सावन के दिनों में बर्री की सहायता से इस पेड़ की डालियों पर झूला डाला जाता था। कुएं से पानी खींचने के मोटे जेवड़े को बर्री कहा जाता था और माली इसी प्रकार के जेवड़े को काम में लेते थे। जेवड़े की बराबर–बराबर दो लड़ें बांधी जाती थीं और इन दोनों के बीच में लकड़ी से बनी एक फाटकी लगाते थे और इस फाटकी पर रूई से बनी हुई पतली गद्दी रखते थे। छोटे लड़के–लड़कियां इस फाटकी पर बैठकर झूला झूलते थे और झूला किसी अन्य व्यक्ति को देना पड़ता था, जबकि बड़े लड़के–लड़कियां फाटकी पर खड़े होकर झूले को चढ़ाते थे। झूला अपनी विराम की अवस्था से अस्सी डिग्री के कोण तक भी ऊपर चला जाता था, इसके बाद फिसलने की संभावना हो जाती थी। छोटे बच्चे केवल बीस–तीस डिग्री के कोण तक ही हींडा लेना पसंद

करते थे। पुरुषों की अनुपस्थिति में गृहणियां भी अपने झूलने का शौक पूरा कर लिया करती थीं। यद्यपि बच्चे तीन पेड़ों पर झूला डालते थे जिनमें दो नीम के पेड़ थे और एक कीकर था तो भी आसपास के घरों में रहने वालों के लिए यही पेड़ सर्वाधिक उपयुक्त था। सावन की तीज को छोटी लड़कियों और बहुओं का सिंधारा होता था। इस दिन उनको नए-नए वस्त्र और आभूषण भेंट में दिए जाते थे। एक-दो दिन पहले लड़कियों व बहुओं के हाथों में मेहंदी लगाई जाती थी। छोटी लड़कियां उस दिन नया फ्रॉक पहनती थीं, उनके हाथों में नई चूड़ियां, गले में नया हार व कलाइयों में नए पाटले पहनाए जाते थे। रंग-बिरंगे फीतों की सहायता से उनकी चोटियों को गूंथकर उनकी केशसज्जा की जाती थी। रुपए, मेवे, मिश्री, नारियल की चिटकी इत्यादि से बालिकाओं व महिलाओं की गोद भरी जाती थी। सावन की तीज पर पूरे दिन लड़कियां झूला झूलती थीं और गीत गाती थीं। इस दिन लड़कियां इतनी बनी-ठनी व सुंदर दिखाई देती थीं कि लड़कों में एक प्रकार की हीन भावना आ जाया करती थी क्योंकि उनके पास इतना सुंदर दिखाई देने का कोई भी उपाय नहीं था। फिर भी भाइयों से यह अपेक्षित होता था कि वे बहनों से इस दिन झगड़ा नहीं करें और उन्हें कुछ ना कुछ उपहार में अवश्य दें। बचपन में सचिन की भी ऐसी ही बहनें व क्रीड़ा-सखियां थीं, किन्तु बाल्यकाल की ये क्रीड़ा-सखियां सचिन के देखते-देखते ही किशोरावस्था में प्रवेश कर गई थीं और उन्हें रहस्य के ऐसे आवरण ने घेर लिया था जो सचिन के लिए अभेद्य था। बहुत जल्दी बचपन में साथ खेलने वाली लड़कियां लड़कों को विचित्र आंखों से देखना प्रारंभ कर देती हैं और इससे लड़के असमंजस में पड़ जाते हैं।

वृद्धिचंदजी की हवेली के ठीक सामने तथा त्रिवेदियों के घर के बायीं तरफ एक खाली जमीन पड़ी थी जिसे मिरासियों की जमीन कहा जाता था। कीर्तिजी ने बताया था कि इसमें कुछ वर्षों पहले तक मिरासियों का एक परिवार रहता था जो अब कहीं अन्यत्र जाकर बस गया था। ये मिरासी बहुत कुशल गायक थे और शास्त्रीय संगीत में पारंगत थे। आश्चर्य की बात तो यह है कि इनके घर में जो भी नवजात शिशु पैदा होता था वह जन्मतः ही सुर और ताल में रोता-हंसता था। अपने बच्चों तक का बेसुरापन ये लोग सहन नहीं कर सकते थे और इल्म के मामले में ये लोग बहुत आगे थे। गांव के कुछ नासमझ लोग कभी-कभी इनके रियाज की नकल और मजाक जरूर बनाने की कोशिश करते थे, किन्तु इनके प्रशंसकों में हरियाणा और पंजाब के बहुत से राजपरिवार और जागीरदार घराने थे। जहां तक नवाब लुहारू का सवाल है इन अजीम कलाकारों की हैसियत उनके दरबारी कलाकारों जैसी ही थी। खैर,

सुनते हैं कि सचिन के परिवार ने 150 चांदी के सिक्के देकर यह जमीन इस मिरासी परिवार से खरीद ली थी। दरअसल श्री तेजबहादुर शर्मा इस जमीन पर अपनी एक बैठक और बारिश के पानी का एक कुण्ड बनवाना चाहते थे ताकि उनके पास आने वाले लोगों को मुख्य आवास तक नहीं जाना पड़े। इस समय तक स्टेट टाइम जा चुका था और ठाकुर साहब श्री शम्भु सिंहजी भी दिवंगत हो चुके थे। गढ़ का कामकाज दो कामगार सोहनिया और लच्छू सिंह देखते थे और ये दोनों ही लगभग अनपढ़ थे। जैसे ही यह जमीन खरीदी गई, इन्होंने गढ़ द्वारा मिरासियों को दिए गए पट्टे को वैध नहीं माना और इस पर गढ़ का ही अधिकार जताया। जमीन गढ़ के ठीक नीचे की थी और ये कामगार स्वयं अपना मकान यहां बनाना चाहते थे। ये कामगार समय के बदलते हुए रुख को भी नहीं पहचान पा रहे थे और इनकी अक्षमता के कारण बाद में गढ़ को भी बेचना पड़ा था। इस पर कीर्तिजी के परिवार के सामने एक असमंजस की स्थिति उत्पन्न हो गई थी और उन्हें जिला न्यायालय की शरण लेनी पड़ी थी। गांव के अधिकांश लोग सोहनिया और लच्छू सिंह की अहम्मन्यता से अप्रसन्न थे और चाहते थे कि कीर्तिजी का परिवार इन्हें सबक सिखाए। जब कीर्तिजी के लोगों ने इस जमीन पर दीवार बनाने का प्रयास किया तो कामगारों द्वारा उन पर फौजदारी का झूठा मुकदमा भी कर दिया गया था। कीर्तिजी का परिवार इन दोनों मुकदमों में विजयी रहा था और स्वयं न्यायाधीश ने अपने फैसले में यह सलाह दी थी कि इन कामगारों पर हर्जाने का मुकदमा होना चाहिए। हर्जाने का मुकदमा भी किया गया था और इसमें भी कीर्तिजी का परिवार ही विजयी रहा था। किन्तु, इस सारे घटनाक्रम में कीर्तिजी के छह अमूल्य वर्ष स्वाहा हो गए थे। 1959 आते-आते श्री तेजबहादुर शर्मा भी दिवंगत हो गए थे और जीतने के बावजूद इस परिवार ने इस भूमि पर कब्जा नहीं किया था। धीरे-धीरे कीर्तिजी का परिवार गांव ही छोड़ देने का विचार करने लगा था और इस भूमि के प्रति उनका मोहभंग हो गया था। यह भूमि आजतक खाली पड़ी हुई है।

जिस समय मौलश्री जीजी का विवाह हुआ था, सचिन साढ़े तीन वर्ष का था और रविकांत भाई साहब लगभग चौदह वर्ष के थे। जीजाजी के सिर पर पगड़ी और सेहरा बंधे हुए थे और सेहरे से फूलों की मालाएं लटक-लटककर उनके चेहरे को ढक रही थीं। सचिन ने नया शर्ट और नेकर पहन रखा था और वह छोटी वाली सीढ़ियों और तिरबारी के बीच में खड़ा था। इतने में लकड़ी की एक गोलाकार चौकी लाकर जीजाजी के सामने रखी गई थी, इस पर चांदी की बाजोट सजाई गई थी। थाली, कटोरियां, गिलास, चम्मच इत्यादि सभी चांदी के बने हुए थे। थाली में बादाम व काजू की कतली, राजभोग, मोहनभोग,

जीवन स्थगित है

सफेद रसगुल्ले, गुलाब जामुन और दही बड़े इत्यादि कुछ चुने हुए व्यंजन भी परोसे गए थे। इसके बाद जीजाजी और रविकांत भाई साहब दोनों ने जैसे ही आमने-सामने बैठकर खाना खाना शुरू किया था तो उनके सिर आपस में भिड़ गए थे। सचिन यह कहना चाहता था कि रविकांत भाईसाहब का सिर दूल्हे से भिड़ गया था, किन्तु उस समय भाषा पर उसका इतना स्पष्ट अधिकार नहीं था। इसलिए उसने ताली बजाकर और उछलकर जोर से चिल्लाते हुए कहा था-

"वाह! रविकांत बींद स भिंटगो रै।"

जीजाजी ने इसका दूसरा ही अर्थ लिया था और तुरंत जवाब दिया था - कोई बात नहीं यह नहा लेगा। उस समय सचिन को बींद एक सजी-धजी हुई अलग प्रकार की शख्सियत लगी थी और उसका आशय था कि इतनी सजी-धजी चीज को छूना कोई अच्छी तहजीब का परिचायक नहीं था। ऐसे तो कोई भी बच्चा बींद की पीठ पर चढ़ जाएगा, कंधे पर बैठ जाएगा अथवा सेहरे को छू लेगा, सचिन का आशय यह था कि इस तरह की हरकतों की अनुमति नहीं होनी चाहिए थी। सचिन का अनुमान था कि इस प्रकार की शिकायत के बाद रविकांत भाई साहब को डांट पड़ेगी, किंतु ऐसा कुछ भी नहीं हुआ था। इसके थोड़ी देर बाद सचिन को भी कुंअर कलेवे में बिठाया गया था, किन्तु वह बिना कुछ खाए-पिए उठकर वापस आ गया था क्योंकि यह उसके सोने का समय था। इसके बाद कीर्तिजी ने उसे गोद में ले लिया था और वह सो गया था। यह सचिन का जीजाजी से पहला परिचय था और वह विस्मयपूर्वक उनको रविकांत भाई साहब के साथ खाना खाते हुए देख रहा था।

मौलश्री जीजी रविकांत भाई साहब से कोई दो वर्ष बड़ी थीं। जब सर्दियां आती थीं तो सचिन को उन्हें देखकर आश्चर्य हुआ करता था। रोजाना नहाने पर भी सचिन के हाथ-पैर मैले दिखाई देते थे और एड़ियां फट जाती थीं जबकि मौलश्री जीजी की एड़ियां शीशे की तरह चमकती रहती थीं। जीजाजी बहुत लम्बे थे और जब वो चौबारे में अपने कपड़े बदलते थे तो उनकी टांगें दूर तक फैली हुईं और एकदम लम्बी दिखाई देती थीं। ऐसी टांगें न तो कीर्तिजी की थीं और न ही रविकांत भाई साहब की थीं, उन दोनों की टांगें मोटी अधिक थीं और लम्बी कम। जीजाजी का चेहरा भी किताब में छपी हुई अब्राहम लिंकन की तस्वीर से मिलता-जुलता था। चौबारे में आते ही वे अपना चश्मा भी उतार दिया करते थे और आश्चर्य की बात है कि फिर भी उन्हें दिखाई देता था। सचिन को बताया गया था कि वे भी पढ़ने में बहुत तेज थे। इंटरमीडिएट की परीक्षा उत्तीर्ण करते ही उनका प्रवेश मेडिकल कॉलेज में हो गया था; उन्होंने डॉक्टरी की एक-तिहाई पढ़ाई भी पूरी कर ली थी, किन्तु

अचानक हृदयगति रुकने से पचास वर्ष की आयु में ही उनके पिता की मृत्यु हो गई थी। इसके बाद उन्हें स्कूल में नौकरी करनी पड़ी थी। बाद में उन्होंने बी.ए. व एम.ए. (अंग्रेजी) दोनों प्रथम श्रेणी में उत्तीण किया था और कॉलेज में प्रोफेसर हो गए थे।

बी.ए. करते ही उनका विवाह कर दिया गया था और इसके बाद अपने शिक्षकों से मिलने वाली आर्थिक सहायता से उन्होंने पिलानी से एम.ए. किया था। जिन दिनों वे पिलानी में पढ़ रहे थे, मौलश्री जीजी को कुछ महीनों के लिए साम्भलसर रहना पड़ा था। उन दिनों जीजाजी कई बार ससुराल आए थे। उनका ससुराल आना-जाना महिलाओं के लिए एक उत्सव जैसा हुआ करता था। दादीजी भी उस समय सक्रिय थीं और भोजन के समय गीत गाने के लिए उन्हीं की ओर से महिलाओं को बुलावा भेजा जाता था। गीत पूरे हो जाने के बाद सभी महिलाओं को स्टील की तश्तरियों में रखकर गट्ट, मिश्री, लड्डू, पेड़े, बर्फी इत्यादि बांटे जाते थे।

गीत कुछ इस प्रकार के होते थे -

(1) धोया धोया थाल परोस दिया भात जी
आओ आओ हिमांशु बाबू बैठो ना थालजी
बैठो ना थाल बताओ थारी जात जी
माय थारी फागड़दी बहन छिनाल जी।

(2) लादूरामजी की नार छिनाल
खसम स नहीं डर जी नहीं डर
आप खाव मिश्री-मावा खसम न
सूखा टुकड़ा जी सूखा टुकड़ा
आप खाव हलवा-खीर खसम न
सूखा टुकड़ा जी सूखा टुकड़ा
आप खाव चूरमा-दाल खसम न
सूखा टुकड़ा जी सूखा टुकड़ा।

(3) समधण चली जा ए रावल म रेवड़ी बंट
समधण चली जा
चंचल चली जा ए रावल म रेवड़ी बंट
तू तो चली जा। इत्यादि।

48 जीवन स्थगित है

जंवाई को पहले दिन सफेद चावल और साबुत मूंग परोसना जरूरी नेगचार समझा जाता था। सचिन की तरह जीजाजी को भी चावल खाना पसंद नहीं था। खाना खाने के बाद हाथ धोते समय वो यह कहने से नहीं चूकते थे –

"थे तो भार्‌या गीत गाया भईं, एक तो चावल–दाल का डूजा लगा दिया और ऊपर स काना म ओ गंधर्व संगीत। काल ओजूं ओ ई काम तो कोनी करस्यो।"

महिलाओं को ऐसे मौकों पर ही अपनी कला दिखाने का अवसर मिलता था। अगले दिन से बदल–बदल कर रसोई बनाई जाती थी और जी भरकर गीत गाए जाते थे। मुहल्ले की नई पीढ़ी की लड़कियां और बहुएं भी इसमें सम्मिलित हो जाया करती थीं। औरतें गिन–गिनकर सास और ननदों से बदला लेती थीं, लेकिन उस जमाने में इसे शिष्टाचार समझा जाता था।

सचिन उन दिनों पहाड़े सीख रहा था। जीजाजी वास्तव में ही पढ़ने–लिखने में होशियार थे। बीस तक के पहाड़े उनको कण्ठस्थ याद थे, और इससे आगे के पहाड़े वे पट्टी पर एक तरफ जोड़–जोड़कर लिख दिया करते थे। उनको देख–देखकर सचिन भी पहाड़ों को जोड़ना सीख गया था और उसकी समस्या समूल हल हो गई थी। इसके बाद सचिन ने ग्रीष्मावकाश कई बार जीजाजी के घर बिताया था और एक पूरे सत्र उसने मौलश्री जीजी के पास रहकर पढ़ाई भी की थी। मौलश्री जीजी उन दिनों बहुत खुशमिजाज हुआ करती थीं। रेडियो और फिल्मों से भी उनको पर्याप्त लगाव था। जीजाजी भी गली में प्रवेश करते ही पंचम सुर में गाना शुरू कर देते थे। जीजी को तरह–तरह के व्यंजन सीखने का भी चाव था और स्वेटर की नई–नई डिजाइनें भी वो सीखती रहती थीं। इस मामले में श्रीमती त्यागी उनकी होनहार शिक्षिका थीं। वे फुरसत के समय में तरह–तरह की पत्र–पत्रिकाएं भी पढ़ती रहती थीं, जैसे – सरिता, मुक्ता, कादम्बिनी, धर्मयुग, साप्ताहिक हिन्दुस्तान, फिल्मी दुनिया इत्यादि। शरतचंद्र, गुलशन नंदा और धर्मवीर भारती उनके प्रिय उपन्यासकार थे। उस समय उनके दो पुत्रियां थीं – नीहारिका और सारिका। समय हंसी–खुशी बीत रहा था। मौलश्री जीजी माता के रूप में बहुत स्नेहशील थीं; गलती करने पर भी वे बच्चों को डांटती नहीं थीं; कभी–कभी बच्चे चिढ़कर उन पर हाथ भी उठा लिया करते थे किन्तु बदले में उन्हें कभी भी क्रोध नहीं आता था। सचिन के लिए यह एक नई बात थी, क्योंकि स्वयं सचिन की माताजी अनुशासन के मामले में बहुत संवेदनशील थीं और वे बच्चों से कभी भी सांत्वनापूर्वक संवाद नहीं करती थीं। मौलश्री जीजी घर को बहुत साफ–सुथरा और व्यवस्थित रखती थीं। दुर्भाग्य की बात है कि ग्यारह वर्ष की अल्पायु में ही उनकी सबसे बड़ी

पुत्री नीहारिका का असामयिक निधन हो गया था जिसे दोनों ही पति-पत्नी ने बहुत परिपक्वतापूर्वक झेला था। अब भी उनके तीन पुत्रियां सारिका, निर्मिति एवं विभा हैं, किन्तु पुत्र एक भी नहीं है। दोनों बड़ी पुत्रियां गृहणियां हैं जबकि सबसे छोटी पुत्री विभा एक डॉक्टर है और उसके पति भी डॉक्टर हैं।

हिमांशु जीजाजी का व्यक्तित्व बहुत बहिर्मुखी है। वे बहुत मिलनसार, व्यवहारकुशल एवं मित्रतावादी हैं। एक समय था जब उनसे मिलने वालों का तांता लगा रहता था। उन्हें ताश खेलने और अंग्रेजी के जासूसी उपन्यास पढ़ने का भी बेहद शौक था। वे घर में जितने मितभाषी थे बाहर उतने ही ठहाकेबाज और विनोदप्रिय थे। मित्रों के बीच में उनके ठहाके और चुटकले अनवरत गूंजते रहते थे, स्यात् यही उनकी लोकप्रियता का रहस्य था। घर में रुकने की विवशता प्राय: उन्हें व्याप्त नहीं होती थी। प्राय: वे कॉलेज से सीधे ही जिला अधिकारी क्लब पहुंच जाया करते थे और देर रात तक भी वहां से वापस नहीं लौटते थे। उन दिनों घरों में मोबाइल और टेलीफोन प्राय: नहीं हुआ करते थे और सचिन को उन्हें ढूंढने के लिए क्लब में जाना पड़ता था। उनकी इस आदत से मौलश्री जीजी को चिंता भी होती थी और वे स्वयं को उपेक्षित भी अनुभव करती थीं। कभी-कभी तो वे लगातार अड़तालीस घंटे भी घर से बाहर व्यतीत कर दिया करते थे। क्लब केवल अधिकारियों के लिए था और उसमें नहाने-धोने और खाने-पीने की सुविधाएं भी हो जाया करती थीं। वे कॉलेज से सीधे क्लब व क्लब से सीधे कॉलेज भी चले जाया करते थे; शायद प्रत्येक रात को ही नींद लेना उनकी आदत में नहीं था। यह अधिकारी वर्ग इस अनौपचारिक स्वयंभू क्लब में बैठकर ब्रिज, पपलू, रमी इत्यादि खेला करता था और थोड़ा-बहुत पैसा भी खेल में इधर-उधर हुआ करता था ताकि खेल रोचक हो सके। कभी-कभी कोई विद्यार्थी कॉलेज से आकर भी उनके बारे में कोई समाचार दे जाया करता था, किन्तु प्राय: वे बिना किसी सूचना के ही दो-दो, तीन-तीन दिन बाद आया करते थे। ऐसे ही एक मौके पर वे बरसात की एक मध्यरात्रि में कोई फिल्मी धुन गुनगुनाते हुए घर वापस लौट रहे थे कि मौलश्री जीजी ने उनके हाथ से छाता छीनकर दो-तीन हाथ उन्हीं के ऊपर जमा दिए थे। संयोग से सचिन उस समय बाहर वाले कमरे में ही सो रहा था और आंख खुलने पर वह सब कुछ देख रहा था। जीजाजी का कहना था कि वे सदा जीतकर ही लौटते थे, इसीलिए खेलते थे। हिमांशु बाबू ऐसी बातों को गंभीरता से लेने वाले व्यक्ति नहीं थे और ऐसी बातों का उन पर कोई स्थायी प्रभाव नहीं पड़ता था।

वैसे आप उन्हें एक पति और पिता के रूप में अनुत्तरदायी कदापि नहीं कह सकते थे; वे अपने कर्त्तव्यों को भलीभांति समझते थे और उनका निर्वाह भी करते

थे। नीहारिका के अवसान का सदमा उन्हें मौलश्री जीजी से भी अधिक लगा था और वे इस सदमे से पूरी तरह कभी भी उबर नहीं पाए थे। उनके मित्रतापरस्त होने के कुछ लाभ भी थे। वे सीनेट, सिंडिकेट, बोर्ड ऑफ स्टडीज इत्यादि के चुनावों में सदैव प्रथम वरीयता के मतों से ही जीत जाया करते थे। किन्तु मौलश्री जीजी ने उनकी नेतागिरी और सूझबूझ पर कभी भी भरोसा नहीं किया था, उनका मानना था कि गृहस्थी की गाड़ी केवल स्वयं उन्हीं की समझ के कारण चल रही थी। वे उन्हें केवल एक भावुक और निरीह पति ही समझती थीं और कोई भी श्रेय उन्हें देने के लिए वे तैयार दिखाई नहीं देती थीं।

जितनी देर जीजाजी घर पर रहते थे, वे पैरी मेसन अथवा जेम्स बॉन्ड-007 श्रृंखला के जासूसी उपन्यास ही पढ़ते रहते थे। कोई भी बात पूछने पर वे बिना उसे गौर से सुने हुए केवल हां या ना में उत्तर देते थे, जिसकी कोई भी तुक नहीं बैठती थी। इन उपन्यासों को वे बहुत दत्तचित्त होकर पढ़ा करते थे। एक बार वे पढ़ते भी जा रहे थे और खाना भी खा रहे थे कि अचानक एक बिल्ली आई और दो परांठों की पूरी किस्त को उठाकर ले गईं। वे कुल चार परांठे खाते थे, दो परांठे शुरू में लेते थे और दो परांठे दूसरी किस्त में लेते थे। उनका सारा ध्यान किताब पर था, इसलिए उन्होंने थाली को कई बार हाथ से टटोलने के बाद इतना ही कहा था–

''अजी सुनती हो। क्या माजरा है कि आज तो रोटियां बहुत जल्दी खत्म हो गईं।''

इससे अधिक खाना उनकी आदत में नहीं था, इसलिए वे थाली पर से तुरंत खड़े हो गए थे और उन्होंने हाथ भी धो लिए थे।

जीजाजी और सचिन दोनों ने एक-दूसरे को सदैव पसंद किया था। फिर भी सचिन उन्हें पूरी तरह समझता था, ऐसा नहीं कहा जा सकता था। यह कहना कठिन है कि कोई व्यक्ति जैसा होता है, वैसा ही व्यक्ति वह क्यों होता है? सचिन और हिमांशु बाबू का संबंध ऐसा ही था जैसे एक कवि और एक पत्रकार एक-दूसरे का सम्मान करते हैं और एक-दूसरे को पहेली की तरह भी समझते हैं। सचिन और जीजाजी की अवस्था में कोई 17-18 साल का अंतर था, इसलिए एक-दूसरे को पहेली की तरह समझने से कोई समस्या भी पैदा नहीं होती थी।

सचिन जब भी जीजाजी के यहां जाता था, उसका मुकाम उनके बाहर वाले कमरे में हुआ करता था। ग्रीष्मावकाश में सचिन कई बार मौलश्री जीजी के यहां रहा करता था और उत्तर पुस्तिकाएं जांचकर अंक तालिका बनाने में वह उनकी सहायता किया करता था। इस बाहर वाले कमरे में सचिन के लिए कुछ चीजें दिलचस्प भी हुआ करती थीं। सोफे के पीछे किताबों की एक बंद

अलमारी थी। इस अलमारी को खोलते ही रम, व्हिस्की, ड्राइजिन इत्यादि की खाली बोतलें दिखाई देती थीं जिन्हें हिमांशु बाबू केवल मित्रता का धर्म निभाने के लिए मंगवाते थे। सचिन भी इन बोतलों में बचे-खुचे पेय के घूंट भरकर यह जानने की कोशिश करता था कि आखिर यह हंगामा क्या था? इस अलमारी में सचिन को बहुत अच्छी-अच्छी किताबें मिलती थीं जिन्हें पढ़ने के लिए उसे मना नहीं किया जाता था। दरअसल हिमांशु बाबू जासूसी उपन्यासों को एक दुछत्ती में फेंक दिया करते थे और अच्छी किताबों को इस अलमारी में रख लिया करते थे। अंग्रेजी का ज्ञान जीजाजी को अच्छा था क्योंकि सचिन ने उन्हें कभी भी शब्दकोश खोलते हुए नहीं देखा था। आजकल ऐसे प्रोफेसर बहुत कम होते हैं जिनका अंग्रेजी और हिंदी पर इतना अच्छा अधिकार होता है। जो किताबें सचिन को इस अलमारी में मिली थीं उनमें से उल्लेखनीय थीं-

टाइमशीन ; बिटविन द लाइन्स; नीले फीते का जहर (चंदर) ; रसीदी टिकट (अमृता प्रीतम); एक चादर मैली सी (राजेन्द्र सिंह बेदी); ऑलिवर ट्विस्ट; डैविड कॉपरफील्ड; ए टेल ऑफ टू सिरीज; द गाइड (आर.के. नारायण); दिस मिस्टीरियस यूनिवर्स; वूदरिंग हाइट्स; प्राइड एण्ड प्रेज्युडिस. द ग्रेप्स ऑफ रॉथ; द ओल्ड मैन एण्ड दी सी; सिद्धार्थ; ट्रेजर आइलैण्ड; फार फ्रॉम द मैडिंग क्राउड; द मेयर ऑफ कैस्टर ब्रिज; द गुड अर्थ; केक्स एण्ड एल्स; मेक्बैथ, किंग लीयर, हैमलेट, ऑथेलो, द टेम्पेस्ट इत्यादि।

जीजाजी ने सदैव ही पुस्तकें पढ़ने के लिए सचिन को प्रोत्साहित किया था, किन्तु कुछ पुस्तकें इसका अपवाद भी रहीं थीं जैसेकि 'नीले फीते का जहर'। जीजाजी के कारण सचिन का परिचय व झुकाव पश्चिमी साहित्य के प्रति बढ़ा था। ईश्वर उन्हें दीर्घायु करें।

सचिन की दादीजी के पहले सात पुत्रियां हुई थीं और फिर दो पुत्र हुए थे। देवदत्त भाईसाहब सचिन की सबसे बड़ी बुआ के सबसे बड़े पुत्र थे और कीर्तिजी अपनी माता की नवीं और आखिरी संतान थे। इस प्रकार कीर्तिजी देवदत्त के मामा लगते थे, फिर भी अवस्था में उनसे कोई दस वर्ष छोटे थे। देवदत्त भाईसाहब विशालकाय थे; उनकी ऊंचाई लगभग 6 फुट 3 इंच, सीने की परिधि 57 इंच और वजन कम-से-कम 110 किलो था। कोई भी रिक्शेवाला या तांगेवाला जो उनको एक बार बिठा लेता था, वह उनको भूलता नहीं था। देवदत्त भाईसाहब हमेशा अपने आपको दो सवारियों के बराबर समझते थे और जितना किराया तय होता था, वे हमेशा उसका दुगुना देते थे। वे एक विनोदप्रिय व्यक्ति थे, उनकी देह-साधना के पीछे भी एक सूत्र था। जीवन में उनका सबसे बड़ा शौक था तरह-तरह की चीजें खाना और दूसरों को खिलाना।

एक बार में वे कम-से-कम ढाई सेर दूध, लस्सी अथवा फलों का रस पीते थे; यही उनका नियमित अनुपान था। उनको मेहमाननवाजी का भी बहुत शौक था। एक बार वे एक बारात में गए हुए थे। जैसी उनकी आदत थी, वे उस शहर की सब्जी मंडी का मुआयना करने पहुंचे तो वहां पर रखे हुए लंगड़े आम उनको बहुत पसंद आए, क्योंकि उनकी किस्म बहुत उम्दा थी। तुरंत वे थैले में भरकर 15-20 किलो आम ले आए, सोचा कि सभी बरातियों को चखा देंगे। बरातियों के पेट गरिष्ठ भोजन करने से ठसाठस भरे हुए थे और सभी ने आम खाने से मना कर दिया। देवदत्त भाई साहब ने बहुत समझाया कि ये कोई साधारण किस्म के आम नहीं थे, लेकिन किसी को भी उनकी बात समझ में नहीं आई। देवदत्त भाई साहब ऐसे आदमी नहीं थे कि जो आम यहां पर खाने के निमित्त से खरीदे गए हों उन्हें घर तक लेकर जाएं। इसलिए वे गलियों में खेलते हुए बच्चों के बीच में पहुंच गए और आम खाने की मनुहार करने लगे। बच्चों ने कभी इतना लम्बा-चौड़ा आदमी, जो उनकी मनुहार करता हो, देखा नहीं था, इसलिए वे डरकर भाग छूटे। अब आगे-आगे बच्चे थे और उनके पीछे-पीछे देवदत्त भाई साहब थे। आखिर वे घरों के अंदर तक पहुंचे, बूढ़ी औरतों से डांट-फटकार सुनी, बहुत मुश्किल से उनको समझाया और इस तरह सारे आम बांटकर वापस लौटे। वे जहां भी जाते थे ऐसे ही काम करते थे और इसी में उनको मजा भी आता था। उनको स्वयं तो खूब खाने का शौक था ही, दूसरों को भी ठूंस-ठूंसकर खिलाने में उनको बहुत आनंद मिलता था। उनको यह कण्ठस्थ याद था कि कौन-से शहर की कौन-सी दुकान का कौन-सा व्यंजन उम्दा किस्म का कहा जा सकता था; यह भी कि उस दुकानदार का क्या नाम था, वह कौन-कौन सी सामग्री काम में लेता था और किस भाव पर उस व्यंजन को बेचता था। जैसे वो बता देते थे कि यदि पूना जा रहे हो तो बुधवार पेठ जाकर लक्ष्मीनारायण का चिवड़ा जरूर लाना; यदि दिल्ली जा रहे हो तो करोल बाग जाकर रोशन की दुकान की कुल्फी जरूर खाना; यदि जयपुर जा रहे हो तो लक्ष्मी मिष्ठान्न भंडार से मावे की कचौरी जरूर लाना इत्यादि।

बचपन से ही वे बहुत उपद्रवी भी थे। सचिन का घर उनकी ननिहाल हुआ करता था। वैसे तो यह दो चौक की पक्की हवेली थी, किन्तु इसके एक कोने पर गाय और बछड़े के लिए एक पक्का ढालिया बना हुआ था जो ऊपर से खुला था। सर्दियों में इस पर एक छान (छावन) डाल दी जाती थी और गर्मियों में उसे हटा दिया जाता था। एक बार इस ढालिए पर एक नई-नई छान बनाकर डाली गई थी जो बहुत सुंदर लग रही थी। उस समय देवदत्त भाई साहब की उम्र कोई पांच-सात वर्ष रही होगी।

नानाजी ने कहा था – "देख देवदत्त, यह छान कितनी सुंदर लग रही है।" इसके थोड़ी देर बाद देवदत्त भाई साहब को तालियां बजाते हुए देखा गया और छान धू-धू करके जलने लगी। गाय-बछड़े जोर-जोर से रंभाने लगे और खूंटे तुड़ा-तुड़ाकर भागने लगे। किसी को यह नहीं सूझा कि इनकी रस्सी खोल दी जाए। बैठक में बैठे हुए लोग, गलियों में जाते हुए लोग और सारे पड़ोसी पानी के मटके उठा-उठाकर और बाल्टियों में रेत भर-भरकर दौड़ते हुए आए। जब तक आग काबू में नहीं आई, गाय और बछड़े ढालिए में डर-डर कर उछलते रहे। देवदत्त भाई साहब थोड़ी दूर खड़े थे और तालियां बजा-बजाकर सारे घटनाक्रम का आनंद ले रहे थे। जैसे- तैसे आग को बुझाया गया और छान को जेलियों पर उठाकर दूर फेंका गया तो मवेशियों की जान में जान आई देवदत्त भाई साहब का कहना था कि जब भी नई छान डाली जाए, उनको बुला लिया जाए, क्योंकि वे हर बार ऐसा ही करना चाहते थे।

शेखावाटी के इस क्षेत्र में अच्छे-अच्छे रईस सेठ रहते थे। कुछ कार्य होते थे जिन्हें मांगलिक कहा जाता था जैसे विवाह, पुत्रजन्म, उद्यापन, यज्ञोपवीत, हवन-यज्ञ इत्यादि और कुछ कार्य ऐसे भी होते थे जिन्हें अमांगलिक कहा जाता था जैसे मृत्युभोज, बरसौदी इत्यादि। दोनों ही प्रकार के मौकों पर पुरोहितों के घरों में मिठाई, चावल, चीनी इत्यादि बांटे जाते थे। प्रायः प्रति व्यक्ति एक-एक सेर चावल और एक-एक सेर चीनी बांटी जाती थी और प्रत्येक अवसर पर पांच-सात किलो मिठाई भी छबड़ी में भरकर भेजी जाती थी। सचिन की दादीजी अमांगलिक पर्वों पर आने वाली सामग्री को घरेलू उपयोग में नहीं लेती थीं, बल्कि इन्हें बाहर वाली बैठक की कोठरी में रखवा दिया करती थीं और घर के भीतर नहीं आने दिया करती थीं। इस कोठरी में पीतल की दो बड़ी-बड़ी टंकियां और पीतल का एक बड़ा-सा टोप रखा हुआ था, पीतल का एक गिलास भी था जिसमें लगभग आधा सेर चावल आते थे। एक टंकी चावल से भरी रहती थी और दूसरी चीनी से भरी रहती थी और टोप में कई सेर मिठाइयां पड़ी रहती थीं। मिठाइयों में देसी घी के लड्डू, दिलखुशार की चक्की, पेठे-सुहाल इत्यादि महीनों खराब नहीं होते थे। यह सब सामग्री काम करने वालों में मुक्तहस्त से बांटने के लिए होती थी; एक बार में एक गिलास भरकर चावल अथवा चीनी देना दैनिक कर्म हुआ करता था। खास बात यह थी कि घर के बच्चे केवल भीतर की मिठाई खाते थे और इस अमांगलिक मिठाई को छू भी नहीं सकते थे। इसको छूने पर उनको नहाना पड़ता था। वैसे अच्छी मिठाई की भी कोई कमी नहीं हुआ करती थी, इसलिए यह कोई समस्या नहीं थी।

किन्तु, ऐसा सुनने में आता है कि देवदत्त भाई साहब बचपन से ही विद्रोही और शरारती थे। उन्हें अपनी दादी और नानी दोनों को तंग करने में मजा आता था। सबसे पहले आते ही वे इस बैठक की कोठरी को खोलकर इस वर्जित मिठाई को खा जाते थे। भूख न लगने पर उनकी पोल खुल जाती थी और उन्हें दुबारा नहाना पड़ता था। इतना ही नहीं, वे वहां पर रखी हुई चीनी और चावल का भी समुचित उपयोग करते थे। कोठरी में ही कुछ कपड़े की इजारबंद वाली थैलियां भी रखी हुई थीं जो शादी-ब्याह में रेजगारी भरने के काम आती थीं। कल्याणकारी समिति के सामने एक सब्जीवाली बैठी रहती थी जिसका घर पोस्ट ऑफिस की बिल्डिंग में था। देवदत्त भाई साहब एक थैली में चावल अथवा चीनी भरकर इसका मुंह डोरी की सहायता से बंद कर लेते थे, फिर इसे बाजार ले जाकर सब्जीवाली से इसके बदले में आम, चीकू, संतरे, केले, सेब इत्यादि लेकर दूसरी थैली में रख लेते थे। किन्तु, एक-दो दिन बाद यदा-कदा वे थैली में रेत भी भरकर ले जाते थे। पहले फल अपने कब्जे में करते थे, फिर इस रेत को बताए गए बरतन में उंड़ेल देते थे, सब्जी वाली को भी इस शरारत में मजा आता था और वह देवदत्त भाई साहब के पीछे-पीछे भागने का नाटक करती थी, किन्तु उन्हें पकड़ नहीं पाती थी। इस तरह की शरारत वे सप्ताह में एकाध बार कर दिया करते थे और सब्जीवाली को धोखा देने में सफल हो जाया करते थे। ऐसा लगता है कि देवदत्त भाई साहब को अपनी नानी और सब्जीवाली दोनों को छेड़ने में मजा आता था। जितने दिन वे ननिहाल में रहते थे चारों तरफ से उनकी शिकायतें आया करती थीं।

सचिन के पड़ोस में सेठ मूलचंदजी की हवेली थी। पहले तो सेठजी अकेले ही कलकत्ता में रहते थे, किन्तु बाद में एक-एक करके घर के सभी सदस्य कलकत्ता पहुंच गए थे। हवेली में केवल कुछ नौकर-चाकर रह गए थे। सेठजी को तोता, मैना, तीतर, बटेर इत्यादि पालने का शौक था और इनके पिंजरे हवेली के बाहर वाले चौक में लटके रहते थे। देवदत्त भाई साहब ने एक-एक करके सारे पक्षियों को उड़ा दिया था। इसके लिए उन्हें कई बार सीढ़ियों पर चढ़कर छत तक भी जाना पड़ा था, क्योंकि पक्षी पिंजरे से निकलकर छत पर जाकर बैठ जाते थे और वापस मुड़कर पिंजरे को देखना शुरू कर देते थे। एक-दो दिन में ही दरबान इस बात को समझ गया था कि यह काम किसका था। किन्तु देवदत्त भाई साहब को कुछ भी कहना खतरे से खाली नहीं था। टोकाटाकी करने पर वे अधिक तोड़फोड़ करते थे।

बचपन से ही देवदत्त भाई साहब का ननिहाल में समुचित आना-जाना था। वे जब भी ननिहाल में आते थे प्रत्येक मुहल्ले में घूम-घूमकर यह पता लगाते

थे कि उस मुहल्ले में कौन लड़का बदमाश था और दूसरे लड़कों को तंग कर रहा था। उनके पास ऐसे लड़कों की बाकायदा एक सूची होती थी। वे ऐसे लड़कों से चलकर झगड़ा मोल लेते थे, उन्हें खूब पीटते थे और सार्वजनिक रूप से माफी मंगवाते थे। दुबारा आने की धमकी देकर वे उसे सुधरने का मौका भी देते थे। वे असाधारण रूप से शक्तिमान थे और उनके शरीर में बहुत ताकत थी। एक बार का किस्सा है कि उनके पिताजी ने चीनी के कोई आठ-दस कट्टे अपनी पुरानी हवेली के चौक में गिरवाए। देवदत्त भाई साहब को वे यह हिदायत देकर चले गए कि दो-चार पलदार बुलवा लेना, वे एक-दूसरे की सहायता से बोरियों को पीठ पर लादकर दूसरी मंजिल के एक चौबारे में रख देंगे। देवदत्त भाई साहब ने एक-एक बोरी को हाथों के बीच में उठाकर खड़े-खड़े अकेले सीढ़ियां चढ़कर चौबारे में ले जाकर रख दीं। शाम को जब उनके पिताजी आए तो बहुत रुष्ट हुए और उनकी पिटाई भी की। पिता ने चेतावनी दी कि दुबारा ऐसा कभी मत करना, क्योंकि इससे पसलियां भी टूट सकती हैं।

एक वाकया और सुनने में आता है। लखनऊ से एक पहलवान आया था और उसने पूरे जिले के सारे पहलवानों को चित्त कर दिया था। इसके बाद उसने जिला-मुख्यालय के बाजार के बीचोंबीच अपना झण्डा गाड़ दिया था और यह चुनौती दी थी कि अगर किसी में कुश्ती लड़ने की हिम्मत हो तो आ जाए। देवदत्त भाई साहब के कुछ दोस्त दौड़कर उनके पास आए कि सारे जिले की एक बाहरी आदमी के हाथों फजीहत हो रही है, तुम भी कोशिश करके देख लो। देवदत्त भाई साहब ने पहलवान को अपनी कोठी में ही बुलवा लिया। कोठी के सामने वाले भाग में एक लम्बी-चौड़ी जगह खाली पड़ी थी। इसलिए वहीं पर कुर्सियां लगवा दी गईं और बीस-तीस प्रतिष्ठित लोगों के बैठने का इंतजाम कर दिया गया। कुश्ती शुरू करने से पहले इस पहलवान ने बहुत तरह के दांवपेंच, करतब और कलाबाजियां दिखाईं। पहलवान वास्तव में ही काबिल था और सबको दांतों तले अंगुली दबानी पड़ गई थी। पहलवान लंगोट कसे हुए अखाड़े में खड़ा था और देवदत्त भाई साहब अपने कुर्ते-धोती में सहजभाव से उपस्थित थे। जैसे ही कुश्ती शुरू हुई, देवदत्त भाई साहब ने झपटकर पहलवान के दोनों हाथ पकड़ लिए। पहलवान ने अपने सारे दांवपेंच आजमा लिए, किन्तु वह अपने हाथ नहीं छुड़वा सका। देवदत्त भाई साहब बिना किसी आयास के उसके दोनों हाथ पकड़े हुए सीधे खड़े हुए थे। अंत में पहलवान के हाथों में दर्द होने लगा और उसे अपनी हार माननी पड़ी। इसके बाद पहलवान ने कभी भी इस शहर का रुख नहीं किया। देवदत्त भाई साहब बचपन से ही कुश्ती लड़ते थे, किन्तु कोई भी उनकी पीठ को अखाड़े की धूल से स्पर्श नहीं कर पाया था।

देवदत्त भाई साहब बचपन से ही मस्तमौला थे। न तो नियमित रूप से वे कभी विद्यालय गए थे और न ही उन्होंने नियमित रूप से घर पर पढ़ाई की थी। वैसे वो कुशाग्र बुद्धि थे। उनसे अध्यात्म, संगीत, ज्योतिष इत्यादि सभी विषयों पर बातचीत की जा सकती थी और उनके भीतर छिपे हुए एक प्रतिभासंपन्न व्यक्ति को देखा जा सकता था। उन्हें शास्त्रों का भी पर्याप्त ज्ञान था और संस्कृत के उद्धरण भी उन्हें पर्याप्त संख्या में याद थे। उनके पिता व अनुज दोनों ने अपने क्षेत्र में बहुत प्रतिष्ठा अर्जित की थी, किन्तु वस्तुत: देवदत्त भाई साहब उनसे भी अधिक मेधावी थे। देवदत्त भाई साहब कतई महत्त्वाकांक्षी और कष्ट-सहिष्णु भी नहीं थे और उन्होंने अपनी प्रतिभा को उभरने का कोई भी अवसर नहीं दिया था। वे आज में ही जीने वाले व्यक्ति थे और आने वाले कल के बारे में योजना बनाना उन्होंने कभी भी नहीं सीखा था। शास्त्रीय संगीत की भी उन्हें पकड़ थी और वे इसकी विधाओं दादरा, ठुमरी, कहरवा इत्यादि से सुपरिचित थे। उनके चौबारे में बहुत से वाद्ययंत्र जैसेकि सितार, हारमोनियम, ढोलक इत्यादि रखे हुए देखे जा सकते थे। इतिहास की भी उन्हें अच्छी समझ थी। सचिन जिन दिनों स्नातक महाविद्यालय में पढ़ता था, उसे देवदत्त भाई साहब को निकट से जानने का अवसर मिला था।

देवदत्त भाई साहब के व्यवसाय का निर्धारण भी अकस्मात् ही हो गया था। एक बार जब वे ननिहाल आए हुए थे तो एक दीवार घड़ी कुछ ऐब कर रही थी। उस घड़ी को उन्होंने बिना किसी की सहायता के पूरा खोल लिया था और ठीक भी कर दिया था। इसके बाद उन्हें घड़ियां सुधारने में मजा आने लगा था। वे जहां भी जाते थे किसी ना किसी खराब घड़ी को ढूंढ लेते थे और उसे ठीक करने में जुट जाते थे। धीरे-धीरे उन्होंने घड़ीसाजी की सारी कला सीख ली थी। उनके हाथ में जादू था; वे स्वयं ही पुराने कल-पुर्जों को संशोधित कर लेते थे और नए कल-पुर्जे बना लेते थे, बाद में उन्होंने इसे एक व्यवसाय के रूप में शुरू कर दिया था। आश्चर्य की बात यह है कि इस फन को उन्होंने किसी से भी सीखा नहीं था। फिर भी वे घड़ियों के मामले में इंजीनियर थे; वे दूर-दूर तक घूमकर ऐसी घड़ियां ढूंढते थे जो कोई भी सुधार नहीं पाया हो। बीच बाजार में उन्होंने घड़ीसाजी की दुकान खोल ली थी और धनोपार्जन में वे किसी से भी पीछे नहीं थे। जिन दिनों स्कूल के शिक्षकों को डेढ़ सौ-दो सौ रुपए मासिक वेतन मिलता था वे सौ रुपए प्रतिदिन कमा लेते थे। किन्तु बचत को लेकर उनके पास कोई योजना नहीं थी। उनके कुर्तों की जेब ही उनका बैंक था और उन्होंने किसी भी बैंक में कोई खाता खोलना आवश्यक नहीं समझा था। अपरिचित लोगों की खातिरदारी पर भी प्रतिदिन चालीस-पचास

रुपए खर्च कर देना उनकी सामान्य दिनचर्या का अंग था। महीने में तीन-चार बार मंदिर अथवा बगीचियों में गोठ कर देना उनके लिए आदतन था। अपने सम्बंधियों और मिलने वालों को बाजार से अच्छी से अच्छी चीजें मंगवाकर अधिक मात्रा में खिलाना और उनकी पाचनशक्ति बिगाड़ देना उनका शौक था। बची हुई सामग्री को अपने अड़ोस-पड़ोस में उदारतापूर्वक बांट देना उनके लिए गृहस्थ-धर्म का एक सिद्धांत था। वे शायद ये समझते थे कि प्रतिदिन की कमाई को उसी दिन खर्च कर देना कोई फिजूलखर्ची नहीं थी। अगले दिन फिर वे नई घड़ियां खोल लेते थे और फिर रुपए उनके हाथ में आ जाते थे। घड़ियां उनके पास अगाऊ पड़ी रहती थीं और किसी घड़ी का क्रम आने में कई महीने लग जाते थे। इसलिए आय के बारे में वे सदैव निश्चिंत रहते थे। वे अपने ढंग के एक ही व्यक्ति थे। उन्होंने अपना व्यवसाय बढ़ाने, नया व्यवसाय खोलने अथवा अचल सम्पत्ति खरीदने की कभी भी कोई परवाह नहीं की थी। उनके स्वयं के जीवनकाल में उनके कुछ मित्रों ने हजार-डेढ़ हजार रुपए जोड़कर जो आवासीय भूखण्ड खरीद लिए थे उनकी कीमत आज करोड़ों में है। किन्तु उन्होंने अपनी सम्पत्ति बढ़ाने की ओर कोई भी ध्यान नहीं दिया था, न अपने बच्चों की शिक्षा-दीक्षा पर ही कोई ध्यान दिया था और न ही भविष्य को लेकर कोई योजना बनाई थी। यह उनके व्यक्तित्व की एक बहुत बड़ी विचित्रता थी कि आने वाले कल के बारे में वे कभी भी नहीं सोचते थे और केवल वर्तमान में ही जीते थे। व्यवसाय का उनका चुनाव भी आकस्मिक था, इस व्यवसाय से होने वाली आय भी आकस्मिक थी और आकस्मिकता ही उनके जीवन का नियम था।

क्या आप सोचते हैं कि उन दिनों सभी घड़ीसाज ऐसे ही होते थे? उन दिनों घड़ियों का महत्त्व था और घड़ीसाजी कोई साधारण व्यवसाय नहीं था, क्योंकि प्रत्येक व्यक्ति अपनी घड़ी पर दस-बीस रुपए खर्च करने को तत्पर रहता था। पूना में ओशो के आश्रम के ठीक पास एक होटल है जिसका मालिक एक नया-सा लड़का था। उसके पिता ने भी अपना जीवन एक घड़ीसाज के रूप में ही प्रारंभ किया था। उसके पिता भी उसी दौर के घड़ीसाज थे जिस दौर के घड़ीसाज देवदत्त भाई साहब थे और दोनों का आपस में परिचय भी था, क्योंकि कलपुर्जों की खोज में दोनों का कहीं ना कहीं टकराना हो जाता था, कभी अहमदाबाद में, कभी सूरत में तो कभी दिल्ली में। इस युवक के पिता भी सौ रुपए प्रतिदिन कमाते थे। किन्तु वे दस रुपए प्रतिदिन खर्च करते थे और नब्बे रुपए प्रतिदिन बचाते थे। सबसे पहले उन्होंने उस बचत से महात्मा गांधी रोड पर घड़ियों की एक दुकान खोली थी और फिर कई भूखण्ड पूना में खरीदे

जीवन स्थगित है

थे। उस लड़के का कहना था कि जहां आज यह होटल है, इस भूखण्ड को भी पिताजी ने उस जमाने में कौड़ियों के भाव खरीदा था। उस लड़के का कहना था कि आज हमारे पास अरबों की सम्पत्ति है, किन्तु इसका सारा श्रेय पिताजी की सूझबूझ को ही जाता है, किसी जमाने में उन्होंने हजारों में बचत की थी किन्तु आज उसका प्रतिफल अरबों में है। आज तो पूना में आवासीय भूखण्ड मिलना ही दुर्लभ है। विभाजन के बाद जो शरणार्थी अपने प्राण बचाकर भारत आए थे, उनके पास अपनी सूझबूझ के अतिरिक्त कुछ भी नहीं बचा था, किन्तु इस सूझबूझ का ही परिणाम है कि विभाजनपूर्व भी उनके पास करोड़ों की सम्पत्ति थी और आज भी उनके बच्चे करोड़ों में खेल रहे हैं। जीवन को जीने का एक ढंग पूना वाले घड़ीसाज का था और जीवन को जीने का दूसरा ढंग देवदत्त भाई साहब का था जो ठीक उसके विपरीत था।

बाद में देवदत्त भाई साहब को भी अपनी भूल समझ में आई थी, लेकिन तब तक पानी सिर से ऊपर गुजर चुका था। अवस्था के साथ-साथ उनकी आंखें कमजोर हो गई थीं और घड़ीसाजी से होने वाली उनकी आय भी कम हो गई थी। एक समय आया था जब उन्हें मधुमेह हो गया था और दवाइयां तक खरीदने के लिए उनके पास पर्याप्त पैसे नहीं बचते थे। उनकी आर्थिक तंगी बढ़ती ही चली गई थी और उनकी आंखों के सामने ही इलाज नहीं होने के कारण उनका ज्येष्ठ पुत्र राजयक्ष्मा से पीड़ित होकर चल बसा था। अपने बच्चों के रहने के लिए वे केवल एक पुश्तैनी हवेली छोड़कर गए थे जो कि उनके बुजुर्गों की बनाई हुई थी। यह एक विचारणीय पहेली है कि कुछ लोग इस प्रकार के क्यों होते हैं? उन्होंने जीवन भर यह विश्वास किया था कि जो परमात्मा आज दे रहा है वह कल भी देगा, किन्तु उनका यह विश्वास वृद्धावस्था में उनके काम नहीं आया था।

फिर भी उनके व्यक्तित्व में एक निरालापन था। अपने दीर्घकाय डीलडौल, अपनी विनोदप्रियता, अपनी मेहमाननवाजी, अपनी यारबाशी व अपनी निर्लोभ प्रकृति के कारण उन्हें भूलना संभव नहीं होगा। वे एक उत्सवपूर्ण व्यक्ति थे और जब तक वे जीये थे, इस उत्सवधर्मिता का संवर्द्धन ही करते रहे थे। जब भी चार मित्र मिलकर बैठते हैं, उनका प्रसंग स्वतः ही आ जाता है।

गोपीनाथ ताऊजी साम्भलसर में ही निवास करते थे और वे सचिन के कुटुम्ब के ही एक सदस्य थे। वे दोपहर का भोजन और विश्राम करके आराम से एक-दो बजे तक घर से बाहर निकलते थे। सफेद शफ्फ़ाक धोती के ऊपर सर्ज का कोट और उस पर काले रंग की टोपी उनका प्रिय परिधान था। वे लम्बे और इकहरे शरीर के एक अधेड़ व्यक्ति थे और मौसम का प्रभाव उनके चेहरे पर साफ देखा

जा सकता था। बाप-दादा जो सम्पत्ति उनके हिस्से में छोड़ गए थे उन्होंने उसी को पर्याप्त समझा था और जीवन में कभी भी एक पैसा कमाने का आयास नहीं किया था। यह बात अलग है कि बाद में उनके बेटों ने बड़े होकर कमाना शुरू कर दिया था। घर से बाहर निकलकर दो घण्टे तक वो सेठ खेमप्रकाश झुंझनूवाला की हवेली के सामने अपने प्रशंसकों के बीच में घिरकर खड़े रहते थे। गोपीनाथ ताऊजी खासे मजमेबाज भी थे। दरअसल वो इस दकियानूसी माहौल को देखते हुए अपने समय से आगे थे। वैसे तो वे पूरे इतिहास के जानकार थे, लेकिन औरंगजेब और टीपू सुल्तान उनके अध्ययन के विशिष्ट विषय थे। उन्होंने गणेश पूजा करवाना भी विधिवत नहीं सीखा था, लेकिन इतिहास की समीक्षा में पूरे इलाके में उन जैसा कोई दूसरा आदमी नहीं था। विवाह संस्कार, व्रत-उद्यापन, यज्ञ-हवन आदि सभी अवसरों पर विलम्ब से पहुंचना और इनको साक्षी भाव से देखना उनके लिए लोकव्यवहार का अंग था। सचिन ने उनको किसी भी कर्मकाण्ड पर अनुपस्थित नहीं देखा था, किन्तु उन्हें कर्मकाण्ड के सम्पादन में भागीदारी करते हुए भी कभी नहीं देखा था। परिवार का कोई भी अन्य व्यक्ति जब सप्ताह, रामायण, कथावार्ता इत्यादि का पारायण करता था तो वहां पहुंचकर श्रोताओं के बीच में बैठना उनके लिए पारिवारिक अनुशासन का ही प्रतीक था। वे कर्मकाण्ड के विरोधी नहीं थे, किन्तु स्वयं उनकी रुचि इतिहास और राजनीति में हुआ करती थी। जिसके वे सफल और लोकप्रिय प्रवक्ता थे। अपने इस क्षेत्र में वे श्री विलायत खां से मिलते-जुलते आदमी थे।

हवेली से छूटने के बाद धीर-गंभीर गति से चलकर वो बाजार पहुंचते थे और कल्याणकारी समिति के भवन में बैठकर दो-तीन घण्टे आराम से कभी ताश, कभी चौसर तो कभी शतरंज खेलने वालों के साथ मशगूल हो जाया करते थे। इतने में शाम ढलने लगती थी। समिति के भवन के ठीक बाहर एक सब्जीवाली बैठती थी, उससे सब्जी वगैरह लेकर वो वापस घर के लिए रवाना हो जाते थे। सामान्यतः यही उनकी दिनचर्या थी। लेकिन जब भी उनको फुरसत मिलती थी तो वे कीर्तिजी के घर पर अवश्य आते थे। सचिन उनको ताऊजी कहता था, क्योंकि संबंध के हिसाब से वे कीर्तिजी के चचेरे बड़े भाई लगते थे। सचिन की दादीजी ने गोपी ताऊजी के पिताजी का बचपन भी देखा था, जब उनका विवाह हुआ था तो वे कोई दस-ग्यारह वर्ष के थे। इस लिहाज से गोपी ताऊजी सचिन की दादीजी का बहुत लिहाज करते थे; और कभी-कभी ताईजी के हालचाल पूछने के लिए आना वे अपना कर्त्तव्य समझते थे। गोपी ताऊजी के दादाजी ने इतना कमाया था कि उनके पिताजी ने भी किसी आजीविका का अनुसरण करना आवश्यक नहीं समझा था। वैसे वो खासे

दबंग और प्रभावशाली व्यक्ति थे, प्रजामण्डल के कार्यों में सहयोग देते थे और थाने-कचहरी के कार्यों में लोगों की मदद करते थे। बचपन में भी छोटे दादाजी काफी शरारती थे; वे घोड़ी के ऊपर उलटा मुंह करके बैठते थे ताकि घोड़ी दुलत्ती नहीं चला सके। घोड़ी की पीठ पर बैठकर वो उसकी पूंछ मरोड़ देते थे जिससे घोड़ी सारे बाजार के बीच में ताबड़तोड़ भागती थी; यह उनका एक प्रिय खेल था। श्री तेजबहादुर शर्मा के कुटुम्ब में सात भाई थे और उनमें से एक ये भी थे। इस परिवार को दो पीढ़ियों से ही नेतागिरी का शौक था। गोपीनाथ भाई साहब के बड़े भाई श्री कालीचरण जी भी जीवनपर्यंत नगरपालिका के चेयरमैन रहे थे। उनके निधन के समय सचिन मात्र आठ बरस का था और उसे केवल इतना याद था कि वे एक फैशनेबल किस्म के व्यक्ति थे और उन्हें अच्छे कपड़े पहनने और इत्र लगाने का शौक था। कमाने-धमाने से वे भी परहेज करते थे।

हां तो, बात यह चल रही थी कि गोपी ताऊजी को जब भी फुरसत मिलती थी तो वे सचिन की दादीजी के हाल-चाल पूछने के लिए अवश्य आया करते थे, किन्तु यह फुरसत मिलते-मिलते प्राय: शाम का वक्त हो जाया करता था। आते ही सचिन की दादीजी उनसे पूछती थीं...

''भैया गोपी, भोत दिनां बाद आयो रै।''

'क्या करूं ताईजी फुरसत ही नहीं मिलती है। सुबह से शाम तक कोई ना कोई आया-गया रहता है। लोगों के झंझट-झमेले चलते ही रहते हैं। सर्दियों में दिन भी आंख जितना छोटा होता है, पता नहीं चलता कब उगा और कब छिपा?''

''पर भई गोपी, आखिर तू दिन भर क्या करता रहता है? बाल-बच्चे तो सब राजी हैं।''

'ताईजी इसमें भी एक समस्या है। मैंने इस बार सत्तू को बाजार वाली दुकान करवा दी थी। भाई ने क्या किया कि बही में सबके नाम उधार मांडकर उनको पूरी की पूरी बोरियां पकड़ा दीं जिससे बार-बार का झंझट ही खत्म हो जाए। अब दुकान तो सारी खाली हो गई है और पैसे किसी ने दिए नहीं हैं। बनियों के लड़के तो होशियार होते हैं, किसी के बहकावे में आते नहीं हैं, लेकिन अपने बच्चों में इतनी उस्तादी कहां है? सभी दुकानदार दुकान के अगले हिस्से में बैठते हैं, लेकिन इसने अपनी बैठक पिछले हिस्से में भी बना रखी है। खूब गद्दे और मसनद लगा रखे हैं और सारे मुहल्ले के लड़के वहीं बैठे रहते हैं।'

''पर गोपी तू खुद भी सुबह-सुबह तैयार होकर दुकान में पहुंच सकता है और दिन भर दुकान को संभाल सकता है। तेरे को ऐसा काम भी क्या है?''

'ताईजी बात तो आपकी सोलह आने सच है लेकिन दुकान में टिककर एक जगह बैठने का काम केवल बनिये ही कर सकते हैं। मेरा तो दम घुटने लगता है; पाबंदी का काम मेरे से होता ही नहीं सो आपको तो पता ही है। चार आदमी जब तक आसपास जमा नहीं हों मेरा मन वहां नहीं लगता है। अब इन बच्चों का क्या करें, इन्होंने कुछ सीखा भी नहीं है। अब आप तेजबहादुर ताऊजी को ही ले लो। उनके मुंह में तो जैसे ब्रह्माजी बसते थे। जो भी कह देते थे वो सच हो जाता था। कोई ज्योतिष सीखे तो ऐसी सीखे। हमारी पड़ोसन राधाकांत कनोई की मां अपने बेटे की जन्मपत्री ताऊजी को दिखाने के लिए लाई थी क्योंकि बेटा बीमार था। उन्होंने बताया था कि इसकी बीमारी ठीक हो जाएगी; इसका बाल भी बांका नहीं होगा और यह दीर्घायु होगा। लेकिन जैसे ही राधेश्याम की मां गई, वहां बैठे हुए पचास आदमियों के बीच में उन्होंने साफ कह दिया था कि इसका बाप दुर्गादत्त नहीं बचेगा, उसका अंतिम समय निकट है। अगले रविवार को सुबह-सुबह ही अचानक दुर्गादत्त चल बसा। अपनी जिंदगी में वह कभी भी बीमार नहीं पड़ा था और पहले दिल के दौरे में ही उसकी तत्काल मृत्यु हो गई थी। सारा गांव हैरत में पड़ गया था। आपकी पड़ोसन निरंजन की मां को ही लो। सभी जानते हैं कि शादी के बाद नौ बरस तक निरंजन के बच्चे नहीं हुए थे। निरंजन की जन्मपत्री देखकर ताऊजी ने कहा था कि इसके संतान का सुख नहीं हैं; फिर बहू की जन्मपत्री देखकर कहा कि इसके पुत्र जरूर होगा। बाद में इनके पुत्र हुआ भी था।''

''हां गोपी। निरंजन की मां खुद ही बता रही थी कि सारी कमी निरंजन में ही थी। बहू को बम्बई के बड़े अस्पताल में जाकर सुई लगवानी पड़ी थी जिससे यह बच्चा हुआ था। उस समय तो निरंजन की मां तेरे ताऊजी से बहुत नाराज होकर गई थी क्योंकि उस समय तक यह तरीका निकला नहीं था।''

'यही तो बात है ताईजी। भागवत बांचने में भी हरिदत्त ताऊजी और तेजबहादुर ताऊजी का कोई मुकाबला नहीं था। मथुरा के कुछ पण्डित भाषा-टीका वाली भागवत अपने साथ रखते थे जिसका ये बहुत मजाक उड़ाया करते थे। दोनों को ही भागवत के एक लाख श्लोक कण्ठस्थ याद थे, वरना आंखों से उनको बाद में दिखना बंद ही हो गया था। अब ताईजी आपके सामने क्या कहूं, 'छोटा मुंह और बड़ी बात होगी। थोड़ा बहुत बुजुर्गों का पुण्य-प्रताप मेरे भी हिस्से में पड़ा है और इसलिए आजकल ज्योतिष में मेरी भी धाक जमने लगी है।'

''ऐसा है गोपी कि ये दोनों तो व्याकरणाचार्य और ज्योतिषाचार्य थे, इनकी पढ़ाई तो पूरी थी लेकिन तूने यह कब सीखा?''

'बात यह है ताईजी कि ये दोनों तो जन्मपत्री देखकर भविष्य बताते थे, लेकिन मेरा तरीका कुछ अलग है। मैं रात को शांत और शुद्ध चित्त से छत

पर बैठ जाता हूं और आधी रात के समय तारों को देखता हूं। अगले दिन जो भी बात मेरे मुंह से बिना सोचे-समझे निकलती है वह सच हो जाती है। मुझे स्वयं भी आश्चर्य होता है कि यह बात कहां से आ रही है? अब जैसे लादूरामजी केडिया के बारे में तीन महीने पहले ही मेरे मुंह से निकल गया था कि केडिया जी का शरीर सर्दी का मौसम पूरा होने से पहले ही शांत हो जाएगा। ऐसे ही पिछली साल मैंने बीच बाजार में भविष्यवाणी की थी कि काशीरामजी खेतान की गाय के मरा हुआ बछड़ा पैदा होगा और वैसा ही हुआ भी। इसका कारण यह था कि उन्होंने एक साधु की बेइज्जती कर दी थी।'

''यह तरीका तो गोपी मैंने नया ही सुना है। आखिर यह विद्या तूने किससे सीखी, मुझे तो बताना ही पड़ेगा।''

'बात यूं है ताईजी कि आपने मुहम्मद साहब का नाम तो सुना ही होगा; उनको इलहाम होता था। ऐसे ही कभी-कभी मेरे को भी इलहाम हो जाता है।''

''वाह गोपी, वो आदमी तो पैगम्बर था। तू उसके पीछे कब से चला गया और हमारे घरों में तेरे भरोसे कौन-सा काम बाकी पड़ा था? ब्राह्मणों के घर में भी इलहाम होने लग गया तो कैसे पार पड़ेगी?

'यह लो ताईजी, आप भी कैसी बातें करती हो? सारे ही मुसलमान एक जैसे थोड़े ही होते हैं। अब औरंगजेब को ही लो, वो कितना अच्छा आदमी था। मैं तो कहता हूं ताईजी कि महान अकबर नहीं था, महान तो औरंगजेब ही था।'

''कौन-सा औरंगजेब? जब से मैं ब्याहकर आई हूं, इस मुहल्ले में तो मैंने किसी औरंगजेब का नाम सुना नहीं। उधर बरकत धोबी का घर है; इधर पीछे की तरफ इलाही और मिरासी रहते हैं और उससे आगे चलकर विलायत खां और नजीर खां का घर है। कोई कायमखानियों के मुहल्ले में रहा हो तो मुझे पता नहीं।''

'वाह ताईजी, औरंगजेब तो दिल्ली का बादशाह था।'

''और सुनो! इन दिल्ली के बादशाहों से हमारे को क्या मतलब? आए गए हो लिए। औरंगजेब कौन-सा मेरे भात के पहले दिन आया था?''

'अच्छा तो ताईजी ऐसे समझो, क्या फुल्ले खां अच्छा आदमी नहीं था?'

''फुल्ले खां तो हमारे बहुत भरोसे का आदमी था, तेरे ताऊजी तो सिर्फ उसी का एतबार करते थे। उनके घर में तो फेरे और निकाह दोनों होते थे और खुद तेरे ताऊजी करवाते थे। हम तो सारी जोखिम उसी की ऊंटगाड़ी में भेजते थे। तलवार बांधता था और क्या मजाल कि कोई सामान के हाथ भी लगा ले। सभी जानते थे कि फुल्ले खां अपनी जान पर खेल जाएगा लेकिन सामान को छूने भी नहीं देगा। अपनी जुबान का बहुत पक्का आदमी था।''

'ऐसे ही ताईजी औरंगजेब भी महान था।'

'अब तू कहता है तो जरूर रहा होगा, लेकिन किसी और को ऐसा कहते हुए कभी सुना नहीं।''

'सच पूछो ताईजी तो टीपू सुल्तान तो और भी जबरदस्त आदमी था।'

''अब बेटा सारे एक जैसे तो होने से रहे। लोटा भरकर गर्म-गर्म चाय मंगवा देती हूं। ठंड बढ़ने लगी है, आराम से बैठकर पीते रहना।''

'चाय तो ताईजी मैं घर से पीकर ही चला था। सत्तू की मां ने कहा था कि ठंड ज्यादा है, चाय की घूंट तो लेकर जाओ।'

'कितने बजे घर से चला था?'

''यही कोई ग्यारह बजे।'

''अब कितने बज रहे है?''

'यही कोई पौने छह। दरअसल ताईजी आज सुबह आंख खुलते ही मेरे को आशंका हुई कि कहीं ताईजी की तबियत तो खराब नहीं है। इसलिए दस बजे ही खाना खा लिया और ग्यारह बजे घर से निकल पड़ा। फिर भी यहां पहुंचते-पहुंचते दोपहर ढल गई।

''अब बेटा बुढ़ापे का शरीर है, सर्दी-जुकाम तो चलता ही रहता है।''

'आप बुरा नहीं माने ताईजी, तो मैंने आपको बैजनाथ वैद्य से बनवाकर गोंद के लड्डू दिए थे, आपने खाए क्यों नहीं? दो लड्डू मैं भी ले लूंगा। ये लड्डू पेट में पहुंचकर बहुत गर्मी करते हैं और सारा सर्दी-जुकाम निकल जाता है। मैं तो हर बार सर्दियों में ये लड्डू खाता हूं, आप भी खाकर देखो। कम्बल में भी पसीने छूटने लगते हैं। मैं तो साथ में लस्सी भी लूंगा।'

दादीजी आवाज देती हैं - सचिन।

''क्या है दादी, पढ़ने भी नहीं देती?''

''तेरी मां के पास जाकर दूध की लस्सी बनवा ला और एक छन्नी भी ले आना। हाथ अच्छी तरह धोकर पीपे में से दो लड्डू निकालकर ताऊजी को दे दे।''

सचिन रसोई में जाकर थोड़ी देर बाद लड्डू और लस्सी ताऊजी को दे देता है। कुछ देर बाद ताऊजी उठकर खड़े हो जाते हैं।

'अच्छा तो ताईजी मैं चलूं। कोई काम हो तो मेरे को कहलवा देना।'

"ठीक है गोपी, जुग-जुग जीओ! अगली बार बहू को भी लेकर आना। क्यों किसी पराई जाई को घर में घोट रखा है? इस घर में औरतों की तो कोई कद्र ही नहीं है। इस बार अकेले मत आना। खबरदार जो अकेले आया।"

गोपी ताऊजी हमेशा की तरह शालीनतापूर्वक उठकर अपनी धीर-गम्भीर चाल से रवाना हो जाते हैं।

उनके जाने के बाद हमेशा की तरह दादीजी ने कहा-

''फिर वो ही औरंगजेब। यह गोपी तो सारा दिमाग ही चाट जाता है। जाने कहां-कहां से उठाकर लाता है?''

''पर दादी, आपको तो यह भी नहीं मालूम कि औरंगजेब कौन था?'' सचिन की मां रसोई से निकलकर बाहर आ जाती है।

''यह लो मांजी चाय पी लो। और सचिन, थोड़ी सी तू भी ले ले। स्वेटर जर्सी क्यों नहीं पहन रखी हैं? वो सुबह वाली स्वेटर कहां है? कैसे कूकड़ी होकर बैठा है?''

''ऐसी बात है तो खुद ही स्वेटर ढूंढ ला। देखती नहीं कि मैं पढ़ रहा हूं?''

''पढ़ रहा है तो मेरे पर क्या अहसान कर रहा है? अपनी चीजें भी संभाल कर नहीं रख सकता?''

''मेरे को तो पहननी नहीं है फिर मैं क्यों ढूंढूंगा? खुद ही तो कहती है और खुद ही सारा दिमाग चाट जाती है।''

''यह ले, कहां सीढ़ियों में पटक रखी है?''

दादीजी ने कहा - ''सुन बेटा बीनणी! अंधेरा होने लग गया है और तिरबारी में ठंड भी बढ़ गई है। मेरा पलंग उठाकर अंदर कमरे में बिछा दे। चादर को, तकिए को और गद्दे को अच्छी तरह झड़का लेना। कोई छिपकली वगैरह चिपकी हुई नहीं रह जाए। दिया-बत्ती का वक्त भी होने लग गया है। सचिन का छोटे वाला पलंग भी बिछा देना। वाह, कीर्ति की बहू, कमरा तो एकदम सौचंदन हो गया है। आजा सचिन तू भी रजाई में बैठ जा। क्यूं अपने दीदे फोड़ रहा है? एक दिन में कौन-सा पढ़कर बीरबाण हो जाएगा?''

''यह लो दादी, अब नहीं पढ़ता। आज आप अकबर बादशाह और धर्मपाल चौधरी वाली कहानी सुनाना। वो ही कहानी जिसमें चौधरी कहता है- वा र म्हारा चिमक चांदिया, म्हार घरां तो छोटी सी भैंस और बींक भी सालती क छोटी-सी पूंछ और थार घरां बड़ी-बड़ी भैस्यां और सुसरियां क दो-दो पूंछां। जणा म्हारा चिमक चांदिया, तू म्हारी खीर-लापसी क्यांको खातो?''

''ठीक है सुणास्यूं। थोड़ो सो सावल होकर बैठज्या। मेरी टांगां को ध्यान राखिए, चींथ मत दीए। तो सुण!''

मां खाना बनाकर लाती है और दोनों को एक-एक थाली पकड़ा देती है। कहानी चलती रहती है और साथ में खाना-पीना भी। कुल्ला करते ही सचिन को नींद आने लगती है और वह अपने पलंग पर जाकर सो जाता है।

रात को सपने में सचिन देखता है कि सफेद कपड़े पहने हुए एक फरिश्ता तारों के बीच में से धीरे-धीरे नीचे उतरता है और गोपी ताऊजी के ठीक सामने आकर उनकी हवेली की छत पर बैठ जाता है।

रविकांत भाई साहब श्रुतिधर ताऊजी के सबसे बड़े लड़के थे और अवस्था में सचिन से लगभग दस वर्ष बड़े थे। उनके और सचिन के बीच में केवल राजश्री जीजी थी जो सचिन से छह महीने बड़ी थी। जब सचिन पांच वर्ष का हुआ था तो उसे राजश्री के साथ-साथ लड़कियों के स्कूल में भर्ती कराया गया था। तीसरी कक्षा तक लड़के भी इस स्कूल में पढ़ सकते थे, बाद में उनको सरकारी प्राथमिक पाठशाला में भेज दिया जाता था। यह स्कूल बाजार के बीचोंबीच था जबकि प्राइमरी स्कूल मठ से भी आगे था और घर से अधिक दूर पड़ता था, इसके अतिरिक्त राजश्री का भी साथ था। जैसे ही स्कूल जाने का समय होता था, सचिन अचानक ऊपर वाले चौबारे को अंदर से बंद करके उसमें बैठ जाता था जो कि कीर्तिजी का अध्ययन कक्ष था। इस कमरे में बहुत-सी किताबें व अन्य रोचक वस्तुएं रखी थीं जिनके कारण सचिन का समय आराम से कट जाता था। इस कक्ष की दो खिड़कियां घर की छत पर खुलती थीं, इसलिए इनको सचिन बंद कर लेता था। पीछे की एक खिड़की सेठ मथुरादास के घर की ओर खुलती थी और सचिन को इसमें से देखना अच्छा लगता था। इस पिछली खिड़की में से मथुरादास की छत पर रखी हुई भगवान बुद्ध की प्रतिमा स्पष्ट दिखाई देती थी और बचपन से ही सचिन को यह प्रतिमा बहुत आकर्षक प्रतीत होती थी। शीघ्र ही सचिन की मां उसे ढूंढती हुई छत पर आ जाती थी और बहुत नाराज होती थी। उनके डांटने से सचिन दरवाजा और भी अच्छी तरह बंद कर लेता था और कोई भी जवाब नहीं देता था। इस पर वे रविकांत भाई साहब को ढूंढकर वहां पर लाती थीं। रविकांत भाई साहब युक्तिपूर्ण थे और वो बात को बिलकुल उलटकर कहते थे।

जैसेकि वो कहते थे : – "चाची अब तो स्कूल जाना बिलकुल बेकार है। धूप सिर पर आ गई है और पहली घंटी भी बज चुकी है।"

स्कूल दूर था फिर भी सचिन यह समझ जाता था कि उसे घंटी की कोई आवाज सुनाई नहीं दी है।

थोड़ी देर बाद वो कहते थे : राजश्री को गए हुए ही आधा घण्टा हो गया है। अब तक तो प्रार्थना भी पूरी हो गई होगी। अब स्कूल में कौन घुसने देगा? अब इसको कमरे में बंद रहने में क्या फायदा है?

सचिन फिर भी कमरा नहीं खोलता था।

थोड़ी देर बाद वो फिर कहते थे :– मैं सब समझता हूं यह बुआ के साथ मंदिर जाना चाहता है। पर अब तो बुआ भी इसको छोड़कर चल पड़ी है, बाहर वाले दरवाजे तक पहुंच गई है।

सचिन इस पर भी कोई उत्तर नहीं देता था। मां को वास्तव में ही चिंता होने लगती थी कि क्या मामला है।

रविकांत भाई साहब के पास एक से एक बहाने थे।

जैसेकि अंत में वो कहते थे : – "हाईस्कूल के पास वाले नोहरे में रामलीला मण्डली आ गई है। मैं तो वहां जा रहा हूं, तेरे को चलना है क्या?"

आखिर किसी ना किसी बहाने पर सचिन को भरोसा हो जाता था और वह दरवाजा खोल देता था। दरवाजा खोलते ही वो तुरंत लपककर उसे अपने दायें कंधे पर बिठा लेते थे और सचिन की मां बस्ते को रविकांत भाई साहब के बायें कंधे से लटका देती थी। रविकांत भाई साहब अपने दोनों हाथों से सचिन का एक-एक हाथ पकड़ लेते थे और खड़े होकर स्कूल की ओर चल पड़ते थे। रास्ते में पूरा बाजार पड़ता था और उसे पार करते हुए स्कूल पहुंचना पड़ता था। सचिन सारे रास्ते शोर मचाता हुआ जाता था और अपनी टांगें व जूते चलाता हुआ जाता था। रविकांत भाई साहब काफी मजबूत थे और उन पर जूतों की चोट का कोई भी प्रभाव नहीं पड़ता था। सचिन को इसमें अपना अपमान अनुभव होता था, किन्तु रविकांत भाई साहब मान-अपमान से भी ऊपर थे। अंत में चलते-चलते स्कूल आ जाता था और वो क्लॉसरूम में घुसकर सचिन को राजश्री के बगल में नीचे उतारकर बिठा देते थे। लेकिन सचिन भी जिद्दी था। कोई घण्टे-आध घण्टे बाद वह पानी पीने का बहाना बनाकर स्कूल के बाहर वाले दरवाजे तक पहुंचता था, फिर दरवाजे से बाहर निकलकर तुरंत भाग लेता था। ऐन वक्त पर दरवाजे पर मॉनिटर व बच्चों का शोर सुनाई देता था, लेकिन सचिन तब तक पीछे मुड़कर नहीं देखता था जब तक बाजार खत्म नहीं हो जाता था। दोनों बस्ते शाम को राजश्री को उठाकर लाने पड़ते थे, लेकिन वह शुरू से ही एक विनम्र लड़की थी।

यह किस्सा कई बार दुहराया गया। अंत में दादीजी को गुस्सा आ गया और उन्होंने सचिन की पक्ष ले ली। रविवार की दोपहर में एक आपातकालीन बैठक हुई जिसमें दादीजी, ताईजी, कीर्तिजी, सुशीला और रविकांत भाई साहब सम्मिलित थे। दादीजी ने अपनी आपत्ति जाहिर की और रविकांत भाई साहब को खूब डांटा। कीर्तिजी ने भी मां की बात काटना उचित नहीं समझा और सचिन का पक्ष ले लिया। ताईजी ने कोई भी टिप्पणी नहीं की। कीर्तिजी ने कहा कि सचिन पढ़ने में कतई ठीक है, मैं इसको घर पर ही घण्टे-आध घण्टे पढ़ा दूंगा। अभी स्कूल नहीं जाता तो बड़ा होकर चला जाएगा, मैं खुद भी आठ वर्ष की उम्र तक स्कूल नहीं गया था और बाद में मैंने दो कक्षाएं लांघी थीं। सचिन की मां ने इसका दृढ़ प्रतिवाद किया और राजश्री से सचिन की तुलना की। इस पर बात बहुत बढ़ गई, सचिन दौड़कर थोड़ा-सा धतूरा तोड़ लाया और

यह धमकी दी कि यदि आगे से उसे जबरदस्ती स्कूल ले जाया गया तो वह बहुत सारा धतूरा इकट्ठा करके खा जाएगा और मर जाएगा। वह जीते जी इस अन्याय को सहन नहीं करेगा। खैर इस धमकी का असर पड़ा। मम्मी और रविकांत भाई साहब को कीर्तिजी ने अच्छी तरह डांट दिया। उन्हें सबके सामने यह आश्वासन देना पड़ा कि आगे से सचिन को तंग नहीं किया जाएगा। कीर्तिजी का कहना था कि यह पढ़ने-लिखने में बहुत विलक्षण है और अभी से स्कूल जाने की इसे कोई आवश्यकता नहीं है। वे अपने-आप इसके साल खराब नहीं होने देंगे। अब यह वीटो था और मां की हिम्मत भी उसे टोकने की नहीं थी। दरअसल मां को सबसे बड़ी परेशानी यह थी कि वह औरतों की सारी बातें दिन में सुन लेता था और शाम को कीर्तिजी को एक-एक बात बता देता था। इसके बाद गुटबाजी बिल्कुल स्पष्ट हो गई थी। दादीजी, कीर्तिजी और सचिन एक तरफ थे तथा ताईजी, सचिन की मां और रविकांत भाई साहब इनसे डरते थे।

पढ़ने-लिखने में सचिन वाकई सबसे आगे था। जो बात बच्चों को कई बार बताने पर भी पकड़ में नहीं आती थी, वह सचिन को तुरंत समझ में आ जाती थी और याद भी हो जाती थी। सचिन को इस बात पर आश्चर्य होता था कि ये बच्चे इतने अजीब क्यों हैं। शाम को घण्टे-दो घण्टे कीर्तिजी उसको पढ़ा दिया करते थे और सचिन पूरे मुहल्ले के समवयस्क बच्चों में सबसे आगे था। होमवर्क पूरा करने में दूसरे बच्चे उसकी सहायता लिया करते थे और उससे अपनी समस्याएं भी पूछते रहते थे। सचिन खेलकूद में साधारण था और उसका सम्मान पढ़ाई में आगे होने के कारण ही हुआ करता था। राजकमल बंसल प्रारंभ से ही घर पर ट्यूशन भी करता था, लेकिन सचिन उससे भी आगे चल रहा था।

दरअसल, पढ़ाई-लिखाई के मामले में सचिन की रुचि कम नहीं थी, वह केवल स्कूल जाने से चिढ़ता था। उसने दीवार घड़ी को देखकर 1 से 100 तक की गिनती अपने आप ही लिखकर कीर्तिजी को दिखा दी थी। उसने ताश के भी कुछ नए खेल ढूंढे थे और उन्हें कीर्तिजी को दिखाया था। दरअसल पहले कीर्तिजी ने उसे ताश के दो सरल खेल सिखाए थे जिनके आधार पर उसने छह खेल और बना लिए थे। सिद्धांत एक ही था किन्तु उसकी व्यापकता पर कीर्तिजी को भरोसा नहीं हो रहा था। वह प्रत्येक उद्धरण को दो-तीन बार सुनकर वैसा का वैसा ही दोहरा देता था। उसे वे सारी कविताएं याद थीं जो कीर्तिजी घर पर बोलते थे। 1960 के बाद उन्होंने स्नातकोत्तर हिंदी की तैयारी प्रारंभ कर दी थी और सचिन स्वतः ही प्रियप्रवास, साकेत, कामायनी, ढोला-मारू रा दोहा, अलंकार-मंजरी इत्यादि के उद्धरण सीख गया था। यह

बात अलग है कि तब तक सचिन ने स्कूल जाना भी प्रारंभ नहीं किया था; यह क्रम जुलाई 1962 से प्रारंभ हुआ था और तब तक कीर्तिजी ने हिंदी में स्नातकोत्तर की उपाधि ले ली थी।

देखा जाए तो तीन साल विलम्ब से स्कूल जाने का सचिन को बहुत लाभ मिला था। इससे उसके व्यावहारिक ज्ञान में वृद्धि हुई थी और अध्ययन के मामले में उसने आत्मनिर्भर रहना सीखा था। उसके लिए पढ़ाई का दायरा केवल पाठ्य पुस्तकों तक सीमित रहना नहीं था। ग्यारह वर्ष की अवस्था में ही उसने गांव छोड़ दिया था और तब तक उसने कीर्तिजी के अध्ययन कक्ष में रखी हुई बहुत-सी पुस्तकें पढ़ लीं थीं। सारे दिन कीर्तिजी स्कूल में रहते थे और उसे इन पुस्तकों को पढ़ने का अवसर मिल जाता था। इन पुस्तकों में चिंतामणि, गोदान, गबन, ध्रुवस्वामिनी, प्रियप्रवास, साकेत, कामायनी, भ्रमरगीत सार, उत्तर रामचरित (हिंदी अनुवाद), मुद्राराक्षस (हिंदी अनुवाद) इत्यादि सम्मिलित थीं। इनके अतिरिक्त अंग्रेजी व्याकरण व हिंदी-अंग्रेजी अनुवाद की कुछ पुस्तकें भी वहां रखी थीं। बिना पूछे पुस्तकें छेड़ने की आदत से कीर्तिजी अप्रसन्न भी होते थे, किन्तु सचिन को उन्हें सरप्राइज देने में मजा आता था। उसका प्रवेश सीधे ही चौथी कक्षा में करवाया गया था और उसे विलम्ब से स्कूल जाने में कोई हानि नहीं हुई थी।

फ्रायड का मानना है कि सात वर्ष तक बच्चा इड की अवस्थ में जीता है और वह प्रकृति का ही एक अंश होता है जैसेकि बादल, चिड़िया, हवा, फूल, तितली, गिलहरी इत्यादि। इस अवस्था तक प्रत्येक बच्चा प्रकृति से सान्निध्य चाहता है और एक जगह सीमित किए जाने का विरोध करता है। इस अवस्था तक बालक की रुचि प्रकृति में ही अधिक होती है, इसलिए आश्चर्य नहीं होना चाहिए कि मनुष्य की आदिम अवस्था कृषि में रुचि लेने की अवस्था मात्र थी। इन तीन वर्षों में सचिन ने आसपास के परिवेश से जुड़ना सीखा था और पुस्तकें उसे यह सब नहीं सिखा सकती थीं। सबसे पहले उसका ध्यान गढ़ में रखी हुई तोपों की ओर गया था। एक दिन वह गढ़ के दरवाजे से भीतर चला गया था और वहां पर बैठे हुए तीन आदमियों में से किसी ने भी उसे रोका नहीं था। वे अपना हुक्का पीते जा रहे थे और आपस में बातें भी करते जा रहे थे। इसके बाद वह तोपों तक पहुंच गया था और सीढ़ियां चढ़कर एक तोप पर जाकर बैठ गया था। वहां से चारों ओर देखना उसे बहुत अच्छा लगा था। धीरे-धीरे ये तीनों आदमी उसके वहां घूमने-फिरने के अभ्यस्त हो गए थे। इसके बाद उसका ध्यान ऐसी हवेलियों और नोहरों के सर्वे की ओर गया था जिन्हें भुतहा कहा जाता था। उसे बहूजी की आत्मा दिखाई नहीं दी

थी और वह भूतों को देखना चाहता था। न तो उसे कहीं भूत दिखाई दिये थे और न ही नीम के पेड़ के नीचे दहकते हुए अंगारे दिखे थे। वह मंदिर में पहुंच कर हरि कीर्तन में भी शामिल होता था और कलियुग के आने और धर्मकर्म के नष्ट होने के बारे में भी मौलिक विचार रखता था। दोपहर की इस स्वतंत्रता ने उसका परिचय कुछ विशिष्ट पात्रों से भी करवाया था जैसे श्री विलायत खां, श्री आनंदगिरि, इब्राहीम पोस्टमास्टर (जो दुकानदार भी था), वेणीमाधव, अल्लारखी ताई और चाय की दुकानों पर बैठने वाले लोग। पोस्ट ऑफिस में पत्र डालने और रजिस्ट्री आदि करवाने के लिए सचिन ही जाया करता था और लौटते समय चाय की दुकानों के सामने रुककर वह गर्मागर्म बहस भी सुना करता था। उन दिनों चीन का आक्रमण, दलाई लामा का भारत आगमन, कैनेडी की भारत यात्रा, कश्मीर समस्या इत्यादि बहस के स्थायी मुद्दे हुआ करते थे। उन दिनों हर जगह एक कैलेण्डर लटका रहता था जिसमें नेहरू और कैनेडी के चित्र थे। कुछ लोग जनसंघी और स्वतंत्र पार्टी के भी थे जो अपने प्रतिक्रियावाद को खुलकर अभिव्यक्त करते थे। ऐसे लोगों का मानना था कि गांधी और नेहरू ने छोटी जातियों के लोगों को सिर पर चढ़ा दिया था, मुसलमानों का तुष्टीकरण किया था और हिन्दुस्तान को डुबो दिया था। ऐसे लोगों का विचार था कि हिटलर और सुभाषचंद्र बोस की पराजय से देश का बेड़ा गर्क हो गया था। दुकान के कप-प्लेट में चाय पीने वाले इन लोगों को भी संभ्रांत लोग सम्मान की दृष्टि से नहीं देखते थे। इनमें से एक वेणीमाधव भी था जिसकी दादी उसे रोज बुरा-भला कहती थी। सबसे जोरदार बहस विलायत खां और रामदत्तजी करते थे। विलायत खां काने थे और साम्यवादी थे जबकि रामदत्त जी लंगड़े थे और प्रतिक्रियावादी थे। विलायत खां क्रांतिकारी थे और चायवाला उनसे इतना अधिक प्रभावित था कि उन्हें बीच-बीच में अपनी तरफ से स्पेशल चाय बनाकर मुफ्त में पिलाता था। इससे उनकी बहस में और भी धार आ जाया करती थी। मैंने यह जांच भी कर ली थी कि लोगों का यह अनुमान ठीक था कि चाय की दुकानों पर क्रॉकरी अच्छी तरह नहीं धोयी जाती थी। इसलिए वहां पर बैठने वाले लोगों को ब्राह्मण मानने की कोई तुक नहीं थी। सचिन को विदित था कि मंदिर में हरि कीर्तन करने वाले लोग इस जूठ-ऊठ को भी कलियुग के आने का लक्षण मानते थे।

इसके अलावा एक जगह और थी जहां बैठकर कुछ लोग शतरंज खेलते थे। इस जगह पर भी राजनीतिक चर्चा का दौर चलता था। तीसरी जगह कल्याणकारी समिति का भवन था, यहां पर ताश के खेल के साथ-साथ राजनीतिक गहमागहमी भी होती थी, इनमें से अधिकांश लोग दुकानदार थे। घर से पोस्ट

ऑफिस दूर था और वापस लौटते हुए चाय की दो दुकानें और कल्याणकारी समिति सचिन के लिए विश्राम स्थल हुआ करती थीं। जिस समय शेष सभी बच्चे स्कूलों में बैठे रहते थे, सचिन ने इन लोगों से बहुत कुछ सीखा था।

गांव में दो मंदिर प्रमुख थे – एक सत्यनारायण जी का मंदिर और दूसरा रंगनाथजी का मंदिर। यहां की चर्चाओं में सबसे गंभीर मुद्दे धर्म का ह्रास और कलियुग का बढ़ता हुआ प्रभाव हुआ करते थे। हरि कीर्तन के साथ-साथ सचिन इन विषयों को भी पर्याप्त गम्भीरता से समझने का प्रयास करता था, किंतु उसे कुछ विशेष समझ में नहीं आता था। फिर भी वहां आने वाले लोग नियमित रूप से वहां आया करते थे और अपनी ओर से धर्म जैसी किसी चीज को बचाने का प्रयास किया करते थे। सचिन को यहां दिखाई देने वाले रंगबिरंगे ओढ़ने, साड़ियां, चूड़ियां, कंगन, फीते और परफ्यूम वाकई पसंद थे। चंदन की महक, पंचामृत, तुलसी के पत्ते, गुलाबजल और केवड़े के फूलों की सुगंध भी उसे अच्छी लगती थी। कलियुग कहीं बहुत दूर दिखाई देता था और गरुड़-पुराण में वर्णित नरक केवल किस्से-कहानी जैसा प्रतीत होता था। फिर भी यहां बैठे हुए लोगों की बातचीत से ऐसा लगता था जैसेकि कुछ था जो खोता जा रहा था और जिसे बचाना बहुत आवश्यक था। ऐसा लगता था जैसे धर्म लंगड़ा हो गया था और कलियुग काना था। फिर भी यहां की बहस में कभी भी   उतनी गर्मागर्मी नहीं हुआ करती थी जितनी चाय की दुकान पर हुआ करती थी। यहां का वातावरण थोड़ी देर में ही उत्सवपूर्ण हो जाया करता था, जबकि चाय की दुकानों पर बैठे हुए लोग वाकई जुझारू थे। यहां के वातावरण से प्रभावित होकर सचिन ने कई बार ध्रुव और प्रहलाद बनने का मानस भी बनाया था; वह पद्मासन लगाकर बैठ जाता था और प्रत्येक बार यह सोचता था कि भगवान के दर्शन होने पर ही वह उठेगा। किन्तु यह इतना सरल नहीं था, क्योंकि उसकी टांगों में दर्द होने लगता था और कोई ना कोई उसे आवाज भी दे देता था।

दशहरे के आसपास गांव में प्रतिवर्ष कोई ना कोई रामलीला मण्डली आ जाया करती थी। इस मण्डली को हाईस्कूल के पास वाले एक नोहरे में ठहराया जाता था। कई बार सचिन रविकांत भाई साहब के साथ दिन के समय इस मण्डली के सदस्यों से मिलने इस नोहरे में भी जाया करता था। उसे विचित्र-विचित्र बातें देखने को मिलती थीं जैसेकि भगवान राम और रावण दोनों एक साथ मिलकर बीड़ी पीते हुए दिखाई देते थे; लक्ष्मण और मंदोदरी कुश्ती का अभ्यास करते हुए देखे जा सकते थे; दशरथ को हनुमानजी की पीठ पर मालिश करते हुए देखा जा सकता था और मंदोदरी ने एक बार भरत के थप्पड़ मार दिया था। सचिन को इन बातों से बहुत हैरानी होती थी क्योंकि रात को पेट्रोमैक्स के प्रकाश में ये सभी पात्र बहुत महिमावान दिखाई देते थे। जो छोटे

लड़के हुआ करते थे उनके चेहरों पर अभ्रक का पावडर पोत दिया जाता था, ब्रेसरी के भीतर रूई ठूंसकर स्तन बनाए जाते थे और उन्हें महिलाओं जैसे कपड़े पहना दिए जाते थे। पेट्रोमैक्स के तेज प्रकाश में ये सब महिलाओं जैसे ही दिखते थे। किन्तु, दुविधा की बात यह थी कि इनके वास्तविक नाम किसी को मालूम नहीं होते थे और दिन के समय भी इनको रातवाले नामों से ही पुकारा जाता था। प्रत्येक रामलीला-मण्डली गांव में कम-से-कम पंद्रह-बीस दिन रहती थी, इसलिए कुछ समाजसेवी लोग और कुछ छात्र दिन के समय भी इनसे परिचय प्राप्त करने के लिए पहुंच जाया करते थे। ये सभी गांव के अतिथि हुआ करते थे और समाजसेवी लोगों का दायित्व इनकी सुविधा-असुविधा का ध्यान रखना भी होता था।

रामलीला का स्टेज या तो गढ़ के मुख्यद्वार के सामने बांधा जाता था अथवा इसे बाजार के बीच में बांधा जाता था। स्टेज के सामने बहुत सारी कुर्सियां लगाई जाती थीं जो सम्मानित व्यक्तियों के बैठने के लिए होती थीं। स्त्रियां और बच्चे प्रायः सामने के घरों और दुकानों की छतों पर बैठकर रामलीला देखते थे। बाकी लोगों को कुर्सियों के पीछे खड़ा रहना पड़ता था। तब तक गांव में बिजली नहीं पहुंची थी, इसलिए रामलीला का विशेष आकर्षण हुआ करता था। स्टेज को खूब रंगबिरंगे पर्दों से सजाया जाता था। दो आदमी रस्सियां खींचते थे जिनसे पर्दे गिरते अथवा सरकते थे। अक्सर स्टेज को तीन भागों में बांटा जाता था और इसके लिए तीन पूरे नाप के पर्दे काम में लिए जाते थे। स्टेज के दायें किनारे एक हारमोनियम वाला, एक तबले वाला व एक कथावाचक बैठते थे। यह कथावाचक रामचरितमानस और राधेश्याम रामायण खोलकर इसमें से सस्वर पंक्तियां बोलता था और स्टेज पर विराजमान पात्र इन पंक्तियों के अनुसार अभिनय करते थे। पर्दे की रस्सियां खींचने वाले लोग स्टेज के दायें और बायें किनारे पर बैठते थे। ये सब लोग इस तरह से बैठते थे कि अंधेरे के कारण दिखाई नहीं देते थे। प्रकाश केवल अभिनेताओं को उजागर करता था और दर्शक भी अंधेरे में होते थे और अभिनेताओं को दिखाई नहीं पड़ते थे। यह व्यवस्था उनमें आत्मविश्वास के संचार हेतु आवश्यक थी। प्रकाश केवल स्टेज पर वांछनीय होता है।

जैसे ही संध्या का अंधेरा घिरने लगता था, स्टेज के सामने और आसपास की जमीन पर लोहे की बाल्टियों में पानी भरकर खूब छिड़काव किया जाता था। इसके बाद सामने की ओर ढेर सारी कुर्सियां और बेंच लगाए जाते थे। प्रायः इनसे सारी खाली जगह भर जाया करती थी। इसके बाद स्टेज को तैयार किया जाता था। तीन तरह के माइक और लाउडस्पीकर काम में लिए जाते थे।

कुछ माइक स्टैण्ड पर खड़े रहते थे, कुछ माइक नीचे रखे जाते थे और कुछ माइक रस्सी की सहायता से लटके रहते थे। आसपास के क्षेत्र में चारों ओर कई लाउडस्पीकर भी रखे जाते थे, जिनके कारण लगभग सारे गांव में स्टेज की ध्वनियां सुनाई देती थीं। स्टेज को तैयार करने के लगभग एक घण्टे बाद कार्यक्रम का प्रारंभ प्रार्थना के साथ होता था। इस प्रार्थना में सभी पात्र अपनी उस दिन की भूमिका के अनुसार वस्त्रादि पहनकर और शस्त्रादि धारण करके सम्मिलित होते थे जैसेकि रावण की कमर से तलवार बंधी रहती थी और हनुमानजी के हाथ में गदा होती थी। प्रार्थना के बाद सूत्रधार स्टेज पर खड़ा होकर चार पंक्तियों में उस दिन की कथा का सारभूत प्रस्तुत करता था जिसकी अंतिम पंक्ति इस प्रकार हुआ करती थी –

'सज्जनो! सब ध्यान लगा लेना। आज बाली-मरण की लीला है।'

फिर पर्दा उठता था। स्टेज पर श्रीराम, श्रीलक्ष्मण और सुग्रीव दिखाई देते थे। राम और लक्ष्मण के पास धनुष-बाण होते थे और उनकी पीठ पर तरकश बंधे रहते थे। सुग्रीव के कंधे पर गदा होती थी। ये पात्र पांच-सात बार स्टेज के गोलाकार चक्कर मंदमंथर गति से काटते थे। इसके बाद कथावाचक रामचरित मानस में से कुछ पंक्तियां बोलता था।

जैसे –

नाथ बालि अरु मैं द्वौ भाईं प्रीति रहि कुछ बरनि न जाई
मयसुत मायावी तेहि नांऊं। आया सो प्रभु हमरे गांऊं।
अर्धरात्रि पुर द्वार पुकारा। बाली रिपु बल सहै न पारा
धावा बाली देखि सोई भागा। मैं पुनि गयऊ बंधु संग लागा।

फिर स्टेज पर सुग्रीव बोलता था–

'हे महाराज! मैं और बाली दो भाई थे। हमारी माता एक ही थी और वैसे तो महाराज हमारे पिता भी एक ही थे। हम दोनों में कितना प्रेम था, इसका वर्णन तो ब्रह्माजी भी नहीं कर सकते थे, देवी सरस्वती भी नहीं कर सकती थीं और महाराज हजार मुखों वाले शेषनाग भी नहीं कर सकते थे। मैं तो ठहरा एक साधारण-सा वानर, कौन-से मुख से उसका वर्णन करूं? किन्तु महाराज विधि का विधान देखिए कि मय नामक एक राक्षस का पुत्र मायावी हमारी नगरी में आ निकला। अकारण ही आधी रात को, अंधेरी रात को, सूनी रात को वह प्रलाप करने लगा। बारिश अभी-अभी थमी थी; घनघोर अंधेरा था और रास्ते विधवा की मांग की तरह एकदम सूने पड़े थे। महाराज, यद्यपि वह नगरी के प्रवेश द्वार पर खड़ा था किन्तु हवा की सांय-सांय के कारण उसका यह प्रलाप भ्राता बाली को

अंत:पुर में भी सुनाई दे गया था। हे महाराज! इसके बाद तो जो अनर्थ होना था वही हुआ। भाग्य का लेखा कौन टाल सकता है महाराज? इससे महाराज, बाली के थर्मामीटर का पारा सातवें आसमान पर चढ़ गया क्योंकि शत्रु अपने गुणों का बखान कर रहा था। शत्रु के द्वारा किए गए गुणों का बखान तो महाराज बाली कभी सह ही नहीं सकता था चाहे दिन हो या रात हो, धूप खिली हो कि बरसात हो, संध्या हो या प्रभात हो, शत्रु कमजोर हो या औकात हो, बाली का क्रोध अवश्यम्भावी होता था। बाली उसके पीछे-पीछे दौड़ा और महाबली बाली को देखकर वह राक्षस भी डर के मारे बाली के आगे-आगे दौड़ा। महाराज बाली के बल से तो इंद्र भी थर्राता था, आकाश फट जाता था, धरती कांपने लगती थी, फिर महाराज उस राक्षस की तो औकात ही क्या थी? किन्तु, महाराज भाई का प्रेम देखिए कि मैं मूर्ख किसी अनहोनी की आशंका से फिर भी उन दोनों के पीछे-पीछे चला गया। हे जगन्नाथ, यहीं पर खा गया मैं मात, क्योंकि हे महाराज इसके बाद तो मुझ पर विपदा का पहाड़ ही टूट पड़ा, इत्यादि।

इसके बाद रामचरितमानस से दुबारा कुछ चौपाइयां पढ़ी जाती थीं और फिर स्टेज पर उपस्थित पात्र तदनुसार अभिनय करते थे, इस प्रकार रामलीला आगे बढ़ती चली जाती थी। इतने में दर्शकों में से कोई दस या बीस रुपए का नोट दूर से हवा में लहराता हुआ रंगमंच पर आता था, नोट हाथ में लेकर अभीष्ट पात्र के सिर के चारों ओर घुमाता था और कथावाचक को सौंप देता था।

इसके बाद कथावाचक बोलता था – ''यह दस रुपए सेठ बनारसीदास बंका की ओर से सुग्रीव का पार्ट करने वाले कलाकार को प्रेम सहित भेंट किए जाते हैं। बालक का उत्साह बढ़ाने के लिए पूरी रामलीला मण्डली की तरफ से धन्यवाद। ईश्वर उनका कल्याण करे।'', इत्यादि। इस प्रकार रात के एक-दो बजे तक रामलीला चलती रहती थी। रामलीला समाप्त होते ही सभी स्त्रियां और बच्चे उठकर खड़े हो जाते थे और अपने-अपने घर जाकर सो जाते थे। इसके बाद दो घण्टे तक लगभग फिल्मी गानों का दौर चलता था। लड़के महिलाओं जैसे सुंदर-सुंदर वस्त्र धारण करते थे, गहने और आभूषण पहनते थे, स्टेज पर आकर ताबड़तोड़ नाचते थे। पुरुष और नवयुवक इस कार्यक्रम के लिए रुक जाते थे। सचिन को इस बात पर आश्चर्य होता था कि फिल्मी गीत गाने वालों और नाचने वालों पर नोटों की बरसात हो जाती थी; रामलीला के दौरान इससे आधे रुपए भी रामलीला पार्टी को नहीं मिलते थे जबकि रामलीला कम-से-कम चार-पांच घंटे तक चलती थी। किसी कोने से विद्याधर या वेणीमाधव निकलकर आते थे और रविकांत भाई साहब से पूछते थे –

जीवन स्थगित है

'चाचाजी तो चले गए ना? कहीं इधर-उधर छिपकर तो नहीं बैठे हैं?'

रविकांत भाई साहब उन्हें आश्वस्त करते थे कि आज कीर्तिजी आए ही नहीं हैं। इसके बाद वेणीमाधव नाचते हुए और हवा में नोट लहराते हुए स्टेज पर पहुंचता था और नोट नाचने वाले लड़के की चोली में ठूंस देता था। स्टेज से आवाज आती थी –

''यह दस रुपए नाचने वाली लड़की को श्री वेणीमाधव की ओर से हार्दिक प्रेम के चिह्न-स्वरूप भेंट किए जाते हैं। भगवान जोड़ी बनाए रखें।''

इस प्रकार रात को तीन-चार बजे तक रामलीला की पूर्ण समाप्ति हो जाया करती थी। रामलीला पूरी होने के बाद आगामी कुछ दिनों में नाटकों का आयोजन भी हुआ करता था। ये नाटक गिनती में थोड़े से थे और महत्त्वपूर्ण थे। इनके नाम थे – रूप-बसंत का नाटक, सत्यवादी हरिश्चंद्र का नाटक, भक्त प्रहलाद का नाटक इत्यादि। लगता है कि इन नाटकों का मंचन इसलिए आवश्यक था कि इनको देखने से रामलीला का अंतर्निहित आशय स्पष्ट हो जाया करता था। कार्यक्रम का अंत कुछ इस प्रकार की घोषणा के साथ हुआ करता था –

'कल दोपहर को खीर-जलेबी का भोजन सेठ जगन्नाथजी केडिया की ओर से प्रेम पूर्वक रामलीला मंडली को करवाया जाएगा और दक्षिणा के रूप में 101/- रुपए भी भेंट किए जाएंगे। और सुनिए सज्जनो, परसों दोपहर को दाल के हलवे और बूंदी के रायते की दावत सेठ विष्णुदयाल अग्रवाल की ओर से इस मण्डली को दी जाएगी और दक्षिणा के रूप में 151/- रुपए भी सप्रेम भेंट किए जाएंगे। रुकिए सज्जनों, इससे अगले दिन का भोजन लादूरामजी लुहारूका की ओर से रामलीला मण्डली को करवाया जाएगा। भोजन में दाल-चूरमा होगा और दही बड़े भी होंगे तथा दक्षिणा के रूप में 151/- भेंट किए जाएंगे। बोलो भक्त और भगवान की जय।''

इसके बाद सब लोग उठकर खड़े हो जाते थे। रामलीला पार्टी के लोग भी अपना-अपना सामान लेकर जाने की तैयारी करने लगते थे। किन्तु स्टेज वैसे का वैसा ही बंधा रहता था जिसे आखिरी दिन खोला जाता था।

जैसाकि स्वाभाविक था सचिन सहित चारों बच्चों को भी रामलीला देखने का बहुत शौक था, किन्तु ये चारों इतने छोटे थे कि रामलीला देखने के लिए अकेले नहीं जा सकते थे। इसलिए इन बच्चों को रविकांत भाई साहब से अनुनय-विनय करनी पड़ती थी। उनके मना करने पर कई बार उनकी पीठ पर मुक्के मारने पड़ते थे और कई बार दांतों से भी काटना पड़ता था। कीर्तिजी भी यदा-कदा रामलीला देखने पहुंचते थे, लेकिन वे थोड़ी-सी देर वहां का मुआयना करके वापस आ जाया करते थे। दरअसल, इन बच्चों और रविकांत

भाई साहब के बीच में संघर्ष का एक स्थायी कारण था। जैसे ही रामलीला समाप्त होती थी और फिल्मी गीतों का दौर शुरू होता था, चारों बच्चों को नींद आने लगती थी और वे बैठे-बैठे ही कुर्सियों, मुड्ढ़ों अथवा छत पर लुढ़कने लगते थे। रविकांत भाई साहब एक-दो बार इन बच्चों को जगाने का प्रयास भी करते थे, किन्तु प्राय: उन्हें कार्यक्रम को बीच में ही छोड़कर वापस लौटना पड़ता था। वे उन्हें पहले से ही पाबंद करके भी ले जाते थे किन्तु रामलीला पूरी होते ही बच्चे नींद को रोक नहीं पाते थे; उनकी कोई भी रुचि फिल्मी गानों में नहीं होती थी। एक तो रविकांत भाई साहब को पूरे समय बच्चों का ध्यान रखना पड़ता था, दूसरे कार्यक्रम को बीच में ही छोड़कर वापस भी लौटता पड़ता था। अस्तु, रविकांत भाई साहब ने बाद में एक तरीका और सोचा था। वे बच्चों से खाना खाते ही कहते थे कि, "अब तुम थोड़ी देर के लिए सो जाओ, इससे बीच में नींद नहीं आएगी। जैसे ही रामलीला शुरू होगी मैं तुम्हें जगाकर अपने साथ ले जाऊंगा। रामलीला शुरू होते-होते ही दस बज जाते हैं, तब तक तुम अपनी नींद खराब क्यों करते हो? जैसे ही लाउडस्पीकर की आवाज आएगी और प्रार्थना पूरी हो जाएगी, मैं तुम्हें उठा दूंगा, वैसे भी तुम कल पूरी रात भर जागे हुए हो।" इस पर बच्चे सो जाते थे और वो चुपचाप खिसकने का प्रयास करते थे। बाकी बच्चे तो सोते रहते थे, लेकिन सचिन प्राय: नींद में भी खड़ा हो जाता था। ऐसी स्थिति में रविकांत भाई साहब सचिन को लेकर वहां से चल पड़ते थे, बाकी तीनों बच्चे टस से मस नहीं होते थे। फिर भी यह रविकांत भाई साहब की उदारता थी कि वे खास-खास प्रसंग बच्चों को दिखाना नहीं भूलते थे। ये प्रसंग होते थे - सीता का स्वयंवर, शूर्पनखा के नाक-कान काटना, सीता का हरण, लंका दहन, मेघनाथ का शक्ति प्रयोग, कुंभकर्ण वध, रावण वध, राम का राजतिलक इत्यादि। बच्चों के सबसे प्रिय प्रसंग हनुमानजी का संजीवनी बूटी लाना और रावण वध होते थे।

बड़े होने पर रविकांत भाई साहब कलकत्ता चले गए थे और सचिन अकेला ही अपने सहपाठियों अथवा कुटुम्ब के लोगों के साथ रामलीला देखने जाने लग गया था। छत पर बैठे हुए कुछ किशोर-किशोरियां मौका मिलते ही कभी-कभी त्रेतायुग से सीधे ही कलियुग के अंधेरों में खिसकने का प्रयास भी करते थे। इसलिए समझदार माता-पिता किशोरवय की लड़कियों को घर के लोगों की निगरानी में ही रामलीला देखने के लिए भेजते थे। किन्तु कुछ परिवार गांव के बाहर से भी आए हुए थे और उनसे थोड़ी -बहुत चूक हो जाया करती थी। दूरदराज की छतों पर और आसपास के घरों में घुप्प अंधेरे और सन्नाटे का साम्राज्य हुआ करता था जबकि सबका ध्यान स्टेज पर ही लगा रहता था।

सचिन भी बीच-बीच में छतों और उनसे लगे हुए घरों का मुआयना कर लिया करता था। यद्यपि सचिन दूर से ही कुछ बड़बड़ाते हुए और गुनगुनाते हुए आता था, इसलिए उसने कुछ भी आपत्तिजनक नहीं देखा था। फिर भी कुछ बड़े लड़के-लड़कियां उससे डरते थे और उसे यह बताने से मना करते थे कि वे कहां बैठे हुए थे। ये लोग सचिन को अपने विश्वास में लेने की कोशिश भी करते थे और उसे पेन, रंगबिरंगी पेन्सिलें, ड्राइंग बॉक्स, रबर इत्यादि बिना मांगे ही मिल जाया करते थे। यद्यपि सचिन उस समय इस सबका कारण पूरी तरह नहीं समझता था, किन्तु प्रभु की ऐसी ही लीला थी।

आठ वर्ष की अवस्था में एक बार फिर सचिन को स्कूल में भर्ती करवाया गया था। इस बार प्रवेश के लिए राजकीय प्राथमिक विद्यालय की चौथी कक्षा को चुना गया था। यह प्राथमिक विद्यालय हाईस्कूल से संलग्न ही था जहां कि कीर्तिजी अध्यापन कार्य करते थे और इस प्राथमिक विद्यालय के अधिकांश शिक्षक कीर्तिजी के विद्यार्थी रह चुके थे। सचिन जब कक्षा में पहली बार पहुंचा था तो गणित का कालांश चल रहा था। गणित के अध्यापक श्री झाबरमल मेहरिया भी कीर्तिजी के विद्यार्थी रह चुके थे। उन्होंने गणित के कुछ सवाल लिखाए थे जिनको सचिन ने सबसे पहले हल करके दिखा दिया था। पहले दिन से ही सचिन को स्कूल में सम्मान मिला था, क्योंकि वह पढ़ाई-लिखाई में सबसे आगे था। सभी विषयों के पाठ पढ़ाते ही सचिन को तुरंत ही समझ में आ जाया करते थे और वह धड़ाधड़ पीछे छपे हुए प्रश्नों के उत्तर बता दिया करता था। शिक्षक भी आश्चर्यचकित रह जाते थे क्योंकि इतनी शीघ्र वे भी उत्तरों को सोच नहीं पाते थे। कुछ शिक्षक और विद्यार्थी तो यहां तक कहते थे कि सचिन उन पाठों को पहले से ही तैयार करके आता है जबकि ऐसा नहीं था। यह सिलसिला स्नातक कक्षाओं तक अनवरत चलता रहा था। उदाहरण के लिए जब सचिन बी. ए. में था तो अंग्रेजी साहित्य में कुछ ऐसी कविताएं आती रहती थीं जिनके अर्थ के बारे में स्वयं अध्यापकों में भी अस्पष्टता बनी रहती थी, किन्तु सचिन प्रथमदृष्टया ही कविताओं के ठीक-ठीक अर्थ पर पहुंच जाता था। दूसरों के लिए यह सब विस्मयजनक था। यही सब कुछ दर्शनशास्त्र में भी हुआ करता था। किन्तु उच्च गणित विषय ऐसा था जिसमें नियमित अध्ययन के बिना कक्षा के साथ चलना संभव नहीं हो सकता था। उच्च गणित में, उदाहरण के लिए, पांचवां अध्याय तभी समझ में आता था जबकि पहले से लेकर चौथे तक कर लिए गए हों। सचिन कभी भी नियमित अध्ययन नहीं करता था, इसलिए उसे उच्च गणित में एक साथ सारा पाठ्यक्रम बाद में तैयार करना पड़ता था। सचिन में प्रतिभा जितनी अधिक थी अध्यवसाय उतना ही कम था।

अस्तु, हम कालक्रम में बहुत आगे चले गए हैं। पांचवीं कक्षा से अंग्रेजी विषय भी प्रारंभ हो गया था और अब सचिन के सर्वाधिक प्रिय विषय थे – हिंदी, अंग्रेजी, गणित व सामान्य विज्ञान। गणित व अंग्रेजी अन्य सहपाठियों को कठिन लगते थे, जबकि सचिन के लिए ये ही विषय सर्वाधिक सरल थे। इन चारों ही विषयों में सचिन को परीक्षा से पूर्व पुनरावलोकन नहीं करना पड़ता था; यहां तक कि एक महीने पूर्व पढ़ा हुआ भी पर्याप्त होता था। सचिन को सामाजिक ज्ञान और भूगोल इतने सहज-स्फूर्त नहीं लगते थे। आश्चर्य की बात यह थी कि सचिन के लिए चित्रकला बहुत कठिन हुआ करती थी और उसे चित्रकला के स्थान पर वाणिज्य ज्ञान लेना पड़ता था। संस्कृत पढ़ना भी उसे बहुत प्रिय था हिन्दी और संस्कृत में उसे विशिष्ट बनाया जा सकता था। शास्त्रीजी स्वयं संस्कृत के उद्भट्ट विद्वान थे; वे न केवल संस्कृत को पढ़ सकते थे, उसे लिख भी सकते थे और बोल भी सकते थे। सचिन की तर्कशक्ति प्रारंभ से ही उत्कट थी। पांचवीं कक्षा के बाद ही गर्मियों की छुट्टियां थीं। सचिन को एक सहपाठी के घर पर रखी हुई एक गणित की पुस्तक हाथ लगी थी जो पृष्ठ संख्या 11 से प्रारंभ हो रही थी। उसने छुट्टियों में ही सारी किताब को हल कर लिया था। जब वह आठवीं कक्षा में आया था तो उसे पता लगा था कि वह आठवीं कक्षा की पाठ्य पुस्तक थी। अंकगणित, बीजगणित और रेखागणित उसके लिए खेल जैसे थे। छठी कक्षा उत्तीर्ण करते ही सचिन का गांव छूट गया था। इसके बाद वह कभी भी जमीन से जुड़ नहीं पाया था।

प्रारंभ में कीर्तिजी के स्थानांतरण बहुत जल्दी-जल्दी हुए थे और सचिन के लिए जगत वास्तव में ही मायालोक के एक स्वप्नजाल जैसा हो गया था। उसका सारा परवर्ती जीवन एक प्रवाह जैसा था और सब कुछ परिवर्तनशील हो गया था – विद्यालय, शिक्षक, मित्र, पहचान, परिवेश, मान-सम्मान इत्यादि। सब पानी पर लिखी हुई लकीरों जैसे थे। जहां उसने चौथी, पांचवीं और छठी तीनों कक्षाएं अपने ही गांव से उत्तीर्ण की थीं, वहीं पर पश्चादतः प्रत्येक कक्षा उसे भिन्न-भिन्न स्थानों से उत्तीर्ण करनी पड़ी थी। सभी स्थानों पर उसे सम्मान मिला था, किन्तु वह किसी भी स्थान से सम्बद्ध नहीं था। यही वह वयस् होती है जब हम सबसे अच्छे और स्थायी मित्र बना सकते हैं और इस दृष्टिकोण से भी हम सचिन को सौभाग्ययुक्त नहीं कह सकते हैं।

चौथी कक्षा में स्कूल में प्रवेश लेते ही सचिन का परिचय जिन सहपाठियों से हुआ था उनमें से कतिपय को घनिष्ठ भी कहा जा सकता था, यथा राजकमल बंसल, हेमेन्द्र लोहिया, देवेन्द्र बंका, कुशाल सिंह टकणेत, बहादुर सिंह राजपूत

जीवन स्थगित है

प्रभृति को सचिन के पर्याप्त निकट समझा जा सकता था। राजकमल बंसल सचिन के घर से कोई सौ-डेढ़ सौ कदम की दूरी पर ही था और वास्तव में तो उस दिशा में वह पहला घर था जिसमें कोई रहता था। उसके तीन भाई और थे – राजेन्द्र, पवन और ढब्बू और एक छोटी बहन थी नीरजा। राजकमल से सचिन का पहला परिचय स्कूल में ही हुआ था और बाद में वे सब हवेली के आगे इकट्ठे होकर खेलने लग गए थे। राजकमल बचपन से ही एक समझदार लड़का था और उसका किसी से झगड़ा नहीं होता था। उसे ताश खेलने का चाव था और वह हमेशा अपने कंधे से एक ट्रांजिस्टर लटकाए रखता था। बाजार में उनकी एक दुकान थी, जिसे उसके दादाजी के जमाने में सर्वाधिक लोकप्रिय दुकान माना जाता था। उन दिनों उसके पिताजी एक ट्रक व एक ट्रैक्टर रखते थे जिनमें बैठकर सब बच्चे आसपास के क्षेत्र में घूमने जाया करते थे; यह बात इसलिए खास हुआ करती थी कि उस इलाके में उन दिनों एक भी सड़क नहीं थी। कागजों पर कई बार सड़कों का निर्माण हो चुका था और वे टूटकर लुप्त भी हो गई थीं। यद्यपि यह कस्बा दो जिला मुख्यालयों को जोड़ता था, किन्तु सार्वजनिक निर्माण विभाग इस कस्बे के साथ बार-बार यह मजाक कर रहा था। गांव में रेलवे स्टेशन भी नहीं था। इसलिए सामान के परिवहन के लिए ट्रैक्टर और ट्रक ही उपयुक्त साधन थे। कुछ घरों में साइकिलें भी थीं, किन्तु बालू की परत इतनी मोटी थी कि बारिश होने के बाद ही साइकिलों को चलाया जा सकता था। अधिकांश बच्चों ने साइकिलें सरकस में ही देख रखी थीं और दो पहियों पर सारे वजन का संतुलित होना यहां के बच्चों के लिए चमत्कार जैसा ही था। गांव से थोड़ा-सा बाहर निकलते ही बालू के ऊंचे-ऊंचे टीले थे जो सोने के टीले जैसे ही लगते थे। चांदनी रातों में इन टीलों पर फिसलने का खेल एक बहुत ही प्रिय खेल होता था। दूसरा गांव कोई तीन किलोमीटर दूर था और एक-दो बार सभी बच्चे मिलकर इस गांव को देखने के लिए पैदल चलकर भी गए थे। देखा जाए तो सचिन का गांव कोई छोटा गांव नहीं था, एक कस्बा ही था और इसे शेखावाटी के बारह बड़े कस्बों में गिना जाता था। फिर भी सड़कें और रेल की पटरियां कहीं भी दिखाई नहीं देती थीं। सड़कें न होने का कारण सरकारी धन की बंदरबांट थी और रेल की पटरियां ठाकुर साहब ने इधर से गुजरने नहीं दी थीं। अंग्रेज बहादुर को उन्होंने लिखा था कि वे इसे कानून और व्यवस्था के लिहाज से अच्छा नहीं समझते थे, इससे बाहर के लोग इस क्षेत्र में आ सकते थे और अपराध बढ़ सकता था। कॉलेज भी जिला-मुख्यालय पर ही सेठ झुंझनूवाला को खोलना पड़ा था क्योंकि ठाकुर साहब इसके लिए भूमि आवंटित नहीं कर सके थे। गांव में तो कोई भी कमी नहीं थी, लेकिन फिर भी पानी के नल 1965 के आसपास लगने शुरू

हुए थे और बिजली के खम्भे भी इसी समय के आसपास जमीन में गाड़े जा रहे थे। यही वह समय भी था जब सचिन को गांव छोड़ना पड़ गया था। अलबत्ता गांव में एक हाईस्कूल, एक लड़कियों का माध्यमिक विद्यालय, तीन प्राथमिक विद्यालय, तीन ऐलोपैथिक चिकित्सालय और तीन टेलीफोन के यंत्र पहले से थे। कम-से-कम पचास हवेलियां ऐसी थीं जिनमें कम-से-कम तीस कमरे बने हुए थे, बाहर भित्तिचित्र भी थे और इनके रहने वाले बाहर रहकर व्यापार में संलग्न थे। कस्बे के अधिकांश घर पक्के थे और कच्चे घरों की गिनती कम थी। यह एक ऐसी आबादी थी जिसके लिए जनता द्वारा शहर, कस्बा और गांव तीनों ही संज्ञाओं का प्रयोग संदर्भ के अनुसार किया जाता था।

खैर, तो बात यह चल रही थी कि राजकमल के पिता ट्रैक्टर और ट्रॉली दोनों रखते थे जो इस क्षेत्र के लिए सबसे उपयुक्त व्यवस्था थी। कभी-कभी उनका ट्रक भी यहां तक आ जाया करता था। कुछ दिनों तक सचिन ने राजकमल के घर के चौबारे में रहकर साथ-साथ इकट्ठे पढ़ाई भी की थी और वहां पर उसकी अच्छी आवभगत थी। राजकमल की मां की आदत शुरू में प्रत्येक नए बच्चे से चिढ़ने की थी, लेकिन बाद में उन्हें सभी बच्चों से लगाव भी हो जाया करता था। यहां तक कि बच्चों द्वारा की गई रामलीला के आयोजन में भी सबसे अधिक योगदान उन्हीं का हुआ करता था। राजेन्द्र सचिन के छोटे भाई आशीष के अधिक निकट था। प्रथम परिचय के समय सचिन और राजकमल की अवस्था प्रायः आठ वर्ष थी और इन दोनों की अवस्था लगभग पांच-छह वर्ष थी। कई बार मतभेद होने पर राजेन्द्र और आशीष दोनों मिलकर सचिन व राजकमल पर पत्थर भी फेंक दिया करते थे, किन्तु इन दोनों ने कभी भी इस आक्रमण का प्रत्युत्तर नहीं दिया था। यह बात अलग है कि इस सतत पाषाण वर्षा से स्वयं को बचाने के लिए उन दोनों को छिपना भी पड़ता था। सचिन में प्रारंभ से यह बुद्धि थी कि पत्थर लगने पर चोट भी आ सकती है और खून भी बह सकता है, किन्तु कुछ बालकों में इस तात्कालिक समझ का अभाव पाया जाता था और चोट लगने के बाद वे घबरा जाते थे। इस प्रस्तर वर्षा में राजकमल ने कभी भी अपना विवेक नहीं खोया था। दरअसल संघर्ष के जो गंभीर कारण होते हैं - जर, जोरू और जमीन, उनमें से एक भी यहां मौजूद नहीं था। राजकमल के पड़ोस में एक दर्जी का घर था जिसमें एक लड़की रहती थी...अणची बाईं; झगड़े का कारण यह लड़की ही हुआ करती थी। यह लड़की गौरवर्ण थी, इसकी आंखें बड़ी-बड़ी थीं, यह देखने में सुंदर थी, फिर भी यह सब लड़कों से दूर-दूर रहा करती थी। बाकी सब लड़कियां इन चारों लड़कों के साथ आंख-मिचौली खेल लिया करती थीं पर अणची

इसके लिए कभी तैयार नहीं हुई थी। चारों लड़कों में प्रतिस्पर्धा इस बात को लेकर थी कि सबसे पहले अणची से मित्रता कौन करेगा? सब अपने-अपने तरीके से अणची से मित्रता करने का प्रयास कर रहे थे। एक दिन राजेन्द्र ने यह दावा प्रस्तुत कर दिया था कि उसकी अणची से दोस्ती हो गई थी और वह अक्सर उसी के घर पर बैठने लग गया था। आशीष ने इस दावे का समर्थन किया था कि वे दोनों सफल हो चुके थे। सचिन और राजकमल ने इस दावे को सच नहीं माना था, इस पर इन दोनों के धैर्य का बांध टूट गया था और इन्होंने अपने आपको अपमानित अनुभव किया था। इसके बाद दोनों ने मिलकर अचानक प्रस्तर-वर्षा शुरू कर दी थी। लगता है कि राजकमल और सचिन का दृष्टिकोण यह था कि ये दोनों मित्रता का अर्थ ही नहीं समझते थे। राजेन्द्र कभी-कभी ऐसी बातें किया करता था जिन्हें युक्तियुक्त नहीं कहा जा सकता था। कुछ दिनों पहले ही उसने यह दावा किया था कि अब किंगकांग किसी भी फिल्म में नहीं आएगा, उसकी आंखों के सामने ही पहले किंगकांग ने रंध ावा को मार दिया था और उसके बाद दारासिंह ने किंगकांग को मार दिया था और अब दोनों मर चुके थे। वह ऐसी बातें करता था जैसे कभी-कभी छोटे बच्चे करते हैं जो कि अबोध होते हैं। सचिन के इस प्रस्ताव को भी राजकमल ने नामंजूर कर दिया था कि अणची से ही पूछ लिया जाए। उसका मानना था कि इस बात से अणची चिढ़ जाएगी और इन चारों में से किसी से भी वह दोस्ती नहीं करेगी। खैर, ऐसे मौकों पर पूरे दिन शाम तक इन दोनों को अपने आपको पत्थरों से बचाना पड़ता था। आशीष और राजेन्द्र दोनों मिलकर पहले खूब सारे पत्थर इकट्ठे कर लेते थे, फिर इन दोनों में से किसी एक के दिखाई देते ही वे ताबड़तोड़ पत्थर फेंकना शुरू कर देते थे। हेमेन्द्र लोहिया का घर दायीं ओर मुड़कर पहली गली में था और सचिन के घर से इसकी दूरी कोई तीन सौ कदम थी। यह लड़का भी सचिन का सहपाठी था और विजय चाचा ने इससे सचिन का परिचय करवाया था। सचिन को सभी पढ़ेसरी समझते थे, इसलिए इसकी मां भी सचिन की अच्छी आवभगत किया करती थी। खास बात यह थी कि हेमेन्द्र के पास वाले घर में एक आदमी रहता था जिसे झिण्डू कहा जाता था। लगता है कि उन दिनों प्रत्येक गांव में कोई ना कोई झिण्डू अवश्य हुआ करता था जिसके बिना बच्चों का काम नहीं चल सकता था और झिण्डू महाशय का मन भी बच्चों के बिना नहीं लगता था। बच्चे इसको छेड़ते थे और इस पर कई कविताएं भी बनी हुई थीं। जैसे-

किसका झिण्डिया किसकी तू
चल मेरी टामकी टमक टू

नानी के घर जाऊंगा मैं
दूध मलाई खाऊंगा मैं
मोटा होकर आऊंगा मैं, इत्यादि।

इन महाशय के कोई संतान नहीं थी, किन्तु पैसा अधिक था। इसलिए ये अपनी फुरसत का समय व्यतीत करने के लिए एक 'भगतन' के पास जाया करते थे। गांवों में उन दिनों पर्व-उत्सवों पर नाचने वाली औरतों को 'भगतन' कहा जाता था, जिसका अर्थ होता था वह स्त्री जो भक्ति करती हो। कहते हैं इनकी पत्नी इस बात से बहुत दुःखी रहती थी। इसलिए गांववालों ने इनको झिण्डू कहना शुरू कर दिया था। यह भी इस नाम से चिढ़ने का नाटक करते थे।

देवेन्द्र बंका सचिन के अतिरिक्त अपनी कक्षा में सबसे मेधावी विद्यार्थी था। उसका घर हाईस्कूल जाते समय बीच में पड़ता था। सचिन आते-जाते बीच में देवेन्द्र के घर भी रुक जाया करता था। वह एक बहुत ही विनम्र, व्यवहार कुशल व मिलनसार लड़का था। दो बार सचिन व उसके बीच में कुट्टी हो गई थी, शिक्षकों व सहपाठियों ने बीच-बचाव करके बोलचाल दुबारा शुरू करवाई थी। झगड़ों का कारण कुछ विशेष नहीं था, किन्तु भूल देवेन्द्र की ओर से ही हुई थी। पहले देवेन्द्र ने कहा था 'स' फिर सचिन ने कहा था 'दे', इस प्रकार दोनों को एक-एक अक्षर आगे बढ़ना पड़ा था। एक बार बातचीत शुरू हो जाने के बाद चाहे कक्षा हो, चाहे घर हो, चाहे खेल हो और चाहे पढ़ाई हो दोनों साथ-साथ ही रहते थे और आने वाले कई दिनों तक उनकी बातें खत्म नहीं होती थीं। आजकल यह लड़का अपने बड़े भाई की तरह ही एक इंजीनियर और उद्योगपति है। सचिन के लिए अविस्मरणीय तथ्य यह रहा होगा कि इस लड़के के पास पत्र-पत्रिकाओं का एक बहुत बड़ा संग्रह था। ये पत्रिकाएं थीं – चंदामामा, नंदन, पराग, बाल भारती, इंद्रजाल कॉमिक्स इत्यादि। इस परिवार के संबंध में एक घटना याद आती है जिससे यह पता लगता है कि अतीत में हमारा समाज कितना अतार्किक रहा है। उस समय गांव में लड़कियों का स्कूल केवल आठवीं कक्षा तक ही था। आठवीं कक्षा उत्तीर्ण करने के बाद लड़कियां घर-गृहस्थी के काम सीखती थीं, सोमवार के व्रत करती थीं और उपयुक्त वर की प्रतीक्षा में घर पर बैठी रहती थीं। अचानक गांव में हड़कम्प मच गया था, देवेन्द्र की दोनों बहनों ने नवीं कक्षा में हाईस्कूल में जाकर लड़कों के साथ बैठकर पढ़ाई करनी शुरू कर दी थी। गांव की बड़ी-बूढ़ी औरतों ने जिनमें मेरी एक छोटी दादी भी शामिल थीं, इस पर बवाल खड़ा कर दिया था कि इतनी बड़ी-बड़ी घोड़े जैसे लड़कियों ने लड़कों के साथ बैठकर पढ़ना शुरू कर दिया है, क्या जमाना आ गया है। भजन-कीर्तन करने

जीवन स्थगित है

वाली औरतों के बीच में भी यह बात इतनी चर्चित हुई थी कि सचिन को भी जिज्ञासा हो गई थी। सचिन ने तब तक हाईस्कूल में पढ़ना शुरू नहीं किया था, किन्तु उसे पता था कि हाईस्कूल के दरवाजे में घुसते ही बायीं तरफ सीढ़ियां थीं और सीढ़ियों पर चढ़ते ही छत के दूसरी ओर एक कमरा था जिसमें नवीं कक्षा लगती थी। सचिन अपनी जिज्ञासा को नहीं रोक पाया था और एक दिन वह सीढ़ियां चढ़कर दबे पांव नवीं कक्षा के दरवाजे के सामने पहुंच गया था। उसने देखा था कि सबसे आगे की बेंच पर एक तरफ दो सीध ी-सादी लड़कियां गरदन झुकाए हुए चुपचाप बैठी हुई थीं। न तो कोई लड़का ही उनकी तरफ ध्यान दे रहा था और न ही वे किसी लड़के की तरफ ध्यान दे रही थीं। सचिन समझ गया था कि छोटी दादी एकदम बकवास करने वाली औरत थी और यह सारी चर्चा व्यर्थ थी। बाद में जब सचिन देवेन्द्र के घर जाने लगा था तो वह समझ गया था कि ये दोनों मंदाकिनी और अलकनंदा थीं। मंदा और नंदा दोनों ही अध्ययनशील और अच्छी लड़कियां थीं। क्या आप आज उस पचास साल पहले के ग्रामीण समाज की कल्पना कर सकते हैं जहां से जीवन का प्रवाह अनिरुद्ध बहकर वर्तमान युग तक आ गया है? आज से पचास साल पहले सहशिक्षा भी पूरे समाज के लिए चर्चा का विषय हो जाया करती थी।

पांचवीं कक्षा में पहुंचने पर सचिन का परिचय जिन दो नए लड़कों से हुआ था, वे उसके कौटुम्बिक चाचा थे - विजय और संतोष। इनके पिता सचिन के दादाजी के सात भाइयों में सबसे छोटे थे। यही कारण था कि लगभग समवयस्क होकर भी ये दोनों सम्बंध के पर्याय से सचिन के चाचा लगते थे और बड़े गर्व से कहते थे - हां भतीजे। इनमें से संतोष अवस्था में सचिन के बराबर था। जबकि विजय सचिन से कुछ बड़ा था। किन्तु यह संयोग की बात है कि दोनों भाई एक ही कक्षा में पढ़ते थे। तीसरा लड़का अजय राठौड़ था जिससे सचिन इसी कक्षा में आकर परिचित हुआ था। उसके पिता शासकीय अस्पताल में डॉक्टर थे और सत्र के मध्य में स्थानांतरित होकर यहां आए थे। इस लड़के की आंखें बहुत मोटी थीं, रंग बहुत गोरा था और यह ''है'' को भी 'हई' बोलता था, जैसेकि 'राम आम खाता हई' इत्यादि।

विजय और संतोष का घर सचिन के घर से कोई दो सौ कदम की दूरी पर था और हेमेन्द्र के घर जाते समय बीच में पड़ता था। इन दोनों के कलकत्ता से साम्भलसर आ जाने के कारण इस मुहल्ले की रौनक और बढ़ गई थी। अब इस मुहल्ले में पांच सहपाठी हो गए थे - सचिन, राजकमल, विजय, संतोष और हेमेन्द्र अब ये सभी सहपाठी अन्य बच्चों के साथ हवेली के आगे खुले मैदान में शाम के वक्त मिलकर खेलने लग गए थे। इस मैदान की लम्बाई

त्रिवेदियों के कीकर से लेकर अणची के घर तक थी और इसकी चौड़ाई हवेली के चबूतरे से लेकर मिरासियों की जमीन तक थी। मिरासियों की जमीन भी खाली थी और इसके बाद भी गढ़ तक खुला मैदान ही था। गिल्ली-डंडा, सितौलिया, मारदड़ी इत्यादि खेलते समय यह पूरा मैदान ही बच्चों के काम आता था। अस्तु, विजय और संतोष चाचा का जैसे ही स्कूल में पदार्पण हुआ था, एकबारगी सारी कक्षा के बालक ही सम्मोहित हो गए थे। ये सीधे कलकत्ता से यहां आए थे और वहां के स्कूल की बहुत सुंदर ड्रेस पहनकर कक्षा में आते थे। इनका शर्ट एकदम सफेद झक था और उस पर सफेद बेलबूटे की कढ़ाई से कुछ लिखा हुआ था। नेकर का रंग चॉकलेट कलर का था और उसकी क्रीज ऐसी थी जैसेकि उस्तरे की धार हो, बेल्ट का रंग बिल्कुल नेकर जैसा था। वे दूसरी रेडिमेड पोशाकें भी पहनते थे। गांव के बच्चों के लिए ऐसे रेडीमेड कपड़े एक नई बात थी। धनवान से धनवान लड़के भी ढीले-ढाले कमीज और पायजामा पहनकर घूमा करते थे। इनके कपड़े उतने ही शानदार थे जितने बरकत धोबी के कपड़े हुआ करते थे। अपने साथ ये कुछ गीत भी लेकर आए थे, जैसेकि –

'नन्हा-मुन्ना राही हूं देश का सिपाही हूं।'
'आओ बच्चो तुम्हें दिखाएं झांकी हिन्दुस्तान की।'
'इंसाफ का मंदिर है यह भगवान का घर है।'

इन दोनों से पहले दो रंगरेजों के लड़कों को स्कूल में गायक माना जाता था, किन्तु पांचवीं कक्षा में आते-आते ही घरवालों ने उनका निकाह कर दिया था। विजय और संतोष चाचा के गीत देशभक्ति के थे, इसलिए अध्यापक यह चाहते थे कि सभी बच्चे इन गीतों को सीखें। जैसे-जैसे समय बीता इन दोनों का सम्मोहन भी कम होता चला गया था, क्योंकि ये बहुत से प्रश्नों के उत्तर गलत देते थे और अध्यापकों को यह समझ में आने लगा था कि पढ़ने-लिखने में ये औसत बुद्धि के ही थे। विजय बहुत अच्छा लड़का था और चाचा होने के नाते सचिन की सहायता करना, सहयोग करना और दूसरे लड़कों को पीट देना वह अपना कर्त्तव्य समझता था। वह सचिन का बस्ता और किताबें किसी भी दूसरे लड़के को छेड़ने नहीं देता था और सचिन के बस्ते से प्रार्थना के समय पेन्सिल, रबर आदि का चोरी होना पूरी तरह रुक गया था। संतोष थोड़ा-सा व्यवहारकुशल और आत्मकेन्द्रित था और इस बात का ध्यान रखता था कि किसी को अकारण अप्रसन्न नहीं किया जाए। विजय को सही बात समझ में आते ही वह सही बात का ही पक्ष लेता था और टस से मस नहीं होता था। इनके एक बड़े भाई साहब भी थे श्री परितोष शर्मा। जब यह कलकत्ता से आते

थे तो इनकी अटैची आधी से अधिक सिगरेट के डिब्बों से भरी रहती थी। जो भी लोकप्रिय ब्रांड थे - पनामा, सीजर्स, कैवेंडर्स, चारमीनार, मैक्रोपोलो, इत्यादि, वे सभी परितोष चाचा की अटैची में देखे जा सकते थे। उन्हें सबसे अधिक शौक पनामा का था, जिसके एक पैकेट से बीस सिगरेट निकलती थीं। धीरे-धीरे इन तीनों लड़कों की उत्सुकता भी धूम्रपान के प्रति बढ़ती जा रही थी। सबसे पहले इन लड़कों ने चाय और पान की दुकानों से कुछ दूरी पर खड़े होकर सिगरेट की इन डिब्बियों को देखना शुरू किया था। विजय और हेमेन्द्र का कहना था कि सबसे महंगी और जोरदार सिगरेट मैक्रोपोलो होती है। इस सिगरेट के पीने से स्टेशन का प्लेटफार्म भी घूमता हुआ नजर आता है और खड़ी हुई रेलगाड़ी भी छुक-छुक करके चलती हुई दिखाई देती है लेकिन यह सिगरेट होती महंगी है। हेमेन्द्र और विजय दोनों इस प्रयोग को पास ही के एक रेलवे स्टेशन पर कर चुके थे। इसलिए ये तीनों लड़के भी इसी निष्कर्ष पर पहुंचे थे कि सिगरेट की सभी ब्रांडों को एक-एक बार पीकर देखना जरूरी है। सचिन के घर की बैठक दिन में प्रायः खाली रहती थी और इन लड़कों के लिए सर्वाधिक उपयुक्त प्रयोगशाला भी यही थी। कोने वाली पहली दुकान पर उन्हें सिगरेट खरीदते हुए कोई नहीं देख सकता था; मेहमानों का बहाना बनाकर इसी दुकान से इन्होंने प्रत्येक किस्म की सिगरेट का एक-एक पैकेट जैसे-तैसे खरीदा था। प्रत्येक पैकेट को धैर्यपूर्वक पीकर देखा था, किन्तु इन्हें कोई खास मजा नहीं आ रहा था; दरअसल सिगरेट का धुआं गले से नीचे उतर ही नहीं रहा था। फिर भी नाक से धुआं छोड़ना और मुंह से धुएं के छल्ले बनाना इनको अच्छा लग रहा था। आखिर इन्होंने मैक्रोपोलो भी पीकर देखी, यह सिगरेट भी चारमीनार की तरह ही कड़क थी, लेकिन कुछ भी घूमता हुआ दिखाई नहीं दिया था। विजय चाचा का कहना था कि इसके लिए किसी नए शहर में जाकर वहां के रेलवे प्लेटफार्म पर खड़े होना बहुत जरूरी था। सिगरेट पीते समय वे बहुत एहतियात रखते थे; सभी दरवाजे और खिड़कियां बंद कर लिया करते थे; एक-एक सिगरेट बारी-बारी से निकालकर जलाया करते थे और बाकी पैकेट बैठक के स्टोर रूम में छिपाकर रख दिया करते थे। इतनी सावधानी रखने पर भी अचानक एक दिन सचिन की मां ने इन्हें पकड़ लिया था और ऊपर तक शिकायत पहुंचने के कारण इनको सिगरेट पीना बंद करना पड़ा था। एक दिन अचानक सचिन की मां ने जब बैठक का दरवाजा खोला था तो सारी बैठक सिगरेट के धुएं से भरी हुई थी और बच्चों के मुंह और नाक से भी धुआं निकल रहा था और तीनों के पास कोई भी स्पष्टीकरण नहीं था, अलबत्ता तीनों ही रंगे हाथों पकड़े गए थे। उनको मिलने वाला अनुदान कुछ

समय के लिए रोक लिया गया था और उन्हें सिगरेट पीना बंद करना पड़ा था। यह बच्चों के भीतर उत्पन्न होने वाली जिज्ञासा को एक अपराधबोध में बदल देने का षडयंत्र था। कुछ लोग यह भूल जाते हैं कि जिस दिन बढ़ते हुए बच्चों के भीतर की जिज्ञासा लुप्त हो जाएगी, उस दिन मनुष्य की सारी सभ्यता और संस्कृति, विज्ञान और तकनीक, आविष्कार और अन्वेषण खतरे में पड़ जाएंगे। जिज्ञासा को निंदित करने से अधिक अनैतिक कुछ भी नहीं हो सकता है, किन्तु बच्चे तो बच्चे ही थे, असहमत होते हुए भी उन्हें परिस्थितियों के सामने झुकना पड़ा था।

इसके बाद इन बच्चों की रुचि रामलीला के मंचन की ओर हो गई थी। यह बात उन दिनों की है जब सचिन ने स्कूल जाना भी शुरू नहीं किया था। वह अकेले ही दादी से बांस चिरवाकर उनके धनुष और तलवार बना लिया करता था। बांस को एक छोटी रस्सी लेकर और मोड़कर दोनों सिरों पर बांध दिया जाता था, इससे धनुष तैयार हो जाता था। तीर ढालिए की छान से पन्नी निकालकर बनाए जाते थे। प्रायः पन्नी के बनाए हुए तीर हवा के साथ उड़ जाते थे और निशाने पर नहीं लगते थे, किन्तु यह मान लिया जाता था कि तीर ने लक्ष्य भेद कर लिया है। मतभेद होने पर तीर को तब तक छोड़ना पड़ता था, जब तक कि वह वास्तव में ही निशाने पर लग नहीं जाता था। सचिन बांस की तलवार को हाथ में लेकर पूरे मुहल्ले में घूमता था और उसे आकड़े, धतूरे, ग्वारपाठे, केवड़े इत्यादि के जितने भी पौधे मिलते थे, उनको वह राक्षस सेना के समान काट-काटकर छिन्न-भिन्न कर देता था। तलवार को वह कमरबंध में खोंसकर किसी विजयी योद्धा की तरह ही वापस घर लौटता था। उसकी इस युयुत्सा में सर्वाधिक बाधा कीर्तिजी ही उत्पन्न करते थे। सभी बच्चे न्यूनाधिक उसी की तरह थे। रामलीला के मंचन में एकमात्र बाधा यह आ सकती थी कि संवाद किसी भी बच्चे को याद नहीं रहते थे। दोहे, चौपाइयां और राधेश्याम रामायण के उद्धरण केवल सचिन को ही अनायास याद रहते थे, बाकी बच्चे यथेष्ट जो चाहे बोलते थे। सचिन ने सोचा कि वह अभिनय के साथ-साथ प्रॉम्पटर का काम भी कर लेगा। विजय चाचा का मानना था कि रावण आज भी राम से बड़ा था और इसलिए वे हमेशा रावण बनने की ही जिद करते थे। संतोष चाचा को राम बनना पसंद था, इसलिए सचिन को लक्ष्मण बन कर ही रामलीला को बचाना पड़ता था। मुहल्ले की इस रामलीला का अंत प्रायः रावण वध से पहले ही हो जाया करता था। रावण तत्काल मरने से मना कर देता था, इतना ही नहीं वह राम को पीट भी देता था। दस बार तीर लगने पर भी रावण कह देता था कि उसको तीर नहीं लगा है और वह तीरों को तोड़कर फेंक देता था। इस पर राम और लक्ष्मण दोनों मिलकर तीर चलाते थे और

रावण से मरने के लिए अनुनय-विनय करते थे, लेकिन रावण फिर भी राजी नहीं होता था। दरअसल विजय चाचा अजीब तरह के दार्शनिक थे और वे इस स्थल पर ऐसे संवाद बोलते थे, 'जब तक समाज में बुराई का रावण जीवित है तब तक रामलीला का रावण भी मर नहीं सकता है।' इस पर सभी बच्चे हंसते थे और झगड़ा वास्तव में हो जाता था। अंत में राम और रावण दोनों की मां आ जाती थी और उन्हें छुड़ाकर अपने साथ घर ले जाती थी। रामलीला अगले दिन के लिए स्थगित हो जाया करती थी और अगले दिन हमें जनमत के आधार पर सीधे ही राम का राजतिलक करना पड़ता था। हमारे पास इस समस्या का कोई भी समाधान नहीं था और हम बार-बार दर्शकों को राम की उपेक्षा पर हंसते हुए भी देखना नहीं चाहते थे, इसलिए अंत में रामलीला के प्रति ही उदासीन होते चले गए थे।

सचिन, राजकमल, विजय और संतोष अब प्रतिदिन ही हवेली के सामने वाले मैदान में खेलने लगे थे। गर्मियों की चांदनी रातों में तो इनका खेल रात के नौ-दस बजे तक भी चलता रहता था। शुरू में यह सभी बच्चे लुकमिचणी, आइसपाइस और सत्तमताली खेला करते थे जो कि आंखमिचौली के ही विभिन्न रूप थे। कुछ बड़े होने पर ये बच्चे गेंद से खेलने लग गए थे। इसके लिए या तो कपड़े की गेंद बनवाई जाती थी अथवा रबर की गेंद खरीदी जाती थी; टेनिस की गेंद को भी अच्छा माना जाता था। गेंद से खेले गए खेल मारदड़ी और गींडीटोरा थे; इनमें से गींडीटोरा क्रिकेट का ही एक प्राथमिक रूप था। कुछ और बड़े होने पर इन बच्चों ने गिल्ली-डंडा, सतौलिया और कोरड़ा इत्यादि खेलने प्रारंभ कर दिए थे; कोरड़ा म्यूजिकल चेयर जैसा ही एक खेल था। इनके अतिरिक्त कबड्डी और कंचे भी बहुत लोकप्रिय थे। गट्टे केवल लड़कियां खेला करती थीं। इनडोर गेम्स में उन दिनों ताश, चौपड़, चर्रभर्र, सांपसीढ़ी और लूडो बहुत लोकप्रिय थे। शतरंज का खेल लम्बा और नीरस होता था और यह बड़ी उम्र के लोगों द्वारा ही अधिकांशतः खेला जाता था।

सचिन के लिए विद्यालय जीवन के सभी अनुभव आदर्श रहे हों ऐसी बात नहीं थी। वह पढ़ने-लिखने में जितना तीव्रबुद्धि था, होमवर्क करने में उतना ही आलसी था। पढ़ते ही उसे प्रत्येक अध्याय समझ में आ जाता था और वह सभी प्रश्नों के उत्तर मौखिक रूप से तत्काल बता दिया करता था, किंतु इन उत्तरों को व्यवस्थित रूप से दुबारा नोटबुक्स में अंकित करने में उसे बहुत ऊब होती थी। दशहरा-दीवाली पर उन दिनों अठारह दिन की छुट्टियां हुआ करती थीं। प्रायः सभी बच्चे प्रारंभ के सात-आठ दिन केवल होमवर्क को देते थे और उसके बाद निश्चिंत होकर खेलते थे। सचिन का मन होमवर्क करने का नहीं

होता था, इसलिए वह पहले से आखिरी दिन तक खेलता ही रहता था, नोटबुक्स को हाथ भी नहीं लगाता था। इस प्रकार पूरे अठारह दिन बीत जाते थे और स्कूल खुलने का दिन आ जाता था। स्कूल खुलते ही प्रारंभ के तीन-चार दिन सभी शिक्षक केवल होमवर्क को जांचते थे और इसके बाद यह बात उनके दिमाग से निकल जाती थी और वे आगे पढ़ाना शुरू कर देते थे। सचिन इन दिनों भी घर पर रुक नहीं सकता था, इसका कारण उसकी मां होती थी। इसलिए यथासमय तैयार होकर और बस्ता लेकर वह घर से रवाना हो जाता था किन्तु स्कूल नहीं पहुंचता था। गांव में दो मंदिर प्रमुख थे – रंगनाथजी का मंदिर और सत्यनारायणजी का मंदिर। इनमें से एक सचिन के घर के पास था और दूसरा स्कूल के पास था। सचिन इनमें से किसी भी एक मंदिर में पहुंच जाया करता था। प्रारंभ के एक-दो घण्टे सचिन पूजा करने के लिए आने-जाने वालों को देखने और मंदिर का निरीक्षण करने में बिताता था। ग्यारह-बारह बजते ही मंदिर में महिलाओं का हुजूम इकट्ठा हो जाया करता था और भजन-कीर्तन प्रारंभ हो जाया करता था। वह अत्यंत श्रद्धापूर्वक इस मण्डली में सम्मिलित हो जाया करता था और प्रौढ़ महिलाएं उसके भक्तिभाव से प्रभावित हुए बिना नहीं रह पाती थीं। पुजारीजी और महिलाएं उसको पहले से ही अच्छी तरह जानते थे, क्योंकि वह शैशवावस्था से ही बुआजी के साथ वहां पूरी-पूरी रात बैठे रहने का आदी था। मंदिर में प्रवेश करते ही वह अपना बस्ता कहीं छिपाकर रख देता था और पांच बजते ही उसे निकालकर फिर घर पर आ जाता था। तीन-चार दिनों तक उसे यह दिनचर्या अपनानी पड़ती थी; इस बीच में वह अपना होमवर्क भी पूरा कर लेता था और नियमित रूप से स्कूल जाने लगता था। इस प्रकार छुट्टियों के बाद के ये तीन-चार दिन सचिन के लिए आशंका रहित नहीं हुआ करते थे। यह क्रम नवीं कक्षा तक भी यदा-कदा चलता रहा था, किन्तु बाद में देवालय का स्थान बगीचे और सिनेमा हॉल ने ले लिया था। सचिन को आश्चर्य होता था कि नोटबुक में लिखना आवश्यक क्यों माना जाता है?

छात्रजीवन में सचिन को जितना सम्मान मिला था, मित्र बनाने की कला उसे उतनी नहीं आती थी। प्रत्येक कक्षा में ही उसके मित्रों की गिनती सीमित हुआ करती थी। वह थोड़ा-बहुत गा भी लेता था, सांस्कृतिक व पाठ्येतर गतिविधियों में भाग भी लेता था, किन्तु कीर्तिजी ने इस दिशा के प्रति उसे निरुत्साहित ही अधिक किया था। वह अपने विद्यार्थी जीवन से भी संतुष्ट था और अपने मित्रों से भी संतुष्ट था जो कि उसके प्रति सदैव ही निष्ठावान रहे थे। इस अवस्था में जो मित्रता होती है वह संविदाओं और संबंधों से अधिक

महत्त्वपूर्ण होती है, क्योंकि हमें जीवन में यदि कोई सबसे अधिक समझता है तो हमारे मित्र ही समझते हैं। यह सच है कि सचिन का छात्र जीवन सुंदर था, किन्तु आज उसे लगता है कि इसे और भी अधिक सुंदर बनाया जा सकता था। हम बचपन के सौंदर्य को मान्यता तभी दे पाते हैं जब बचपन जा चुकता है और यौवन के सामर्थ्य का सम्मान भी तभी कर पाते हैं जब यह सामर्थ्य हमें अलविदा कह देता है।

सचिन जब बच्चा था तो उसके गांव में दो सांड हुआ करते थे। एक सांड का नाम सेठ हीरालाल और दूसरे सांड का नाम सेठ पन्नालाल था। ये दोनों चाचा-भतीजे थे और आपस में इनमें तिरसठ का आंकड़ा था। उन दिनों शेखावाटी क्षेत्र में यह प्रचलन था कि किसी व्यक्ति के नाम से एक सांड छोड़ दिया जाता था तथा इस सांड और उस व्यक्ति की हैसियत एक जैसी होती थी। उस व्यक्ति के परिवार के लोग इस सांड के भोजन और आवास, भोग और विलास, आनंद और उल्लास की समुचित व्यवस्था करना अपना दायित्व समझते थे। यहां तक कि उस व्यक्ति के कुटुम्ब की महिलाएं और वधुएं इस सांड के सामने आने से भी संकुचित होती थीं और सांड के दिखाई पड़ते ही लम्बा-सा घूंघट निकाल लेती थीं। अब यह एक संयोग की बात है कि इन दोनों सांडों में जन्मजात विद्वेष था और प्रणय सम्बंधी निवेदनों से यह विद्वेष और भी द्विगुणित हो जाया करता था। यदि सेठ हीरालालजी को नोहरे में बंद कर दिया जाता था तो सेठ पन्नालाल जी नोहरे के दरवाजे पर पहुंचकर अपने सींगों से टक्कर मारने लग जाते थे और यदि सेठ पन्नालाल जी को बांध दिया जाता था तो सेठ हीरालाल जी नोहरे का दरवाजा तोड़ने के लिए उतारु हो जाते थे। दोनों सांडों से पूरे गांव को असुरक्षा थी क्योंकि ये कहीं भी आमने-सामने आ जाते थे और लड़ना शुरू कर देते थे। आसपास खड़े हुए बच्चों, स्त्रियों और पुरुषों को दौड़कर समीपवर्ती घरों में आश्रय लेना पड़ता था। कभी-कभी ये बाजार के बीचोंबीच लड़ना शुरू कर देते थे; कभी-कभी लड़ते-लड़ते किसी के बाडे में घुस जाते थे और कभी-कभी लड़ते-लड़ते किसी के नोहरे में चले जाते थे। इनकी युयुत्सा का कोई अंत ही दिखाई नहीं देता था। किन्तु ये दोनों ही वी.आई.पी. स्टेटस के नागरिक थे और रिश्ते में चाचा-भतीजा लगते थे। इसलिए कोई भी इनकी निंदा करने की स्थिति में नहीं था। इनकी हैसियत एक प्रतिष्ठित और संपन्न परिवार के बुजुर्गों जैसी थी यहां तक कि एक सांड के नाम से एक स्नातकोत्तर महाविद्यालय भी चल रहा था, और कुछ स्वर्णपदकों पर भी इनका नाम अंकित था। एक बार तो पन्नालालजी की इच्छा कीर्तिजी से जूझने की भी हो गई थी और कीर्तिजी को एक पेड़ पर चढ़कर

अपनी प्राणरक्षा करनी पड़ी थी। उस दिन उनके प्राण तो बच गए थे किन्तु उनके सारे स्वप्न ही बाद में सांडमय हो गए थे।

एक दिन सचिन अपने घर के बाहर खड़ा था तो उसे सूचना मिली थी कि दोनों सांडों में धर्मयुद्ध प्रारंभ हो गया है और उन्हें लड़ते हुए कई घण्टे हो गए हैं; दोनों ब्रह्ममुहूर्त से ही द्वंदयुद्ध में लगे हुए हैं। गांव वाले भी उनसे दुःखी हो चुके थे और उनकी शत्रुता का एक ही निष्कर्ष हो सकता था कि दोनों में से एक परलोकगामी हो जाए। फिर भी सचिन भागकर सामने वाले घर में त्रिवेदी ताऊजी के पास पहुंचा था। वे अपनी लाठी के जोर से इन सांडों को पहले भी कई बार छुड़ा चुके थे। वे एक त्रिभुज बनाकर इन सांडों के आगे खड़े हो जाते थे और इनके नाक पर बिना रुके हुए धड़ाधड़ लाठियां मारते थे। इससे ये दिग्भ्रमित हो जाते थे और अपनी सारी युयुत्सा भूलकर युद्धस्थल से भाग छूटते थे। त्रिवेदी ताऊजी में आश्चर्यजनक फुर्ती थी और उन्हें भरोसा था कि सांडों के सींग उन तक नहीं पहुंच पाएंगे। किन्तु संयोग देखिए कि उस दिन वे गांव के बाहर गए हुए थे और उन दिनों मोबाइल फोन भी नहीं होते थे।

कुरुक्षेत्र का मैदान सचिन के घर से कोई एक किलोमीटर दूर था। सचिन के घर से वैद्यनाथ रसायनशाला, रसायनशाला से गौरीदत्त जी की हवेली और उससे भी आगे दायीं ओर मुड़कर एक खुला मैदान था जिसमें ये दोनों महानुभाव द्वंद्वयुद्ध कर रहे थे। सैकड़ों स्त्री, पुरुष और बच्चे युद्धस्थल का घेरा डाले हुए खड़े हुए थे, किन्तु किसी का भी साहस इनको छुड़ाने का नहीं हो रहा था। इतने दर्शकों की उपस्थिति के कारण यह संघर्ष इन दोनों सांडों के लिए प्रतिष्ठा का प्रश्न बनता जा रहा था। सांडों को कोई भी सांसारिक मोहमाया व्याप्त नहीं हो रही थी और महाभारत के योद्धाओं की तरह वे समग्र निष्ठापूर्वक युद्ध में लगे हुए थे। सचिन जब वहां पहुंचा था तो युद्ध अपनी पूरी गरिमा पर था। दोनों सांड पूरे क्रोध और मनोयोग से एक-दूसरे पर प्रहार कर रहे थे। बहुत कौशलयुक्त और दीर्घकालिक युद्ध चला। सब दर्शकों की टांगें खड़े-खड़े जवाब दे चुकी थीं। आसपास के घरवालों ने पानी की बाल्टियों में गुलाबजल, केवड़ा इत्यादि घोलकर सभी आगंतुकों का बार-बार प्यास बुझाना भी अपना कर्तव्य समझा था। सभी को यह सोचना पड़ रहा था कि आखिर इस युद्ध का परिणाम क्या होगा? सुबह के चार बजे से लेकर शाम के चार बज गए थे और युद्ध अभी भी जारी था। एकदम यज्ञ-आहुति जैसा उत्साहपूर्ण वातावरण था। अधिकांश लोगों का अनुमान यह था कि जब ये वीर-कुलभूषण लड़ते-लड़ते थक जाएंगे तो स्वतः ही भाग खड़े होंगे।

किन्तु, विधि को कुछ और ही स्वीकार्य था। वीरोचित मल्लयुद्ध करते-करते श्री हीरालालजी भूमि पर गिर पड़े। इस पर पन्नालालजी ने

अविलम्ब अपने सींग उनके गले में घुसा दिये और फिर अपने सींगों से उनके उदर प्रदेश पर भी असंख्य वार कर दिए। इसके बाद किसी अनहोनी की आशंका करते हुए वे अधैर्यपूर्वक युद्धस्थल से भाग खड़े हुए। श्री हीरालालजी रक्तरंजित होकर महापरिनिर्वाण को उपलब्ध हुए; उनके उत्सर्ग में भी एक वयोचित गम्भीरता और अनासक्ति भाव दर्शनीय था। भूमि पर गिरते ही उन्होंने किसी कूटस्थ योगी की तरह ही अपने प्राणों का मोह त्याग दिया था और निश्चल भाव से वे धराशायी हो गए थे। समाचार फैलते-फैलते उनके परिजनों में भी व्याप्त हो गया था। इस परिवार की सभी वीरांगनाएं और नववधुएं रोली, चंदन, अक्षत, धूप, दीप, नैवेद्य इत्यादि से थाल सजाकर, विवाहादि मांगलिक अवसरों पर पहनने योग्य घाघरा-चुनरी, साड़ी-ओढ़ना इत्यादि धारण करके, लंबा-सा घूंघट निकालकर दिवंगत आत्मा की पूजा करने हेतु निर्वाण-स्थल पर समुपस्थित हो गईं थीं। महाप्रयाण के लिए तत्पर पार्थिव देह पर गोटे की चुनरियां, पोमचे, ओढ़णे इत्यादि भी उढ़ाए जा रहे थे। प्रत्येक वधू ने उनकी परिक्रमा और पूजा की और संतति की मंगलकामना हेतु उनसे आर्शीवाद की याचना की। अपने माथे पर परिजनों ने उनके सुशोभित गोबर का तिलक लगाया और अश्रुपूरित नेत्रों से इस पार्थिव विग्रह के अंतिम दर्शन करते हुए उनकी बैकुण्ठ यात्रा का आयोजन भी किया। शोक सभाएं की गईं, हरिद्वार जाकर पिण्डदान किया गया और स्कूल व कॉलेजों में छुट्टियां भी घोषित की गईं। मंदिरों के भगवा-ध्वज बारह दिनों तक आधे झुकाए गए और इसके बाद उनका श्राद्धकर्म भी सम्पन्न किया गया।

इसके बाद जब तक सचिन साम्भलसर रहा, उसने श्री पन्नालाल को सदैव अशांतचित्त और अपराधबोध से ग्रस्त ही देखा। उन्होंने जो कुछ आत्मरक्षा के निमित्त से किया था उसके इतने भीषण निष्कर्ष से वे स्वयं भी आहत हुए बिना नहीं रह सके थे। अब उनका वर्चस्व निष्कंटकित था किन्तु उनके हृदय में उल्लास का कोई भी भाव नहीं था। उन जैसा महारथी इस जगत में बस एक ही और था और वह भी अकालमृत्यु को प्राप्त हो गया था,अब संसार उनके लिए सूना था। दिन पर दिन उन्हें अपने सींग अपरिचित जैसे लग रहे थे और मस्तक पर उनका बोझ भी असहज लग रहा था। इस रिक्तता की पूर्ति निर्बाध कलत्र-सुख और अपत्य-प्रेम भी नहीं कर पा रहे थे। कलकत्ता, बम्बई व सूरत से कई मनोचिकित्सकों और सांड-विद्या-विशारदों को भी बुलाया गया था किन्तु उनकी अन्यमनस्कता न कम होनी थी न ही कम हो रही थी। उन्हें चंद्रप्रभावटी, स्वर्णभस्म, शुद्ध मकरध्वज, शुद्ध शिलाजीत, अश्वगंधा, मूसली इत्यादि का अनुपान नियमित रूप से करवाया जा रहा था। किन्तु उनकी

असामयिक विरक्ति दूर नहीं हो पा रही थी। अब गौवंश के सुधार और उद्धार का उपाय श्री हरि के ही हाथों में था। सभी उनकी इस युवाकालीन विरक्ति से उद्विग्न थे। किन्तु हे बन्धु, हरि की इच्छा ही बलवती है और सामान्य मनुष्य की उसके आगे कहां चलती है? अब परमवत्सल भगवान श्री कुंजबिहारी ही गौवंश की रक्षा कर सकते थे। हरि ओम तत्सत!

गढ़ से लगातार एक सीधी वीथिका पर मुख्य बाजार था जो कि मठ पर जाकर समाप्त हो जाता था। मठ से दायीं और मुड़कर थोड़ा-सा चलने पर हाईस्कूल और प्राथमिक विद्यालय था। साम्भलसर में उन दिनों मठ ही सर्वाधिक दर्शनीय स्थल हुआ करता था। जो भी व्यक्ति दिसावर जाता था अथवा दिसावर से लौटकर आता था, वह कम-से-कम एक बार मठ में पूजा करने के लिए अवश्य जाया करता था। मठ में पिछवाड़े की तरफ एक बगीची थी। मठ के मुख्यद्वार से प्रवेश करते ही एक लम्बा-चौड़ा अहाता था जिसके बायीं ओर एक दातव्य औषधालय बना हुआ था। इस औषधालय में डॉक्टर चटर्जी बैठा करते थे जो कि कलकत्ता से एम.बी.बी.एस. थे और बहुत योग्य डॉक्टर थे। वे अत्यंत गौरवर्ण और सुंदर बंगाली भद्रपुरुष थे और उनकी आंखें बहुत ही मोटी-मोटी और प्रभावशाली थीं। वे बहुत भले मानुष थे, बहुत आस्तिक थे, नवरात्र और श्राद्ध बहुत श्रद्धापूर्वक किया करते थे। लगता है कि इस छोटे से गांव में प्रारंभ में वे एकाध साल रहने का मानस ही बनाकर आए होंगे, किन्तु यहां जो सम्मान उन्हें मिला था उसके कारण उनके लिए लौटकर बंगाल जाना कठिन हो गया था। एम.डी. करने के पश्चात् भी वे इस क्षेत्र को छोड़ने का मानस नहीं बना पाए थे; अपितु वे यहीं एक जिला मुख्यालय में बस गए थे और वहां पर उन्होंने एक निजी चिकित्सालय खोल लिया था। वे पैंट-शर्ट पहनकर और गले में स्टेथस्कॉप डालकर जब बाजार से निकलते थे तो इतने बड़े चिकित्सक लगते थे कि उन्हें एक छोटे से गांव में देखकर आश्चर्य होता था। उनके पीछे-पीछे कम्पाउंडर उनका बॉक्स लेकर चलता था। पैदल चलना उनकी विवशता थी क्योंकि गांव में वाहन नहीं चलाए जा सकते थे। उनके कारण गांव के सरकारी अस्पताल के डॉक्टर भी स्वयं को उपेक्षित अनुभव करते थे और लम्बे समय तक यहां नहीं टिकना चाहते थे। दो बार सचिन को भी डॉक्टर चटर्जी को दिखाया गया था। एक बार तो तब जब सचिन कीर्तिजी के साथ उनके स्कूल में था और वहां एक रुपए का सिक्का निगल गया था। दूसरी बार तब जब सचिन ने एक ही दिन में दस केले खाए थे और उसकी मां ने केलों की गिनती चौदह बताई थी। दोनों ही बार डॉक्टर साहब ने सचिन को लिटाकर स्टेथस्कोप से उसका परीक्षण किया था, दोनों अंगूठों से उसके पेट को दबाकर देखा था और

बताया था कि चिंता की कोई बात नहीं है। सचिन इस बात को समझ गया था कि वाकई वे एक योग्य डॉक्टर थे, क्योंकि उन्होंने सचिन के खाने-पीने पर कोई पाबंदी नहीं लगाई थी और उसका गाल थपथपाते हुए कहा था कि जो भी जी में आए खूब खाओ-पीओ। ऐसी बात कोई बड़ा डॉक्टर ही कह सकता था वरना कीर्तिजी तो बिलकुल ही घबरा गए थे। डॉ. चटर्जी के बारे में यह कहा जाता था कि जो निदान वे इस छोटे से दातव्य अस्पताल में बैठकर बिना परीक्षणों के कर दिया करते थे, वह निदान कलकत्ता और बम्बई के बड़े-बड़े अस्पतालों तक भी बरकरार रहता था। यहां तक कि डॉक्टर हैलिग जैसे बड़े डॉक्टर भी उनकी प्रशंसा करने में कंजूसी नहीं करते थे।

इसी अहाते के दायीं ओर एक दूसरा दरवाजा था जिसमें प्रवेश करने पर मठ का परिसर प्रारंभ होता था। सबसे पहले जूते खोले जाते थे और फिर ऊपर चढ़ने के लिए आठ-दस सीढ़ियां बनी हुई थीं। चौक के दूसरे कोने पर फिर सीढ़ियां थीं जिनसे नीचे उतरने पर मठ का पिछवाड़ा आता था और इस पिछवाड़े में श्री विशुद्धगिरिजी की धूनी और ध्यानकक्ष स्थित थे। इसी समाधि कक्ष से संलग्न एक बगीची थी जिसमें एक मीठे पानी का कुआं भी था। इस बगीची में वे सभी पेड़ थे जो सामान्यत: इस क्षेत्र में पाए जाते हैं जैसे पीपल, बड़, नीम, बबूल, कीकर इत्यादि। इनके अतिरिक्त औषधीय गुणवाले कुछ पौधे भी थे जैसेकि आक, धतूरा, ग्वारपाठा इत्यादि। इस क्षेत्र में पाए जाने वाले पेड़ दूर-दूर पर उगते हैं किन्तु वे ऊंचे और घने भी होते हैं। पेड़ की जड़ों को पानी की खोज में जमीन में गहराई तक उतरना पड़ता है और जड़ें लम्बी हो जाने के कारण जमीन के ऊपर भी पेड़ ऊंचे और घने होते हैं।

बाबा विशुद्धगिरि को एक ब्रह्मलीन, परमयोगी, दिव्यपुरुष माना जाता था और उनके बारे में वे सभी कहानियां प्रचलित थीं जो कि योगियों के बारे में प्राय: सुनने में आती हैं जैसेकि वे अपनी झोली में जलते हुए अंगारे डाल लेते थे, रात को शेर और चीते का वेश बनाकर घूमते थे; उनके स्मरण मात्र से आंधी आ जाती थी, ऊंट अपने घुटने टेक देते थे और लुटेरों को उन पर से उतरकर भागना पड़ता था। सत्य चाहे कुछ भी रहा हो, किन्तु विशुद्धगिरिजी की बहुत मान्यता थी और इस मठ में आकर एक अनोखी शांति का अनुभव हुआ करता था। इस मठ में कुछ ही वर्ष रहकर वे महाराष्ट्र लौट गए थे, किन्तु उनकी ऊर्जा को यहां भी अनुभव किया जा सकता था। सचिन के बचपन में इस मठ की गद्दी पर श्री आनंदगिरि विराजमान थे। वे एक सरल हृदय, निष्कपट व अपरिग्रही वृद्ध योगी थे जिन्हें कुछ ऊंचा सुनाई दिया करता था। उनके लिए बड़े व छोटे, अमीर व गरीब, राजा व रंक सब समान थे। उनकी

मुखाकृति और सम्पूर्ण देहयष्टि एक पहुंचे हुए योगी जैसी ही लगती थी। गुरु में उनकी आस्था अविचल थी। उन्हें एकांत में भी बार-बार यह कहते हुए सुना जा सकता था- विशुद्ध बड़े देवा हैं, सिद्ध हैं इत्यादि। यहां पर अनगिनत नकद रुपयों के अतिरिक्त पेड़े, बताशे, मखाने व नारियल की चिटकी का प्रसाद चढ़ता था। वे अत्यल्प प्रसाद लेकर बाबा के भोग लगाते थे और बाकी सारा का सारा प्रसाद उपस्थित लोगों में बांट दिया करते थे। यदि कोई बिना प्रसाद लिए भी पूजा करने के लिए आ जाता था तो आनंदगिरि जी उसे अपने पास से प्रसाद देते थे और खूब मात्रा में देते थे। नकद रुपए वे निर्लिप्त भाव से एक ट्रस्ट को सौंप दिया करते थे और चढ़ावे को लेकर भी उनके मन में कोई परिग्रह नहीं होता था। उन्हें एक दिन भी मठ से बाहर जाते हुए अथवा गांव की राजनीति में रुचि लेते हुए नहीं देखा गया था। उनके लिए सभी कुछ ब्रह्ममय था और सभी के प्रति उनका व्यवहार एक समान था। न वे श्रद्धालुओं को पहचानते थे और न उनके प्रति कोई भेदभाव रखते थे। राग और द्वेष, लोभ और लालच, छल व कपट आदि से वे नितांत असम्पृक्त थे। वे अपने आपमें बिल्कुल मस्त रहते थे और उनकी आंखें किसी तल्लीनता में डूबी हुई दिखाई देती थीं। सचिन उस समय बहुत छोटा बालक था और कई बार वह मठ में आनंदगिरि के अतिरिक्त अकेला ही होता था। चमत्कारों पर भरोसा करना आज के युग में तर्कसंगत नहीं है, किन्तु कोई भी संवेदनशील व्यक्ति इस बात से मना नहीं कर सकता था कि इस मठ में आकर एक गहन शांति का अनुभव होता था जो इस लोक की नहीं थी।

सचिन जैसे बच्चों के लिए भी श्री आनंदगिरि एक रोचक व्यक्ति थे। उन्हें बहुत कम सुनाई देता था और बहुत कम दिखाई भी देता था। इसलिए उनकी बातचीत की शैली अपने आपमें विशिष्ट थी। श्रद्धालु दिन भर आते रहते थे और बातचीत कुछ इस प्रकार होती थी –

''हां तो बाई को के नाम?''

'बाबोजी, निर्मला लाहोटी।'

'बाई कुण के घरां स आई?''

'बाबोजी, मैं राधेश्यामजी लाहोटी की बेटी हूं।'

''आछ्यो बाई भोत आछ्यो, तो बाई कठ ब्याही?''

'बाबोजी, मैं सूरत ब्याही हूं।'

''आछ्यो बाई भोत आछ्यो। राधेश्यामजी लाहोटी की बाई अहमदनगर ब्याही। कमलाबाई, बाबोजी क मठ म आई महाराज क धूपिए का तिलक करो बाई, महाराज की खड़ाऊ का तिलक करो। आछ्यो बाई भोत आछ्यो।

काशीरामजी लाहोटी की बाई मद्रास नगरी म ब्याही। बहुत सुंदर नगरी भई, समुद्र की नगरी। कमला बाई बाबोजी का दर्शन करण आईं। विशुद्ध बड़े देवा हैं, सिद्ध हैं। महाराज क कमंडल का तिलक करो भई, महाराज क चीमट का तिलक करो। तो काशीरामजी की सबसे छोटी बाई, और मद्रास नगरी म ब्याही बाबोजी का दर्शन करण आईं। ब्याह कद होयो बाई?''

'बाबोजी, पिछली सर्दी म।'

''आछ्यो बाई भोत आछ्यो, सर्दी भोत ठाड़ी आई और ठंड का झोला ल्याई''

अब इस तरह का वार्तालाप किसी भी बच्चे के लिए रोचक हो सकता था। श्री आनंदगिरि की अवस्था उस समय अस्सी-पिचासी वर्ष की थी और लगता है कि उनकी आंखों में मोतियाबिंद भी था। ऊंचा सुनाई देने की बीमारी उन्हें बहुत पहले से थी। कई बार बहन-भाई मिलकर भी मठ में पहुंच जाया करते थे और विवाह के बाद लड़कियों का पहनावा भी बदल जाया करता था।

आनंदगिरी पूछते थे -

''बाई क साग कुण है?''

'बाबोजी, ओ कमलियो है, मेरो भाई है।'

''भोत आछ्यो बाई, भोत आछ्यो। राधाकिशन की सी जोड़ी,
और राम मिलाव सोई जोड़ी। सदा सहायक बाबा विशुद्ध;
विशुद्ध बड़े देवा हैं; सिद्ध हैं।''

'बाबोजी, मेरो भाई है।'

''आछ्यो बाई, भोत आछ्यो। बाई को तो भाई और सासरिये को जंवाईं हाथ म मेंहदी भी रचाई? ब्याह कद होयो भाया तेरो?''

''बाबोजी अभी तो सगाई होई है, परस्यूं।''

''आछ्यो भई, भोत आछ्यो। राम करे सो होय, माली सींचे सौ घड़ा और राम करे सो होय। सगाई होई है तो ब्याह भी कदे हो सी। महाराज क धूपिए का तिलक करो, भई महाराज क कमंडल का तिलक करो।''

बच्चों का हंसते-हंसते बुरा हाल हो जाता था, किन्तु श्री विशुद्धगिरि बिल्कुल अनासक्त भाव से अपना काम करते रहते थे। वो नारियल की बहुत सुंदर-सुंदर चिटकी काटते थे; एक-दो पेड़े उसमें मिलाते थे और बाबाजी की गद्दी के आगे चढ़ा देते थे। आधा प्रसाद वे दर्शकों में बांट देते थे और शेष आधा श्रद्धालु परिवार को घर ले जाने के लिए दे देते थे। उनको जितना सुनाई और दिखाई देता था, उसी से उनका काम चल रहा था। उन्हें सारे युवक एक जैसे दिखाई देते थे और सारी युवतियां भी एक जैसी दिखाई देती थीं। किन्तु

दवा-दारू उन्होंने अपनी जिंदगी में कभी भी नहीं ली थी और शल्य क्रिया की बात तो उनकी कल्पना से भी बाहर थी। वे बहुत मितव्ययी भी थे। यद्यपि वे सर्वेसर्वा थे और उनसे कोई भी हिसाब लेने वाला नहीं था, फिर भी चढ़ावे का एक-एक रुपया वे ट्रस्ट को सौंप दिया करते थे और ट्रस्ट ही उनके भोजन व वस्त्रादि की व्यवस्था करता था। उनके पास केवल गेरुआ रंग की बड़ी-बड़ी चादरें थीं। गर्मी हो चाहे कड़ाके की सर्दी; आधी चादर को वे अधोवस्त्र की तरह लपेट लेते थे और चादर के कोनों को ऊपर लेकर उनको कंधों पर गांठ लगाकर बांध लिया करते थे। उनका भोजन भी बहुत अल्प व सादा हुआ करता था जिसे वे दो सेवकों के साथ बैठकर संतोषपूर्वक ग्रहण कर लिया करते थे। सभी को उनके व्यक्तित्व में एक विशिष्टता का अनुभव हुआ करता था और उनकी मृत्यु के बाद मठ का आकर्षण धीरे-धीरे समाप्त हो गया था।

जिस समय सचिन ने गांव छोड़ा था, उसकी चार बहनें गणगौर पूजने योग्य हो गई थीं। उस समय राजश्री 11 वर्ष की, विजयश्री 9 वर्ष की, दीप्ति 6 वर्ष की और उर्मिला 4 वर्ष की थी। गौर की पूजा होली के दूसरे दिन से प्रारंभ होती थी और लगातार पंद्रह दिन तक चलती थी, जब गणगौर का मेला लगता था। इस दिन गणगौर को विसर्जित कर दिया जाता था। गौर, ईसर, कानीराम और रोहांबाई की छोटी-छोटी मूर्तियां बनाई जाती थीं जिन्हें हथेली में रखा जा सकता था। इन मूर्तियों को एक पक्की मिट्टी के तसले में स्थापित कर दिया जाता था। ईसर को शिवजी का और गणगौर को पार्वती का प्रतीक माना जाता था तथा कानीराम व रोहिणी को ईसर के छोटे भाई-बहन समझा जाता था। इन दिनों मौसम बहुत सुहावना होता था, बच्चे तिरबारी में सोने लगते थे और आंख खुलते ही सुबह-सुबह गणगौर के गीत सुनाई देते थे -

गौर ऐ गणगौर माता खोल किंवाड़ी
बाहर ऊबी रोहां पूजण वाली
पूजो ऐ पुजाओ सखियों के वर मांगां
ऊंट चढ़्यो बहणोई मांगां चूड़ल हाली बहणां
ओडो कोडो बीरा आंगण र राई-चंदन रा रूख
ईसरदास घरां बधावणो र गोरां जायो छ पूत
कानी राम घरां बधावणो र लाडल माथ मोर

(रूख पेड़ को कहते हैं और मोर का अर्थ सेहरा होता है।)

खींपो ली म्हारी खींपा छाई तारां छाई रात
या नगरी नारेलां छाई राजा शम्भूसिंह क परताप
भावजड़ी म्हारी पूतां छाई बीरां क परताप
म्हारा हर्या ऐ झुंआरा ऐ के गेहूं लाल सरस भया
बाईजी दोघड़ सींचा एक लाम्बा तीखा बढ़ रह्या।

छोटी-छोटी लड़कियां प्रात: शीघ्र उठकर नहा-धो लेती थीं और अपने
हाथों से ताजा-ताजा दूब तोड़कर लाती थीं। सचिन की आंखें तब खुलती थीं
जब वे गीत गाना शुरू कर देती थीं। तंद्रा और खुमारी की अवस्था में ये गीत
और भी कर्णप्रिय लगते थे। जिन लड़कियों का विवाह उसी वर्ष हो गया होता
था, वे भी छोटी लड़कियों के साथ बैठकर गणगौर पूजती थीं और गणगौर का
उद्यापन करती थीं। गणगौर की पूजा अच्छे वर की प्राप्ति और सुहाग को
अविचल रखने के लिए की जाती थी। शाम को किसी कुण्ड पर गणगौर को
पानी पिलाने के लिए ले जाया जाता था। वहां ताजा पानी निकालकर उसे दूब
की सहायता से मूर्तियों के मुंह तक पहुंचाया जाता था। कुण्ड तक लड़कियां
यह गीत गाते हुए पहुंचती थीं –
म्हारी गौर तिसाई ओ राज घाटां री मुक्त करो
ईसरदास जी रा कानीराम भाई ओ राज घांटा री मुक्त करो
प्रहलादजी रा गोरधन भाई ओ राज घाटां री मुक्त करो – इत्यादि।

पंद्रह दिन पूजा करने के बाद गणगौर का मेला भरता था और इस दिन
रथ में बैठाकर एक बड़ी गणगौर निकाली जाती थी। गणगौर का यह रथ
गढ़ के मुख्यद्वार से चलकर बाजार, मठ और हाईस्कूल होता हुआ जोहड़े
तक पहुंचता था। गणगौर का यह जुलूस ऊंट गाड़ियों में निकला करता था
और सभी लड़कियां अपनी-अपनी प्रतिमाएं इन ऊंट गाड़ियों पर रख देती
थीं; वहां जाकर सभी प्रतिमाओं को जोहड़े में एक साथ विसर्जित कर दिया
जाता था। यह जुलूस बहुत बड़ा होता था और इसके साथ-साथ सजे-धजे
हाथी, घोड़े, बैल और खोमचे वाले भी चलते थे। मेला जोहड़े के पास वाले
गणगौर के मैदान में भरता था। इस दिन यहां पर सभी हलवाइयों की स्टॉल,
गोलगप्पे तथा चाट के स्टॉल, खिलौने के खोमचे इत्यादि लगते थे। सभी
तरह के झूले वाले यहां पर अपने झूले लगाते थे; मदारी अपना खेल दिखाते
थे और सरकस वाले अपना सरकस लगाते थे। पहलवानों की कुश्ती
प्रतियोगिता होती थी। मेले का सबसे अधिक आकर्षक कार्यक्रम ऊंटों, घोड़ों

और बैलों की दौड़ने की प्रतियोगिताओं का होता था जिसमें पुरस्कार भी वितरित किए जाते थे।

मेले से लौटते समय बच्चे प्रत्येक बार गुब्बारे, लापें, बांसुरियां, माउथ आर्गन इत्यादि खरीदकर लाते थे। घर लौटते ही अंधेरा हो जाता था और सोने से पहले बच्चे अपने-अपने खिलौने अपने तकिए के नीचे रख लेते थे। गुब्बारे व लूप डोर की सहायता से पलंग के पाए से बांध दिए जाते थे और रात को नींद में उठ-उठकर भी बच्चे इनको देखते थे। सुबह आंख खुलते ही बच्चों को इस बात से निराशा होती थी कि इनकी कुछ हवा निकल चुकी होती थी। इनको दुबारा फुलवाने के लिए शीघ्रतम गुब्बारे वाले को ढूंढा जाता था। गुब्बारे व लूप अलग-अलग रंगों व डिजाइनों में मिलते थे, इसलिए बच्चों को इनके प्रति बहुत आकर्षण प्रतीत होता था। अगले दो-चार दिन तक बच्चे बांसुरी और माउथ ऑर्गन को भी बड़े चाव से बजाने का प्रयास करते थे; हर जगह उनको अपने साथ-साथ लिये घूमते थे; यहां तक कि खाना खाते समय भी इनको साथ लेकर बैठते थे। बच्चे इनसे कोई कर्णप्रिय संगीत निकालने में सफल नहीं होते थे; इसलिए कुछ दिनों बाद ये वाद्य उपेक्षित होकर इधर-उधर पड़े दिखाई देते थे। किन्तु, अगला मेला आते ही बच्चे इस पिछले अनुभव को दरकिनार कर देते थे और फिर से एक नई बांसुरी और एक नया माउथ ऑर्गन खरीद लेते थे। गणगौर का मेला एक पर्व के रूप में मनाया जाता था। राजस्थानी में एक कहावत है - **तीज त्यौहारां बावड़ी ले डूबी गणगौर**। इसका अर्थ है कि त्योहारों का एक सिलसिला फिर से लेकर सावन की तीज लौटी थी और गणगौर अपने साथ इस सिलसिले को लेकर डूब गईं यहां बावड़ी का अर्थ है वापस लौटी।

छोटी-छोटी लड़कियां गणगौर पूजना प्रारंभ कर देती थीं, उन्हें गीतों का कोई अर्थ पता नहीं होता था, इसलिए उनके गीत सरल होते थे। सयानी लड़कियों और विवाहित महिलाओं द्वारा गाए गए गीत कुछ अधिक अर्थपूर्ण हुआ करते थे। जैसेकि एक गीत यह था -

ईसरजी तो पेचो बांध
गोरांबाई पेच संवार ओ राज
म्हे ईसर थारी साली छां
साली छां मतवाली ओ राज
भंवरपट्टां प वारी ओ राज
केसर की सी क्यारी ओ राज
म्हे ईसर थारी सालीं छां
ईसरजी तो धोती बांध

गोरांबाई लांग संवार ओ राज
म्हे ईसर थारी साली छां।

(भंवरपट्टां अर्थात् घुंघराले बालों पर हम न्यौछावर हैं, ऐसा ईसरजी की बड़ी सालियों का कहना था।)

एक और गीत बहुत प्रचलित था जिससे गणगौर पूजने का आशय स्पष्ट होता था –

माथा न मैंमद पहरो गिणगौर
देखी थारी रखड़ी री अजब मरोड़
छैल दुपट्टां द्यो तो, दुपट्टां रा झाला द्यों तो
नक्कसी रा प्याला द्यो तो, पीली-पीली मोहरा द्यों तो
नैणां रा निजारा द्यो तो, दोय पग स्यामां द्यो तो
पूजां गिणगौर जी म्हे धोकां गिणगौर ..... (1)
हिवड़ा न हारज पहरो गिणगौर
देखी थारी झुमकांरी अजब मरोड़
छैल दुपट्टां द्यो तो, दुपट्टां रा झाला द्यो तो ..... (2)
बहियां न चूड़लो पहरो गिणगौर
देखी थार गजरां री अजब मरोड़
छैल दुपट्टां द्यो तो, दुपट्टा रा झाला द्यो तो ..... (3)

अर्थात् हमें दुपट्टे वाला वर दो जो हमें देखकर दुपट्टे का झाला देता हो; जिसके हाथों में चांदी के नक्काशीदार प्याले हों; इन प्यालों में सोने की मोहरें भरी हों; जो आंख के लिए एक नजारे की तरह हो और जो स्वयं दो पग आगे बढ़ाकर हमसे मिलने के लिए आए तो हे गणगौर हम तुम्हारी पूजा करें।

यहां एक बात और द्रष्टव्य है कि संगीत बहती हुई नदी की तरह होता है। प्रत्येक शब्द की एक विशिष्ट आकृति होती है, एक ठोसपन होता है और उसके ओने-कोने होते हैं। व्याकरण शब्दों की आकृति पर टिका हुआ है और प्रत्येक शब्द के ओनों-कोनों को बचाता है। वहीं संगीत सुरों की ऐसी सरिता होती है जिसमें पत्थर लुढ़क-लुढ़कर अपने ओने-कोने खो देते हैं। संगीत में प्रवाह का महत्त्व होता है और व्याकरण में आकृति का। इसलिए इस गीत में गणगौर शब्द गिणगौर हो जाता है, हार शब्द हारज हो जाता है, नजारा शब्द निजारा हो जाता है इत्यादि। इस प्रवाह के महत्त्वपूर्ण होने के कारण ही शास्त्रीय-संगीत के कुशल गायन में शब्द-विधान पूरी तरह पकड़ में नहीं आता है; इससे गायन की श्रेष्ठता का पता लगता है अर्थात् संगीत कोई व्याकरण नहीं होता है।

साम्भलसर में एक हेयर कटिंग सैलून था जिसके संचालक थे, श्री कामता प्रसाद सेन। वे विजय चाचा के आदर्श थे और विजय चाचा का मानना था कि जब तक वो जीये, उन्होंने गांव के सारे मर्दों का सिर गर्व से उन्नत रखा। बाल उतारने में भी वो किसी से पीछे नहीं थे, यहां तक कि कलकत्ता में बाबू मोशाय लोगों के बाल भी वो उतार चुके थे। सचिन के बाल संवारते थे तो कहते थे कि "बबुआ तुम वही गलती मत दुहराना जो मैंने और कीर्तिजी ने की थी। तुम बड़े होकर सीधे ही बॉलीवुड पहुंच जाना और पढ़ाई-लिखाई की चिंता मत करना।" वे वास्तव में ही देवदास के स्थानीय संस्करण थे और यह विचित्र संयोग है कि उनका चेहरा भी शाहरुख खान से मिलता-जुलता था। उनका संवाद-कथन भी गजब का था और यह कहना भी उचित प्रतीत नहीं होता कि उनकी अभिनय क्षमता शाहरुख खान से किसी भी मामले में कम थी। वे सुरा का सेवन तो नियमित रूप से करते ही थे; पारो और चंद्रमुखी जैसी कई सुंदरियां भी उनके सैलून के चक्कर काटती हुई देखी जा सकती थीं। उनकी कुछ खास आदतों ने पूरे गांव को ही एक चलता-फिरता सिनेमा घर बना रखा था। रोज गोधूलि की वेला में उनकी भार्या सुमति एक किलोमीटर दूर से उनका गुणगान करती हुई उनके कटिंग सैलून तक पहुंचती थी। फिर भी उसके हाथ में कमाई का उतना ही हिस्सा वो रखते थे जिससे कि घर का चौका-चूल्हा बहुत खींचतान करके मुश्किल से चल पाता था। बाकी कमाई वे अपने व्यक्तिगत उपयोग के लिए सुरक्षित रखना धर्म-सम्मत समझते थे। देखा जाए तो उनको रामायण और महाभारत से लेकर हिदायतनामा-ए-खाविंद तक का सम्पूर्ण ज्ञान था और तर्क में वे आदिशंकराचार्य पर भी भारी पड़ते थे। उनका कहना था कि, "अगर मैं दारू पीता हूं तो अपनी कमाई की पीता हूं, न तेरे बाप की कमाई की पीता हूं और न ही मेरे बाप की कमाई की पीता हूं। शास्त्रों में लिखा है कि अपने परिवार का पालन अवश्य करना चाहिए भले ही इसके लिए अधर्म ही क्यों ना करना पड़े, इसलिए मैं परिवार के भरण-पोषण में कोई भी कमी नहीं छोड़ता हूं। शास्त्रों में यह भी लिखा है कि पति का धर्म है कि वह पत्नी की रोज संतुष्टि करे, सो इसलिए मैं कविराज हरनामदास बी.ए. के हिदायतनामा का पालन करता हूं और घड़ी में चाबी रोजाना ठीक समय पर भरता हूं। जो तुझे चाहिए वह सब तुझे जी भर के मिलता है, फिर तू काहे को यहां रोजाना बाजार के बीच में चीखते-चिल्लाते हुए आ जाती है? मुझे पहले पता होता तो मैं किसी घर-घराने की औरत ले के आता, मेरी क्या कोई इज्जत ही नहीं है?" सुमति देवी इस पर कहती थी कि, "मेरे जैसी जती-सती लुगाई लाकर तो दिखाए तेरा जैसा कोई और हरजाई। लड़ाई का कारण तो यह

जीवन स्थगित है

है कि तू अपने आपको मजनूं समझता है, एक रुपया भी बुरे वक्त के लिए बचाता नहीं है; सब कुछ शराब और आंख मटक्के में उड़ा देता है; जाने कैसी-कैसी औरतें तेरे सैलून के चक्कर काटती रहती हैं और उनको देखकर तू राजा कर्ण बन जाता है। अरे, मैं तो मां हूं, अगर मेरा कलेजा नहीं जलेगा तो किसका कलेजा जलेगा? बच्चों की पढ़ाई-लिखाई और बीमारी-सीमारी में इलाज के लिए भी तो कुछ चाहिए। आदमी का क्या बिगड़ता है, दो मिनट का मौजमजा किया और परे हट गया। बच्चों से छाती तो सारी जिंदगी औरत को ही तोड़नी पड़ती है। इतना ही नहीं, पांच-सात चंद्रमुखियां भी रोज इस दुकान के चक्कर लगाती रहती हैं सो मेरे से क्या छिपा है? मेरा न्याय तो ऊपर वाला ही करेगा, अरे बर्दाश्त करने की भी एक हद होती है। मैं कोई गारे-मिट्टी की बनी हुई थोड़े ही हूं, मैं भी औरों की तरह एक हाड़-मांस की औरत हूं।"

कामता प्रसादजी का तर्क होता था कि, "रिजक को बदनाम करने की जरूरत नहीं है। यहां जो भी औरत आती है अपने बच्चों के बाल कटवाने के लिए आती है, और कुछ भी कटवाने के लिए यहां नहीं आती है। ठेके के आसपास की कुछ औरतें-जरूर मेरे पीछे पड़ी रहती हैं, लेकिन वो मर्द ही क्या हुआ जिसके आगे-पीछे पांच-सात औरतें भी नहीं घूमती हों? यह तो तू शुक्र मना कि मैं बम्बई नहीं गया नहीं तो दिलीप कुमार के बाद दूसरा नंबर मेरा ही होता। यदि मुझे अपने बच्चों से लगाव नहीं होता तो आज मैं बम्बई में होता और तेरी जगह यहां पर मीना कुमारी या वैजयंती माला खड़ी होती। तू तो अनपढ़ औरत है इसलिए तुझे नीति का कुछ भी ज्ञान नहीं है। शास्त्र यह कहता है कि स्त्री को पतिव्रता होना चाहिए नहीं तो वर्णसंकर की उत्पत्ति होती है और कुल-धर्म का नाश हो जाता है। पितरों का हरिद्वार और पिण्डदान सब व्यर्थ चला जाता है। लेकिन यह कौन से शास्त्र में लिखा है कि पुरुष एक ही नारी से संतोष करे? यह तो सभी को पता है कि राजा दशरथ के भी तीन रानियां थीं और भगवान कृष्ण के तो सोलह हजार एक सौ आठ रानियां थीं। अपनी-अपनी हैसियत का सवाल है। एक कटिंग सैलून चलाने वाला कृष्ण की तरह सोलह हजार एक सौ रानियां छीनकर तो नहीं ला सकता है लेकिन आठ तो रख ही सकता है। यह तो हम सीधे मानुष हैं कि घर के बाहर ही आंख-मटक्का कर लेते हैं और किसी को भी तेरी छाती पर लाकर नहीं बिठाते हैं। नहीं तो इसमें भी कोई अधर्म नहीं है। रही बात दारू की तो यह सोमरस है। तैंतीस करोड़ देवी-देवताओं में से सभी एक-दूसरे से बढ़चढ़कर थे; कोई भी किसी से कम नहीं था, लेकिन इंद्र को राजा इसलिए मानना पड़ा क्योंकि उसके पास सोमरस था। देवताओं को इंद्र ने सुरापान करा दिया था इसलिए

उनको सुर कहा जाता है। लेकिन दैत्यों को उसने सोमरस पीने को नहीं दिया था, इसलिए उन्हें असुर समझा जाता है। सब इंद्र भगवान की ही देन है।"

सुमति देवी का तर्क था कि, "कृष्ण कन्हैया तो कोई भी बन सकता है लेकिन भगवान राम बनने में सबकी आंखें दुःखती हैं।" कामता प्रसादजी को तर्क में कौन हरा सकता था? वे तुरंत जवाब देते थे, "मूर्ख औरत रामचंद्रजी ने भी जब राजसूय यज्ञ किया था तो स्वयं वशिष्ठ मुनि ने उन्हें दूसरा विवाह करने की आज्ञा दी थी। गुरु ब्रह्मा, विष्णु और महेश से भी बड़ा होता है; रामचंद्रजी ने गुरु की आज्ञा नहीं मानी इसलिए लव-कुश से युद्ध में हारना पड़ा। वो तो वाल्मीकि ने युद्ध का घोड़ा छुड़वा दिया, नहीं तो यज्ञ पूरा होता ही नहीं। वशिष्ठ मुनि ने उन्हें महाराज दशरथ की मृत्यु के पश्चात् चित्रकूट से वापस लौटने की आज्ञा भी दी थी, लेकिन रामचंद्रजी ने नहीं मानी थी। इसका परिणाम क्या हुआ, सारी जिंदगी दुःख में बीती और अंत में जलसमाधि भी लेनी पड़ी। गुरु की आज्ञा भी कोई छोटी-मोटी बात है? अरे, हम तो वशिष्ठ-गोत्री जोशियों को अपना गुरु मानते हैं, उन्हीं से थोड़ा-बहुत पढ़े-गुणे हैं, सो तेरी हिम्मत कैसे हुई हमारे से बहस करने की?"

इस पर सुमति देवी का धैर्य चुक जाता था। वे कह देती थीं, "मर्द हो चाहे औरत यह तो बराबर की बात है। गाड़ी के पहियों में एक भी बड़ा-छोटा नहीं होता। यदि तू तेरे जी में आए सो करेगा तो मैं भी वही करूंगी जो मेरे जी में आएगा। शास्त्रों में तो यह भी लिखा है कि द्रौपदी के पांच पति थे, फिर भी उसे सतियों में गिना जाता था। चुपचाप सारे पैसे निकाल के मेरे हाथ में रख दे नहीं तो मेरे से बुरा कोई भी नहीं होगा।" किन्तु, श्री कामता प्रसादजी को पथभ्रष्ट करना इतना सरल काम नहीं था। उनका तर्क होता था कि, "यह घपला तो अर्जुन की मां कुंती के कारण हो गया था, लेकिन तेरे को द्रौपदी कौन बनने देगा? कामता की मां दाखी कोई अर्जुन की मां कुंती थोड़े ही है? आखिर मां किसकी है? तेरी चुटिया पकड़कर ऐसी मरोड़ेगी कि क्या मजाल जो तू इधर-उधर देख भी ले। चाहे जर हो, चाहे जोरू हो, चाहे जमीन हो, सब जोर से चलता है। अरे, क्या खाकर तू मर्दों की बराबरी करने चली है?"

इस पर बाजार में खड़े सारे मर्द श्री कामता प्रसाद सेन का पक्ष ले लेते थे और विजय चाचा इनमें सबसे आगे होते थे। वे दो आदमियों के जबर्दस्त प्रशंसक थे जिनमें एक थे श्री विलायत खां और दूसरे थे श्री कामता प्रसाद सेन। इसके पश्चात् यह चलता-फिरता त्रिआयामी सिनेमाघर दारू के ठेके पर पहुंचता था और शास्त्रार्थ जारी रहता था। दारू के ठेके के बाद यह सिनेमाघर उन सारी गलियों से गुजरता था जिनमें रहने वाली चंद्रमुखियां इस सबके लिए

सुमति देवी को जिम्मेदार ठहराती थीं। आगे-आगे देवदास बने हुए श्री कामता प्रसाद सेन होते थे; उनके पीछे सुमति देवी होती थीं और दोनों के पीछे-पीछे बहुत सारे बच्चे होते थे। इस सिनेमा का पटाक्षेप प्राय: कामता प्रसादजी के घर पहुंचने पर ही होता था।

बचपन में सचिन के गांव में कोई थिएटर नहीं था, किन्तु सच मानिये कि इस चलते-फिरते चलचित्र के आगे बॉलीवुड के नामी-गिरामी स्टूडियो भी कुछ नहीं थे। सोचने की बात यह भी है कि यदि श्री कीर्तिजी और श्री कामता प्रसाद सेन ने कम उम्र में विवाह नहीं कर लिया होता और दोनों बम्बई पहुंच गए होते तो फिल्म इंडस्ट्री का कितना भला होता? खैर, होता वही है जो मंजूरे-खुदा होता है।

यह सन् 1962 के अक्टूबर महीने का एक दिन था। सचिन डाकखाने से डाक लेकर वापस लौट रहा था। अचानक उसने देखा कि नारायण दास केडिये की दुकान के आगे कोई पचास-साठ लोगों की भीड़ लगी हुई थी और सभी लोग रेडियो पर समाचार सुन रहे थे। सचिन को बहुत उत्सुकता हुई थी और वह भीड़ को चीरकर भीतर घुस गया था; एक व्यक्ति से पूछने पर पता लगा था कि चीन ने भारत पर आक्रमण कर दिया था। सचिन ने दौड़कर यह खबर अपने घर पर बताई और फिर अन्य बच्चों को भी इससे अवगत करवाया। शुरू-शुरू में सभी बच्चे निश्िंचत थे और एक तरह के जोश में थे क्योंकि श्री विलायत खां ने बच्चों को बताया था कि चीनी बहुत छोटे-छोटे होते हैं और हिन्दुस्तान के सिपाही बहुत दिलेर होते हैं, वे निश्चित रूप से चीनियों का कचूमर निकाल देंगे। सारे बच्चे मिलकर गाते थे – 'ऐ चाओ माओ सुनले तू, ऐ मुल्क के दुश्मन सुनले तू'। बच्चे बहुत उत्साह में थे, किन्तु धीरे-धीरे बड़े लोग चिंतित नजर आने लगे थे। इसका कारण यह था कि लगातार रेडियो पर ये खबरें आ रही थीं कि हमारी सेनाएं युद्ध के लिए तैयार नहीं थीं और हमें पीछे हटना पड़ रहा था। सब घरों और दुकानों से नकद व सोने-चांदी के जेवर 'प्रधानमंत्री सुरक्षा कोष' के लिए इकट्ठे किए जा रहे थे। यहां तक कि फौजियों के पास पहनने के लिए पर्याप्त गर्म कपड़े भी नहीं थे, इसलिए घरों व बाजारों से उन्हें इकट्ठा किया जा रहा था। स्थिति यह थी कि हमारी सेनाओं को युद्ध की कोई आशंका ही नहीं थी; यहां तक कि मोर्चे तक सामान, हथियार व पलटन को पहुंचाने के लिए सड़कें तक बनी हुई नहीं थीं। चीन ने पहले ही छिपाकर युद्धस्थल तक सड़कों का जाल बिछा रखा था और सियाचीन को पीकिंग सहित सभी महत्त्वपूर्ण चीनी शहरों से जोड़ रखा था। किन्तु, हमारे पास इस क्षेत्र में एक भी सड़क नहीं थी और न ही हमारे जवान

चीनी सेना की तरह सियाचिन की ठंड को झेलने के अभ्यस्त थे। इन सब परिस्थितियों के कारण हिन्दुस्तान की फौज का सतत पीछे हटना जारी था। सब समाचार सुनकर बच्चों का खून भी खौल जाता था, किन्तु उन्हें ये समाचार निर्णायक भी नहीं लग रहे थे; जिस देश ने नेताजी सुभाषचंद्र बोस और शहीदे आजम भगत सिंह जैसे वीर पैदा किए थे, वो इन चाऊ-माऊ से कैसे हार सकता था? बच्चों को पूरा भरोसा था कि अंत में जीत हमारी ही होगी। रविकांत भाई साहब का तो यहां तक कहना था कि हमारे फौजी चीनियों को मुक्कों से भी मार सकते थे और हवा में उछाल-उछालकर हिमालय से नीचे फेंक सकते थे, लेकिन अभी हमारे फौजी गिनती में कम हैं और चीनी सैनिक टिड्डी-दल की तरह मोर्चे पर पहुंच रहे हैं। बाद में जब सड़कें बन जाएंगी तो जीत हमारी होगी। बच्चों की आस्था बहुत गहन होती है, इसीलिए कहा जाता है कि बच्चे परमात्मा का ही एक रूप होते हैं। उन दिनों बच्चे अपने खेलों में भी चीन को नहीं भूला करते थे और खेलों के माध्यम से भी चीन से प्रतिशोध लिया करते थे। सारे बच्चे दो टीमों में बंट जाते थे और जानबूझकर चीनी टीम को हराया जाता था। उस समय यह जिज्ञासा बहुत प्रबल हुआ करती थी कि युद्ध का परिणाम कब हमारे पक्ष में आना शुरू होगा? कुछ वृद्ध ऐसे भी थे जिनमें आस्था अधिक नहीं थी और वे यहां तक कहने लगे थे कि चीनियों से तो अंग्रेज ही अच्छे थे।

कोई महीने भर यह आकस्मिक लड़ाई चली थी कि अचानक एक दिन रेडियो पर खबर आई थी कि चीन ने युद्धविराम की एकतरफा घोषणा कर दी है और चीनी सेनाओं ने पीछे हटना प्रारंभ कर दिया है। परिणामतः भारत ने भी युद्धविराम की घोषणा कर दी थी और युद्ध समाप्त हो गया था। चीनी सेनाओं ने भारत की कुछ जमीन भी वापस कर दी थी, किन्तु चीनी सेना युद्धपूर्व की विराम-रेखा तक फिर भी वापस नहीं लौटी थी। चीन का कहना था कि उसके हिस्से की कुछ और जमीन पर भारतीय सेनाओं ने कब्जा कर रखा था और उसी जमीन पर अधिकार करने के लिए चीन ने यह कार्यवाही की थी। वास्तविक विराम-रेखा को लेकर आज भी विवाद जारी है। उन दिनों बच्चों के कार्यक्रमों में एक लोकगीत बहुत प्रचलित था जो इस प्रकार था –

आल्हा-ऊदल रे, गोरा-बादल रे
अमर सिपहिया रे, गोरा-बादल रे
बरसो बरसो बरसो बरसो
रणभेरी का शोर रे।

चीन का तर्क अधिक संतोषजनक नहीं था क्योंकि सीमा-विवाद पर पहले बातचीत की जाती है और बातचीत से समाधान नहीं होने पर ही कोई राष्ट्र

सैनिक कार्यवाही के बारे में सोचता है। न तो किसी को आकस्मिक आक्रमण का कारण समझ में आ रहा था और न ही आकस्मिक युद्धविराम का कारण स्पष्ट हो पा रहा था। किसी का मानना था कि युद्ध का कारण सीमा विवाद था, किसी का मानना था कि इसका कारण दलाई लामा को शरण देना था, और कुछ लोग इसे कैनेडी की भारत यात्रा से भी जोड़ रहे थे। किन्तु, इसमें से कोई भी कारण संतोषजनक प्रतीत नहीं होता था। लगता है कि इसका कारण चीन की एशिया में नेतागिरी करने और भारत को कमजोर साबित करने की मंशा रही थी। दोनों देशों में नए संविधान लगभग एक साथ लागू हुए थे; चीन ने जहां साम्यवादी व्यवस्था को चुना था वहीं भारत ने प्रजातंत्र को चुना था। चीन जहां साम्यवादी गुट और वारसा संधि का एक महत्त्वपूर्ण सदस्य था वहीं पर भारत गुटनिरपेक्ष आंदोलन का नेतृत्व कर रहा था और तीसरी दुनिया को शांति का मार्ग दिखा रहा था। हो सकता है कि चीन ने यह सब भारत की विदेश नीति, पंचशील, शांतिपूर्ण सहअस्तित्त्व, गुटनिरपेक्षता आदि की विफलता दिखाने के लिए किया हो। जो भी हो भारत को चीन से ऐसे विश्वासघात की कोई आशा नहीं थी और इसीलिए भारत ने इस मोर्चे पर प्रतिरक्षा की ओर कोई भी ध्यान नहीं दे रखा था। चीन का यह हमला हमारी आंखें खोल देने के लिए पर्याप्त था, क्योंकि हम समझ गए थे कि हम दोनों महाशक्तियों में से किसी पर भी निर्भर नहीं कर सकते थे। रूस का यह कथन बहुत निराशाजनक था कि चीन उसका छोटा भाई था और भारत उसका मित्र था इसलिए वह आक्रमण के अनुचित होते हुए भी कोई हस्तक्षेप नहीं करेगा। विश्व-राजनीति में हमें गुटनिरपेक्ष होते हुए भी अमेरिका का विरोधी माना जाता था और यह हमारी बहुत बड़ी हार थी। इस खोए गए सम्मान को हम पोखरण के परमाणु-विस्फोट के पश्चात् ही पुन: अर्जित कर सके हैं। अब हमारे लिए गुटनिरपेक्षता का चुनाव कोई अव्यावहारिक ख्याली पुलाव नहीं रह गया है। इस युद्ध के समय कीर्तिजी ने एक आशंका व्यक्त की थी जो दुर्दैव से सच साबित हुई थी। उन्होंने कहा था कि इस युद्ध से श्री जवाहरलाल नेहरू को बहुत आघात लगेगा और इससे उनकी आयु कम हो जाएगी। जैसाकि सभी जानते हैं इस युद्ध के बाद वे पूरे दो वर्ष भी जीवित नहीं रहे थे और इस युद्ध ने एक तरह से भारत से उसका पहला प्रधानमंत्री छीन लिया था।

यह 27 मई 1964 के अपराह्न में लगभग संध्या के चार बजे का समय था जब सचिन पिछवाड़े वाले मंदिर से पढ़कर घर वापस लौट रहा था। रास्ते में राजकमल बंसल का घर पड़ता था और वह थोड़ी देर के लिए वहां रुक गया था। रेडियो खोलते ही अचानक यह समाचार आया था कि श्री

जवाहरलाल नेहरू का निधन हो गया है। 1960 के एक लोकगीत की कतिपय पंक्तियों से यह पता लगता है कि श्री नेहरू से देश को कितनी आशाएं थीं। पंक्तियां इस प्रकार हैं –

राजस्थानी जाट में, माचा और खाट में
श्री गोरधनदास की टाट में, फुलवारी पण्डित नेहरू की।

अर्थात् राजस्थान के खेतिहर जाटों की बातचीत में, चौपालों में पलंग और चारपाई पर बैठकर हुक्का गुड़गुड़ाते हुए लोगों की बहस में और श्री गोरधनदास जैसे पूंजीपतियों के मस्तिष्क में श्री नेहरू की पंचवर्षीय योजनाएं फल-फूल रही थीं। उस समय सचिन इतना बड़ा नहीं था कि वह भारतीय राजनीति पर इस समाचार के पड़ने वाले प्रभाव को समझ सके, किन्तु सभी लोग इसको सुनकर बहुत दुःखी हुए थे। पूरे देश पर यह जैसे एक वज्रपात था। सचिन के पिता भी इस समाचार से बहुत चिंतित हुए थे। सचिन को याद है कि उसके घर के आगे से होकर अनपढ़ ग्रामीण कुम्हार बाजार जाते थे। उनमें से कई दरवाजे पर खड़े होकर सचिन के पिता से पूछते थे – गुरुजी, अब नेहरू कौन बनेगा? इन अनपढ़ ग्रामीणों के लिए स्यात् नेहरू का अर्थ प्रधानमंत्री था और प्रधानमंत्री का अर्थ नेहरू था। बात इतनी ही नहीं थी, उनके जाने से एक ऐसी रिक्तता उत्पन्न हो गई थी जिसकी पूर्ति संभव नहीं थी। अखबारों में ऐसी शीर्ष पंक्तियां छपतीं थीं – नेहरू के बाद तो नेहरू भी नेहरू नहीं। वे एक व्यक्ति न होकर इस देश की पूरी मनीषा के प्रतीक थे। देश ने 1935 से लेकर उनको ही प्रधानमंत्री देखा था और इस देश के लिए वे एक युगपुरुष थे। उन्होंने एक ऐसे दौर में हिन्दुस्तान में प्रजातंत्र और विधि के शासन को बचाया था जो समूचे एशिया और अफ्रीका के लिए खतरों से भरा और चुनौतीपूर्ण था। लगता है कि यह देश अब तक उनके योगदान का सम्यक् मूल्यांकन नहीं कर पाया है और इसके लिए उसे कुछ और कटु अनुभवों से गुजरना अनिवार्य होगा। वस्तुतः तो वे लेनिन, स्टालिन, माओ इत्यादि सभी समकालीन नेताओं से बड़े थे, किन्तु अभी इसे पूरी तरह स्पष्ट होने में कुछ समय लग सकता है। यह भी दुर्भाग्यपूर्ण ही कहा जाएगा कि पहले चार प्रधानमंत्रियों के समय हमें इस देश में जो सार्वभौमिक राजनीतिक परिपक्वता दिखाई दी थी, यह देश उस परिपक्वता को निभा पाने में पूरी तरह सफल नहीं हुआ है। एक तरह से आज भी उन अनपढ़ ग्रामीण लोगों के उद्‌गारों को निर्मूल नहीं कहा जा सकता है। यह कहने की आवश्यकता नहीं है कि भारतीय प्रजातंत्र और गुटनिरपेक्षता के आदर्शों को उस दौर में जितना खतरा था, वह आज नहीं है। गुटबंदी की राजनीति आज इतनी बाध्यकारी नहीं है और सामरिक दृष्टि से भी हम पहले से बहुत सक्षम हो गए

106 जीवन स्थगित है

हैं। उनकी महानता का आकलन करना तब तक सम्भव नहीं है जब तक हम उस दौर की सारी चुनौतियों का सम्यक विश्लेषण नहीं करें। उन्होंने उस समय तीसरी दुनिया को शांति का मार्ग दिखाया था जबकि गुटबंदी से बचना लगभग असम्भव था।

इसी प्रकार सितम्बर 1965 में अचानक भारत-पाक युद्ध छिड़ गया था जो लगभग तीन सप्ताह तक चला था। इस युद्ध में भारत प्रारम्भत: ही भारी पड़ रहा था, क्योंकि हम 1962 के अनुभव से बहुत कुछ सीख चुके थे। भारत ने इस युद्ध में पाकिस्तान को एक करारा झटका दिया था और हमारी सेनाएं स्यालकोट तक पहुंच गई थीं। जनवरी 1966 में रूस में ताशकंद नामक स्थान पर श्री लालबहादुर शास्त्री और श्री अयूब खां दोनों को बुलाया गया था। इसे इतिहास की एक विडम्बना ही कहा जाएगा कि ताशकंद समझौते के अंतर्गत हमें बिना किसी शर्त के पाकिस्तान की भूमि वापस करनी पड़ी थी। यह समझौता रूस के दबाव के कारण हुआ था और इस दबाव के कारण न तो हम पाक अधिकृत कश्मीर की जमीन का मुद्दा उठा सके थे और न ही पाकिस्तान को युद्ध अपराधी ठहरा सके थे। इस समझौते से श्री लालबहादुर शास्त्री को इतना आघात लगा था कि उनकी ताशकंद में ही आकस्मिक मृत्यु हो गई थी और हमने अपना दूसरा प्रधानमंत्री भी खो दिया था, उनकी इस अकाल मृत्यु की गुत्थी आज तक भी नहीं सुलझ पाई है। इस बात को हम नजरअंदाज नहीं कर सकते हैं कि हिन्दुस्तान को एक बहुत चुनौतीपूर्ण दौर से गुजरना पड़ा था। यहां तक कि ये दोनों युद्ध हम पर बलात थोपे गए थे और इन दोनों युद्धों के कारण हमें हमारे दो प्रधानमंत्रियों को खोना पड़ा था। इतिहास का वह दौर बहुत सुखद नहीं था जब सारा संसार दो वैमनस्यपूर्ण गुटों में बंटा हुआ था और अपनी अस्मिता की रक्षा के लिए हमें बहुत बड़ा मूल्य चुकाना पड़ा था। किन्तु, हमें इस बात पर गर्व भी होना चाहिए कि भवितव्य ने यह सिद्ध कर दिया है कि हम ठीक रास्ते पर थे। यह हमारी बहुत बड़ी उपलब्धि है कि हम तत्कालीन राजनीति के भ्रांत दबावों से स्वयं को बचा सके थे और बाद में स्वतंत्र होने वाले तीसरी दुनिया के देशों को एक सही दिशा दे सके थे।

सन् 1965 आते-आते कीर्तिजी का चयन राजकीय सेवा में हो गया था और उनकी नियुक्ति एक सीमांत जिले में हुई थी। श्री श्रुतिधरजी का सारा परिवार भी कलकत्ता चला गया था और इस प्रकार इस परिवार का गृह जिला छूट गया था। अपने स्वयं के गांव में मनुष्य की जड़ें गहरी होती हैं वहां उसे जमीन से जुड़े हुए होने का अनुभव होता है जबकि सरकारी कर्मचारी स्वयं को पेड़ की फूल-पत्तियों की तरह अनुभव करता है क्योंकि उसका सम्मान

तो होता है किन्तु सामाजिक प्रपंचों में उसकी सहभागिता नहीं होती है। सामाजिक जीवन से उसका संस्पर्श सतही और औपचारिक होता है और वह सार्वजनिक जीवन के स्पंदन से स्वयं को निर्लिप्त ही पाता है। सचिन गांव से छठी कक्षा उत्तीर्ण करके आया था और यहां आकर उसने सातवीं कक्षा में प्रवेश लिया था। स्कूल में उसका सम्मान पूर्ववत ही था क्योंकि वह यहां भी पढ़ाई-लिखाई और शिक्षणेतर गतिविधियों में सबसे आगे था। यहां पर सभी शिक्षक नए थे और सभी उसकी प्रतिभा से दंग थे। इस स्थान का वातावरण कतई भिन्न था। सचिन के पड़ोस में ही दो बिश्नोई परिवार रहते थे, ये प्रतिदिन संध्या को दारू पीकर बाजार पहुंच जाते थे और वहां पर झगड़ा करते थे। दोनों परिवारों के सदस्य बाजार के अलग-अलग कोनों पर खड़े हो जाते थे और एक-दूसरे पर हवाई फायर करते थे। बंदूक की गोलियां सनसनाती हुई बाजार के बीच में से गुजरती थीं। यह बात बाद में सचिन के समझ में आई थी कि दोनों ही परिवार निशानेबाजी में बेहद कुशल थे, वे जानबूझकर इस प्रकार गोलियां चलाते थे कि किसी के भी नहीं लगती थीं। सचिन का विचार था कि इस प्रकार गोलियां छोड़ना एक बहुत बड़ी कला थी जिसमें ये दोनों ही परिवार निष्णात थे। दोनों के पास आत्मरक्षा हेतु हथियार रखने का लाइसेंस था, इसलिए इतनी-सी बात पर पुलिस भी कोई ध्यान नहीं देती थी। यह उनके लिए रोजमर्रा के अभ्यास की तरह था। इतनी बहादुरी की कल्पना अपने गांव में रहते हुए सचिन एवं आशीष ने कभी भी नहीं की थी। इन गोलियों की सनसनाहट के बीच में दोनों को ही बाजार से कभी दही बड़े, कभी रबड़ी, कभी लस्सी तथा कभी कोई अन्य सामान लाने जाना पड़ता था। प्रकृति बचपन में प्रत्येक मनुष्य को भय देती है क्योंकि यह अभिनिवेश के लिए आवश्यक होता था, किन्तु शीघ्र ही ये दोनों समझ गए थे कि बंदूक चलाने वाले कोई अनाड़ी नहीं थे और ये गोलियां कभी भी उनको छू नहीं सकती थीं। गांव में भी कभी-कभी सचिन को भय के अनुभवों से गुजरना पड़ा था, किन्तु ऐसे भय बच्चे के विकास के लिए आवश्यक होते हैं। प्रत्येक बालक को अंधेरे से भय लगता है, रात में कुत्तों के भौंकने से भय लगता है; काली-पीली आंधी से भय लगता है इत्यादि। अंत में इन गोलियों का भय भी कुत्तों के भौंकने के भय जैसा ही सिद्ध हुआ था और दोनों बालक बेझिझक बाजार में जाने लगे थे। वैसे बंदूक की गोलियां सचिन ने गांव में भी देख रखी थीं। बद्री भाई साहब सचिन के ही कौटुम्बिक थे और उनके पास बटन वाला एक लम्बा-सा छुरा था, एक पिस्तौल थी और बहुत सारी गोलियां भी थीं। उस समय सचिन को पिस्तौल से कोई भी भय नहीं लगा था और उसने फायरिंग सीखने का भी असफल अभ्यास किया था।

यह सन् 1965-66 का सत्र था और संयोग की बात है कि इसी समय

भारत-पाक युद्ध भी छिड़ गया था। रात को पूरी तरह ब्लैक आउट कर दिया जाता था, यहां तक कि जीरो वाट का बल्ब तक जलाने की मनाही हुआ करती थी। रात को उठने पर टॉर्च का मुंह नीचे की तरफ करके जलाना पड़ता था और उसे तुरंत बंद कर देना पड़ता था। प्रतिरात्रि कम-से-कम एक-दो बार घरों के ऊपर उड़कर विमान अवश्य जाते थे। कई बार अलार्म भी बज उठता था, इस पर हिदायतन कमरों से बाहर आकर सभी औंधे मुंह लेट जाते थे। तुरंत दूसरा सायरन बजता था और सभी कमरों में वापस लौटकर सो जाया करते थे। यह युद्ध कोई तीन सप्ताह तक चला था। उस समय सचिन की दादीजी भी जीवित थीं और पहली बार गांव के घर से बाहर निकली थीं। उन्हें यह सारा वातावरण नापसंद था किन्तु सभी राज्य कर्मचारियों की छुट्टियां बंद कर दी गई थीं और मुख्यालय छोड़ना सम्भव नहीं था। अंत में भारत विजयी रहा था और मास्को के बीच बीच-बचाव से युद्धविराम भी हो गया था।

सातवीं कक्षा में सचिन के जो दो सहपाठी उल्लेखनीय थे उनके नाम थे – नीलाभ भार्गव और चंदर शर्मा। नीलाभ भार्गव एक प्रधानाध्यापक का पुत्र था और इससे लेकर सचिन ने मस्तराम कपूर, गुलशन नंदा और प्यारेलाल आवारा के कुछ उपन्यास पढ़े थे। चंदर शर्मा ने उसे एक पंजाबी फिल्म 'मामाजी' दिखाई थी। इस बालक के कारण पहली बार सचिन का परिचय पंजाब की धरती की सौंधी खुशबू, सरसों के साग, गन्ने के खेतों और काजू-किशमिश वाले गुड़ से हुआ था। शुरू-शुरू में कीर्तिजी के स्थानांतरण जल्दी-जल्दी हुए थे और सचिन को सातवीं, आठवीं, नवीं, दसवीं व ग्यारहवीं में से प्रत्येक कक्षा अलग-अलग स्थानों से उत्तीर्ण करनी पड़ी थी। सचिन के आठवीं कक्षा के सहपाठियों में नरोत्तम शर्मा का नाम उल्लेखनीय था। यह एक विधवा मां का इकलौता पुत्र था और इसके पिता वकील थे। इसके घर में जासूसी उपन्यासों का एक बहुत बड़ा संग्रह था और सचिन ने इस वर्ष बहुत से जासूसी उपन्यास पढ़े थे। नवीं कक्षा सचिन ने मौलश्री जीजी के पास रहकर उत्तीर्ण की थी। इस वर्ष उसने अपना ध्यान विशेष रूप से फिल्मी दुनिया और फिल्मी गीतों पर केंद्रित किया था। इस वर्ष देखी गई फिल्मों में उल्लेखनीय फिल्में थीं चित्रलेखा, ममता, गाइड, अनुभव, साहिब-बीबी और गुलाम इत्यादि। इस वर्ष उसका परिचय कुछ नई पत्रिकाओं से भी हुआ था जैसे नीहारिका, सारिका, कादम्बिनी, सरिता, मुक्ता, नवनीत इत्यादि। सातवीं और दसवीं कक्षा के बीच में सचिन ने कुछ साहित्यिक उपन्यासकारों को भी पढ़ा था जिनमें प्रमुख थे प्रेमचंद, शरतचंद, बंकिमचंद चटर्जी, वृंदावन लाल वर्मा, आचार्य चतुरसेन, रांगेय राघव, भगवतीचरण वर्मा, सत्यकाम विद्यालंकार,

अज्ञेय, धर्मवीर भारती, विमल मित्र इत्यादि। इन वर्षों में सचिन जिला सार्वजनिक पुस्तकालय का एक नियमित सदस्य था। हेमंत बाबू उन दिनों भी सचिन को कुछ लिखने के लिए प्रोत्साहित किया करते थे, किन्तु यह कितना विडम्बनापूर्ण है कि बाद में जब सचिन लेखक बना था तो हेमंत बाबू के आंखों के पर्दों में छिद्र हो गए थे और उन्हें पुस्तकें पढ़ना बंद करना पड़ा था। दसवीं कक्षा में सचिन की मित्रता अनुराग दीक्षित से हुई थी। इस मित्रता में एक विचित्र प्रकार का भावनात्मक लगाव था जो अंत तक बना रहा था। बाद में सचिन और अनुराग दोनों फिर दो वर्षों के लिए जयपुर में इकट्ठे हो गए थे। जब सचिन ग्यारहवीं कक्षा में आया था तो उसकी मित्रता बाबूलाल वर्मा और धनपत सिंह कोठारी से हुई थी। ये दोनों ही बहुत अच्छे और सज्जन मानुष थे। इनमें से एक बाद में राजकीय सेवा में आ गया था और दूसरा निजी व्यवसाय में लग गया था। परसाराम चौधरी सचिन का स्नातक कक्षाओं में सहपाठी था। वह एक सामान्य कृषक परिवार का लड़का था जो अपनी प्रतिभा और लगन के कारण केंद्र सरकार में एक वरिष्ठ अधिकारी के पद पर कार्यरत हो गया था।

सचिन जब स्नात्तकोत्तर विभाग में आया था तो उसकी मित्रता योग्यतम सहपाठियों से हुई थी। अमिताभ गुप्ता, हर्षवर्द्धन शर्मा, सुधीर धनकड़, केसरी सिंह शेखावत इत्यादि सभी बहुत विचारशील प्रकृति के व्यक्ति थे। जीवन के प्रति इनमें से प्रत्येक का एक मौलिक दृष्टिकोण था और ये किसी भी भीड़ के अंधानुयायी नहीं हो सकते थे। ऐसा नहीं कहा जा सकता है कि इनके लिए जीवन की सभी परिस्थितियां अनुकूल थीं, किंतु संघर्ष ने भी इनको अधिक परिपक्व और परिमार्जित ही किया था। इनमें से सचिन, अमिताभ, हर्षवर्द्धन व केसरी सिंह चारों छात्रावास के एक ही प्रभाग में रहते थे। केसरी सिंह शेखावत एक दार्शनिक थे और वे दर्शनशास्त्र में ही एम.ए. कर रहे थे। छात्रावास में वाकई उनका रौब था। यहां तक कि वे अपनी एक गर्लफ्रेन्ड को भी लड़कों के छात्रावास में लाने से नहीं हिचकते थे और उसके जाने के बाद यह पूछने में भी नहीं हिचकते थे – 'वेल सचिन, कैन आई कैच कोल्ड थ्रू ए लिप किस?' वे छात्रावास के विंग में मात्र एक चड्डी पहनकर कर खड़े हो जाया करते थे और कहते थे – 'आई एम द स्मार्टेस्ट बॉय इन द हॉस्टल'। यह उनके व्यक्तित्व का केवल एक पक्ष था। वे जितने सरल थे उतने ही परिपक्व और प्रतिभासंपन्न भी थे। दसवीं से लेकर स्नातकोत्तर तक प्रत्येक परीक्षा में उन्होंने सर्वोच्च अंक प्राप्त किए थे और बाद में बैंक में एक बड़े अधिकारी बन गए थे। वे कुछ समय के लिए विवेकानंद आश्रम और ओशो

के वुडलैण्ड कम्यून में भी रह चुके थे। योग में तो उनकी रुचि थी ही, किन्तु ओशो के कम्यून से लौटते समय वे कुछ सुंगधित साबुनें भी अपने साथ ले आए थे जिनसे सुंदर-सुंदर विदेशी युवतियां अपनी निर्वस्त्र देह रगड़-रगड़कर नहा चुकी थीं। अध्यात्म की उनकी समझ अद्‌भुत थी, किन्तु वे वापस इसलिए आ गए थे कि उन्हें संसार का तब तक कोई भी अनुभव नहीं था। यहां तक कि बाइबिल में लिए गए अर्थ में उन्होंने तब तक किसी नारी को भी नहीं जाना था। वे बहुत स्पष्टवादी और भरोसेमंद व्यक्ति रहे हैं।

श्री सुधीर धनकड़ सचिन से अवस्था में कुछ वर्ष बड़े थे। जब वे मात्र प्रथम वर्ष स्नातक के छात्र थे, तभी उनका पाणिग्रहण हो गया था। गृहस्थ जीवन का उन्हें इतना कटु अनुभव हुआ था कि वे इससे विरक्त हो गए थे और उनका झुकाव दर्शनशास्त्र की ओर हो गया था। पहले उनकी आस्था सांख्य, न्याय, वैशेषिक व वेदांत में थी, किन्तु बाद में कामू, सार्त्र, कीर्कगार्द इत्यादि को पढ़कर वे अस्तित्ववादी हो गए थे। जब सचिन आखिरी बार उनसे मिला था तो उनका निष्कर्ष वाक्य था कि 'दर्शनशास्त्र पढ़कर किसी भी इत्थमभूत सत्य पर नहीं पहुंचा जा सकता है; चाहे तो कोई इसे एक तरह का अज्ञेयवाद समझ सकता है।' श्री हर्षवर्द्धन शर्मा भी अवस्था में सुधीर के ही बराबर थे। इनको आंखों की एक ऐसी व्याधि थी जिसके कारण ये भविष्य के प्रति कभी-कभी अनास्थावान हो जाया करते थे। प्रतिभा की इनमें भी कोई कमी नहीं थी तथा साहित्य व कला की इन्हें खूब समझ थी। कभी-कभी इन्हें बुटिक का शौक भी पकड़ लेता था।

अमिताभ भी उन दिनों राजनीति विभाग की एक लड़की से कोमल-सा प्रेम कर रहा था। वह अपने चाचा से जर्मनी की एक दूरबीन भी ले आया था और छात्रावास की पिछली खिड़की से इस दूरबीन की सहायता से राजनीति विभाग और उसमें सद्य-आगता अपनी सखि को देखता रहता था और दृष्टिगत होते ही वह बिना खाए-पिये भी भाग छूटता था। उन दिनों वह बहुत मनमोहक रंगों के शर्ट और फ्लेयर पहना करता था। इसके अतिरिक्त बोरोलीन व नीविया कोल्ड क्रीम के दर्जनों पैक अग्रिम खरीदकर उसने अपनी अलमारी में रख रखे थे। वह लड़की पूरे दो साल तक अमिताभ के साथ सिनेमा, रेस्तरां, पुस्तकालय वगैरह जाती रही थी और फिर दूसरे सत्रांत पर उनके बिछड़ने का समय आ गया था। अमिताभ पर जब भी गंभीरता का दौरा पड़ता था तो यह लड़की कहती थी कि, 'मेरी दीदी से बात कर लो'। यह दीदी भी विश्वविद्यालय में ही पढ़ती थी और अंततः इससे अमिताभ को यह पता लगा था कि उसकी सखी के हाथ तो विश्वविद्यालय में आने से पहले ही पीले हो चुके थे और पति अमेरिका में डॉक्टर थे।

इस प्रकार इन सहपाठियों की मित्रता का सुदृढ़ आधार इन सबका दार्शनिक स्वभाव था जिसे बदला नहीं जा सकता था। कॉलेज के बाद भी जब कभी ये एक साथ मिलकर बैठ जाते थे तो कई-कई दिनों तक उस जगह से उठना भूल जाते थे। सभी कतिपय नए अनुभवों से गुजर चुके होते थे और प्रत्येक बार वहां पर एक नया हर्ष, एक नया अमिताभ, एक नया सचिन और एक नया सुधीर होता था। वे पुन: एक-दूसरे को आत्मसात करने का प्रयास करते, समस्याओं पर गहराई से विचार करते, सहमत और असहमत होते और एक बार फिर दुबारा मिलने के वादे के साथ विदा हो जाते थे।

ऐसे थे सचिन के घुमंतकी के वर्ष।

दो

क्योंकि मैं समय हूं, इस सारे कथाप्रवाह का साक्षी होना मेरा स्वभाव है। क्योंकि इस आख्यान का वर्णन करना किसी भी पात्र को अभीष्ट नहीं है, इस कथानक का सूत्रधार भी मैं ही हूं। किन्तु, इसका अर्थ यह नहीं कि मैं किसी भी घटनाक्रम का नियंता हूं और प्रत्येक पात्र मेरी इच्छा के अनुकूल आचरण करता है। सत्य इसके सर्वथा विपरीत है। आकाश-प्रभृति पंचतत्त्वों की तरह ही मैं भी निर्लिप्त और साक्षीमात्र हूं, इसलिए न तो मेरा कोई संकल्प है और न ही मेरा कोई चुनाव है। प्रत्येक पात्र अपने व्यक्तित्व एवं मंतव्य के अनुसार आचरण करता है और मनुष्य ही कर्ता एवं भोक्ता दोनों है। कारण के अभाव में कोई भी कार्य नहीं हो सकता है एवं प्रत्येक कारण किसी ना किसी कार्य को जन्म देता है, इसलिए कारण-कार्य श्रृंखला को धारण करने के कारण मैं कारण-कार्य के उस नियम का साक्षी-मात्र ही हो सकता हूं। न तो मैं कारण-कार्य के इस नियम को प्रभावित करता हूं और न ही यह नियम मुझे लिप्त करता है। वस्तुत: तो समय और ऋत अन्योन्याश्रित होने के कारण एक ही होते हैं।

भारतीय मनीषा कहती है कि प्रत्येक मनुष्य में छह प्रकार के मनोविकार पाए जाते हैं, काम, क्रोध, मद, लोभ, मोह और मत्सर अर्थात् ईर्ष्या इनमें से किसी के भी औचित्य की सीमा का उल्लंघन करते ही मनुष्य अपना विवेक खो देता है और वह पशुवत हो जाता है। यदि उसका आचरण निसर्ग-विरोधी भी हो तो ऐसे असामान्य आचरण वाले मनुष्य को हम विक्षिप्त कहते हैं। पतंजलि ने अपने योग-सूत्र में कहा है कि मनुष्य के मस्तिष्क में दो केन्द्र बिल्कुल पास-पास होते हैं – प्रमा एवं विपर्यय। सामान्य मनुष्य के मस्तिष्क में जागृति

जीवन स्थगित है

की अवस्था में केवल प्रमा का केन्द्र सक्रिय होता है, इसलिए ऐसा मनुष्य परिस्थितियों का सम्यक् विश्लेषण करता है और उसके द्वारा लिया गया प्रत्येक निर्णय उचित होता है। कुछ मनोस्थितियों में मनुष्य के भीतर जागृति की अवस्था में भी विपर्यय का केन्द्र सक्रिय हो जाता है, ऐसे मनुष्यों को ही हम 'विक्षिप्त' कहते हैं। इस प्रकार का व्यक्ति विपर्यय के केन्द्र पर ही जीता है और उसमें इल्यूजन, डिल्यूजन, हैलुसिनेशन, डिसओरिन्टेशन इत्यादि भी पाए जा सकते हैं। ऐसे व्यक्ति द्वारा किया गया परिस्थितियों का विश्लेषण सदैव ही भ्रामक होता है और ऐसा व्यक्ति सदैव ऋत के विपरीत आचरण करता है। अर्थात् संक्षिप्तः विक्षिप्त वह व्यक्ति है जिसके मनोविकार उसके विवेक के अधीन नहीं हैं, जिसके भीतर विपर्यय का केंद्र सक्रिय है और जिसका आचरण निसर्ग-विरोधी है। विक्षिप्तता की इस परिभाषा में मनस्ताप व मनोरुज दोनों आ जाते हैं, वस्तुतः तो यह परिभाषा और भी अधिक व्यापक है।

इस सारे विवेचन की प्रासंगिकता इसलिए है कि दिखाई पड़ता है कि सचिन के पिता श्री कीर्तिस्वरूप शर्मा एक अत्यंत अहंकेंद्रित, विवेकशून्य एवं विक्षिप्त व्यक्ति हैं और उनके व्यक्तित्व की जटिलता को समझना संभव नहीं है। वे अपने-आपको एक अनन्य व्यक्ति समझते हैं और व्यावहारिकता की समझ उनमें शून्यवत है। उन्हें लगता है कि प्रत्येक दूसरे व्यक्ति की सत्ता की सार्थकता केवल उनकी अहंतुष्टि के अनुमोदन के निमित्त से ही है। कीर्तिजी की धारणा है कि जो भी संसार उन्हें दृष्टिगत है, उसका हेतु केवल वे स्वयं ही हैं तथा किसी भी व्यक्ति की निरपेक्ष अस्मिता को स्वीकृति देना उनके लिए अनिवार्य नहीं है। उनके लिए किसी भी अन्य व्यक्ति का स्वतंत्र अस्तित्व जैसेकि कोई अर्थ ही नहीं रखता है। एक तरह से उनका व्यक्तित्व अविश्वसनीय है और वे अपवाद प्रतीत होते हैं इसलिए उन परिस्थितियों का विश्लेषण करना भी समीचीन हो जाता है जिन्होंने उनके व्यक्तित्व को एक पृष्ठभूमि दी है। यह बात अवश्य है कि ये परिस्थितियां कोई बहुत असामान्य नहीं हैं और ऐसी परिस्थितियों में से गुजरने वाले व्यक्तियों में से कदाचित ही कोई उनके जैसा विक्षिप्त आचरण करता हो। उनके जैसे स्वार्थी, विषमानुभूतियुक्त और ईर्ष्यालु व्यक्ति की अवधारणा करना सूत्रधार के लिए भी सहज नहीं हुआ होता यदि वे एक वास्तविक व्यक्ति नहीं हुए होते। किन्तु वे वैसे ही व्यक्ति थे जैसेकि वे थे।

उनका जन्म शेखावाटी अंचल के एक छोटे से गांव के एक मध्यमवर्गीय ब्राह्मण परिवार में उस युगांतर में हुआ था जब पाश्चात्य प्रणाली से शिक्षित होना भी एक बड़ी बात समझी जाती थी। यद्यपि अंग्रेज लगभग दो सौ वर्षों

तक आर्यावर्त में वर्चस्वी होकर जा चुके थे, किन्तु राजपूताने के तोरावाटी और शेखावाटी अंचल के गांव इस समूचे काल-खण्ड में भी पाश्चात्य शिक्षा से नितांत असम्पृक्त रहे थे। वस्तुतः तो शताब्दियों से दिल्ली में सत्तारुढ़ मुसलमान शासकों के प्रति भी यहां के ब्राह्मणों की उत्सुकता नगण्य ही रही थी और यहां के विद्वानों ने अरबी और फारसी की ओर भी कोई ध्यान नहीं दिया था। 12वीं ईसवी से 1850 के मध्य में शिक्षा व प्रशासन के क्षेत्र में कायस्थों के अभ्युदय का कारण मुसलिम शासकों के प्रति ब्राह्मणों की यही उपेक्षा रही थी। जहां कायस्थों ने तत्कालीन विधर्मी शासकों की भाषा व संस्कृति को अपना लिया था, वहीं ब्राह्मणों ने अपने आपको विधर्मी प्रशासन व व्यवस्था से बिलकुल असम्पृक्त व अलग-थलग कर लिया था। इसे आप चाहें तो ब्राह्मणों का स्वाभिमान और त्याग कह सकते हैं और चाहें तो उनका प्रतिक्रियावाद भी कह सकते हैं, किन्तु विधर्मी शासकों के इस बहिष्कार से मूल हिन्दू संस्कृति की रक्षा अवश्य हुई है। पुनर्जागरण के काल तक भी यहां का ब्राह्मण वर्ग केवल संस्कृत में लिखे हुए शास्त्रों के अध्ययन में ही नियोजित रहा था और इस वर्ग की जिज्ञासा के विषय केवल ज्योतिष, दर्शन, व्याकरण, आयुर्वेद, काव्यशास्त्र, कर्मकाण्ड इत्यादि ही हुआ करते थे। ब्राह्मणों में उच्च उपाधियों में साहित्याचार्य, आयुर्वेदाचार्य और ज्योतिषाचार्य को ही माना जाता रहा था। यह एक बहुत बड़ा विरोधाभास प्रतीत होता है कि 1935 के बाद ही यहां के ब्राह्मण वर्ग ने पाश्चात्य शिक्षा में रुचि लेना प्रारंभ किया था जबकि इस देश में स्वराज का आना निश्चित हो गया था और अंग्रेज पलायनोन्मुखी हो चुके थे। यहां के ब्राह्मण वर्ग ने पाश्चात्य शिक्षा व संस्कृति को तब तक मान्यता नहीं दी थी जब तक भारतीय संस्कृति को पश्चिम से खतरा बना हुआ था। सन् 1200 ई. से 1950 के बीच में इस देश की संस्कृति को बचाने के इस नकारात्मक ढंग को हम एक तरह की प्रतिरक्षा-यांत्रिकी भी कह सकते हैं। जो भी हो स्वतंत्रता प्राप्ति के आसपास ही ब्राह्मणों ने भारतीयता के कुछ नए संदर्भों को आत्मसात करना प्रारंभ किया था और पाश्चात्य शिक्षा भी इस नए आत्मबोध के अनुसंग में ही आई थी। अंग्रेज स्वयं ही इस देश से विदा होने वाले थे और यहां की परम्परागत संस्कृति के पराभव का खतरा टल गया था; लगता है इसीलिए ब्राह्मणों के लिए भी पाश्चात्य शिक्षा को ग्रहण करने में कोई आनाकानी नहीं बची थी। कहा जा सकता है कि मुसलमान और अंग्रेज शासकों के भारत में वर्चस्वी होने के कारण इस देश ने एक तरह के राजनीतिक पराभव को तो झेला, किन्तु फिर भी ब्राह्मणों ने अपने तरीके से इस देश के सांस्कृतिक पराभव को बचा लिया था। 1850 ई. से 1950 ई. के कालखंड

को हम पुनर्जागरण का काल कह सकते हैं और इस काल में इस देश का बुद्धिजीवी वर्ग पाश्चात्य शिक्षा की उपयोगिता को समझ चुका था और वह परम्परा के प्रति अपने अनुचित मोह को छोड़ने के लिए अब तैयार हो चुका था। अब वह समझ गया था कि अपनी संस्कृति को बचाते हुए भी हम अरब व यूरोप के सम्पर्क के माध्यम से बहुत कुछ सीख सकते हैं। भारतीय परम्परा की मुख्य धारा के लिए बाहरी प्रभाव को स्वीकार करने के कारण अब विलुप्त होने का खतरा नहीं रह गया था। जो भी हो, तथ्य यही है कि गांवों में आधुनिक शिक्षा देने वाले स्कूल स्वतंत्रता आंदोलन के अंतर्गत ही खुलने प्रारंभ हुए थे और देश की स्वाधीनता तक भी इनकी संख्या बहुत कम थी। कीर्तिजी का जन्म बीसवीं सदी के तीसरे दशक के अंत में हुआ था और इसलिए उनके विद्यार्थी काल में पाश्चात्य ढंग से शिक्षित व्यक्तियों की संख्या नगण्य के समान ही थी। यद्यपि कीर्तिजी के पिता, पितामह, प्रपितामह इत्यादि भी उत्कृष्ट कोटि के विद्वान थे और उनके परिवार में पाण्डित्य की एक अविच्छिन्न परम्परा विद्यमान रही थी, किन्तु इस परिवार में अंग्रेजी पढ़े-लिखे वे पहले ही व्यक्ति थे। यह कहना कठिन है कि उनकी अहंपरकता के लिए इस नए आत्मबोध को कितना उत्तरदायी माना जाना चाहिए, किन्तु इस कारण को भी पूरी तरह निरस्त नहीं किया जा सकता है। यह सच है कि उन जैसे लोग आने वाली पीढ़ियों के लिए पुनर्जागरण के प्रतीक थे और उन्हें इस निमित्त से सम्मान भी मिला था।

यह भी एक संयोग ही था कि कीर्तिजी पाश्चात्य ढंग से पढ़-लिख सके थे। गांव के कुछ वणिक औद्योगिक क्रांति के परवर्ती काल में कलकत्ता में व्यवसाय करने के कारण पर्याप्त रूप से सम्पन्न हो गए थे और उन्होंने संस्कृत पाठशाला के साथ-साथ अंग्रेजी व वाणिज्य की पढ़ाई के लिए एक हाईस्कूल भी गांव में खोल दिया था। अठारहवीं, उन्नीसवीं व बीसवीं इन तीन शताब्दियों को हम विज्ञान व तकनीक के विकास का युग कह सकते हैं, विज्ञान व तकनीक का यह विकास बाद में उद्योग व व्यवसाय से जुड़ गया था और इस कारण यूरोप में एक नव-धनाढ़्य वर्ग का अभ्युदय हुआ था। औद्योगिक समृद्धि की यह लहर अंग्रेजों के बाजार ढूंढने के कारण भारत में भी आई थी और इससे जुड़ने के कारण इस देश का व्यवसायी वर्ग भी अत्यंत समृद्ध होता चला गया था। उन दिनों राजस्थान का वणिक वर्ग भी व्यवसाय में तो निपुण था किन्तु आधुनिक ढंग से शिक्षित नहीं था। औद्योगिक क्रांति के इस कालखंड ने पूंजीवाद को जन्म दिया था और पूंजीवाद पर राजनीतिक सत्ता का नियंत्रण बनाए रखने के लिए अफसरशाही अथवा लालफीता-तंत्र का आविर्भाव हुआ था। राजस्थान का यह व्यवसायी वर्ग अपने क्षेत्र के ही शिक्षित नवयुवकों पर

भरोसा कर सकता था और ये नवयुवक अफसरों के साथ लिखा-पढ़ी में उनकी बहुत सहायता कर सकते थे। ऐसे नवयुवकों का उद्‌भव बहुत आवश्यक हो गया था जो हिंदी व अंग्रेजी दोनों पढ़-लिख सकते थे; व्यवसाय व वाणिज्य से सम्बंधित प्रक्रियाओं का मूलभूत ज्ञान रखते थे तथा अधिकारियों से व्यवहार करते समय नियम-कायदों को समझ सकते थे। इसलिए हाईस्कूल में कला व वाणिज्य दोनों के संकाय खोल दिए गए थे। किन्तु, विज्ञान का संकाय खोलना सम्भव नहीं हो पाया था क्योंकि विज्ञान-विषयक परम्परा उस समय तक निर्मित नहीं हो पाई थी। आवश्यक पृष्ठभूमि का अभाव था और विज्ञान के विषयों को पढ़ाने वाले अध्यापकों का मिलना उस दौर में दुष्कर था। उन दिनों लोग नौकरी करने के लिए बहुत दूरदराज तक जाना पसंद नहीं करते थे और अध्यापक अधिकांशतः अपने ही क्षेत्र में शिक्षण कार्य किया करते थे। संस्कृत, हिंदी, अंग्रेजी, गणित, वाणिज्य ज्ञान आदि पढ़ाने वाले विषयों के अध्यापक पर्याप्त विद्वान थे। विशिष्ट प्रतिभासम्पन्न लोग भी उन दिनों अधिक महत्त्वाकांक्षी नहीं हुआ करते थे और आसपास के क्षेत्र में जो भी कार्य मिल जाए उसी में संतोष कर लिया करते थे। हाईस्कूल के संलग्न ही एक छात्रावास भी था जिसमें आसपास के अध्यापक भी रहते थे। बिड़लाजी हाईस्कूल के सेक्रेटरी थे और वेतन नियमित मिलता था। वेतन अध्यापक की योग्यता एवं सम्मान के अनुसार दिया जाता था और राजकीय वेतन-श्रृंखला से अधिक हुआ करता था। अध्यापक ऐसे शुद्ध हृदय और परम श्रद्धेय विद्वान हुआ करते थे कि धन का लोभ भी उन्हें अपने क्षेत्र से दूर ले जाने का कारण नहीं बन पाता था।

उल्लेखनीय यह है कि कीर्तिजी अपने आपको इसी हाईस्कूल के सर्वाधिक प्रतिभासंपन्न विद्यार्थियों में से एक मानते थे। आठ वर्ष की अवस्था तक प्रकृति का पर्याप्त सान्निध्य करने के उपरांत वे नियमित रूप से गांव के इस हाईस्कूल में पढ़ने के लिए जाने लगे थे, इसलिए जब उनको अष्टाध्यायी और लघुसिद्धांत कौमुदी के साथ-साथ विवाह पद्धति जैसी कर्मकाण्ड सम्बंधी पुस्तकें भी कण्ठस्थ करने के लिए दी गईं थीं तो उनके स्वाभिमान को बहुत चोट लगी थी और उन्होंने कर्मकाण्ड सम्बंधी सभी पुस्तकों को फाड़कर समीप के ही एक कुएं में फेंक दिया था। संस्कृत और व्याकरण में उनको कोई आपत्ति नहीं थी, किन्तु वे अपनी पढ़ाई को पाश्चात्य शैली से ही आगे बढ़ाना चाहते थे। श्री तेजबहादुर शर्मा को पुत्र के इस विद्रोह से न तो कोई अप्रसन्नता हुई थी और न ही उन्होंने पुत्र को कर्मकाण्ड के लिए बाध्य किया था। वे इस बात को समझते थे कि प्रत्येक पुत्र को अपना मार्ग स्वयं चुनने का अधिकार होना चाहिए। इस घटना से कीर्तिजी की मानसिकता में अवश्य एक मौलिक परिवर्तन आ गया था। अब वे समझ गए थे कि उन्हें पढ़ाई-लिखाई में ही

ध्यान देना पड़ेगा अन्यथा उन्हें भी बड़े भाई की तरह ही पुरोहित-कर्म में नियोजित होना पड़ेगा और रामायण, भागवत, व्रत-कथा इत्यादि का पारायण भी करना पड़ेगा। इसलिए उन्होंने अब पेड़ों पर चढ़ने-उतरने और कुश्ती लड़ने का अभ्यास छोड़ दिया था और स्कूल की पढ़ाई को गंभीरता से लेना प्रारंभ कर दिया था। लगता है कीर्तिजी बचपन से ही घोर नास्तिक थे और उन सारे जीवन-मूल्यों के प्रति उपेक्षाभाव रखते थे जो कि आस्तिकता के कारण ही बच पाते हैं। अस्तु, अध्ययन के प्रति उनकी गंभीरता का परिणाम भी अविलम्ब ही दिखाई देने लगा था। चौथी कक्षा में वे अव्वल रहे थे और पांचवीं कक्षा में उन्होंने अपने सभी सहपाठियों को बहुत पीछे छोड़ दिया था। वे बार-बार अपने अध्यापकों से यही कहते थे कि प्रत्येक पाठ्यक्रम ही छह महीने में पूरा हो सकता था और एक ही कक्षा में सम्पूर्ण वर्ष नियोजित करना नितांत अनावश्यक था। चुनांचे अध्यापकों ने उन्हें पांचवीं कक्षा से सातवीं कक्षा में प्रोन्नत कर दिया था जिसमें पुन: वे अव्वल रहे थे। इस पर सातवीं कक्षा से उन्हें सीधे ही नवीं कक्षा में प्रोन्नत कर दिया गया था और इस कक्षा में भी वे अव्वल रहे थे। इस प्रकार उनके वे दो वर्ष बच गए थे जो उनके स्कूल में विलंब से प्रवेश लेने के कारण केवल खेलकूद को ही समर्पित होकर रह गए थे। अब वे दसवीं की बोर्ड की परीक्षा भी शीघ्रातिशीघ्र उत्तीर्ण कर लेना चाहते थे। नवीं की परीक्षा उत्तीर्ण करने के पश्चात् उनके पास केवल दो विकल्प बचे थे - या तो वे बारह महीने प्रतीक्षा करें और राजस्थान बोर्ड की मैट्रिक की परीक्षा दें अथवा वे कलकत्ता चले जाएं और वहां से कुछ ही महीनों में मैट्रिक उत्तीर्ण कर लें। वे सहर्ष बड़ी बहन के पास कलकत्ता पहुंच गए थे और रानी रासमती हाईस्कूल में अपना नाम लिखवाकर उन्होंने परीक्षा के लिए आवेदन पत्र भी भर दिया था। कहते हैं कि उस समय परीक्षा के मात्र तीन ही महीने बचे थे और बंगाल मैट्रिक का स्तर राजपूताना बोर्ड के स्तर से कुछ उच्चतर ही माना जाता था। सभी सम्बंधियों, कौटुम्बिकों व मित्रजनों का अनुमान था कि वे बहुत अच्छे अंकों से उत्तीर्ण नहीं हो पाएंगे और उनकी श्रेणी बिगड़ जाएगी। कीर्तिजी का कहना था कि कलकत्ता में आवास की भी समस्या थी; कीर्तिजी के खाने-पीने व सोने का स्थान एक था; नहाने-धोने का स्थान दूसरा था एवं एकांत में पढ़ने का स्थान तीसरा था। कीर्तिजी का कहना था कि इन परिस्थितियों में भी वे निरुत्साहित नहीं हुए थे; उनका संकल्प प्रगाढ़ था और तीन महीने के भीतर ही उन्होंने 68% अंकों के साथ प्रथम श्रेणी में कलकत्ता मैट्रिक उत्तीर्ण कर ली थी। हो सकता है कि आप इसे कोई बहुत बड़ी उपलब्धि नहीं समझें, किन्तु कीर्तिजी इस सारे घटनाक्रम को एक चमत्कार की तरह ही निरूपित करते थे। कीर्तिजी के पास बात को कहने का एक ढंग था और जिस ढंग से वे अपनी बात को कहते थे, पत्थर तैरने लगते थे, मुर्दे सांस लेने लगते थे और कहीं भी संदेह की कोई

सम्भावना प्रतीत नहीं होती थी। अब परिचितों में उनकी एक धाक जम गई थी और वे अपने आपको एक ऐसा विद्यार्थी समझने लग गए थे जिसके बारे में कहा जा सकता है – **न भूतो न भविष्यति।** उनमें एक ऐसे आत्मविश्वास का संचार हुआ था जो बाद में दुर्धर्ष सिद्ध हुआ था।

कीर्तिजी के एक निकट कुटुम्बी उन दिनों चार्टर्ड एकाउन्टेंसी की परीक्षा में उत्तीर्ण हो चुके थे। इस परीक्षा में उत्तीर्ण होना उन दिनों एक बड़ी बात मानी जाती थी और इस परीक्षा का परिणाम कोई पांच–सात प्रतिशत रहा करता था। इन्हीं से प्रेरित होकर कीर्तिजी ने इंटरमीडिएट के लिए वाणिज्य संकाय को चुन लिया था। अब उन्हें कलकत्ता के वातावरण की परिस्थितिजन्य वास्तविकता समझ में आने लगी थी। अंग्रेजी, गणित व संस्कृत जैसे विषयों पर तो उनका प्रारंभ से ही अधिकार था, किंतु वाणिज्य के विषय उनके लिए नए थे। फलत: उन्हें द्वितीय श्रेणी से ही संतोष करना पड़ा था और उन्होंने चार्टर्ड एकाउन्टेंट बनने का विचार त्याग दिया था। किन्तु, इसका सारा दोष उन्होंने परिस्थितियों पर मढ़ दिया था और स्वयं के अभूतपूर्व होने की धारणा में उन्हें इससे कोई संदेह उत्पन्न नहीं हुआ था।

अब उनका विचार गांव में लौटकर एक स्वयंपाठी विद्यार्थी के रूप में बी. ए. की परीक्षा उत्तीर्ण करने का था। विश्वविद्यालय के तत्कालीन नियमों के अनुसार उन दिनों स्वयंपाठी विद्यार्थी के रूप में परीक्षा देने के लिए एक शिक्षक होना अनिवार्य था। इसलिए उन्होंने गांव की हाईस्कूल में सहायक अध्यापक के रूप में काम करना प्रारंभ कर दिया था। उनकी अवस्था इस समय कोई अठारह वर्ष की थी और उनका विचार था कि वे संस्कृत, हिंदी और अर्थशास्त्र लेकर स्नातक हो जाएंगे और इसके बाद सोचेंगे कि उन्हें क्या करना चाहिए? पारिवारिक पृष्ठभूमि के कारण संस्कृत और हिंदी पर उनका अधिकार बाल्यकाल में ही हो गया था; स्वयं उनके पिता श्री तेजबहादुर शर्मा संस्कृत के उद्भट्ट विद्वान थे और उन्हें श्रीमद्भागवत के सारे एक लाख श्लोक कण्ठस्थ याद थे। उनके शिक्षक श्री उपेन्द्र शास्त्री भी साहित्य व व्याकरण के इतने उत्कट विद्वान थे कि उन्हें स्वयं पाणिनि का अवतार कहा जा सकता था। अस्तु, हिंदी व संस्कृत का पाठ्यक्रम उनके लिए बहुत सुगम था, उन्हें केवल अर्थशास्त्र पर ही विशेष ध्यान देने की आवश्यकता थी। ऐसा लगता है कि अर्थशास्त्र लेने का कारण भी इंटरमीडिएट में वाणिज्य संकाय होना था। कीर्तिजी को सदैव इस बात का उपालम्भ रहा था कि गांव के हाईस्कूल में विज्ञान संकाय नहीं था अन्यथा डॉक्टर अथवा इंजीनियर बनना उनके बायें हाथ का खेल हुआ होता। उन्हीं के समवयस्क तीन कुटुम्बी डॉक्टरी

जीवन स्थगित है

पढ़ रहे थे और इस प्रकार परिवार में तब तक चार डॉक्टर बन चुके थे। कीर्तिजी स्वयं को प्रतिभा में इन सभी से बहुत बढ़-चढ़कर माना करते थे किन्तु उन्हें लगता था कि परिस्थितियों ने उनका साथ नहीं दिया था। और तो और, कलकत्ता प्रवास में उनका स्वास्थ्य जवाब देने लगा था और उन्हें चार्टर्ड एकाउन्टेंट बनने का विचार भी त्यागना पड़ा था। परिवार में उस समय तक चार बंधुजन डॉक्टर बन चुके थे, एक व्यक्ति चार्टर्ड एकाउन्टेंट बन चुका था; कीर्तिजी को लगता था कि ये लोग प्रतिभा में उनकी तुलना में साधारण थे किन्तु उनकी परिस्थितियां बहुत विपरीत रही थीं। कीर्तिजी के सामने अब एक ही मार्ग बचा था कि पहले वे बी.ए. करें और उसके पश्चात् आई.ए.एस., आर.ए.एस. अथवा आर.जे.एस. बनने का प्रयास करें अथवा अन्य किसी विभाग में उच्चाधिकारी बनने का आयास करें। कीर्तिजी स्वयं को इन पदों के लिए पर्याप्त योग्य समझते थे और वे यह भी मानते थे कि अध्यापक रहते हुए भी दो वर्ष के भीतर ही स्नातक हो जाना उनके लिए कोई दुरूह कार्य नहीं था। उसके बाद वे साथ-साथ प्रशासनिक अधिकारी और कॉलेज शिक्षक बनने का प्रयास कर सकते थे। उनके सहपाठियों व सहकर्मियों का कहना था कि कीर्तिजी ने कलकत्ता मैट्रिक में वाकई चमत्कार करके दिखा दिया था, किन्तु यदि वे अध्यापक रहते हुए दो साल में ही बी.ए. कर लें और प्रथम श्रेणी में उत्तीर्ण होकर दिखा दें तो वे उनका लोहा मान लेंगे। उन दिनों भी बी.ए. में हजारों प्रत्याशी बैठते थे और प्रथम श्रेणी में केवल आठ-दस ही उत्तीर्ण होते थे। एक तरह से यह माना जाता था कि बी.ए. में प्रथम श्रेणी लाने वाला व्यक्ति आई.ए.एस. भी बन सकता था। 1950 में कीर्तिजी ने इंटरमीडिएट उत्तीर्ण किया था और 1952 में उन्होंने बी.ए. भी उत्तीर्ण कर लिया, उनकी श्रेणी भी प्रथम थी। स्कूल में पढ़ाते हुए एक अध्यापक प्रत्याशी के रूप में यह उपलब्धि वाकई उल्लेखनीय रही होती, यदि कीर्तिजी के तीन में दो विषय संस्कृत एवं हिंदी विशेष रूप से लाभ पहुंचाने वाले नहीं रहे होते। इसी योग्यता सूची में सम्मिलित बी.ए. में प्रथम श्रेणी लाने वाले उन्हीं के जिले के एक अन्य व्यक्ति आई.ए.एस. बन गए थे; यह बात अलग है कि बी.ए. में उनके विषय इतिहास, अंग्रेजी साहित्य और अर्थशास्त्र थे। अस्तु, बी.ए. करने के बाद गांव में उनके प्रशंसकों का एक वर्ग स्वत: ही निर्मित होता चला गया था। इसका एक कारण यह भी था कि वे बहुत अच्छे शिक्षक थे तथा हिंदी व अंग्रेजी दोनों ही भाषाएं बहुत अच्छी पढ़ाते थे। व्याकरण व साहित्य के उनके अध्यापन में एक विशिष्टता थी जो प्राय: दुर्लभ होती है। उनके प्रशंसकों का तो यहां तक कहना था कि उस पूरे क्षेत्र में तब तक साहित्य और व्याकरण

पढ़ाने वाला उन जैसा कोई दूसरा शिक्षक हुआ ही नहीं था। इसमें कोई आश्चर्य नहीं होना चाहिए; हो सकता है कि यह गुण उनकी वंश-परंपरा में पीढ़ियों से चला आ रहा हो। कहा जाता है कि कीर्तिजी के पिता भी भागवत के प्रकाण्ड पण्डित थे और उनके द्वारा की गई मौलिक व्याख्याओं का आज भी स्मरण किया जाता है; जिन लोगों ने उनको सुना था, उनका कहना था कि शास्त्रों की ऐसी व्याख्या अन्य कोई भी विद्वान नहीं कर पाता था; उनकी शैली और उनकी प्रतिभा अनुपम थी। हो सकता है कि कीर्तिजी में भी अपने पूर्वजों का यह गुण आया हो और इसलिए वे एक अच्छे शिक्षक वास्तव में ही रहे हों। अस्तु, बात यह है कि उनके प्रशंसकों में उनके अध्यापक, सहकर्मी व विद्यार्थी सभी थे और हो सकता है कि इससे भी वे अहंकेन्द्रित होते चले गए हों।

विशेषत: इसलिए भी कि जिस कालखण्ड की चर्चा हम कर रहे हैं, उस दौर में अंग्रेजी में लिखे हुए तार का अर्थ बताना भी एक बहुत बड़ी बात मानी जाती थी। तार के समाचार पर भरोसा करने से पहले उसे तीन अलग-अलग व्यक्तियों से पढ़वाया जाता था और तीनों की बात का मिलान होने पर ही समाचार को प्रामाणिक माना जाता था। हिंदी में चिट्ठी लिखने-पढ़ने वाले लोग भी बहुत कम थे और ऐसे लोगों का बहुत महत्त्व हुआ करता था। प्राय: इन लोगों को एक गांव में जाकर चिट्ठी को लिखना पड़ता था और फिर स्वयं ही दूसरे गांव में जाकर उसे पढ़ना भी पड़ता था। कुछ लोग पैदल चलकर हाईस्कूल तक भी केवल चिट्ठियां लिखवाने या पढ़वाने के लिए पहुंचा करते थे। यह सभी जानते हैं कि अनपढ़ मारवाड़ी व्यवसायी अंग्रेजों के समय से ही व्यापार में बहुत आगे रहे हैं, इसलिए इस क्षेत्र के युवकों को जरा-सी अंग्रेजी आते ही उन्हें कलकत्ता, बम्बई, अहमदाबाद, आगरा जैसे स्थानों पर तुरंत अच्छी नौकरी मिल जाया करती थी। प्रत्येक युवक प्रारंभ के कुछ वर्ष नौकरी करके व्यवसाय को सीखने में व्यतीत करता था और फिर अपना स्वयं का कारोबार शुरू करके मालामाल हो जाया करता था। यहां की माटी में ही एक प्रकार की विशेषता पाई जाती थी; यहां के लोगों में ऐसे चारित्रिक गुण विद्यमान थे कि ये दिन दुगुनी और रात चौगुनी उन्नति करते थे। इस क्षेत्र के लोग प्राय: ऐसे थे कि उनकी जुबान की कीमत ही लाखों में हुआ करती थी। क्योंकि कीर्तिजी अंग्रेजी के बहुत अच्छे अध्यापक थे और कुछ ही महीनों के शिक्षण में वे प्रत्येक विद्यार्थी को शुद्ध अंग्रेजी लिखना-पढ़ना सिखा देते थे, और इस ज्ञान के कारण वह विद्यार्थी बहुत उन्नति करता था, इसलिए भी कीर्तिजी का गांव में महत्त्व था। सुनने में आता है कि मेधावी शिष्यों को तो वे व्याकरण में निष्णात ही कर दिया करते थे। वे स्वयं तो भिज्ञ थे ही किन्तु

दूसरों को सिखाने की कला भी उनमें विरल थी और ऐसा संयोग दुर्लभ होता है। आज भी इस क्षेत्र के लोग कीर्तिजी की आलोचना सुनने को तैयार नहीं होते, क्योंकि उन्होंने अपने बुजुर्गों से कीर्तिजी की केवल प्रशंसा ही सुनी है। कहते हैं कि वे एक योग्य विद्यार्थी तो थे ही, किन्तु अध्यापक उससे भी कहीं अधिक योग्य थे। यह बात अलग है कि कुछ व्यक्ति यह भी कह देते हैं कि उन्होंने पढ़ा तो बहुत था किन्तु गुणा कुछ भी नहीं था। वे उस भूमि की तरह थे जो फसल कटने के बाद वैसी की वैसी निष्प्रभ पड़ी रह जाती है।

इस सारे वृतांत का सारभूत यह है कि कई बार प्रशंसा भी व्यक्ति का दुर्भाग्य बन जाती है। कुछ व्यक्ति अमृत को भी जहर बना लेते हैं और कीर्तिजी भी ऐसे ही एक व्यक्ति रहे हैं। इस अनिरुद्ध भाव से की जाने वाली प्रशंसा का कीर्तिजी के व्यक्तित्व पर बहुत दुष्प्रभाव पड़ा था। पहला दुष्प्रभाव तो यह हुआ था कि वे आत्मसम्मोहन का शिकार होते चले गए थे और उन्होंने दूसरों के सद्गुणों को महत्त्व देना बंद कर दिया था। उन्हें अपनी प्रशंसा सुनने की लत सी पड़ गई थी और वे किसी भी अन्य व्यक्ति की प्रशंसा सुनना स्वयं अपनी अवमानना समझने लगे थे। वे यह भूलते जा रहे थे प्रतिभा किसी एक व्यक्ति की बपौती नहीं होती; अन्य व्यक्तियों को भी प्रतिभासंपन्न होने एवं वैसा कहलाने का अधिकार होता है। क्या यह बात सरलता से समझ में आने वाली नहीं है कि कोई स्त्री चाहे कितनी भी सुंदर हो, उसके आसपास ही अन्य सुंदर स्त्रियां भी विद्यमान होती हैं। वस्तुत: तो किसी भी स्त्री को सुंदरतम नहीं कहा जा सकता है, सुंदरतम स्त्रियों में से एक कहा जा सकता है। इसी प्रकार किसी भी पुरुष को सर्वाधिक मेधावी नहीं कहा जा सकता है, अधिक से अधिक सर्वाधिक मेधावी लोगों में से एक कहा जा सकता है अर्थात् दूसरों की प्रशंसा को मान्यता नहीं देना निसर्ग-विरोधी आचरण होता है। किसी भी अन्य व्यक्ति की प्रशंसा सुनकर कीर्तिजी के भीतर एक उत्कट ईर्ष्याभाव का जन्म होने लगा था और वे अन्य प्रशंसित व्यक्ति का बड़े से बड़ा अहित करने की प्रवृत्ति को भी पालने लगे थे। यह उनके व्यक्तित्व की एक गंभीर अपरिपक्वता थी कि वे अपने ईर्ष्याभाव को ही अधिक महत्त्वपूर्ण समझते थे न कि दूसरे के औचित्यपूर्ण हित को। अपने परिवेश से मिलने वाली प्रशंसा का दूसरा प्रभाव उनके व्यक्तित्व पर यह पड़ा था कि उनका आत्मविश्वास औचित्य की सीमाओं को पार कर गया था और इसके कारण आने वाले समय में उन्होंने स्पष्टतम भूलें की थीं। यह कालखण्ड जिसमें उन्होंने बहुत ही विषम परिस्थितियों में मैट्रिक व बी.ए. में प्रथम श्रेणी प्राप्त की थी और एक अद्भुत अध्यापक होने का परिचय दिया था, उनकी सफलता की इतिश्री बनकर रह

गया था। बीस वर्ष से तीस वर्ष के बीच की अवस्था का यह समय ऐसा था जबकि उन्हें अवसरों को गम्भीरता से लेना चाहिए था किन्तु उन्होंने प्रमाद का परिचय दिया था। सौभाग्य प्रत्येक व्यक्ति का दरवाजा कभी न कभी अवश्य खटखटाता है, किन्तु अविवेकी मनुष्य ठीक उसी समय तंद्रा में लीन पाया जाता है। यही वह समय था, जबकि उन्हें एक नियमित छात्र की तरह स्नातकोत्तर व शोधकार्य करना चाहिए था और प्रशासनिक सेवाओं में चयन के लिए भी प्रयत्न करना चाहिए था। अब उन्हें स्कूल की नौकरी करते हुए दो वर्ष बीत चुके थे। घर का सारा खर्च पिता की कमाई से चल रहा था। अपने वेतन का एक-एक पैसा बचाकर वे विश्वविद्यालय के छात्रावास व स्नातकोत्तर विभाग में भर्ती हो सकते थे और स्नातकोत्तर की उपाधि ग्रहण कर सकते थे। एम. ए. करते ही पी.एच.डी. करने के लिए छात्रवृत्ति मिलना तो संदेह से परे था ही। भाग्य ने उन्हें उचित निर्णय के प्रति सावधान भी किया था। राजस्थान विश्वविद्यालय में अर्थशास्त्र विभाग के एक अंतर्राष्ट्रीय ख्यातिप्राप्त प्रोफेसर व विभागाध्यक्ष थे। एक बार उन्हें मुख्य अतिथि बनाकर सम्मानित किया गया था और स्कूल में बुलाया गया था। कीर्तिजी की पिछली अंकतालिकाएं देखकर वे भी प्रभावित हुए थे और यह कहकर गए थे कि, "तुम मेरे विभाग में भर्ती हो जाओ; मैं तुम्हारी सहायता करूंगा और तुम्हें कहीं का कहीं पहुंचा दूंगा। होनहार और अभावग्रस्त छात्रों की सहायता करके हमें भी प्रसन्नता होती है।" कीर्तिजी ने स्वयं तो इस आग्रह की उपेक्षा कर दी थी, किन्तु बाद में उन्हीं के एक छात्र इन प्रोफेसर साहब के पास पहुंच गए थे और आज वे स्वयं अमेरिका के सबसे बड़े विश्वविद्यालय में एक विख्यात अप्रवासी भारतीय प्रोफेसर हैं। कीर्तिजी के देखते-देखते शेखावाटी क्षेत्र से ही तीन व्यक्ति अमरीकी विश्वविद्यालयों के प्रोफेसर पद तक पहुंच गए थे और उन्होंने पर्याप्त सम्मान व सम्पन्नता को भी अर्जित किया था। यह वह समय था जब शिक्षक रहते हुए भी कीर्तिजी एक उज्जवलतम भविष्य बना सकते थे, किन्तु इसी समय उन्होंने अपने जीवन की सबसे बड़ी भूलों में से एक को क्रियान्वित किया था। अभी उनकी शिक्षा-दीक्षा स्नातक तक ही हुई थी और उनकी अवस्था बीस ही वर्ष थी कि उन्होंने विवाह के लिए सहमति दे दी थी। स्वाभाविक है कि एक स्कूल शिक्षक होने के कारण उन्हें एक साधारण आर्थिक स्थिति वाले परिवार की साधारण कन्या ही मिल सकती थी, किन्तु ऐसी कन्या से विवाह करने के लिए भी वे अधीर हो उठे थे। ऐसा नहीं कि वे स्त्री-संसर्ग से अपरिचित थे, विवाह पूर्व भी उनके संबंध कई स्त्रियों से थे, फिर भी विवाह के इस प्रस्ताव को वे स्थगित नहीं कर सके थे। जैसाकि हम आगे

देखेंगे—विवाह की यह असामयिक स्वीकृति कीर्तिजी के जीवन की एक बहुत बड़ी भूल सिद्ध हुई थी। सत्तर वर्ष के वृद्ध पिता से यह आशा नहीं की जा सकती थी कि वे पुत्रों की गृहस्थी समेत पूरे परिवार का व्यय वहन करते और पुत्र के विश्वविद्यालय की पढ़ाई का खर्च भी उठाते। कीर्तिजी के छह विवाहित बड़ी बहनें और एक विवाहित बड़े भाई भी थे, इन सबसे सम्बंधित दायित्व भी श्री तेजबहादुर शर्मा पर ही था। स्वास्थ्यगत कारणों से पिता ने कलकत्ता जाना भी बंद कर दिया था। इस अवस्था में अधिकांश व्यक्ति अपनी वृद्धावस्था को लेकर भी अशंकित हो जाते हैं और एक-एक कौड़ी को दांतों से पकड़ना उनकी विवशता हो जाती है विशेषकर तब जबकि पेंशन अथवा आय का अन्य कोई नियमित स्रोत भी उनके पास नहीं होता है। उनके कुटुम्बजनों में भी कुछ लोग डॉक्टर और चार्टर्ड एकाउन्टेन्ट बने थे, किन्तु उनमें से किसी का भी साहस ऐसी भूल करने का नहीं हुआ था। कीर्तिजी के समवयस्क बांधवों में तीन व्यक्ति बाद में डॉक्टर बने थे और दो चार्टर्ड एकांउटेंट बने थे, किन्तु सबने विवाह पढ़ाई पूरी करने के बाद ही किया था, इतनी न्यूनतम समझ तो मनुष्य मात्र में अपेक्षित होती है। निष्कर्षतः कीर्तिजी स्कूल की नौकरी में ही फंसकर रह गए थे और न तो वे समय पर स्नातकोत्तर कर पाए थे और न ही शोधकार्य में लग पाए थे। उनके समकालीन लोगों में से कई ऐसी ही परिस्थितियों का अतिक्रिमण करके कैम्ब्रिज, ऑक्सफोर्ड, न्यूयार्क आदि प्रतिष्ठित विश्वविद्यालयों में पहुंच चुके थे। इसका परिणाम यह हुआ था कि जीवन के प्रति उनका सारा दृष्टिकोण ही नकारात्मक होता चला गया था तथा उनके व्यवहार और आचरण में कुण्ठा व असामान्यता समाविष्ट होती चली गई थी।

यहां एक बात और ध्यान देने की है, सारी परिस्थितियों के विश्लेषण से यह पता लगता है कि कीर्तिजी में आगे बढ़ने के गुण थे ही नहीं, उनके कुटुम्ब में जिन भी लोगों को उन्नतिशील माना जा सकता है, उनमें से प्रत्येक ने बड़ी उम्र में विवाह किया था और अपने बच्चों की संख्या भी दो-तीन तक सीमित रखी थी। जबकि पैंतीस वर्ष के होते-होते कीर्तिजी सात बच्चों के पिता बन चुके थे। परिवार नियोजन के संबंध में भी उनके विचार अवैज्ञानिक थे। यद्यपि उनकी ही अवस्था के तीन व्यक्ति कुटुम्ब में डॉक्टर थे और वे स्वयं भी संतति - निरोध को अपना चुके थे किन्तु कीर्तिजी की दृष्टि में उनके परामर्श का भी कोई महत्त्व नहीं था। वे चिकित्साशास्त्र की सामूहिक बुद्धिमत्ता से भी अधिक महत्त्व स्वयं की भ्रांतियों को देते थे। इसलिए उन्होंने यह निर्णय लिया था कि वे पति-पत्नी अपने स्वास्थ्य के सम्बंध में कोई आशंका मोल नहीं लेंगे चाहे बच्चों का भविष्य बरबाद हो

जाए। इस दम्पती की धारणा यह थी कि उन्हें अपने हित की परवाह करनी चाहिए, बच्चों का जन्म तो सांयोगिक होता है। उनकी दृष्टि में मातृत्व और पितृत्व प्रकृति की देन थी और अच्छे मां-बाप होना कोई आवश्यक नहीं था। कालांतर में उनके सभी पड़ोसियों ने भी संतति-निरोध करवा लिया था; इन पड़ोसियों में उद्योगपति, दुकानदार, अध्यापक इत्यादि सभी वर्गों के लोग सम्मिलित थे, किन्तु जब तक कीर्तिजी स्वयं को आश्वस्त कर पाए वे चौदह वर्षों के भीतर ही सात बच्चों के पिता बन चुके थे।

खैर, हम घटनाक्रम में कुछ आगे चले गए हैं। प्रसंग यह था कि जीवन में बीस से तीस वर्ष की अवस्था का समय भविष्य निर्माण के लिए बहुत महत्त्वपूर्ण होता है किन्तु इसी अवधि में कीर्तिजी ने एक से एक बड़ी भूलें की थीं। उन्होंने स्वयं को मुकदमेबाजी में भी उलझा लिया था और इस मुकदमेबाजी के कारण उनके इस महत्त्वपूर्ण दौर के छह वर्ष नष्ट हो गए थे। उनके पड़ोस में कभी मिरासियों का एक परिवार रहता था। ये लोग बहुत बड़े कलाकार थे और इनके प्रशंसक राजस्थान, हरियाणा व पंजाब के बहुत से राजपरिवारों से भी थे। ये लोग जितने बड़े कलाकार थे उतने ही संतोषी भी थे। साल में कोई महीने-बीस दिन ये अपने प्रशंसकों के दरबारों में जाकर गाया करते थे; जो भी मालमत्ता मिलता था उसे गांठ बांधकर घर ले आया करते थे और फिर पूरा साल आराम से घर पर ही बैठकर रियाज किया करते थे। अब ये लोग कहीं अन्यत्र जाकर रहने लग गए थे और पड़ोस में ही एक भूखण्ड रिक्त हो गया था। श्री तेजबहादुर शर्मा इस भूखण्ड में अपनी बैठक और एक बरसात के पानी के कुण्ड का निर्माण करवाना चाहते थे। इसलिए उन्होंने उचित मूल्य देकर इस जमीन को इस मिरासी परिवार से खरीद लिया था। यह समय आजादी के बाद का था जब राजपूताने के रजवाड़े अपनी अंतिम सांस ले रहे थे। जागीरदार साहब की मृत्यु हो गई थी और कामगार निरंकुश हो गए थे। इन कामगारों ने इस मिरासी परिवार के पास उपलब्ध पट्टे को अवैध घोषित कर दिया था। कीर्तिजी का परिवार चाहता तो जयपुर जाकर दूसरा रियासती पट्टा भी लेकर आ सकता था, किन्तु गांव के लोगों ने धीरे-धीरे कीर्तिजी के परिवार को इन कामगारों के विरुद्ध भड़का दिया था और इसे उनके लिए एक प्रतिष्ठा का प्रश्न बना दिया था। वे लोग कौन थे? इन लोगों को इस गांव की 'नकारात्मक प्रवृत्तियां' कहा जा सकता था। इनमें से कुछ लोग ब्राह्मण भी थे, जो कि धूर्त और चुगलखोर थे और इनकी अपराधी प्रवृत्ति के कारण ठाकुर साहब द्वारा इनकी ड्योढी बंद की हुई थी। कुछ लोगों का सम्बंध प्रजामण्डल से था जो अपनी अभी-अभी मिली हुई ताकत का प्रदर्शन करना चाहते थे और

124 *जीवन स्थगित है*

जनमानस में शीघ्रतम अपनी नेतागिरी को प्रतिष्ठित कर देना चाहते थे। कुछ राजपूत परिवार थे जिनकी बाद में इन जागीरदार भाइयों से रंजिश हो गई थी और इस रंजिश के कारण ये मुसलमान बन गए थे। रजवाड़े इस समय शक्तिहीन होते जा रहे थे और इन सभी लोगों को ठाकुर परिवार से बदला लेने का एक मुद्दा मिल गया था। इन सारी बातों को समझते हुए भी कीर्तिजी ने संघर्ष का मार्ग अपनाया था और जिला अदालत में कामगारों के विरुद्ध मुकदमा कर दिया था। इसका कारण यह है कि कीर्तिजी के स्वयं के व्यक्तित्व में एक नकारात्मक प्रवृत्ति थी और उनकी ऊर्जा ऋत-विरोधी थी। जहां भी कीर्तिजी को किसी भी प्रकार का उत्कर्ष दिखाई देता था; जो भी व्यक्ति उन्हें सत्यं, शिवं अथवा सुंदरम् का अधिष्ठान प्रतीत होता था; जो भी व्यक्ति लोक में प्रशंसनीय माना जाता था; कीर्तिजी स्वभावत: ही उस व्यक्ति को नीचा दिखाने के लिए तत्पर हो उठते थे। वे इसी को ईर्ष्या की प्रवृत्ति कहते थे और उनका मानना था कि मनुष्य में पाई जाने वाली प्रवृत्तियों में सबसे अधिक महत्त्व इसी प्रवृत्ति को मिलना चाहिए था। ऐसी परिस्थिति में जितनी भी व्यवस्था-विरोधी शक्तियां थीं वे एकजुट होकर उनके साथ खड़ी हो गई थीं और अब कीर्तिजी को भी नेतागिरी करने का मजा आने लग गया था। धीरे-धीरे वे यह भूलने लगे थे कि इस नेतागिरी में उन्हीं का अमूल्य समय नष्ट हो रहा था और तालियां बजा-बजाकर उनके साथ चलने वालों का कुछ भी बिगड़ नहीं रहा था। यह सारा ही संघर्ष सिद्धांतहीन और नकारात्मक था जिसका प्रगतिवादी दृष्टिकोण से कोई भी सम्बंध नहीं था। जिन लोगों से वे लड़ रहे थे, वे कोई बुरे लोग नहीं थे, अपितु बुरे लोग वे थे जिन्होंने कीर्तिजी की घुड़चढ़ी कर रखी थी।जो निर्णय इस भूखंड के संबंध में लिया गया था, वह पीढ़ियों से चली आ रही सामंजस्य की परम्परा के विरुद्ध और एक तरफा था। जागीरदार परिवार ने सदैव कीर्तिजी के परिवार का सबसे अधिक सम्मान किया था और इस सम्मान को देखते हुए यह छोटा-सा भूखण्ड कुछ भी नहीं था।

अस्तु, सबसे पहले उन्होंने भूखण्ड के आधिपत्य के बारे में एक दीवानी मुकदमा जिला-न्यायालय में दाखिल कर दिया। इसके बाद कीर्तिजी के आदमियों ने उस भूखण्ड पर परकोटा बनाने का प्रयास किया; इस पर कामगारों की कीर्तिजी के आदमियों के साथ मारपीट हो गई। कामगार कब चूकने वाले थे, उन्होंने तुरंत कीर्तिजी के आदमियों के विरुद्ध सत्र-न्यायालय में नामजद मुकदमा कर दिया। अब ये दोनों मुकदमे अदालत में साथ-साथ चलने लगे। यद्यपि यह समय 1952 के बाद का था जब रजवाड़े जा चुके थे, फिर भी उन दिनों गढ़ के विरुद्ध मुकदमा लड़ना

एक श्रमसाध्य और दुस्साहसपूर्ण कृत्य था। पूरा गांव ही दो गुटों में विभाजित हो गया था। उस समय का सारा वातावरण कांग्रेस और प्रजामण्डल के पक्ष में था, इसलिए ये दोनों मुकदमे कीर्तिजी सरलता से जीत गए थे। यह वह दौर था जिसमें प्रत्येक पढ़ा-लिखा आदमी ही रजवाड़ों के विलय और नए संविधान के पक्ष में था। स्वयं जज साहब ने इन दोनों में भरपूर रुचि ली थी और कीर्तिजी के वकील को क्षतिपूर्ति का मुकदमा करने का परामर्श भी दिया था। जैसाकि स्वाभाविक था इस तीसरे मुकदमे में भी कीर्तिजी के ही पक्ष की जीत हुई थी और कामगारों को नीचा देखना पड़ा था। किन्तु इन तीनों मुकदमों और गृहस्थ के सतत बढ़ते हुए दायित्व के कारण कीर्तिजी के जीवन के अमूल्य छह वर्ष नष्ट हो गए थे। स्नातक परीक्षा में कीर्तिजी के साथ ही तोरागढ़ जिले का एक अन्य व्यक्ति भी योग्यता सूची में सम्मिलित था; अगले वर्ष ही इस व्यक्ति का चयन भारतीय प्रशासनिक सेवा में हो गया था, किन्तु कीर्तिजी अभी भी सहायक अध्यापक थे और प्रशासनिक सेवाओं में बैठने की उनकी अवस्था जा चुकी थी। इस मुकदमेबाजी के कारण कीर्तिजी अपने आपको एक जननेता भी समझने लगे थे। अब वे अपने आपको एक विरल प्रतिभा, एक अभूतपूर्व शिक्षक और एक जननेता के रूप में चित्रित करने लगे थे और अपनी विफलताओं का सारा दोष अपने पिता और पारिवारिक परिस्थितियों पर मढ़ने लगे थे। वे यह भी भूलने लगे थे कि अपनी विफलता के लिए केवल वे स्वयं ही उत्तरदायी थे और अपनी परिस्थितियों को स्वयं उन्होंने ही प्रतिकूल बनाया था। सौभाग्य ने कीर्तिजी के दरवाजे को भी यथासमय खटखटाया था, किन्तु अपनी तंद्रा में वे इस पदचाप को ठीक से सुन नहीं पाए थे। बहुत-सा पानी गंगोत्री से चलकर बंगाल की खाड़ी में गिर चुका था। उनके कुटुम्ब व परिवेश में भी बहुत से परिवर्तन हो चुके थे। कीर्तिजी इस अवधि में न तो स्नातकोत्तर और शोधकार्य कर पाए थे और न ही भारतीय प्रशासनिक और राजस्थान प्रशासनिक सेवा की तैयारी कर सके थे। उनके निकटतम परिवेश में ही एक व्यक्ति आई.ए.एस., तीन चचेरे भाई डॉक्टर तथा दो भतीजे चार्टर्ड एकाउन्टेंट बन चुके थे। कीर्तिजी प्रतिभा में इनमें से किसी को भी स्वयं से बढ़कर नहीं मानते थे; इसलिए अब वे कुण्ठित रहने लगे थे। घरेलू परिस्थितियों से भी वे प्रसन्न नहीं थे। पत्नी की तुलना में भी वे स्वयं को अधिक योग्य व सुंदर समझते थे। घर में अब तक तीन बच्चों का जन्म हो चुका था और पिता का भी देहावसान हो गया था। पिता ने अपनी सारी जमापूंजी अपनी छह पुत्रियों में बांट दी थी और दोनों पुत्रों को पुश्तैनी घर के अतिरिक्त कुछ भी नहीं मिला था।

एक बार संयोग ने पुनः कीर्तिजी के पक्ष में करवट ली थी। जनवरी 1958 और दिसम्बर 1959 के बीच में तीन बार राजस्थान प्रशासनिक सेवा के लिए

आकस्मिक चयन ज्ञापित किए गए थे जिनमें अधिकतम आयु सीमा 35 वर्ष रखी गई थी और तीन ही अनिवार्य प्रश्न-पत्र रखे गए थे। इन प्रश्नपत्रों-सामान्य हिंदी, सामान्य अंग्रेजी व सामान्य ज्ञान में दो प्रश्नपत्र ऐसे थे जिन पर कीर्तिजी का विशेष अधिकार माना जाता था, केवल सामान्य ज्ञान उनके लिए दुरूह था। उस समय यह सेवा भी अपने प्रारंभिक दौर में थी और इसे प्राय: भारतीय प्रशासनिक सेवा के समान ही महत्त्वपूर्ण माना जाता था। दोनों सेवाओं की तुलनात्मक स्थिति का निर्धारण बाद के वर्षों में ही हो पाया था। पहली बार ही कीर्तिजी ने सम्पूर्ण मनोयोग से इस परीक्षा के लिए तैयारी कर ली थी और उनके प्रश्नपत्र भी बहुत अच्छे हुए थे। यह भी कीर्तिजी का सौभाग्य ही था कि उनके एक कौटुम्बिक संबंधी उस समय एक बहुत ही शक्तिशाली मंत्री थे और उनके प्रति अच्छी धारणा भी रखते थे। इन मंत्री महोदय ने जीवन भर जागीरदारी प्रथा के उन्मूलन के लिए प्रजामण्डल चलाए थे और स्वतंत्रता-संग्राम में भी भाग लिया था। सबसे बड़ी बात यह थी कि लोक सेवा आयोग के तत्कालीन अध्यक्ष उनके परम मित्र हुआ करते थे। वर्षों तक दोनों जयपुर में पड़ोसी रह चुके थे और नियमित रूप से प्रात: भ्रमण के लिए साथ-साथ जाते रहे थे। सभी का यह मानना था कि अब कीर्तिजी का राजस्थान प्रशासनिक सेवा में सफल होना असंदिग्ध था, किन्तु कीर्तिजी को शीघ्र ही नकारात्मक विचारों ने पुन: घेर लिया था।

ऐसा लगता है कि कुछ लोगों के मन में एक प्रकार का अपराध बोध और नकारात्मकता होती है और यह नकारात्मकता ऐन वक्त पर उन्हें सफल होने से रोक लेती है। अब कीर्तिजी अपने आपसे यह पूछने लगे थे कि यदि वे प्रशासनिक सेवा को अपने मन के अनुकूल नहीं पाएंगे तो उनका भविष्य क्या होगा? हो सकता है कि अधिकांश लोगों को यह लगे कि यह प्रश्न कतई अनर्गल था, क्योंकि प्रशासनिक सेवाओं के अंतर्गत कुछ ऐसे विभाग भी होते हैं जहां अशांति की कल्पना भी नहीं की जा सकती है जैसेकि देवस्थान विभाग, नाप-तौल विभाग, भेड़ व ऊन विभाग इत्यादि, किन्तु कीर्तिजी वास्तव में ही इस आशंका से उद्विग्न रहने लगे थे। उन्हें वास्तव में यह लगने लगा था कि वे स्वयं को प्रशासनिक सेवाओं के अनुकूल नहीं पाएंगे और उन्हें लौटकर फिर स्कूल की नौकरी में आना पड़ेगा जो कि उनके लिए बहुत हास्यास्पद होगा। यदि वे ठीक समय पर स्नातकोत्तर कर चुके होते तो प्रशासनिक सेवाओं में अनुपयुक्त होने पर वापस लौटकर किसी महाविद्यालय में प्राध्यापक बन जाते और यह उनके लिए विशेष अपमान की बात नहीं होती। एक कारण और था जिसकी ओर मनोचिकित्सकों का ध्यान जाना स्वाभाविक

माना जाएगा। फौजदारी के मुकदमे में अन्य लोगों के साथ उन्हें भी आरोपी बनाया गया था, इस मुकदमे में न्यायालय ने सब लोगों को बाइज्जत बरी किया था और हर्जाने का मुकदमा करने की सलाह भी दी थी। इस बात को सरलता से समझा जा सकता है कि जब तक यह मुकदमा निर्णीत नहीं हो गया था, कीर्तिजी को एक लम्बे तनाव से गुजरना पड़ा था। मुकदमे के निर्णीत हो जाने के बाद भी उन्होंने अपने लिए एक और नया तनाव पैदा कर लिया था। इसके बाद उन्होंने नागपुर विश्वविद्यालय से अर्थशास्त्र में शिक्षक अभ्यर्थी के रूप में स्नातकोत्तर पूर्वार्द्ध की परीक्षा दे डाली थी और इसमें प्राप्त अंकों से उन्हें खिन्नता हुई थी। इसके तुरंत बाद उन्हें राजस्थान प्रशासनिक सेवा की परीक्षा देनी पड़ी थी। इस परीक्षा से निवृत्त होते ही वे स्नातकोत्तर उत्तरार्द्ध की तैयारी में जुट गए थे और यह अनुभव कर रहे थे कि उनके पास समय बहुत कम बचा था। इस प्रकार वे एक लम्बे समय तक तनाव की स्थिति में रहे थे और उन्होंने स्वयं को मानसिक रूप से बहुत थका डाला था। पहले मुकदमे में सजा होने की चिंता, फिर अर्थशास्त्र स्नातकोत्तर (पूर्वार्द्ध) में कम अंक आने से उत्पन्न चिंता, इसके बाद राजस्थान प्रशासनिक सेवा के लिए तैयारी की चिंता और अंत में स्नात्तकोत्तर (उत्तरार्द्ध) की तैयारी अच्छी न होने की चिंता इत्यादि ने तनाव का एक लम्बा सिलसिला उनके लिए पैदा किया था। यह वह समय था जब उन्हें एक अंतर्द्वन्द्व से गुजरना पड़ा था, वे यह निर्णय नहीं ले पा रहे थे कि उन्हें इसी वर्ष तैयारी कम होते हुए भी स्नातकोत्तर (उत्तरार्द्ध) की परीक्षा दे देनी चाहिए अथवा नहीं। हो सकता था कि उन्हें अगले वर्ष ही प्रशासनिक सेवा के प्रशिक्षण के लिए बुला लिया जाता और उनकी दी हुई पूर्वार्द्ध की परीक्षा भी व्यर्थ हो जाती। या तो इसी वर्ष वे उत्तरार्द्ध की परीक्षा दे सकते थे, नहीं तो कभी भी नहीं दे सकते थे। उनके सामने दो ही विकल्प थे – वे स्नातकोत्तर करने के बारे में भूल जाएं और राजस्थान प्रशासनिक सेवा पर ही अपना पूरा दारोमदार लगा दें अथवा इसी वर्ष कम तैयारी होने पर भी उत्तरार्द्ध की परीक्षा दे डालें। अंत में उन्होंने परीक्षा दे देने का निर्णय ले लिया था जबकि अपनी तैयारी को लेकर वे चिंता मुक्त नहीं थे। वे हैमलेट की तरह 'करें अथवा नहीं करें' के अंतर्द्वन्द्व में फंसे हुए थे और दोनों विकल्पों में से एक भी उनके मन को संतोष नहीं दे पा रहा था। कीर्तिजी के व्यक्तित्व में सदा से यह प्रवृत्ति रही थी कि वे किसी से भी परामर्श नहीं करते थे, वे अपने विचारों के जाल में स्वयं ही प्रतिक्षण उलझे रहते थे। विचार करते-करते वे थक जाते थे और अकस्मात किसी निर्णय पर पहुंचते थे जो कि प्राय: ही गलत हुआ करता था।

जो भी हो, उसी वर्ष स्नातकोत्तर उत्तरार्द्ध करने का यह निर्णय कीर्तिजी के लिए बहुत अशुभ सिद्ध हुआ था। वे अपनी तैयारी के प्रति आश्वस्त नहीं थे, एक मानसिक द्वंद्व की स्थिति में नागपुर पहुंचे थे और तीन दिन एक होटल के कमरे में रुके रहे थे। उनका कहना था कि इन तीन दिनों में उन्हें कुछ अच्छा-सा अनुभव नहीं हुआ था और परीक्षा बीच में छोड़कर उन्हें वापस घर लौटना पड़ा था। इसके बाद वे अगले डेढ़ वर्ष तक बीमार रहे थे और उन्हें स्कूल से भी अवैतनिक अवकाश लेना पड़ा था। इस बीच में राजस्थान प्रशासनिक सेवा के लिए साक्षात्कार का आमंत्रण भी उन्हें मिला था, जिसमें मनोरोग के कारण वे उपस्थित नहीं हो पाए थे। तीनों 'आपात चयन' भी इसी दौरान सम्पन्न हो गए थे। सबने उन्हें समझाया था कि उन्हें अपने संकल्प को दृढ़ करके साक्षात्कार में चले जाना चाहिए, किन्तु उन्होंने किसी की भी नहीं मानी थी। उनका कहना था कि उनकी व्याधि शारीरिक थी और डेढ़ साल तक वे इसी जिद पर अड़े रहे थे। यहां तक कि किसी भी मनोचिकित्सक को उन्होंने अपने पास तक नहीं फटकने दिया था। उनको लगता था कि उनके सारे लक्षण शरीर में ही कहीं मौजूद थे, किन्तु उनकी बात को कोई भी समझ नहीं पा रहा था और सही समय पर बीमारी के निदान न होने की स्थिति में उनकी मृत्यु निश्चित थी। यह धारणा रखने वाले वे अकेले थे और हठपूर्वक इस प्रयास में लगे हुए थे कि समय रहते हुए निदान हो सके। उन्होंने न तो किसी डॉक्टर की सोच को महत्त्व देना आवश्यक समझा था और न ही किसी पारिवारिक सदस्य को विश्वास करने के योग्य समझा था। यह उनके व्यक्तित्व की एक विशेषता रही थी कि वे दूसरों की प्रतिभा को, यहां तक कि चिकित्साशास्त्र की सामूहिक बुद्धिमत्ता को भी, अपनी भ्रांतियों के समक्ष कोई महत्त्व नहीं देते थे। हो सकता है कि उनमें वैज्ञानिक चिंतन का अभाव रहा हो, किन्तु वे इसका कारण अपनी विशिष्ट बुद्धिमत्ता को समझते थे। क्योंकि मैं समय हूं, इसलिए मुझे इस दुर्योग की आद्योपांत प्रक्रिया का भी साक्षी होना पड़ा है।

कीर्तिजी नागपुर से गांव लौटे थे तो डॉक्टर को बताया था :-

'होटल का कमरा बहुत छोटा-सा था जिसमें मुझे एक विचित्र सी घुटन का अनुभव होता रहता था। मन में दुविधा थी कि मुझे स्नातकोत्तर (उत्तरार्द्ध) की परीक्षा देनी चाहिए अथवा नहीं, क्योंकि तैयारी के लिए पर्याप्त समय मिल नहीं पाया था। राजस्थान प्रशासनिक सेवा में चयन की भी आशा थी। मैं स्वयं को स्नातकोत्तर परीक्षा के लिए प्रस्तुत नहीं पा रहा था। सोते समय भी कमरे में लाल रंग का एक छोटा-सा बल्ब जलता रहा था। लगातार तीन रातों तक ढंग से नींद नहीं आई थी। दुःस्वप्न आते रहे थे और रह-रहकर नींद उचटती रही थी।''

डॉक्टर चटर्जी बंगाली थे और कलकत्ता में ही उनकी सारी पढ़ाई हुई थी। वे एक बहुत ही प्रतिभासंपन्न चिकित्सक थे और उनके द्वारा किया गया निदान कलकत्ता-बम्बई तक भी बरकरार रहता था। तीन दिन तक वे कीर्तिजी को नींद की दवाई देते रहे थे और गहरी नींद में सुलाते रहे थे।

डॉक्टर : "अब कैसा अनुभव होता है?"

कीर्तिजी : "पेट के भीतर एक विचित्र से खालीपन का अनुभव होता है। कभी-कभी लगता है जैसे नाभि से नीचे का हिस्सा शरीर में है ही नहीं। कभी-कभी लगता है जैसे दायां पांव नहीं है; फिर कभी लगता है जैसे बायां हाथ नहीं है। चलते समय कभी-कभी लगता है जैसे मैं हवा में उड़ रहा हूं और शरीर में कोई वजन ही नहीं है इत्यादि। इसके अतिरिक्त बेहद कमजोरी महसूस होती है और बिस्तर से उठने तक की हिम्मत नहीं होती। लगता है अगर कमजोरी इसी तरह से बनी रही तो अधिक से अधिक पांच-सात दिन और निकाल पाऊंगा। बहुत ही अजीब सी बीमारी है और इसी प्रकार चलता रहा तो जीवित रहने का तो कोई प्रश्न ही नहीं है।"

डॉक्टर साहब ने पांच-सात दिन और इलाज किया था और अंत में इस निष्कर्ष पर पहुंचे कि कीर्तिजी को कोई भी शारीरिक बीमारी नहीं थी। उनका परामर्श यह था कि उन्हें किसी बड़े मनोचिकित्सक से मिलना चाहिए और इस क्रम में जयपुर के डॉ. व्यास भी बहुत वरिष्ठ व उपयुक्त चिकित्सक थे। किन्तु कीर्तिजी इस बात से सहमत नहीं हुए थे कि उन्हें कोई मानसिक बीमारी थी। वे लगातार इस बात पर ही जोर देते रहे थे कि उनका रोग शारीरिक है और समय पर ठीक निदान नहीं हुआ तो उनकी मृत्यु हो जाएगी और बाद में केवल पछतावा ही शेष रह जाएगा।

कीर्तिजी का कहना था – "मेरी बीमारी को मेरे अतिरिक्त कोई भी समझ नहीं पा रहा है। यह बीमारी बहुत विचित्र है और मैं भी इसे केवल इसलिए समझ पा रहा हूं क्योंकि मैं स्वयं ही भुक्तभोगी हूं। मुझे प्रतिक्षण जिस कष्ट से गुजरना पड़ रहा है वह मृत्युतुल्य है। एक-एक क्षण बिताना भारी पड़ रहा है। यदि समय रहते इस बीमारी की जड़ तक नहीं पहुंचा जा सका तो मृत्यु तो सुनिश्चित ही है। सारी व्याधि शरीर में है और बीमारी के मानसिक होने का तो कोई प्रश्न ही नहीं उठता है।"

इस प्रकार की आशंका के कारण परिजनों के लिए उनकी बात मानना आवश्यक हो गया था। परिवार के लोग उन्हें सांभलसर से बिसाऊ ले गए थे; बिसाऊ से फतेहपुर ले गए थे और फतेहपुर से जयपुर ले गए थे। इन तीनों

जीवन स्थगित है

स्थानों पर ही योग्य फिजीशियन मौजूद थे, इन सभी से इलाज करवाया गया था, किन्तु न तो कीर्तिजी को कोई आराम मिला था और न ही डॉक्टर उनकी बातों से सहमत हो पाए थे। अंत में प्रत्येक डॉक्टर इस निष्कर्ष पर पहुंच रहा था कि बीमारी मानसिक है। इस प्रकार छह महीने बीत गए थे किन्तु कीर्तिजी की जिद के आगे सभी को झुकना पड़ रहा था। उन्होंने एक ही जिद पकड़ रखी थी कि उनका ठीक-ठीक निदान नहीं हो पा रहा है और इससे उनकी आयु भी समाप्त हो सकती है। और तो और, इस अर्से में उन्होंने बहुत सारा चिकित्सा साहित्य भी पढ़ लिया था; वे अंग्रेजी के पारिभाषिक और तकनीकी शब्द बोलने लगे थे और चिकित्सक को भी प्रारंभत: अपने अनुसार सोचने के लिए बाध्य करने लगे थे। वे एक-एक लक्षण को विस्तारपूर्वक बोलकर और लिखकर समझाया करते थे और अपनी बात पर अड़ जाया करते थे कि बीमारी का कारण मनोगत होने का कोई प्रश्न ही नहीं उठता है। उनका मानना था कि जो बीमारी उन्हें थी, उसके सम्बन्ध में उस समय तक, चिकित्साशास्त्र भी अनभिज्ञ था और इसका कारण इस सम्बंध में शोधकार्य का न हो पाना था। इसलिए यह स्वाभाविक था कि बीमारी के कारण उस समय तक अज्ञात थे। चिकित्सक भी प्रारम्भत: उनकी बातों में आ जाया करते थे। सारे परीक्षणों से गुजरने के बाद अंत में सभी यही राय व्यक्त करते थे कि उन्हें किसी मनोचिकित्सक की आवश्यकता थी। किन्तु कीर्तिजी का दृढ़ विचार था कि जैसे डॉक्टरों को कैंसर का कारण अज्ञात था वैसे ही इस बीमारी के बारे में भी शोधकार्य का अभाव था। इस बीच कीर्तिजी के पिता श्री तेजबहादुर शर्मा का देहांत भी हो गया था और वे पिता की अंत्येष्टि पर भी नहीं आ सके थे। इस सारे अर्से में कीर्तिजी की परिचर्या के लिए उनके भाई श्री श्रुतिधर शर्मा व एक बहन कृष्णमती भी उनके साथ-साथ ही घूम रहे थे।

बार-बार पत्नी के नाम कीर्तिजी के पत्र आते थे कि कोई भी डॉक्टर मेरी बीमारी की जड़ तक नहीं पहुंच पा रहा है, लगता है कि एलोपैथी अभी तक अपनी प्रारंभिक अवस्था में है; रोगों के सम्बंध में पूर्ण शोध का अभाव है इसलिए सही इलाज भी नहीं हो पा रहा है। ऐसी स्थिति में मेरा बचना अब नामुमकिन लगता है और कोई चमत्कार ही मुझे बचा सकता है। मेरे बाद तीनों बच्चों को तुम्हें ही संभालना है इत्यादि। सचिन उस समय पांच वर्ष का था, आशीष तीन वर्ष का था और दीप्ति एक वर्ष की थी। परिवार के लोग इस आशा से एक स्थान से दूसरे स्थान पर घूम रहे थे कि क्या पता कभी किसी डॉक्टर को बीमारी का वास्तविक कारण पकड़ में आ जाए और कीर्तिजी ठीक हो जाएं; क्या पता किस डॉक्टर के हाथ में यश लिखा हो? अंततोगत्वा प्रत्येक

डॉक्टर इस निष्कर्ष पर पहुंच रहा था कि बीमारी का कारण मानसिक है किन्तु कीर्तिजी अत्यंत दृढ़तापूर्वक बार-बार इस धारणा को नकार रहे थे और इस परिस्थिति को बहुत खतरनाक बता रहे थे। बार-बार वे एक ही बात दुहरा रहे थे कि उनका सही निदान नहीं हो पा रहा है और ऐसी अस्पष्ट स्थिति में उनका प्राणांत निश्चित है। पत्नी बेचारी रोती रहती थी; घर में जो भी मित्र, कुटुम्बी अथवा सम्बंधी आते थे वे सब सांत्वना देते रहते थे कि आखिर सब ठीक हो जाएगा; बच्चे भी अपना-अपना भाग्य लेकर आते हैं; किसी बच्चे की तकदीर तो जोर मारेगी इत्यादि। सचिन के अतिरिक्त दोनों भाई-बहन बहुत छोटे थे और स्यात् वे इस परिस्थिति के प्रति अबोध भी थे। पत्नी कई घण्टे दिन में आलथी-पालथी मारकर पण्डितों व तांत्रिकों द्वारा बताए गए मंत्रों का जाप, व्रत, पूजा, हवन इत्यादि करती रहती थी। सचिन भी बुआ के साथ मंदिर में जाकर आरती, कीर्तन, जागरण इत्यादि में बैठने लग गया था। बहुत दुःख का समय था। पांच वर्ष के इस बालक के भक्तिभाव को देखकर सभी विस्मित थे। सचिन घर पर भी घण्टों आलथी-पालथी मारकर और हाथ में माला लिए हुए बैठा रहता था; कई बार उसे आंख मूंदकर बिना माला के भी चुपचाप बैठे हुए देखा जा सकता था। आने-जाने वाली सभी स्त्रियां उसकी तुलना प्रहलाद और ध्रुव से करने लगी थीं। एक बार इसी प्रकार आलथी-पालथी मारकर सचिन बैठा हुआ था कि उसे भगवान जी दिखाई दिए थे और उन्होंने बताया था कि बीमारी का कारण शीर्षासन था। कीर्तिजी लगभग सोलह वर्ष की अवस्था से ही गंजे होने लगे थे और उन्होंने तभी से नियमित रूप से शीर्षासन करना शुरू कर दिया था। वे नित्यप्रति सुबह-सुबह आंख खुलते ही दीर्घ समय तक शीर्षासन करते थे और सचिन उनकी टांगें पकड़कर नीचे खींचने का विफल प्रयास किया करता था। भगवानजी का कहना था कि कीर्तिजी के मस्तिष्क के सूक्ष्म तंतु नष्ट हो गए थे और अब उनका बचा हुआ सारा जीवन ही शीर्षासन की तरह था। भगवानजी ने कहा था - "जिस दिन कीर्तिजी शीर्षासन करना बंद कर देंगे और दुनिया को सही दृष्टिकोण से देखेंगे उस दिन उनकी बीमारी भी ठीक हो जाएगी।" सचिन ने यह बात अपनी मां को भी बताई थी कि बीमारी का कारण शीर्षासन था, किन्तु किसी ने भी उसकी बात को गम्भीरता से नहीं लिया था। भगवान ने अगले दिन फिर सचिन को बताया था कि मस्तिष्क में अधिक रक्तप्रवाह उचित नहीं होता है और इसके बाद वो रुष्ट होकर चले गए थे और सचिन को कभी भी दिखाई नहीं दिए थे।

ऐसे मौकों पर मनगढ़त बातें फैलाने वाले भी सक्रिय हो जाते हैं, लिहाजा जितने मुंह थे उतनी ही बातें थीं। किसी सयाने ने हमारी एक पड़ोसन से कह

दिया था कि कीर्तिजी की भाभी कीर्तिजी की उन्नति से जलती है इसलिए भाभी ने देवर पर चौकी बैठा रखी है। सयाने ने इसका उपाय भी बताया था कि लगातार इक्कीस दिन तक संध्या के समय, बिना किसी से बीच में बात किए, तांबे के एक लोटे को पानी से भरकर, सात बार दूब की मंजूषा लेकर मंत्रजाप से अभिषिक्त करना पड़ेगा और इस लोटे को साड़ी के पल्ले में छिपाकर पास की किसी बाड़ में उड़ेलना पड़ेगा तब इस चौकी का प्रभाव निरस्त हो सकता है। बड़ी बहू को क्या ऐतराज हो सकता था, उसने विधि -विधान पूर्वक यह सब किया था, किन्तु कीर्तिजी की बीमारी फिर भी ठीक नहीं हुईं। इसके बाद सामने वाली दादी एक तांत्रिक के पास पहुंच गई थी और उस तांत्रिक ने यह बताया था कि बीमारी का कारण सबसे छोटे जीजाजी की भूल थी। ये जीजाजी एक निकट के कस्बे में रहते थे और गलती से अपने घर में हनुमानजी के आले में शराब की एक बोतल रखकर भूल गए थे। तांत्रिक ने यह भी बता दिया था कि जीजाजी का रंग बिल्कुल गोरा है, उनके कानों पर भी घने बाल हैं, इसके अतिरिक्त उनके बायें कंधे और दायीं जांघ पर एक-एक काला तिल भी है। जांच करने पर सारी बातें सही पाई गई थीं। हनुमानजी की मूर्ति के पास ही खांसी की दवाई की एक बोतल धरी हुई मिली थी जिसमें बारह प्रतिशत अल्कोहल था। जीजाजी की कमीज और धोती उतारने पर तिल भी दिखाई दे गए थे। इस चमत्कार से सभी हतप्रभ थे। तांत्रिक के बताए अनुसार इस दम्पती ने लगातार सात मंगलवार तक उपवास रखा, हनुमानजी से क्षमा भी मांगी और सुंदरकाण्ड का पाठ भी किया। हनुमानजी की आवभगत में कोई कमी नहीं रह जाए, इसलिए आठवें मंगलवार को मंदिर में जाकर सवामनी भी की थी, किन्तु कीर्तिजी के स्वास्थ्य पर इसका भी कोई प्रभाव नहीं पड़ा था। सब अपने-अपने तरीके से बीमारी का कारण ढूंढने में लगे हुए थे, किन्तु कोई भी बीमारी की तह तक नहीं पहुंच पा रहा था।

कुछ दिनों बाद बम्बई से बड़ी बहू के पिताजी का एक पत्र प्राप्त हुआ था। उन्होंने लिखा था -

प्रिय श्रुतिधरजी,

आयुष्मान। मैंने बम्बई में एक फ्लैट का इंतजाम कर लिया है जिसमें परिवार सहित रहा जा सकता है। इसमें खाने-पीने और सोने-बैठने का सारा सामान भी मैंने रखवा दिया है। आप लोगों को अपने साथ केवल पहनने के वस्त्र ही लाने की आवश्यकता है। आप चिरंजीवी कीर्तिजी को लेकर शीघ्र ही यहां आ जाएं और आराम से यहां रहकर उनका इलाज करवाएं। मेरे योग्य

जो भी बन पड़ेगा उसके लिए मैं आधी रात को भी हाजिर रहूंगा। बम्बई में एक से एक बड़े डॉक्टर हैं, क्या पता किसके हाथ में यश लिखा हो? आप लोगों के यहां आने से मेरी और सुमित्रा की मां की चिंता भी कम हो जाएगी। ईश्वर ने चाहा तो आयुष्मान् कीर्तिजी यहां से स्वस्थ होकर ही वापस लौटेंगे, ऐसी ही प्रभु से कामना है। मनुष्य पर विपत्ति आती रहती है, किन्तु उसका धर्म साहसपूर्वक इस विपत्ति का निवारण करना ही होता है। आपकी माताजी को प्रणाम और बाकी सब को आशीष विदित हो।

शुभेच्छु
विलासराय शर्मा

श्रुतिधरजी के श्वसुर का यह पत्र बहुत उपयुक्त समय पर आया था और इससे सारे परिवार को ही बहुत सांत्वना मिली थी। श्री श्रुतिधरजी कृष्णमती और कीर्तिजी को लेकर अविलम्ब जयपुर से बम्बई के लिए प्रस्थान कर गए थे। वहां पर छह महीने रहकर उन्होंने सभी बड़े डॉक्टरों को दिखा दिया था और सभी डॉक्टर अंत में एक ही निष्कर्ष पर पहुंचे थे कि बीमारी का कारण मानसिक था। अब कीर्तिजी को यह संदेह होने लगा था कि परिवार के लोग पहले ही डॉक्टर को सब कुछ बता देते हैं और इससे वह गुमराह हो जाता है। डॉक्टर हैलिग को उन दिनों सामान्य औषधिशास्त्र एवं हृदयरोग के क्षेत्र में बम्बई का सबसे अच्छा डॉक्टर माना जाता था। कीर्तिजी का इलाज इनसे भी करवाया गया था। सबसे पहले उन्होंने हृदय सम्बंधी जांच की थी और इस निष्कर्ष पर पहुंचे थे कि कीर्तिजी का हृदय एक पहाड़ी टट्टू के दिल जितना मजबूत था। इसके बाद उन्होंने रक्त, मल-मूत्र इत्यादि सभी शारीरिक परीक्षण करके देखे थे।

डॉ. हैलिग का कहना था : "तुम्हें कोई भी शारीरिक बीमारी नहीं है और तुम बहुत लम्बी उम्र तक जीओगे। एक अच्छी बात यह भी है कि रक्त शर्करा सामान्य से थोड़ी-सी कम है। तुम रोजाना भोजन के साथ कोई मिठाई जैसे रसगुल्ला, जलेबी, लड्डू इत्यादि भी खा सकते हो, इससे फुर्ती अधिक रहेगी। सभी परीक्षण सामान्य हैं।"

कीर्तिजी ने पूछा था : "क्या ऐसा नहीं हो सकता कि ऐलोपैथी का ज्ञान अभी अधूरा हो और अभी तक विकसित परीक्षण मेरी बीमारी के कारण को नहीं पकड़ पा रहे हों?"

डॉ हैलिंग हंसने लगे थे : "ज्ञान तो कभी पूरा होता ही नहीं है युवक, किन्तु जितने परीक्षण हमारे पास उपलब्ध हैं वे इस बात को समझने के लिए पर्याप्त हैं कि तुम्हें कोई भी शारीरिक बीमारी नहीं है। शरीर के जितने भी महत्त्वपूर्ण अंग होते हैं–दिल, जिगर, फेफड़े, आंते, गुर्दे आदि वे सभी अपना-अपना काम सुचारु ढंग से कर रहे हैं। हमारे हिसाब से तो तुम्हें बीमार होना ही नहीं चाहिए था। इसलिए एक ही संभावना बनती है कि बीमारी का कारण मस्तिष्क अथवा स्नायुतंत्र है किंतु बीमारी के लक्षण शरीर में अनुभव होते हैं। तुम्हें न्यूरस्थीनिया है, दवाई तो मैं भी लिख सकता हूं किन्तु यह मेरा क्षेत्र नहीं है। तुम्हें जल्दी से जल्दी किसी मनोचिकित्सक से मिलना चाहिए जो इस सम्बंध में नवीनतम शोध व उपचार की जानकारी रखता हो।"

कीर्तिजी अभी भी आश्वस्त नहीं थे। कीर्तिजी अपने साथ पुस्तकें भी रखते थे और थोड़ा-बहुत पढ़ते भी रहते थे। इससे उन्हें यह आश्वासन मिलता रहता था कि वे मानसिक रूप से स्वस्थ हैं। इस समय उनके पास 'द पैरेडाइज लॉस्ट' व 'द गोल्डन ट्रेजर' पुस्तकें पड़ी हुई थीं और उन्होंने कुछ कविताओं को भी रेखांकित कर रखा था।

कीर्तिजी ने कहा था : "ये दो पुस्तकें हैं जिनमें मैंने महत्त्वपूर्ण स्थलों को रेखांकित कर रखा है। पहले आप इन पुस्तकों को कुछ देर पढ़िए, फिर मैं आपको अपनी व्याख्या बताता हूं। मैं यह देखना चाहता हूं कि क्या मेरा दिमाग ठीक ढंग से काम कर रहा है अथवा नहीं?"

डॉ हैलिंग भी इस साहित्यक चर्चा का मजा लेने लगे थे।

अंत में उन्होंने कहा था: "यह बात ठीक है कि तुम इन पुस्तकों का सही-सही अर्थ समझ रहे हो, किन्तु फिर भी तुम्हारी बीमारी का कारण मानसिक ही है। मानसिक बीमारी का तात्पर्य सभी अर्थों में पागलपन नहीं होता है। इस बात की गारंटी मैं लेता हूं कि तुम्हारा शारीरिक स्वास्थ्य बिल्कुल ठीक है और तुम कम-से-कम अस्सी साल की आयु तक जीओगे।"

कीर्तिजी फिर भी आश्वस्त नहीं हुए थे। वे चाहते थे कि समय रहते हुए उनकी बीमारी का सही-सही निदान हो जाए क्योंकि उनके साथ एक पूरे परिवार का भविष्य भी जुड़ा था। लिहाजा इसके बाद उन्हें बम्बई अस्पताल में भर्ती कराया गया था। वहां फिर से उनके सारे परीक्षण किए गए थे और उन्हें सामान्य पाया गया था। किन्तु कीर्तिजी अभी भी बीमारी का कारण मानसिक

मानने के लिए तैयार नहीं थे। उनकी बेचैनी बढ़ती ही जा रही थी और उन्हें एक-एक दिन बिताना भारी पड़ रहा था। अब वे इस निष्कर्ष पर पहुंचते जा रहे थे कि उनका जीवन किसी भी हालत में नहीं बच सकेगा। एक-एक क्षण उनके लिए मृत्यु के समान कष्टदायी था। अब वे सोच रहे थे कि जितना लम्बा इलाज चलेगा, घर की आर्थिक स्थिति भी उतनी ही चिंताजनक होती चली जाएगी। दो बार वे बम्बई अस्पताल की छत पर भी चढ़ गए थे और नीचे कूदने का मंतव्य भी बना लिया था, किन्तु फिर यह सोचकर रह गए थे कि यह काम तो फिर कभी भी किया जा सकता था। एक-एक डॉक्टर के दरवाजे पर भटकते-भटकते बम्बई में भी लगभग छह महीने बीत गए थे; अब वहां भी कुछ करने जैसा नहीं बचा था।

इसके बाद कीर्तिजी के श्वसुर का एक पत्र श्री श्रुतिधरजी को मिला था। लिखा था –

चिरंजीवी श्रुतिधरजी,

आयुष्मान! सुल्लू की मां ने बहुत आग्रहपूर्वक लिखवाया है कि यह बात ठीक है कि बम्बई जैसे साधन हमारे पास नहीं हैं; फिर भी हमें चि. कीर्तिजी को कुछ समय अपने पास रखकर भी इलाज करवाना चाहिए। इससे हमारे भी मन को तसल्ली रहेगी। यह सब दिनमान का फेर है जी और इसके अलावा और कुछ है नहीं जी सो आप सभी बातों में खुद ही समझदार हैं। प्रत्येक बिगड़े हुए काम के बनने का एक समय होता है, किन्तु यश सबको मिलता नहीं है, यह मात्र संयोग की बात है और मनुष्य के हाथ में कुछ है नहीं। एक तरह से सुल्लू की मां का कहना भी ठीक ही है कि क्या पता एक अच्छे काम में निमित्त बनना हमारे ही भाग्य में लिखा हो? पटना और कलकत्ता दोनों ही यहां से नजदीक हैं और दोनों ही जगह कुछ अच्छे डॉक्टर भी हैं। डॉ तपन बनर्जी भी हमारे परिचित हैं और वे डॉक्टर राजेन्द्र प्रसाद के घरेलू चिकित्सक भी रह चुके हैं सो आपसे कुछ छिपा नहीं है। यदि आप कुंअर साहब, बाई सुशीला और तीनों बच्चों को कुछ समय के लिए यहां भेज दें तो हमारे मन की ग्लानि भी मिट सकती है। बाकी सब प्रभु की इच्छा है, जब हमने जीवन में किसी का कुछ बुरा किया ही नहीं है तो भगवान हमारा भी भला ही करेगा। आपके श्वसुर साहब श्रीमान् विलास राय जी से मेरा सप्रेम नमस्कार और बाकी सबसे स्नेह विदित हो।

शुभेच्छु
आत्माराम शर्मा

जीवन स्थगित है

इसके बाद कीर्तिजी स्वयं की ससुराल दरभंगा पहुंच गए थे जो कि बिहार में है। उन्हें तपन बनर्जी सहित पटना के सभी बड़े-बड़े डॉक्टरों को भी दिखाया गया था, किन्तु उन्होंने किसी भी डॉक्टर की चलने नहीं दी थी। सबका यही कहना था कि कीर्तिजी शारीरिक दृष्टि से स्वस्थ थे, उन्हें केवल मनोचिकित्सा की आवश्यकता थी किन्तु कीर्तिजी प्रारंभ से ही संदेह किया करते थे और अब उनका भरोसा एलोपैथी से भी उठ गया था। इस प्रकार के अवैज्ञानिक चिंतन का कारण उनकी पारिवारिक पृष्ठभूमि में भी निहित था। उनके एक छोटे चाचाजी कविराज थे, वे ऐलोपैथी को बकवास समझते थे और डॉक्टरों की मखौल उड़ाया करते थे। ये चाचाजी मानसिक बीमारी का अर्थ वहम की बीमारी समझते थे और कीर्तिजी को नित्यश: गायत्री मंत्र का जाप करने और संकल्प को दृढ़ बनाए रखने की प्रेरणा देते थे। वे कोई मामूली वैद्य नहीं थे। उनके श्रद्धालुओं में बिड़लाजी, डालमियाजी, पोदार, खेतान, कानोडिया इत्यादि सफल व्यवसायी भी थे। एक बार किन्हीं डालमियाजी को पेट की बीमारी हो गई थी, उन्हें खाया-पिया कुछ भी पचता नहीं था; सभी डॉक्टरों ने कह दिया था कि वे अधिक से अधिक दो वर्ष और जीएंगे। ऐसे मौके पर यही चाचाजी आगे आए थे, डालमियाजी का कायाकल्प भी इन्होंने ही किया था और डालमियाजी की आयु बीस साल बढ़ा दी थी। यह तो केवल एक उदाहरण था, किन्तु चाचाजी के पास ऐसे असंख्य उदाहरण थे जिनसे यह पता लगता था कि ऐलोपैथी में कोई दम नहीं था। चाचाजी का कहना था कि डॉक्टर एक बीमारी की दवा देता है और दस नई खड़ी कर देता है। इन वैद्यराज का मानना था कि सबसे बड़ी शक्ति आध्यात्मिक शक्ति होती है और दवाई भी तभी काम करती है जब उसमें किसी योग्य चिकित्सक द्वारा प्राणशक्ति का संचार किया गया हो। तो ऐसे वातावरण में कीर्तिजी का लालन-पालन हुआ था। कीर्तिजी ने गायत्री मंत्र का जाप करने और चंद्रप्रभावटी खाने से तो मना कर दिया था किन्तु वे चाचाजी जैसे परम्परा-पुरुष की इस बात से अवश्य सहमत हो गए थे कि ऐलोपैथी भी चिकित्सा की कोई कारगर पद्धति नहीं थी।

पटना से कीर्तिजी को कलकत्ता जाना पड़ा था और इस प्रकार घूमते-घूमते सोलह महीने का समय व्यतीत हो गया था। अब तक भी कीर्तिजी अपनी उन्हीं धारणाओं में स्थितप्रज्ञ थे। उनके लिए पहला सच यह था कि उनकी बीमारी बहुत विचित्र थी और किसी को समझ में नहीं आ रही थी। दूसरा सच उनके लिए यह था कि सही निदान के अभाव में उनका बचना असंभव था। प्रतिक्षण वे मृत्यु तुल्य कष्ट से गुजर रहे थे और उनके पास एक डॉक्टर से दूसरे डॉक्टर तक भटकने के

अतिरिक्त अन्य कोई उपाय नहीं था। वे इसी आशा के सहारे जी रहे थे कि क्या पता कभी किसी डॉक्टर को सही कारण समझ में आ जाए और उनके कष्ट का समाधान हो जाए। घर वाले प्राय: सभी चाचाजी से ही सहमत थे कि कीर्ति को वहम की बीमारी थी और उसका बाल भी बांका नहीं हो सकता था। घर के लोग आश्वस्त होते हुए भी कीर्तिजी की बातों के कारण कभी-कभी विचलित हो जाया करते थे। बहुत दुःख का समय था और काटे हुए नहीं कट रहा था।

इसी समय एक बहुत सुखद संयोग घटित हुआ था। कलकत्ता के अपने प्रवास में एक दिन कीर्तिजी अपने एक समवयस्क भानजे के साथ प्रात: भ्रमण पर निकले थे कि अचानक उनकी दृष्टि एक सुंदर मकान पर लगी हुई तख्ती पर गई जिस पर लिखा था –

डॉ. (मिस) अजित चक्रवर्ती

एम.डी. (साइकियाट्री)

मनोरोग विशेषज्ञ।

अगले दिन कीर्तिजी अपने आवास पर अकेले थे कि अचानक उन्हें इस मनोरोग विशेषज्ञा का ध्यान आया। उन्होंने सोचा – क्यों नहीं मैं उससे अकेले जाकर मिलूं, इससे दूसरे लोग उसकी राय को प्रभावित नहीं कर पायेंगे और मुझे वास्तविकता का पता भी लग जाएगा। डॉ. चक्रवर्ती उन दिनों साइकियाट्री में एम.डी. करने के पश्चात् शोधकार्य में लगी हुई थीं। उस समय उनकी अवस्था मात्र पच्चीस वर्ष के आसपास थी और बाद में उन्होंने एक मनोचिकित्सक के रूप में बहुत ख्याति अर्जित की थी। कीर्तिजी की सारी बातें उन्होंने बहुत ध्यानपूर्वक सुनी थीं और उन्हें डायरी में भी लिखा था। उन्होंने कीर्तिजी को लगातार दो-तीन दिन घर पर बुलाया था और उनके सारे विवरण पर गौर किया था।

डॉ. अजित चक्रवर्ती : "आपको एक मानसिक बीमारी है जिसको न्यूरस्थीनिया कहा जाता है। इसका अर्थ न तो पागलपन होता है और न ही वहम। इस बीमारी में मरीज द्वारा सारे लक्षण शरीर में ही अनुभव किए जाते हैं किन्तु इस अनुभव का कारण हमारा स्नायुतंत्र होता है जो मस्तिष्क को भ्रांत संदेश भेजता है।" अब कीर्तिजी के पास परिजनों पर संदेह करने की कोई गुंजाइश नहीं बची थी, क्योंकि उनके यहां आने के बारे में किसी को कुछ भी पता नहीं था। अब उन्हें स्वयं की हठधर्मी पर ही संदेह हो गया था।

अजित चक्रवर्ती : "मैं आपको एक दवाई दूंगी। वैसे तो सात दिन तक एक-एक गोली प्रात: के समय खाली पेट लेनी है, किन्तु तीन दिन बाद फिर मुझसे आकर मिलना।"

कीर्तिजी ने पहले दिन गोली ली तो उनकी बेचैनी खत्म हो गईं उन्हें लगा कि अब बेचैनी तो कोई नहीं है लेकिन जीवन शक्ति उनमें अवश्य क्षीण है। दूसरे दिन भी उन्हें बेचैनी महसूस नहीं हुई और कमजोरी भी कम महसूस हुईं तीसरे दिन कमजोरी भी जाती रही, उन्हें लगा जैसे उनके भीतर कोई बुझती हुई लौ वापस प्रदीप्त हो गई है। उन्हें लगा कि जैसे वे किसी तंद्रा से वापस आ गए हैं और अब पूरी तरह जागरूक हो गए हैं। चौथे दिन सुबह वे पुनः डॉक्टर चक्रवर्ती से मिलने पहुंचे थे।

अजित चक्रवर्ती ने पूछा था : "अब कैसा लगता है?"

कीर्तिजी ने बताया था : "मेरा एक-एक क्षण कष्ट में बीत रहा था; टाइम वॉज हैंगिग हैवी ऑन माई हैंज। इसके अतिरिक्त ऐसा लग रहा था जैसेकि मेरे भीतर की चेतना बुझती जा रही है। किन्तु अब मैं स्वस्थ अनुभव कर रहा हूं, भीतर की चेतना फिर जाग उठी है, अब मुझे जीना अच्छा लगता है।"

डॉक्टर ने कहा था : "पूरे सात दिन तक यही दवाई लो और आठवें दिन फिर मिलो।"

पांचवें दिन कीर्तिजी को लगा जैसेकि मैं बिल्कुल ठीक हो गया हूं। छठे और सातवें दिन उन्हें भरोसा आ गया कि पुराने लक्षण अब फिर नहीं लौटेंगे। आठवें दिन वे फिर डॉक्टर से मिले।

कीर्तिजी ने बताया था: "अब मैं बिल्कुल सामान्य अनुभव कर रहा हूं और मैं स्कूल में पढ़ाने का काम भी कर सकता हूं। अब मैं गांव लौट जाना चाहता हूं।"

डॉ. अजित ने कहा था : "इसमें कोई हर्ज नहीं है। यह दवाई तो केवल सात ही दिन के लिए थी; इससे ज्यादा इसे नहीं लिया जा सकता है। अब मैं तुम्हें दूसरी दवाई लिखकर देती हूं जिसे तीन महीने तक लगातार लेना है। तीन महीने बाद तुम दुबारा मुझसे मिलना।"

कीर्तिजी ने पूछा था: "अब मुझे पढ़ने-पढ़ाने में तो कोई दिक्कत नहीं आएगी?"

डॉ. अजित ने कहा था : "अब तुम ठीक हो और सब कुछ पहले की तरह ही कर सकते हो। तुमने व्यर्थ ही डेढ़ बरस बरबाद कर दिये यदि तुम ठीक समय पर यहां आ जाते तो तुम्हें ठीक होने में सिर्फ तीन महीने लगते और तुम्हारा आर.ए.एस. भी बच जाता।"

सात दिन की दवाई लेने के बाद कीर्तिजी को लगने लगा था कि वे पूरी तरह ठीक हो गए हैं। डॉक्टर की लिखी हुई दूसरी दवाई उन्होंने पांच-सात दिन लेकर देखी थी। वे इसी निष्कर्ष पर पहुंचे थे कि इस दवाई से मुझे नींद ही

नींद आती है और यह दवाई मुझे माफिक नहीं पड़ेगी। न तो उन्होंने तीन महीने तक दवाई को जारी रखा और न ही फिर कभी डॉक्टर अजीत चक्रवर्ती से मिलने गए थे। अब वे आराम से स्कूल में पढ़ा रहे थे और स्नातकोत्तर हिंदी की तैयारी भी कर रहे थे। इस बार फिर उन्होंने वही भूल की थी, केवल अपनी समझ को ही महत्त्व दिया था और यह नहीं सोचा था कि डॉक्टर की सलाह के पीछे कोई कारण रहा होगा। वे बार-बार अपने मन को दिलासा देते रहे थे कि बीमारी का अर्थ होता है तकलीफ, अब क्योंकि उन्हें कोई तकलीफ नहीं थी इसलिए दवाई की भी आवश्यकता नहीं थी। लगता है कि इस भूल का परिणाम यह हुआ था कि न्यूरस्थीनिया के कुछ लक्षण तो चले गए थे, किन्तु वे हमेशा के लिए विक्षिप्त हो गए थे। वे तात्कालिक रूप से तो ठीक हो गए थे, किन्तु जैसाकि आगे के घटनाक्रम से स्पष्ट होगा उनके व्यक्तित्व की प्रवृत्तियां और उनकी जिवेषणा नकारात्मक होती चली गई थीं; वे स्थायी रूप से मनोरोग से ग्रस्त होकर मनोविकृतियों के शिकार हो गए थे। कीर्तिजी के व्यक्तित्व में दो बहुत बड़ी कमियां रही थीं, उनकी अहम्मन्यता और उनकी जिद करने की प्रवृत्ति। वे दूसरों की समझ को कोई भी महत्त्व नहीं देते थे और अपनी गलत धारणाओं को लेकर जिद पर अड़ जाते थे। इसी को हम उनके व्यक्तित्व का 'त्रासदीजनक दोष' कह सकते हैं। इस समस्त घटनाक्रम से क्या सीखा जा सकता है? मनुष्य के समस्त दुःखों के मूल में अज्ञान व अवैज्ञानिक चिंतन होता है। कीर्तिजी बहुत शीघ्र ही ठीक हो जाते तथा आर.ए.एस. के साक्षात्कार में भी वे पहुंच जाते यदि उनमें वैज्ञानिक चिंतन का अभाव नहीं होता। वे अपनी जिद पर अड़े रहे और चिकित्साशास्त्र की सामूहिक व परीक्षणात्मक बुद्धिमत्ता को भी उन्होंने कोई महत्त्व नहीं दिया। किन्तु इस घटनाक्रम से उस परिवेश व समाज की मूढ़ता का भी पता लगता है जिसमें वे जी रहे थे। हमारा समाज आज भी आयुर्वेद अथवा योग अथवा प्राकृतिक चिकित्सा के नाम पर ऐलोपैथी के विरुद्ध जहर उगलने से बाज नहीं आता है जिससे बहुत से व्याधिग्रस्त लोग पथभ्रष्ट होकर अवैज्ञानिक चिंतन का शिकार हो जाते हैं। यदि समाज में मानसिक रोगों के बारे में अज्ञान का वातावरण नहीं होता तो कीर्तिजी के मित्र व परिजन उन्हें तुरंत किसी मनोचिकित्सक के पास ले जाते और उनकी असहमति की परवाह नहीं करते। बहुत से मानसिक रोगों में रोग का एक लक्षण यह भी होता है कि रोगी स्वयं कभी भी मनोचिकित्सक के पास जाने के लिए सहमत नहीं होता है, उसके परिजन ही उसे मनोचिकित्सक के पास पहुंचाते हैं। हमें उचित शिक्षण एवं साहित्य के माध्यम से एक ऐसे वातावरण को निर्मित करना पड़ेगा जिससे आधुनिक चिकित्साशास्त्र के प्रति सम्मान व मानसिक रोगों की समझ सर्वव्यापक हो

जीवन स्थगित है

सके, साथ ही परम्परा के प्रति अंधमोह टूट सके और मनुष्य अवैज्ञानिक चिंतन से बच सके।

यह सन् 1960 का सितम्बर माह चल रहा था जबकि कीर्तिजी ने फिर अध्यापन कार्य करना प्रारंभ कर दिया था। अब वे अपने आपको पूर्ण स्वस्थ अनुभव करने लगे थे और उन्होंने हिंदी स्नातकोत्तर पूर्वार्द्ध परीक्षा की तैयारी भी शुरु कर दी थी। जैसाकि हम आगे देखेंगे यह उनकी भूल थी कि उन्होंने सात दिन की दवाई लेकर ही अपने आपको पूर्ण स्वस्थ मान लिया था और इलाज को बीच में ही छोड़ दिया था। उनकी पहली भूल यह थी कि वे डेढ़ साल तक मनोचिकित्सक के पास जाने के लिए सहमत नहीं हुए थे और अब इलाज को बीच में छोड़ना उनकी दूसरी भूल थी। अस्तु, एक बार ठीक होते ही कीर्तिजी ने फिर जल्दबाजी की थी और मई 1961 में ही उन्होंने स्नातकोत्तर हिंदी पूर्वार्द्ध की परीक्षा भी दे डाली थी। जैसी कि प्रत्याशा थी उनके प्राप्तांक साठ प्रतिशत के आस पास ही थे और बहुत अच्छे नहीं थे। इसके बाद मित्रों ने उन्हें समझाया था कि नियमित छात्र स्नातकोत्तर की पढ़ाई को दो वर्ष में पूरा करते हैं तो नौकरी करते हुए उन्हें इस पाठ्यक्रम को कम-से-कम तीन वर्ष देने चाहिए तभी उनकी प्रथम श्रेणी सुनिश्चित हो सकती है। उत्तरार्द्ध का पाठ्यक्रम पूर्वार्द्ध के पाठ्यक्रम से भी अधिक होता है, इसलिए मित्रों का परामर्श यह था कि कीर्तिजी को दो साल तैयारी करने के बाद स्नातकोत्तर उत्तरार्द्ध की परीक्षा देनी चाहिए जिससे उनकी प्रथम श्रेणी भी सुनिश्चित हो जाएगी पर कीर्तिजी ने मित्रों की इस सदाशयता का भी नकारात्मक अर्थ लिया था और ठीक इसके विपरीत आचरण किया था। उन्होंने एक साल के भीतर ही स्नातकोत्तर उत्तरार्द्ध की परीक्षा भी दे डाली थी और इसका परिणाम यह निकला था कि वे 9 अंकों से प्रथम श्रेणी को चूक गए थे। इस प्रकार उन्होंने मई 1962 में ही स्नातकोत्तर हिंदी कर लिया था, किन्तु वे 59 प्रतिशत अंको के साथ द्वितीय श्रेणी में ही उत्तीर्ण हो पाए थे और उनका कॉलेज में प्रोफेसर बनना पुनः संदिग्ध हो गया था। कीर्तिजी को यह खेद पहले से ही था कि 1952 में स्नातक उपाधि लेने के बाद उन्हें 1954 में ही स्नातकोत्तर उपाधि को अधिग्रहण कर लेना चाहिए था, किन्तु अब वे आठ वर्ष के विलम्ब के पश्चात् यह कार्य कर पाए थे। अब समस्या यह उत्पन्न हो गई थी कि राजस्थान लोक सेवा आयोग द्वारा उन दिनों भी केवल स्नातकोत्तर उपाधि में प्रथम श्रेणी प्राप्त अभ्यर्थियों को ही साक्षात्कार हेतु बुलाया जाता था। एक साल असमंजस में रहने के बाद मई 1964 में उन्होंने अंग्रेजी स्नातकोत्तर पूर्वार्द्ध की परीक्षा दे दी थी। उन दिनों अंग्रेजी में द्वितीय श्रेणी प्राप्त करते ही प्रोफेसर

बनना सुनिश्चित हो जाता था, क्योंकि ऐसे प्रत्याशियों की गिनती कुल पदों से भी कम होती थी। दैवयोग से कीर्तिजी ने पूर्वार्द्ध में 51प्रतिशत अंक प्राप्त कर लिए थे। इस बार फिर मित्रों ने उन्हें समझाया था कि वे जल्दबाजी नहीं करें और उत्तरार्द्ध को कम-से-कम दो वर्ष का समय दें, इससे उनका अंग्रेजी में प्राध्यापक बनना निश्चित हो जाएगा। इस बार भी इस परामर्श का उन पर विपरीत प्रभाव पड़ा था। अगले ही वर्ष मई 1965 में उन्होंने अंग्रेजी स्नातकोत्तर उत्तरार्द्ध की परीक्षा दे डाली थी। जब परीक्षा परिणाम आया था तो इस बार भी वैसा ही हुआ था, वे कुछ ही अंकों से द्वितीय श्रेणी को चूक गए थे और उनका अंग्रेजी में स्नातकोत्तर करना व्यर्थ चला गया था। दूसरों की सदाशयतापूर्वक दी गई सलाह का वे सदैव विपरीत अर्थ ही लेते थे और उनके व्यक्तित्व की यह विचित्रता अंत तक बनी रही थी। सफलता जैसा सफल कुछ भी नहीं होता है और धीरे-2 कीर्तिजी कुण्ठित ही होते चले गए थे। यह तो अच्छा हुआ था कि जुलाई 1965 आते-आते वे हिंदी में अस्थायी प्रवक्ता बन गए थे और कुछ समय पश्चात् उनका चयन राजस्थान लोक सेवा आयोग द्वारा भी इस पद पर कर लिया गया था। जो भी हो जुलाई 1965 में इस परिवार ने अपना गांव छोड़ दिया था।

1960 तक घर में चार बच्चों का जन्म हो चुका था। सचिन इनमें सबसे बड़ा था और आठ वर्ष की अवस्था के बाद उसने स्कूल जाना भी प्रारम्भ कर दिया था। पहली से तीसरी कक्षा तक ही पढ़ाई सचिन ने घर पर ही रहकर पूरी की थी और जुलाई 1962 में उसने सीधे ही चौथी कक्षा में प्रवेश लिया था। पहले दिन से ही वह पढ़ाई में अन्य सभी सहपाठियों से आगे था। जब सचिन का अन्नप्राशन हुआ था तो उसमें उसका ध्यान आकर्षित करने के लिए तरह-तरह के खिलौने, खाद्य पदार्थ, अस्त्र-शस्त्र, दैनिक उपयोग की वस्तुएं, उपकरण इत्यादि रखे गए थे, किन्तु सचिन ने उनमें से केवल एक कलम उठाया था और इससे उसकी जन्मजात प्रवृत्ति का पता लगता था। अध्ययन में उसकी रुचि अवश्य थी किन्तु चौथी कक्षा में भी सचिन नियमित नहीं था, न तो वह होमवर्क करता था और न ही औपचारिकताओं का निर्वाह करता था। उसकी रुचि केवल सीखने में थी और किसी भी नई बात को वह बहुत जल्दी सीख लेता था। किन्तु सीखने के बाद टेस्टों में से एक भी देना उसने आवश्यक नहीं समझा था और अर्द्धवार्षिक परीक्षा में भी उसे कुछ प्रश्नपत्रों में अनुपस्थित पाया गया था। फिर भी वह प्रथम श्रेणी में उत्तीर्ण हुआ था और जो प्रश्नप्रत्र उसने दिए थे उनमें उसके प्राप्तांक लगभग 85% थे। यह सचिन के लिए बाद में बहुत दुर्दैवयुक्त सिद्ध हुआ था कि पहले दिन से ही शिक्षक उसकी तुलना कीर्तिजी से करने लगे थे। अब चौथी कक्षा

के बाद का ग्रीष्मावकाश आ गया था। कीर्तिजी और सचिन दोनों पिछवाड़े वाले मंदिर में बैठकर अपनी पढ़ाई किया करते थे। इस वर्ष सचिन ने ग्रीष्मावकाश में अंग्रेजी की पढ़ाई शुरू की थी। दो महीनों के भीतर ही वह अपनी अंग्रेजी की किताबें पढ़ना और डिक्शनरी देखना सीख गया था। चूंकि सचिन को पढ़ाई-लिखाई में ही सर्वाधिक प्रशंसा मिल रही थी अत: अब उसका ध्यान अन्य गतिविधियों से हटकर पढ़ाई-लिखाई में ही जमने लग गया था। आठ-नौ वर्ष का होते-होते सचिन पढ़ाई के मामले में नियमित ध्यान देने लगा था। कीर्तिजी स्वयं को जितना प्रभावशाली अध्यापक समझते थे, सचिन उससे भी कहीं अधिक होनहार विद्यार्थी सिद्ध हो रहा था। वह इतनी शीघ्रता से सारे विषयों को सीख रहा था कि स्वयं कीर्तिजी को अपने सम्बंध में हीन-भावना का अनुभव होने लगा था।

कहते हैं कि पिता को पुत्र से कभी भी ईर्ष्या नहीं होती है, किन्तु कीर्तिजी के व्यक्तित्व में कुछ असामान्यता थी और वे मन-ही-मन सचिन की तुलना स्वयं से करने लग जाते थे। उनके व्यक्तित्व की इस अपरिपक्वता का सम्बंध स्यात् उनके घरेलू परिवेश से भी हो सकता है और स्यात् ऐसा नहीं भी हो सकता है। कीर्तिजी अपने ग्यारह बहन-भाइयों में सबसे छोटे थे। उनसे बड़ी छह बहनें व एक भाई जीवित थे, शेष बहन-भाइयों की मृत्यु हो चुकी थी। अनकी दो-तीन बहनें उम्र में उनसे इतनी बड़ी थीं कि उनका कीर्तिजी के प्रति व्यवहार मातृवत ही था और कई भानजे-भानजियां भी उम्र में उनसे बड़े थे। बड़ी बहनों ने उन्हें अपने बच्चों के साथ-साथ ही अपनी गोद में खिलाया था। कीर्तिजी ने प्रारम्भ से ही अपने माता-पिता को वृद्धावस्था में ही देखा था और वे माता पिता की अंतिम संतान भी थे, इसलिए उन्होंने स्वयं को सदैव छोटा ही अनुभव किया था अर्थात् वे एक गतयौवना माता की अंतिम संतान थे जो उनसे आवश्यकता से अधिक स्नेह करती थी। उनके बाद घर में मौलश्री का ही जन्म हुआ था जो उनसे दस वर्ष छोटी थीं। इस प्रकार एक लम्बे समय तक वे घर में सबसे छोटे सदस्य के रूप में रहे थे और उन्होंने अपनी माता के स्नेह पर अपना एकाधिकार समझा था, हो सकता है उनके ईर्ष्यालु होने के पीछे यह भी एक निमित्त रहा हो। प्राय: यह देखने में आता है कि बहन-भाइयों में जो सबसे छोटा होता है वह कुछ अर्थों में सदैव अपरिपक्व बना रहता है जबकि जो सबसे बड़ा होता है वह बचपन से ही परिपक्व हो जाता है। कीर्तिजी सचिन से मात्र बाईस वर्ष बड़े थे और सचिन के प्रति कीर्तिजी का दृष्टिकोण एक पिता जैसा कम और एक ईर्ष्यालु बड़े भाई जैसा अधिक था। यह कुछ-कुछ ऐसा था जिसका वर्णन हमें आदम के दो बेटों केन व ऐबल की कहानी में मिलता है। कीर्तिजी प्रारम्भ से ही अत्यंत महत्त्वाकांक्षी रहे थे, किन्तु उन्होंने एक के

बाद एक भूलें निरंतर करके अपने भविष्य को स्वयं ही चौपट कर लिया था और अब वे कुण्ठित और मनोविकृत हो चुके थे। उनकी सोच कुछ इस प्रकार थी कि जीवन में बहुत से व्यक्ति उनसे अधिक आगे बढ़ गए थे; ये व्यक्ति उनसे कम योग्य थे और यह उनके प्रति बहुत बड़ा अन्याय था; इन व्यक्तियों को यह अन्याय करने का क्या अधिकार था? जिन लोगों से कीर्तिजी घिरे हुए थे, गांव के वे मूढ़ लोग भी अत्यंत नकारात्मक और हीनभावना से युक्त थे, और इन कुण्ठित लोगों ने भी कीर्तिजी के मन में ईर्ष्या के भड़कने में सहयोग ही दिया था। ये ग्रामीण लोग स्वयं तो अयोग्य थे ही, अपने परिचितों में से किसी अन्य का आगे बढ़ना भी इन्हें सुखद नहीं लगता था। सचिन अब पांचवीं कक्षा में आ गया था और नियमित रूप से स्कूल जाने लगा था। उसने इस बार सारे टेस्ट भी दिए थे और अर्द्धवाषिक परीक्षा भी दी थी। प्रत्येक प्रश्नपत्र में उसके सर्वाधिक अंक थे और उसका अपनी कक्षा में प्रथम स्थान प्राप्त करना एकदम निश्चित लगता था। उन दिनों स्कूल में प्रत्येक उत्तर-पुस्तिका जांचने के बाद पूरी कक्षा को देखने के लिए दी जाती थी। अर्द्धवार्षिक परीक्षा में सामान्य विज्ञान विषय की उत्तर-पुस्तिका भी जांचने के बाद पूरी कक्षा को दिखाई गई थी। इस प्रश्नपत्र में भी सचिन को सर्वाधिक अंक मिले थे जो कि 70 में से 57 थे। किन्तु जब वार्षिक परीक्षा के बाद कुल परिणाम सुनाया गया था तो इन अंकों को बदलकर 70 में से 11 कर दिया गया था। इस हेराफेरी के कारण एक अन्य लड़के अजय राठौड़ के अंक सचिन से 7 अधिक हो गए थे। पूरी कक्षा ने एक स्वर से इस परिणाम का विरोध किया था क्योंकि प्रत्येक छात्र ने सचिन की उत्तर-पुस्तिका देखी हुई थी। इस घटना को भी विस्तारपूर्वक बताना पड़ेगा। जिस लड़के को बेईमानी करके योग्यता-क्रम में प्रथम कर दिया गया था, वह एक डॉक्टर का लड़का था। संयोग की बात है कि डॉक्टर साहब का स्थानांतरण सत्र के मध्य में अर्द्धवार्षिक परीक्षा के बाद यहां हुआ था और उनका पुत्र अजय राठौड़ पिछली स्कूल से सचिन की तुलना में कोई 54 अंक अधिक लेकर आया था। इसलिए सबको यह उत्सुकता हो गई थी कि ऐसी स्थिति में दोनों में से प्रथम कौन रहता है? वार्षिक परीक्षा में सचिन ने अजय को लगभग 93 अंक पीछे छोड़ दिया था और इस कारण किसी ने यह हेराफेरी की थी। किन्तु सचिन का ध्यान अंकतालिका मिलते ही तुरंत इस हेराफेरी की ओर चल गया था। बात जब डॉक्टर साहब तक पहुंची थी तो उन्हें भी बहुत बुरी लगी थी, क्योंकि वे भी वस्तुस्थिति को ही जानना चाहते थे कि अजय की तुलनात्मक उपलब्धि क्या थी? किन्तु यह कैसे हो गया था, इस रहस्य का किसी को भी कुछ पता नहीं था। डॉक्टर साहब को बाद में पता लगा था कि

प्राइमरी स्कूल का प्रधानाध्यापक कीर्तिजी का विद्यार्थी रह चुका था और यह काम इन दोनों की मिलीभगत से हुआ था। कीर्तिजी नहीं चाहते थे कि सचिन की दादी, ताई और मां उन्हें एक जीनियस मानना बंद कर दें, यह अप्रिय लगता था। वे परिवार के लोगों और कौटुम्बिकों से यही सुनना चाहते थे कि सचिन वैसे तो पढ़ाई में अच्छा है, किन्तु कीर्तिजी वाली बात नहीं है। बच्चे में माता-पिता दोनों का ही असर आता है। प्रारम्भ से ही उनका प्रयास यह रहा था कि सचिन को उसकी योग्यता का पूरा अनुमान न हो सके। जब भी कोई सचिन की प्रशंसा करता था तो कीर्तिजी अपनी प्रशंसा के पुल बांधने प्रारम्भ कर देते थे। वे चाहते थे कि सचिन पिता को स्वयं से अधिक मेधावी समझे। क्योंकि मैं समय हूं मैंने सचिन के बचपन में ही भविष्य के पटल पर एक इबारत खुदी हुई देख ली थी।

दौरे-तवारीख के लिहाफ को कोई मुर्दा धड़कन चाहिए।
छोटा-मोटा निजाम नहीं, यहां तूतनखामन चाहिए।

दरअसल यायाति से भी बड़ा तूतनखामन था और तूतनखामन से भी बड़े सचिन के पिता थे जो आने वाले भविष्य की संभावनाओं को अतीत के लिहाफ में ही दफना देना चाहते थे। तूतनखामन नहीं चाहता था कि भविष्य में कोई भी फेराओ उससे अधिक यशस्वी हो सके। इसलिए उसने यह वसीयत की थी कि उसकी लाश के साथ ही उसके सारे खजाने व शस्त्रागार को भी दफना दिया जाए। बचपन में कीर्तिजी ने कई बार सचिन से कहा था कि तू पढ़ाई-लिखाई में तो विलक्षण है, किन्तु तेरे हाथों की लकीरें साधारण हैं। सचिन कभी भी स्वयं पर गर्व नहीं कर पाया था, इसका कारण सचिन के प्रति पिता का व्यवहार ही था। क्योंकि मैं समय हूं मुझे कभी-कभी ऐसा भी लगता है कि सारे हिन्दुस्तान की हालत ऐसी ही है अर्थात् यहां भविष्य की हथेली पर अतीत की लकीरें खुदी हुई हैं।

छठी कक्षा में आते-आते कीर्तिजी को यथास्थिति को स्वीकार करना पड़ा था। छठी कक्षा में जो सचिन के शिक्षक थे उनमें से कुछ लोग कीर्तिजी के शिक्षक भी रह चुके थे। इन्होंने एक मत से यह घोषित कर दिया था कि सचिन कीर्तिजी से भी अधिक प्रतिभा सम्पपन्न था। अपने इन शिक्षकों के कारण कीर्तिजी इस स्कूल में कोई हेराफेरी भी नहीं कर सकते थे। सचिन के अंक सर्वाधिक थे और देवेन्द्र बंका से साढ़े छह प्रतिशत अधिक थे। अजय इस बार तीसरे स्थान पर था और उसके अंक देवेन्द्र बंका से भी छह प्रतिशत कम थे। इस प्रकार अजय राठौड़ के अंक सचिन की तुलना में 1600 में से पूरे 200 कम थे। यही वह समय था जब भाग्य भी कीर्तिजी का साथ नहीं दे रहा था। पहले उन्होंने हिंदी में स्नातकोत्तर किया था और वे प्रथम श्रेणी को चूक गए

थे, फिर उन्होंने अंग्रेजी में स्नातकोत्तर किया था और इसमें भी वे द्वितीय श्रेणी को चूक गए थे। अब उन्हें एक कॉलेज शिक्षक की नौकरी भी आकाश-कुसुम जैसी दिखाई दे रही थी।

कीर्तिजी छात्रों के सम्बंध में अपने आकलन को ही यथार्थतम मानते थे। शिक्षकों द्वारा की गई सचिन की प्रशंसा को जांचने के लिए ही कीर्तिजी ने सचिन को थोड़ा-बहुत अंग्रेजी व्याकरण व गणित सिखाना शुरू किया था। पांचवीं कक्षा के बाद होने वाले ग्रीष्मावकाश में सचिन को मंदिर की परिक्रमा में बैठकर अंग्रेजी व्याकरण का अभ्यास करना पड़ा था। इसके लिए कीर्तिजी ने 'रेन एण्ड मार्टिन' की पुस्तक को आधार बनाया था । सचिन बहुत शीघ्र ही व्याकरण की आवश्यक विधियों को सीख गया था। इसी प्रकार छठी कक्षा के पश्चात् होने वाले ग्रीष्मावकाश में कीर्तिजी ने सचिन को कलकत्ता बोर्ड की एक पुस्तक के आधार पर हिंदी से अंग्रेजी में अनुवाद करना सिखाया था। सचिन बहुत कुशाग्र बुद्धि था। कीर्तिजी चाहते तो सचिन को उतना ही व्याकरण सिखा सकते थे जितना स्वयं उन्हें आता था। किन्तु शीघ्र ही कीर्तिजी की जिज्ञासा सचिन के विषय में पूरी हो गई थी और उन्होंने अचानक उसे व्याकरण व अनुवाद सिखाना बंद कर दिया था। इससे सचिन को भी बहुत आश्चर्य हुआ था। कीर्तिजी को यह कुतूहल भी हुआ था कि सचिन को गणित कितनी समझ में आती है? सचिन ने जब आठवीं कक्षा उत्तीर्ण की थी तब कीर्तिजी ने गर्मियों की छुट्टियां होते ही उसके सामने कहीं से निकालकर पंजाब मैट्रिक की 'एलजेब्रा' व 'ज्योमेट्री' की पुस्तकें रख दी थीं। ये दोनों पुस्तकें अंग्रेजी भाषा में थी और कीर्तिजी का मानना था कि इनका स्तर बहुत ऊंचा था। कीर्तिजी यह देखना चाहते थे कि सचिन कितना कर पाता है? किन्तु सचिन में आत्मविश्वास की कोई कमी नहीं थी। उसने दोनों किताबों का एक-एक सवाल बिना किसी की सहायता के स्वयं ही हल कर लिया था और ग्रीष्मावकाश समाप्त होते-होते यह चुनौती दे दी थी कि उससे कोई भी सवाल पूछ लिया जाए। पुस्तकों में कोई दस प्रतिशत प्रश्न नमूने के रूप में हल करके दिए हुए थे और इनके आधार पर शेष बचे हुए प्रश्न, प्रमेय व निर्मेय हल करना सचिन को कठिन नहीं लगा था। कीर्तिजी के अनुसार सारे प्रश्नों को बिना किसी अध्यापक की सहायता लिए हल करना वाकई एक अद्भुत बात थी। कुछ प्रश्नों के हल सचिन ने बिल्कुल मौलिक तरीकों से भी किए थे जो कहीं भी दिए हुए नहीं थे, किन्तु कीर्तिजी को यह मानना पड़ा था कि वे तरीके सही थे, राजस्थान बोर्ड की नवीं व दसवीं कक्षाओं में भी लगभग इसी पाठ्यक्रम को रखा हुआ था, यद्यपि पुस्तकें हिंदी में थीं और भिन्न थीं। अब कीर्तिजी यह मानने लगे थे कि शिक्षकों का कहना ठीक था कि सचिन उनसे किसी भी क्षेत्र में कम नहीं था।

जीवन स्थगित है

कहा जाता है कि चीन के अतीत में एक सम्राट हुआ करता था जिसके पैरों के पंजे बहुत छोटे थे। सेनापति के पैर बड़े थे, मंत्रियों के पैर बड़े थे, दरबारियों के पैर बड़े थे, यहां तक कि प्रजाजन के पैर भी जमीन पर अच्छी तरह टिकते थे। राजा के अतिरिक्त जो भी जमीन पर खड़ा होता था वह दृढ़तापूर्वक खड़ा होता था और पूरे अधिकार के साथ खड़ा होता था। यह सब देखकर राजा को बहुत दुःख होता था क्योंकि उसके पैर इतने छोटे थे कि उसके खड़े होने में भी आत्मविश्वास की कमी थी। राजा का एक मंत्री खुशामदी और अवसरवादी था, उसने राजा को प्रसन्न करने के लिए उसे परामर्श दिया कि सम्राट को एक आदेश प्रसारित करना चाहिए कि चीन में छोटे पैरों को ही आभिजात्य का लक्षण माना जाएगा। इसके अतिरिक्त राज्य की ओर से यह आज्ञा भी प्रसारित की गई थी कि पंद्रह वर्ष की अवस्था के बाद माता-पिता प्रत्येक संतान को लकड़ी के सख्त जूते पहनाएंगे ताकि उनके पैर असभ्य लोगों की तरह अधिक लम्बे नहीं हो सकें। यह सूचना भी प्रसारित की गई थी कि राजपरिवार में विवाह करने का अधिकार केवल उन्हीं व्यक्तियों को होगा जिनके पैर छोटे होंगे। अब चीन के सारे लोग ही राजा के छोटे पैरों के प्रशंसक बन गए थे और उनकी नाप को आदर्श मान लिया गया था। हिन्दुस्तान क्योंकि चीन का ही पड़ोसी देश है, यहां के माता-पिता भी प्रायः अपने बच्चों के साथ ऐसा ही व्यवहार करते हैं।

कीर्तिजी स्वयं साहित्य के शिक्षक थे, इसलिए यह स्वाभाविक था कि उनके पास साहित्य व समीक्षा से संबंधित बहुत-सी अच्छी पुस्तकें मौजूद थीं। यह बहुत आश्चर्यजनक था कि सचिन ने बहुत छोटी उम्र में ही साहित्य के प्रति अपनी रुचि को प्रदर्शित करना प्रारम्भ कर दिया था। ग्यारह वर्ष की वयस से पहले ही उसने जिन पुस्तकों को पढ़ना प्रारम्भ कर दिया था। उनमें सम्मिलित थीं–कामायनी, साकेत, प्रियप्रवास, चिंतामणि, ध्रुवस्वामिनी, गबन, गोदान इत्यादि। हिंदी साहित्य के इतिहास से भी सचिन को पर्याप्त लगाव था और वह सूर, तुलसी, केशव, देव, सेनापति, जायसी, कबीर इत्यादि की रचनाओं से भी नितांत अपरिचित नहीं था। रामचरितमानस, भ्रमर गीतसार, सतसई, ढोला मारू रा दूहा इत्यादि में भी उसकी रुचि उसकी अवस्था को देखते हुए आश्चर्यजनक थी। वह कीर्तिजी की प्रत्येक पुस्तक को उनकी अनुपस्थिति में छिप-छिपकर पढ़ने से नहीं चूकता था। यहां तक कि उसने पं. भोलानाथ तिवारी का भाषाविज्ञान व पं. बलदेव प्रसाद उपाध्याय का भारतीय दर्शन भी पढ़ने का प्रयास किया था। मुद्राराक्षस, उत्तर-रामचरित व अभिज्ञान शाकुंतलम् के हिंदी अनुवाद भी उसने देख डाले थे। सबसे अधिक आश्चर्यजनक बात यह थी कि वह इस उम्र में भी इन पुस्तकों के सम्बंध

में अपनी मौलिक धारणाएं रखता था और कीर्तिजी के समक्ष इन धारणाओं को रखने में चूकता भी नहीं था। कीर्तिजी यह भली-भांति समझ गए थे कि वह साहित्य व दर्शन के क्षेत्र में विशिष्ट संभावनाएं रखने वाला बालक था। श्री उपेन्द्र शास्त्री जो स्कूल में सचिन को हिंदी व संस्कृत पढ़ाते थे, वे कीर्तिजी के भी शिक्षक रह चुके थे। शास्त्रीजी संस्कृत के प्रकाण्ड विद्वान थे और वे संस्कृत को इस प्रकार लिखते व बोलते थे, जैसेकि वह उनकी प्रादेशिक भाषा हो। शास्त्रीजी का कहना था कि सचिन जैसा योग्य शिष्य उन्हें पहली बार मिला है और वे सचिन को हिंदी व संस्कृत में विशिष्ट ज्ञानसम्पन्न बना देना चाहते हैं। शास्त्रीजी ने कीर्तिजी को यह परामर्श दिया था कि सचिन को कलावर्ग ही दिलवाना चाहिए, क्योंकि यह साहित्य व दर्शन में बहुत यशस्वी विद्वान बन सकता है। किन्तु, कीर्तिजी यह नहीं चाहते थे कि सचिन की तुलना कोई उनसे करे। इसलिए उन्होंने प्रारम्भ से ही यह सोच लिया था कि वे उसके पंजों को अधिक लम्बा नहीं होने देंगे। उनकी इच्छा यह थी कि सचिन भौतिकशास्त्र जैसे किसी विज्ञान के विषय का कॉलेज प्रवक्ता बन जाए और उसका क्षेत्र ही बदल जाए। इसलिए नवीं कक्षा में आते ही कीर्तिजी ने उसे गणित, भौतिकशास्त्र व रासायनशास्त्र विषय दिलवा दिए और बाद में उसे इंजीनियरिंग में भेजने से भी मना कर दिया था।

कीर्तिजी स्वयं विज्ञान वर्ग से अनभिज्ञ थे, किन्तु सचिन एक विज्ञान के विद्यार्थी के रूप में भी सफल सिद्ध हुआ था। यद्यपि उसे बहुत साधारण स्कूलों में पढ़ना पड़ा था, जहां सुविधाओं का अभाव था और प्रायोगिक परीक्षाओं में उसके अंक अधिक नही आए थे; फिर भी वह दसवीं और ग्यारहवीं कक्षाओं में योग्यता-सूची में था और उसे राष्ट्रीय योग्यता-छात्रवृत्ति मिली थी। एक प्रकार से उसकी इन तीन वर्षों की पढ़ाई व्यर्थ चली गई थी। इन दिनों भी जयपुर की मालवीय इंजीनियरिंग कॉलेज को आई. आई. टी. के समकक्ष माना जाता था और इसकी प्रवेश योग्यता सूची में वे सारे विद्यार्थी सम्मिलित थे जिनके अंक 67% थे, जबकि सचिन के प्राप्तांक 82% थे और उस समय पी. ई. टी. नहीं हुआ करती थी। सचिन का प्रवेश देश की बड़ी से बड़ी संस्था की अभीष्टतम ब्रांच में हो सकता था, फिर भी कीर्तिजी ने उसे अभियांत्रिकी में प्रवेश दिलवाने से स्पष्ट मना कर दिया था। समझ में नहीं आता है कि सचिन को विज्ञान वर्ग में भेजने के पीछे उनका प्रयोजन क्या था? जैसाकि श्री उपेन्द्र शास्त्री का कहना था साहित्य व दर्शन के क्षेत्र में सचिन में विशेष प्रतिभा थी और उसमें एक विश्वकोटि के समीक्षक, कवि और दार्शनिक बनने की संभावना थी। ऐसा लगता है कि कीर्तिजी अपने अचेतन मन में कुछ इस तरह का मंतव्य

रखते आए थे–क्योंकि मैं जीवन में स्वयं को सफल नहीं मानता हूं, किसी और को सफल होते हुए देखना मेरे लिए हर्ष का विषय नहीं हो सकता है। अस्तु, सचिन को अभियांत्रिकी में न भेजने का कारण कीर्तिजी ने आर्थिक तंगी को बताया था। उनका कहना था कि वे एक शिक्षक थे और सात बच्चों के पिता थे और उनके लिए किसी भी बच्चे को डॉक्टर या इंजीनियर बनाना संभव नहीं था।

परिवार नियोजन के सम्बंध में भी कीर्तिजी के विचार एकदम मौलिक रहे थे। बच्चों को जन्म तो प्रकृति देती है किन्तु मां-बाप उन्हें पालने का मानवीय कृत्य करते हैं जिसके लिए बच्चों को माता-पिता के प्रति आभारी होना चाहिए। प्रकृति के कारण स्त्री और पुरुष समीप आ जाते हैं और बच्चों का जन्म उनके लिए भी एक विस्मय की तरह होता है। इसलिए बच्चों के जन्म का उत्तरदायित्व मां-बाप पर नहीं डाला जा सकता है, वे तो केवल उन्हें पालने की उदारता करते हैं; यदि वे नहीं चाहें तो बच्चे का जीवन बच ही नहीं सकता है। इसलिए कहा जाता है–कुपुत्रो जायते क्वचिदपि कुमाता न भवति। यदि मां-बाप बच्चे को नहीं पालें तो उनका कोई क्या बिगाड़ सकता है? अब प्रश्न यह उठता है कि मां-बाप बच्चों को क्यों पालते हैं? इसका कारण कीर्तिजी स्वार्थ-पूर्ति को मानते थे। अर्थात् कीर्तिजी की सोच यह थी कि बच्चे को पालना माता-पिता का कर्त्तव्य नहीं होता है, किन्तु वे उसे इसलिए पालते हैं कि उनके स्वार्थ की पूर्ति हो सके। जब तक बच्चों से मां-बाप का कोई स्वार्थ सिद्ध होता है, उन्हें बच्चों से सम्पर्क बनाए रखना चाहिए। प्रकृति मां-बाप को बच्चों के माध्यम से स्वार्थ-पूर्ति का अधिकार उसी प्रकार देती है जिस प्रकार वह कृषक के लिए खेत में फसल उगाती है। प्रत्येक बच्चे को मां-बाप के प्रति कृतज्ञ होना चाहिए कि मां-बाप ने उसको प्रकृति के भरोसे मरने के लिए नहीं छोड़ दिया था। यदि परिवार-नियोजन के कारण कोई स्वास्थ्यगत आशंका मन में आती हो तो दम्पति को इस सम्बंध में स्वयं को निमित्त-मात्र मानना चाहिए। संतानोत्पत्ति में क्योंकि प्रकृति ही निमित्त और उपादान कारण होती है इसलिए समझदार दम्पति को इस सम्बंध में कर्त्ताभाव का त्याग कर देना चाहिए और इसके परिणामों के प्रति भी स्वयं को उत्तरदायी नहीं मानना चाहिए। संक्षेप में कीर्तिजी का तर्क यह था कि बच्चे प्रकृति के कारण उत्पन्न होते हैं; यदि अधिक बच्चे उत्पन्न होते हैं और उनकी दुर्दशा होती है तो इसके लिए प्रकृति ही उत्तरदायी होती है; किन्तु यदि बच्चे उन्नति करते हैं तो इसका श्रेय माता-पिता को जाता है। इस प्रकार इस दम्पति के लिए बच्चे एक नैसर्गिक सम्पत्ति मात्र थे जिसके प्रति मानवीय दायित्व कुछ नहीं होता है। संतानोत्पत्ति

प्रकृति के द्वारा किये गए निष्काम कर्म का परिणाम होती है और इसमें माता-पिता को अपने कर्ताभाव को बीच में नहीं लाना चाहिए। बच्चों को होने वाली सुविधा अथवा असुविधा अनंत कारण जलधि में उठने वाली तंरगों की तरह होती है जिनका होना स्वाभाविक होता है। इसलिए दम्पति को कोई भी आशंका रहते हुए परिवार-नियोजन नहीं करवाना चाहिए। कोई आश्चर्य नहीं कि आशंका रहित होते-होते कीर्तिजी सात बच्चों के पिता बन चुके थे। आखिर कीर्तिजी भी एक अनादि ऋषि-परंपरा के प्रवाहमान वारिजात थे और विद्वत्ता का उनके पास कोई अभाव नहीं था। उनके लिए बच्चे जीते-जागते मनुष्य न होकर स्वार्थ-पूर्ति का प्रकृति प्रदत्त निमित्त मात्र थे, इसलिए उनमें बच्चों के अधिकारों के प्रति जागरूकता का कोई भी भाव नहीं था। इस देश के असंख्य निवासियों की तरह कीर्तिजी में भी मानवाधिकारों की कोई भी समझ नहीं थी। वे बच्चों को ऐसी फसल की तरह मानते थे जिसके सम्बंध में निर्णय का अधिकार कृषक के पास होता है, किन्तु फसल को इस निर्णय को बदलने का कोई अधिकार नहीं होता।

इस दम्पति में प्रारम्भ से ही माता-पिता और बच्चों के पारस्परिक सम्बंधों को समझने की बुद्धि नहीं थी। मां-बाप जीवन में आगे बढ़ने के लिए बच्चों को जितनी सुविधा और स्वतंत्रता देते हैं और बच्चे अपने उद्देश्य में जितने सफल होते हैं, वे मां-बाप के प्रति उतने ही अनुग्रह का अनुभव करते हैं। किन्तु इस दम्पति की धारणा ठीक इसके विपरीत थी। उनकी सोच यह थी कि बच्चे मां-बाप का कहना स्वेच्छा से नहीं मानते हैं अपितु परिस्थितिजन्य बाध्यता के कारण मानते हैं। वे यह नहीं चाहते थे कि बच्चे इतने सफल हों कि स्वयं पर गर्व कर सकें। इसके विपरीत वे यह चाहते थे कि उनके तीनों पुत्र इतने साधारण हों कि वे स्वयं की अपेक्षा अपने माता-पिता को ही अधिक बुद्धिमान समझें और उन्हीं का अनुसरण करें। इस कारण कीर्तिजी सदैव अपनी उपलब्धियों को बढ़ा-चढ़ाकर बताया करते थे और अपनी परिस्थितियों को प्रतिकूल बताया करते थे। उन्हें सबसे अधिक चुनौती सचिन की ओर से ही अनुभव होती थी और सचिन ही तीनों पुत्रों में सबसे बड़ा भी था। उन्होंने अपने मन में प्रारम्भ से ही एक जिद को जन्म दे दिया था कि उनकी पत्नी, उनके परिजन व उनके परिचित सचिन की अपेक्षा उनको ही अधिक बुद्धिमान समझें ताकि वे स्वयं के जीनियस होने की धारणा को बचा सकें।

वे प्रारम्भ से ही ऐसा चित्रित करते आ रहे थे कि उनकी प्रतिभा अभूतपूर्व थी, अब वे अपने ही घर में इस धारणा के प्रति चुनौती का अनुभव कर रहे थे। यह नियति का एक बहुत कठोर उपहास था। इसलिए कीर्तिजी प्रारम्भ से ही यह प्रयास कर

150 *जीवन स्थगित है*

रहे थे कि सचिन स्वयं को विशिष्ट न मानकर पिता को ही अधिक बुद्धिमान समझे। वे चाहते थे कि तीनों पुत्रों में से किसी का भी बौद्धिक कद बहुत बड़ा न हो और वे माता-पिता के पिछलग्गू बने रहें। कीर्तिजी को सचिन के बचपन में ही यह आशंका हो गई थी कि यदि सचिन भाषा, साहित्य व दर्शन को चुनता है तो उसकी प्रतिष्ठा एक विशिष्ट विद्वान के रूप में हो सकती है । यदि ऐसा हुआ तो कीर्तिजी की पत्नी, उनके पुत्र-पुत्रियों व उनके परिजन उनकी विद्वत्ता को महत्त्व देना बंद कर देंगे जो उनकी एकमात्र विशिष्टता थी। अपने महत्त्व को बचाए रखने के लिए कीर्तिजी ने जानबूझकर सचिन को कला वर्ग से पृथक कर दिया था और विज्ञान संकाय से जोड़ दिया था जिसके बारे में परिवार में कोई भी पृष्ठभूमि नहीं थी। कीर्तिजी को यह भी लगता था कि पारिवारिक पृष्ठभूमि के अभाव, अच्छे शिक्षकों की कमी व अच्छी प्रयोगशालाओं के अभाव में सचिन कोई महत्त्वपूर्ण उपलब्धि नहीं कर पाएगा और इससे उसमें स्वयं को विशिष्ट समझने की प्रवृत्ति का विकास नहीं होगा। यह सच है कि सचिन को विषम परिस्थितियों से जूझना पड़ा था। सचिन जब दसवीं कक्षा में आया था तो पूरे वर्ष गणित व भौतिकी पढ़ाने वाला एक भी अध्यापक नहीं था। जो शिक्षक गणित पढ़ाते थे वे सेवानिवृत्ति के समीप थे, इसलिए पूरे सत्र रूपांतरित अवकाश पर चलते रहे थे। भौतिकशास्त्र के वरिष्ठ अध्यापक का पद पूरे वर्ष रिक्त पड़ा रहा था क्योंकि सरकारी स्कूलों में ऐसी बातों पर कोई भी ध्यान नहीं देता है। जब वह ग्यारहवीं कक्षा में आया था तो भौतिकशास्त्र व रसायनशास्त्र की प्रयोगशालाएं अच्छी नहीं थीं; त्रुटिरहित उपकरणों एवं रसायनों का अभाव था। प्रायोगिक परीक्षाओं में भी उसे एकदम औसत अंक दिए गए थे जैसे–30 में से 16, 30 में से 22 इत्यादि। इसके लिए कीर्तिजी भी उत्तरदायी थे; वे बुलाने पर भी आंतरिक व बाह्य परीक्षकों से मिलने के लिए नहीं जाते थे और उनकी स्पष्ट अवमानना करते थे। यद्यपि उसका नाम दोनों परीक्षाओं में योग्यता-सूची में था, किन्तु उसकी उपलब्धि और भी बड़ी हो सकती थी। कीर्तिजी इन परिणामों से भी प्रसन्न नहीं हुए थे, क्योंकि अब उन्हें स्पष्ट यह कहना पड़ा था कि वे उसे योग्य होते हुए भी अभियांत्रिकी में नहीं भेज सकते हैं। वस्तुस्थिति बिल्कुल विचित्र थी। कीर्तिजी विक्षिप्त थे और मनोरोगी होने के कारण उनमें आत्मविश्वास की कमी थी; इसलिए वे कोई भी ऐसी परिस्थिति निर्मित नहीं होने देना चाहते थे जिसमें उनके वर्चस्व को चुनौती मिले। मौलिक सोच का सबसे अधिक खतरा उन्हें सचिन की ओर से ही था, इसलिए उन्होंने सबसे बड़ी बाधाएं सचिन की उन्नति में ही खड़ी की थीं। इस बार फिर उन्होंने बहानेबाजी से काम लिया था। सबको उन्हें यह कहना पड़ा था कि इंजीनियरिंग में नहीं भेजने के दो कारण हैं–पहला कि उनकी आर्थिक स्थिति फिलहाल चिंताजनक है और दूसरा कि सचिन सरलता से आई. ए. एस. में आ

सकता है और उसे अभियांत्रिकी में भेजना उसके लक्ष्य को दुरूह बनाने जैसा है।

शेक्सपियर ने कहा है कि एक मनुष्य की पहचान उस संगति से होती है जिसे वह चुनता है। कीर्तिजी के एक शिक्षक मित्र थे श्री सुधीर माथुर, जिन्होंने सचिन के उच्च माध्यमिक करते ही ईर्ष्यावश एक बहुत भ्रामक परामर्श कीर्तिजी को दिया था और यह परामर्श भी कीर्तिजी को बहुत पंसद आया था और उन्होंने इसे बहुत गंभीरता से लिया था । श्री माथुर का कहना था कि सचिन एक अभियंता भी बन सकता है और सचिन एक जिलाधीश भी बन सकता है, किन्तु इससे कीर्तिजी को क्या लाभ होगा और वह कीर्तिजी को महत्त्व क्यों देगा? इससे अच्छा तो यह होता कि सचिन पढ़ने में थोड़ा कम तेज होता ताकि वह तुरंत रेलवे एप्रेंटिसशिप की परीक्षा दे देता जिसके लिए न्यूनतम अर्हता उच्च माध्यमिक परीक्षा में प्रथम श्रेणी है। वह इसमें उत्तीर्ण भी हो जाता और कुछ महीनों के भीतर ही रेलवे में कंडक्टर बन जाता और रोजाना सैंकड़ों रुपए कमाकर घर पर लाता। उस समय कॉलेज प्रवक्ता का वेतन मात्र पांच–छह सौ रुपए प्रतिमाह था और कीर्तिजी को यह बात बहुत पसंद आई थी कि इतनी कमाई तो एक रेलवे कंडक्टर पांच–सात दिनों में ही कर लेता था। श्री सुधीर माथुर का कहना था कि सचिन के अतिरिक्त घर में और भी बेटे–बेटियां हैं, अब अकेले कीर्तिजी को ही उनकी चिंता करनी पड़ेगी। अच्छा होता कि सचिन कम प्रतिभासम्पन्न होता तो वह रेलवे में कंडक्टर बन जाता, कीर्तिजी की इज्जत भी करता और उनकी आर्थिक चिंता भी दूर हो जाती। कीर्तिजी में सदैव व्यावहारिक बुद्धि का अभाव रहा था इसलिए इस प्रकार की दुर्भावनापूर्ण सलाह का असर भी उन पर कम नहीं पड़ा था। कीर्तिजी के अतिरिक्त किसी को भी बी. ई. में न जाने का निर्णय ठीक नहीं लग रहा था। कीर्तिजी के सहकर्मियों का कहना था कि आर्थिक तंगी की स्थिति में उन्हें बैंक से ऋण ले लेना चाहिए जिसे बाद में सचिन स्वयं ही चुका देगा। मौलश्री जीजी के एक देवर थे श्री नंदकिशोर जोशी, जिन्होंने उसी वर्ष सिविल अभियांत्रिकी में डिग्री प्राप्त की थी और जो बाद में भारत सरकार के एक संस्थान में सर्वोच्च पद पर पहुंचे थे, इन महाशय ने भी कीर्तिजी के निर्णय को सरासर गलत बताया था। जो भी हो, पिता सचिन को बी. ई. में प्रवेश दिलाने के लिए सहमत नहीं हुए थे और सचिन ने रेलवे एप्रेंटिसशिप की परीक्षा देने से मना कर दिया था। सचिन का कहना था कि ऐसी परीक्षाएं उन बच्चों के लिए होती हैं जिनके पिता का असामयिक निधन हो जाता है और जिनकी माताएं उन्हें घरेलू कामकाज करके पालती हैं। वह ऐसे बच्चों से उनका हक नहीं छीनना चाहता है। इस बात का उत्तर न तो कीर्तिजी के पास था और न ही सुधीर माथुर के पास। अंत में सचिन ने विज्ञान–संकाय को छोड़ने का निणर्य ले लिया था। बी. ई. में

नहीं भेजे जाने पर विज्ञान के विषय लेकर स्नातक करना व्यर्थ था। अब उसने कॉलेज की पढ़ाई में गणित, अंग्रेजी साहित्य और दर्शनशास्त्र को चुन लिया था। अभियांत्रिकी में नहीं भेजने से सचिन कतई निराश नहीं था। उसको आशा थी कि वह इससे भी अधिक उज्जवल भविष्य बनाकर दिखाएगा। जैन-विश्व भारती ने उच्च माध्यमिक परीक्षा में योग्यता क्रम में आने के कारण सचिन को स्वर्णपदक व प्रशस्तिपत्र देकर सम्मानित किया था, किन्तु इस बात पर आश्चर्य होता है कि कीर्तिजी इस कार्यक्रम में पड़ोस में रहते हुए भी सम्मिलित नहीं हुए थे। यहां तक कि घर का कोई भी सदस्य इस कार्यक्रम में उपस्थित नहीं था।

कुछ अन्य अवसरों पर भी कीर्तिजी ने एक नितांत दायित्वशून्य पिता होने का प्रमाण दिया था। सचिन ने स्नातकोत्तर उपाधि के लिए परीक्षा अभी दी ही थी और सचिन को तक तब प्रतियोगी परीक्षाओं का पाठ्यक्रम देखने का समय तक नहीं मिला था कि ग्रीष्मावकाश में ही वे उसका विवाह करने के लिए तत्पर हो गए थे। एक पूर्व मंत्री कीर्तिजी के परिचित थे जो एक कन्या का विवाह-प्रस्ताव लेकर आ गए थे। कन्या रूप-रंग में साधारण थी, किन्तु उसका पैतृक घर प्रतिष्ठित और समृद्ध था। कीर्तिजी को दान-दक्षिणा अच्छी मिलने का आश्वासन था और इस दान-दक्षिणा के लिए वे सचिन के भविष्य को भी दांव पर लगाने के लिए तैयार हो गए थे। एक और घटना उस समय की है, जब सचिन का विवाह वास्तव में ही निश्चित हो गया था। इस घटना से भी कीर्तिजी के व्यक्तित्व पर प्रकाश पड़ता है। सचिन ने 1976 में कमाना प्रारंभ किया था और उसका विवाह 1983 में हुआ था, इन सात वर्षो में सचिन ने जो भी पैसा बचाया था, वह अपने पिता को दे दिया था। ऐसा होते हुए भी कीर्तिजी ने स्वर्णकार को यह आदेश दिया था कि वह सचिन को मिले हुए दोनों स्वर्णपदकों को पिघला दे और इससे बहू के गले का एक हार बना दे। यह सचिन के विवाह के दूसरे दिन की घटना है। कीर्तिजी के एक मित्र भी वहीं बैठे थे और वे इस कथन में छिपे हुए व्यंग्य को समझ गए थे। उन्हें कीर्तिजी से इतनी घृणा हुई थी कि उस दिन के बाद उन्होंने कीर्तिजी के घर में दुबारा पैर भी नहीं रखा था। इन मित्र को पता चल गया था कि कीर्तिजी एक विश्वासघात करने वाले पिता थे; उन्होंने सचिन को अभियंता अथवा कोई अन्य बड़ा अधिकारी बनने नहीं दिया था और विवाह के नाम पर भी उसके साथ धोखा किया था। यह सब करने के बाद भी वे सचिन पर ही व्यंग्य कर रहे थे। सचिन तब तक अपने पिता को समझ नहीं पाया था, किन्तु ये मित्र समझ गए थे कि कीर्तिजी कितने विक्षिप्त पिता थे। इस घटना के बाद उन्हें कीर्तिजी से इतनी घृणा हुई थी कि औपचारिकतावश भी वे इस घृणा को छिपा

नहीं सके थे। कीर्तिजी की दृष्टि में पिता और पुत्र का सम्बंध वैसा ही था जैसा पत्थर और शिल्पी का होता है। वे पुत्र को एक ऐसे प्रस्तर–खण्ड की तरह समझते थे जिसे छैनी और हथौड़े की सहायता से जैसे चाहे छिन्न–भिन्न करना शिल्पी का निर्बाध अधिकार होता है। वे पुत्र को प्रायः निष्प्राण समझते थे और उसके जीवन को मनगढ़ंत टेढ़ी–मेढ़ी आकृति देना पिता का असीमित अधिकार मानते थे।

अस्तु, हम घटनाक्रम में प्रसंगवश बहुत आगे निकल गए हैं। विद्यालय की पढ़ाई के उपरांत सचिन स्नातक व स्नातकोत्तर पाठ्यक्रमों के लिए छात्रावास चला गया था। उसने दोनों ही परीक्षाओं में सर्वोच्च अंक प्राप्त किए थे और एक कीर्तिमान भी बनाया था। सचिन के प्राध्यापक उसकी प्रतिभा के प्रति आस्थावान थे और वे उसके प्रति स्नेह भी रखते थे। वे सभी यह चाहते थे कि सचिन स्नातकोत्तर उपाधि के पश्चात् भी शोध छात्र के रूप में छात्रावास में प्रवेश ले ले; इससे पहले तो उसे शोध छात्रवृत्ति मिल जाएगी और फिर वे विश्वविद्यालय के विभाग में ही उसकी नियुक्ति कर देंगे। यह उन दिनों की परम्परा थी कि सम्भावनापूर्ण विद्यार्थी विभाग से अपना सम्पर्क नहीं छोड़ते थे। प्रत्येक छात्र को पहले शोध छात्र के रूप में पंजीकृत होना पड़ता था; फिर वह कई वर्षों तक अस्थायी संकाय सदस्य व शोध छात्र के रूप में क्रमशः विभाग व छात्रावास में बना रहता था और शोध कार्य पूरा होते ही उसकी नियुक्ति स्थायी संकाय सदस्य के रूप में हो जाती थी। यह प्रक्रिया प्रायः चार–पांच वर्ष चलती थी और प्रत्येक होनहार छात्र को इस प्रक्रिया से गुजरना पड़ता था।

कीर्तिजी–"अब तुम आगे क्या करना चाहते हो?"

सचिन–"प्रत्येक वह विद्यार्थी जो सतत प्रथम श्रेणी लाता रहा है, उसे विश्वविद्यालय अनुदान आयोग शोध छात्रवृत्ति देता है। पहले मैं इस छात्रवृत्ति के लिए आवेदन करूंगा और छात्रावास में प्रवेश लूंगा। इसके तुंरत बाद गणित विभाग में ही एक अस्थायी संकाय सदस्य की तरह मेरी नियुक्ति हो जाएगी।"

कीर्तिजी–"कितनी छात्रवृत्ति मिलेगी?"

सचिन–"छात्रवृत्ति तो पर्याप्त है। एक प्रवक्ता को जितना वेतन मिलता है उसका लगभग साठ प्रतिशत वृत्ति के रूप में मिलेगा। सारा व्यय निकल जाने के पश्चात् भी कुछ–ना–कुछ बचत ही रहेगी।

कीर्तिजी–"तुम्हारी नियुक्ति निदेशालय से भी अस्थायी प्रवक्ता के रूप में हो जाएगी क्योंकि योग्यता–सूची में तुम्हारा नाम पहला ही है। फिर इस छात्रवृत्ति को लेने से क्या लाभ होगा?"

सचिन–"इससे मुझे विश्वविद्यालय के विभाग में अस्थायी नियुक्ति मिल जाएगी और शोध छात्र के रूप में मैं छात्रावास में भी रह सकूंगा। छात्रावास

में खाने-पीने की सुविधा भी रहती है और पढ़ाई का वातावरण भी मिलता है। आजकल प्रतियोगिता बहुत कठिन हो गई है, इसलिए सब छात्रावास में ही बने रहना चाहते हैं। कुछ लोग एल.एल.बी., एल.एल.एम व डबल एम.ए. तक में प्रवेश ले लेते हैं, किन्तु छात्रावास नहीं छोड़ते हैं। बाहर निकलकर नौकरी करते हुए ऐसा स्थान ढूंढ़ना लगभग असम्भव होता है जहां रहने और खाने-पीने की पूरी सुविधा हो। छात्रावास में कमरे का किराया मात्र पच्चीस रुपए महीना और खाने का बिल केवल दो सौ रुपए महीना आता है। ऐसी सुविधा अन्यत्र कहीं भी नहीं मिल सकती है।

कीर्तिजी–"तुम मेरे से और पैसे तो नहीं मांगोगे?"

सचिन–"छात्रवृत्ति का भुगतान तो जुलाई से ही किया जाता है, किन्तु बिल पास होकर आने में लगभग दो महीने लग जाते हैं, इसके पश्चात् भुगतान नियमित हो जाता है। इसलिए एक बार दो महीने के लिए आपको छात्रावास की फीस उधार देनी पड़ेगी। छात्रवृति मिलने ही वह राशि मैं आपको लौटा दूंगा।"

कीर्तिजी–"अब तुम इक्कीस-बाईस वर्ष के हो गए हो। इस उम्र में आकर भी यदि बेटा कमाई-धमाई न करे तो मां-बाप के लिए ऐसे बेटे की एक-एक दिन की रोटी भी भारी हो जाती है। तुम्हें देने के लिए मेरे पास अब फूटी कौड़ी भी नहीं है। मां-बाप तो ऐसी स्थिति में यह उम्मीद रखते हैं कि तुम अब कमाओ और उनकी मदद भी करो। मैंने तो स्कूल में नौकरी करते हुए भी तीन महीने की तैयारी में ही राजस्थान प्रशासनिक सेवा की लिखित परीक्षा में सर्वाधिक अंक प्राप्त कर लिए थे। यदि तुम नौकरी करते हुए छात्रावास से बाहर रहकर आई.ए.एस. की तैयारी नहीं कर सकते तो इसका अर्थ यह है कि तुम आई.ए.एस. बनने के योग्य ही नहीं। तुम्हें अन्य किसी अधिक योग्य प्रतियोगी को वंचित करने का क्या अधिकार है?"

पिता का उत्तर बहुत अप्रत्याशित था और इसे सुनकर सचिन को बहुत धक्का लगा था। सचिन ने बहुत उचित बात कही थी जिसमें लाभ-ही-लाभ था और हानि कुछ भी नहीं थी। मात्र दो महीने की फीस बतौर उधार देने का प्रस्ताव था और प्रत्युत्तर में सचिन को इतनी कड़वी बात सुननी पड़ी थी। सचिन को ग्यारहवीं कक्षा से ही राष्ट्रीय योग्यता छात्रवृत्ति मिल रही थी, इसके अतिरिक्त एक अन्य दातव्य संस्था भी आवश्यकतानुसार उसकी आर्थिक सहायता कर रही थी। सचिन ने तुलनात्मक रूप से बहुत कम आर्थिक भार पिता पर डाला था और ऐसी स्थिति में भी पिता ने इतना अप्रिय उत्तर दिया था। लिहाजा सचिन को छात्रावास छोड़ना पड़ा था। इससे भी गंभीर बात यह हुई थी कि उसके शिक्षक उसे विभाग में नहीं ले पाए थे। विभाग से जो योग्यता-सूची

बनकर प्रशासनिक संभाग में गई थी उसमें सचिन का नाम पहला था और प्राध्यापकों ने उसे बधाई भी दे दी थी, किन्तु उपकुलपति ने यह कहकर उसके नाम का अनुमोदन नहीं किया था कि सचिन के नाम से तब तक एक भी शोधपत्र प्रकाशित नहीं हुआ था। सचिन के स्थान पर एक ऐसे व्यक्ति को लिया गया था जिसका शैक्षणिक रिकॉर्ड उत्कृष्ट नहीं था, किन्तु उसने पी.एच.डी. कर रखी थी और उसकी अनुशंसा उत्तर प्रदेश के एक विश्वविद्यालय से उपकुलपति को की गई थी। यद्यपि सचिन की अकादमिक योग्यता अत्यंत उत्कृष्ट थी, किन्तु अब शिक्षकों के पास शोधविषयक कोई भी तर्क नहीं था अर्थात् वे यह नहीं कह सकते थे कि उसके शोधपत्र तैयार थे और छपने वाले थे। सचिन का विभाग में न आना आज तक एक क्षति के रूप में देखा जाता है, क्योंकि शुद्ध गणित के क्षेत्र में उसे विशिष्ट माना जाता था। अस्तु, धीरे-धीरे जो प्राध्यापक उससे परिचित थे, वे सेवानिवृत होते चले गए थे और विभाग से उसका सम्पर्क सूत्र विच्छिन्न होता चला गया था।

यह सच है कि पिता के इस अप्रत्याशित उत्तर से सचिन का मन खिन्न हो गया था और उसके स्वाभिमान को भी चोट लगी थी, किन्तु यह वह समय था जब सचिन यह नहीं समझ पाया था कि पिता विक्षिप्त थे और उनके व्यक्तित्व की सारी संरचना ही ऋतविरोधी हो चुकी थी। उनकी समस्त जीवन ऊर्जा ऋत के विपरीत ही गतिशील थी और उन्हें ऋतशत्रु कहा जा सकता था। इस काल बिन्दु पर खड़े हुए सचिन को मात्र इतना ही समझ में आया था कि पिता घर-गृहस्थी का बोझ ढोते-ढोते थक गए थे और स्यात् आर्थिक रूप से विपन्न भी थे । यह वह समय था जब सचिन पिता के अभीष्ट को समझ गया होता और उसने संबंध विच्छिन्न कर लिया होता तो वह भावी दुरभिसंधि से बच सकता था। कम वयस में मनुष्य शुभदर्शी अधिक होता है और वह मनोविकृतियों के प्रति भी जागरूक नहीं होता है, इसलिए समाज में अधिकतर संतान का ही भावनात्मक शोषण होते हुए देखा जाता है। कहना चाहिए कि भारतीय समाज में ऐसे माता-पिता की कोई कमी नहीं है जिनमें समुचित दायित्वबोध नहीं पाया जाता है, फिर भी बच्चे उन्हें अपना शुभचिंतक ही समझते हैं। निदेशालय से जारी होने वाली योग्यता-सूची में सचिन का नाम पहला ही था, किन्तु यहां से नियुक्ति दीवाली की छुट्टियों के बाद ही होने की संभावना बताई जा रही थी, इसलिए सचिन ने प्रतीक्षा करना उचित नहीं समझा था और ग्रीष्मावकाश में ही एक निजी स्नातकोत्तर व प्रतिष्ठित महाविद्यालय में आवेदन कर दिया था। इस महाविद्यालय ने साक्षात्कार के पश्चात् अगस्त महीने में ही सचिन को स्थायी नियुक्ति दे दी थी। सचिन ने यहां पहले ही कार्यग्रहण

कर लिया था और अगले दो वर्षों तक वह राजकीय सेवा में होने वाली अस्थायी नियुक्ति को टालता रहा था। कीर्तिजी का आग्रह राजकीय सेवा के प्रति बढ़ता ही जा रहा था, क्योंकि इससे सचिन व कीर्तिजी एक ही स्थान पर रह सकते थे और कीर्तिजी सचिन को अपने तरीके से प्रभावित कर सकते थे। किन्तु सचिन अब घर के वातावरण से ऊब चुका था और वह इंद्रगढ़ में ही रहना चाहता था। यहां वह एक किराए के मकान में रह रहा था और अकेला होने के कारण उसे कई बार मकान बदलना भी पड़ा था। क्योंकि सचिन का सारा छात्र जीवन घर अथवा छात्रावासों में ही बीता था, इसलिए उसे स्वयं खाना बनाना नहीं आता था। बाजार का खाना महंगा और अरुचिकर था तथा होटल तक आने-जाने और वहां पर बैठकर प्रतीक्षा करने में भी समय नष्ट होता था। किन्तु सचिन को सारी परिस्थितियों का निर्वाह विवशता के कारण ही करना पड़ रहा था। इसके कुछ ही समय बाद विश्वविद्यालय के विभागाध्यक्ष ने कीर्तिजी को दो बार पत्र लिखकर उनसे मिलने की इच्छा व्यक्त की थी, किन्तु कीर्तिजी ने इन पत्रों का प्रत्युत्तर देना भी आवश्यक नहीं समझा था। प्रोफेसर साहब कीर्तिजी से पद में भी बड़े थे और अवस्था में भी कोई पंद्रह वर्ष बड़े थे, इसलिए इस प्रकार का व्यवहार अप्रत्याशित था और अंत में उनको निराश होकर चुप रह जाना पड़ा था।

वास्तव में देखा जाए तो कीर्तिजी भ्रांतियों में ही जीने वाले एक व्यक्ति थे। पिता-पुत्र के संबंधो के बारे में भी उनके विचार बहुत भ्रांत थे। यद्यपि वे जीवन में असफल हो चुके थे तो भी उन्होंने आजीवन यही प्रयास किया था कि उनके पुत्र उन्हें स्वयं से अधिक योग्य समझें ताकि वे अपना वर्चस्व कायम रख सकें। उन्होंने जीवन-भर अपने पुत्रों की रेखाओं को छोटी करने का प्रयास किया था ताकि स्वयं का महत्त्व बढ़ा सकें; उनका यह प्रयास शत्रुतापूर्ण और आपराधिक भी था। उन्हें मनुष्य के मनोविज्ञान की कतई समझ नहीं थी और वे प्रत्येक बात को उलटा सोचते थे। पुत्र द्वारा पिता को महत्त्व देने का कारण यह नहीं होता कि पिता पुत्र से धन, पद, शक्ति अथवा यश में बड़ा है; बड़ा होने के लिए तो उसका पिता होना ही पर्याप्त होता है। पुत्र पिता को महत्त्व तब देता है जब वह पुत्र के प्रति अपने कर्तव्य को यथासामर्थ्य सम्पादित करता है और उसे विकसित होने के लिए एक खुला आकाश देता है। यदि पिता अपने कर्तव्यों को भलीभांति समझता है और उनका निर्वाह करता है तो चाहे वह कितना ही साधारण व्यक्ति हो, पुत्र उसके प्रति अनुगृहीत अनुभव करता है और पिता उसके लिए श्रद्धेय होता है। इसके विपरीत पिता कितना ही बड़ा आदमी हो, यदि वह पुत्रों के प्रति अपने कर्तव्यों की अवहेलना करता है तो उसे अश्रद्धा

ही मिलती है। अब्राहम लिंकन स्वयं अमेरिका के राष्ट्रपति थे और उनके पिता एक साधारण जूते बनाने वाले चर्मकार थे, किन्तु फिर भी पिता के प्रति उनकी श्रद्धा विश्वविदित है। इसके विपरीत महात्मा गांधी सारे संसार के लिए परम आदरणीय रहे थे, किन्तु अपने पुत्र अब्दुल्ला गांधी के लिए वे प्रशंसनीय नहीं थे और इसका कारण पुत्र के प्रति उनका अनुचित व्यवहार ही था। ऐसा लगता है कि कीर्तिजी शैक्षणिक सफलता को जीवन-भर अत्यधिक महत्त्व देते रहे थे और विफल होने के कारण उनमें एक प्रकार की मनोविकृति आ गई थी। उन्हें इस बात की कोई भी समझ नहीं थी कि पारिवारिक सदस्यों के पारस्परिक सम्बंधों का आधार प्रेम व सहानुभूति होती है। उसमें धन और पद कहीं भी बीच में नहीं आता है। एक उच्चतम अधिकारी भी अपने चतुर्थ श्रेणी पिता का सम्मान करता है यदि उसने पुत्र के आगे बढ़ने में सहायता की हो। हम केवल ऐसे पिता का ही सम्मान कर सकते हैं जो हमें प्रोत्साहन और स्वतंत्रता देता है तथा उस पिता का हम कभी भी सम्मान कर नहीं पाते हैं जो हमारी स्वतंत्रता का हनन करता है और स्वयं को अधिक महत्त्वपूर्ण स्थापित करने के प्रयास में लगा रहता है। इस बात में हमें कोई आश्चर्य नहीं होना चाहिए कि सम्पन्न समाज सदा आस्तिकता की बात करता है और सर्वहारा वर्ग कभी-कभी नास्तिक भी हो जाता है। काश कीर्तिजी ने मनुष्य के इस मनोविज्ञान को समझा होता कि वह दीन-हीन पिता भी सम्मान का पात्र होता है जो पुत्र का हितैषी रहा है। इसके विपरीत एक विश्वविजेता पिता भी घृणास्पद होता है यदि वह पुत्रों के उन्नयन में बाधा उत्पन्न करता है। जो वृक्ष जितना फलते-फूलते हैं उनकी सुगंध उतनी ही दूर-दूर तक उनके यश को फैलाती है। इसके विपरीत जो हतभाग्य वृक्ष ठूंठ की तरह अकड़ कर खड़े रह जाते हैं वे स्वतः ही उपेक्षित हो जाते हैं।

कीर्तिजी का पिता-पुत्र सम्बंधी यह विक्षिप्त दृष्टिकोण कुछ महीनों बाद और भी स्पष्ट हो गया था जब आशीष का चयन प्री-मेडिकल में हुआ था। इसी वर्ष आशीष ने प्रथम श्रेणी में बी.एस.सी. किया था और इसके बाद प्री-मेडिकल परीक्षा का परिणाम आने पर उसका चयन मेडिकल कोर्स के लिए हो गया था। कीर्तिजी पिछले दो सालों से आशीष के पीछे पड़े हुए थे और जब तक उसका चयन नहीं हुआ था उसे डांटने-फटकारने में कीर्तिजी को बड़ी संतुष्टि मिल रही थी। इस वर्ष वह सफल हो गया था और सबका अनुमान यह था कि एक अभिभावक होने के नाते कीर्तिजी को इससे बहुत प्रसन्नता होगी, किन्तु कीर्तिजी को अचानक एक गहन उदासी ने घेर लिया था जोकि आश्चर्यजनक था। अब वे बहुत चिड़चिड़े हो गए थे और उन्होंने एक मामूली बात पर झगड़ा करके आशीष को घर से बाहर निकाल दिया था। डॉक्टरी की

पढ़ाई के लिए पैसे देने से भी कीर्तिजी ने आशीष को स्पष्टतः मना कर दिया था। उनका दुर्व्यवहार इतना स्पष्ट और आकस्मिक था कि आशीष का साहस उनसे दुबारा इस संबंध में बात करने का नहीं हो रहा था। आशीष का साहस सचिन के पास जाने का भी नहीं हो रहा था, क्योंकि यह वह समय था जब सचिन को नौकरी छोड़कर आई.ए.एस. की तैयारी पर ध्यान देना चाहिए था। कोई एक सप्ताह तक आशीष अपने सभी मित्रों से मिलता रहा था और उनसे परामर्श करता रहा था। कुछ मित्र अच्छे भी थे, किन्तु आर्थिक रूप से स्वतंत्र नहीं थे इसलिए वे आशीष को क्या आश्वासन देते? अंत में आशीष को बाध्य होकर फिर पिता से ही पैसे मांगने पड़े थे, जिसके लिए उन्होंने स्पष्ट मना कर दिया था। दरअसल कीर्तिजी एक ऐसे व्यक्ति थे जो अपने पुत्रों को भी सफल होते नहीं देख सकते थे। पांच-सात दिन तक सोच-विचार करने के पश्चात् आशीष सचिन के पास इंद्रगढ़ पहुंचा था।

आशीष ने बताया था–"पहले तो पिताजी ने मुझसे जानबूझकर झगड़ा किया था और फिर मेडिकल कॉलेज की फीस देने से भी मना कर दिया था। यदि आप लगातार पांच साल तक मुझे पैसे भेज सकें तो मैं मेडिकल कॉलेज में दाखिला ले लूं नहीं तो मुझे कोई छोटी-मोटी नौकरी ढूंढ़नी पड़ेगी। पिताजी का व्यवहार तो बिलकुल ही समझ से बाहर है।"

सचिन को प्रसन्नता हुई थी कि उसे एक अच्छा काम करने का अवसर मिल रहा था। उसे इस स्थिति में कुछ भी अस्वाभाविक प्रतीत नहीं हो रहा था।

सचिन ने कहा था–"तुम्हें जितने भी पैसों की आवश्यकता होगी, मैं लगातार भेजता रहूंगा। सारा वेतन तो मेरे पास खर्च भी नहीं होना। इससे मुझे क्या अंतर पड़ेगा कि पैसे मैं तुम्हें भेजता हूं या पिताजी को भेज देता हूं। घर पर सहायता तो मुझे वैसे भी करनी है। तुम्हें भी इस बात से कोई अंतर नहीं पड़ना चाहिए कि पैसे कौन भेज रहा है क्योंकि सारे पैसे घर के ही हैं। तुम्हारा काम केवल पढ़ाई करना है।

इसके बाद आशीष ने निश्चिंत होकर मेडिकल कॉलेज में प्रवेश ले लिया था। कोई तीन साल बाद कीर्तिजी को अपनी भूल समझ में आने लगी थी और अब उन्होंने स्वयं सचिन से पैसे लेकर आशीष को भेजना प्रारम्भ कर दिया था। सचिन ने इस पर भी कोई आपत्ति प्रकट नहीं की थी, क्योंकि वह भी यह नहीं चाहता था कि आशीष की सहानुभूति सदा के लिए घर के प्रति समाप्त हो जाए।

यहां पर एक बात और भी ध्यान देने के योग्य है कि सचिन की मां में भी समझ की कमी थी। वह ऐसे गंभीर मौकों पर भी बिना सोचे-समझे पति

की हां में हां मिलाती थी। पति-पत्नी दोनों सत्तापक्ष की तरह व्यवहार करते थे और बच्चों को विपक्ष समझा जाता था। वह एक निहायत ही अनपढ़ और घरेलू औरत थी और इस औरत को बच्चों के भले-बुरे की कोई भी तमीज नहीं थी। इस औरत का आग्रह बार-बार यही रहता था कि लड़कियों को दसवीं कक्षा तक पढ़ाकर उनके हाथ पीले कर देने चाहिएं और लड़कों को भी इतना पढ़ाना काफी है कि वे कमाकर खा सकें। इस स्त्री में महत्त्वाकांक्षा नाम की कोई प्रवृत्ति ही नहीं थी। यह एक इस प्रकार की स्त्री थी जिसे यह भी पता नहीं होता था कि आयकर विभाग के एक बाबू और कलक्टर में कौन बड़ा होता है अथवा एक रेल के टिकट कलक्टर और मंत्री के सचिव में कौन अधिक बड़ा होता है। इसके लिए सभी सरकारी नौकरियां एक जैसी थीं और दुकानदारी से छोटी थीं। छोटी-सी उम्र में ही इस दम्पति के सात बच्चे हो गए थे और सुशीला जी बच्चों को एक अवांछित बोझ की तरह समझती थीं। शीघ्रातिशीघ्र बच्चों से निवृत्त होकर वे स्वयं की जिंदगी जीना चाहती थीं। इस महिला को यदि क्षमा किया जा सकता था तो केवल इस कारण कि इसको दुनियादारी का कोई भी ज्ञान नहीं था। यह औरत इतनी-सी बात भी नहीं समझती थी कि जितना व्यय इस दम्पति ने बच्चों की शिक्षा-दीक्षा पर किया था, उससे कई गुणा अधिक इन बच्चों ने विवाह पूर्व ही कमाकर वापस लौटा दिया था। इसे यह भी अनुमान नहीं था कि योग्य बच्चों को पढ़ाना मां-बाप के लिए आर्थिक दृष्टि से भी लाभदायक होता है, यह स्त्री व्यर्थ ही अपने बच्चों को कोसती रहती थी, उनकी उन्नति में इसका योगदान इतना ही था। जहां यह स्त्री कटुवक्ता और मुंहफट थी, वहीं कीर्तिजी एक षड़यंत्रकारी व्यक्ति थे। उनकी साजिश करने की प्रवृत्ति के सामने सुशीला जी की एक भी नहीं चलती थी; इसलिए उसका दोष सारे प्रपंच में इतना ही कहा जा सकता है कि वह पति का दुस्साहस बढ़ाती रहती थी। जैसाकि आगे देखने में आएगा घर में जो कुछ भी शुभ घटित हुआ था, वह कीर्तिजी व सुशीला के बावजूद घटित हुआ था अन्यथा इन दोनों की नकारात्मकता तो सर्वथा थी।

तीन वर्ष इंद्रगढ़ में नौकरी करने के पश्चात् सचिन का चयन राजस्थान लोक सेवा आयोग मे हो गया था, यह सचिन का पहला ही साक्षात्कार था। कीर्तिजी ने बिना सचिन को बताए चुपचाप निदेशक महोदय को एक पत्र लिख दिया था जिसके कारण सचिन की नियुक्ति भी राजकीय महाविद्यालय सज्जनपुर में ही हो गई थी। अब पिता-पुत्र दोनों एक ही महाविद्यालय में कार्यरत थे। इससे बचत भी अधिक होने की आशा थी और सचिन को स्वाध्याय के लिए अधिक समय मिलने की संभावना थी। इंद्रगढ़ का कॉलेज स्नातकोत्तर

था और बड़ा था और वहां सचिन स्नातकोत्तर पाठ्यक्रम के दो प्रश्नपत्र पढ़ा रहा था जबकि इस महाविद्यालय में उसे केवल स्नातक तक की कक्षाएं ही लेनी थीं। प्रारम्भ से ही सचिन और आशीष पिता की इस चिंता में सहभागी रहे थे कि छोटे बहन-भाइयों को भी पढ़ना-लिखना है और तीन-तीन बहनों का विवाह भी करना है। अकेले पिता क्या-क्या कर सकते थे? यह मानना पड़ेगा कि सचिन के अतिरिक्त आशीष और दीप्ति ने भी इस दायित्व को समझा था। यही कारण था कि सचिन अव्यवस्थित और कोलाहलपूर्ण घरेलू वातावरण से समायोजन करने के लिए भी तैयार हो गया था। अन्यथा इस अवस्था में आते-आते लड़के अपने घर पर अध्ययन करना पसंद नहीं करते हैं।

मैं समय हूं और मैं उन सारे तथ्यों से भिज्ञ हूं जो अतीत में घट चुके हैं अथवा वर्तमान में कहीं भी घट रहे हैं किन्तु भविष्य के बारे में मैं भी कुछ नहीं जानता हूं। बात समझने जैसी है। भव् धातु का अर्थ है होना, इसलिए भूत का अर्थ है जो हो चुका है, वर्तमान का अर्थ है जो अभी है तथा भविष्य का अर्थ है जो होगा। इसलिए भविष्य को कोई भी नहीं जान सकता है क्योंकि जो है ही नहीं उसको जानने का अभिप्राय क्या होगा? यह ऐसा ही है जैसे किसी गधे के सिर के सींग अथवा किसी बंध्या के पुत्र को देखना अर्थात् भविष्य-दर्शन का कोई भी अभिप्राय नहीं होता है। आचार्य चाणक्य ने ठीक कहा है—

राष्ट्रस्य चित्तम् कृपणस्य वित्तम्

मनोरथं दुष्ट हृदंतराणाम्

स्त्रीस्य चरित्रम् पुरुषस्य भाग्यं

देवो न जानाति कुतो मनुष्य:।

मनुष्य के आचरण के बारे में अनुमान करना सरल नहीं होता क्योंकि सभी मनुष्य तर्कसंगत ढंग से व्यवहार नहीं करते हैं। यह देखने में आता है कि अधिकांश मनुष्य किसी-न-किसी पर्याय से विक्षिप्त होते हैं और कुछ मनुष्य सभी पर्यायों से विक्षिप्त होते हैं। ऐसा लगता है कि यथार्थ के साथ जीना मनुष्य के लिए बहुत दुष्कर है, इसलिए प्राय: प्रत्येक ही मनुष्य किसी-न-किसी एकांगी दृष्टिकोण से चिपक जाता है। दुष्ट व्यक्ति हम ऐसे ही व्यक्ति को कहते हैं जो तर्कसंगत न होकर विक्षिप्त होता है और इसी कारण हम ऐसे व्यक्ति के हृदय में छिपे हुए मनोरथ को नहीं जान सकते हैं। जैसाकि पूर्वत: उल्लेख में आता रहा है कीर्तिजी के व्यक्तित्व में भी असामान्यता थी। एक पिता होने के नाते घटनाक्रम को किसी भी प्रकार से प्रभावित करना कीर्तिजी अपना अधिकार समझते थे और उनकी दृष्टि में पुत्र के हित-अहित का कोई महत्त्व नहीं था। हमें इस मनोवृत्ति को समझना होगा। कीर्तिजी में कृपणता की

पराकाष्ठा विद्यमान थी, उन्होंने पुत्र को अपने परिश्रम की कमाई का अन्न खिलाकर पाला था; अन्न का एक-एक दाना उनके लिए अमूल्य था इसलिए वे पुत्र को एक क्रीतदास जैसा समझते थे। तथ्यों को देखने का उनका दृष्टिकोण अधूरा था, क्योंकि पुत्र द्वारा बदले में कई गुणा धन वापस मिलने पर भी वे पुत्र को उऋण नहीं समझते थे। वे यह भी भूल जाते थे कि पुत्र के जन्म का उत्तरदायित्व पिता पर ही होता है; वही उसके संसार में आने का कारण होता है; इसलिए कोई भी पिता पुत्र का लालन-पालन करके भी उसके प्रति की गई ज्यादती से पूरी तरह मुक्त नहीं होता है। प्रत्येक पिता पुत्र को उसकी सहमति के बिना जन्म देता है अतएव पिता का दायित्व ही पुत्र के प्रति अधिक बनता है। किन्तु कीर्तिजी एक ऐसे पिता थे जिन्हें केवल अपना अधिकार और पुत्र का कर्तव्य ही दिखाई देता है, पिता का कर्तव्य और पुत्र के अधिकार उन्हें कतई दिखाई नहीं देते हैं। यह स्थिति मानवाधिकारों के दृष्टिकोण से बहुत खतरनाक है और यह केवल सांयोगिक नहीं है कि एशिया व अफ्रीका के निर्धन समाज में संतान को न्यूनाधिक माता-पिता की सम्पत्ति के रूप में ही देखा जाता है। यहां के लोगों के लिए बालकों का लालन-पालन एक बोझ जैसा होता है, न कि एक आनंददायक सृजनात्मक कृत्य जैसा। कुछ लोग अपने बच्चों को भी वैसे ही पालते हैं जैसे वे मवेशियों को पालते हैं और बड़ा होने पर उनकी कीमन वसूलना नहीं भूलते हैं। कीर्तिजी का विचार यह था कि सचिन को धोखा देने में कोई हानि नहीं है क्योंकि वह उनके व्यक्तित्व की नकारात्मकता को कभी भी समझ नहीं पाएगा। लगता है कि आचार्य चाणक्य ने ठीक कहा है कि एक कुण्ठित व्यक्ति के मनोरथ को समझना दुरूह होता है। इसके बाद कीर्तिजी का जो आचरण है उसकी कोई अनिवार्य तर्कसंगत अथवा सम्यक व्याख्या करना किसी के लिए भी सम्भव नहीं है। हिंदूशास्त्रों में नित्यप्रति बालकों द्वारा की जाने वाली एक प्रार्थना का उल्लेख मिलता है–मातृदेवो भव, पितृदेवो भव, आचार्यदेवो भव, जिसका अर्थ है हे माता तू देवताओं जैसा आचरण कर, हे पिता तू देवताओं जैसा आचरण कर और हे आचार्य तू देवताओं जैसा आचरण कर। नित्यप्रति की जाने वाली इस प्रार्थना से यह पता लगता है कि इस देश के अतीत में बालक अपने आपको अधिक असुरक्षित अनुभव करते थे और हमें मानवाधिकारों की कोई भी समझ नहीं थी। जो बालक का नैसर्गिक अधिकार होता है उसके लिए प्रार्थना की अपेक्षा नहीं होनी चाहिए। बालकों के प्रति कर्तव्यनिष्ठा मनुष्य का स्वभाव होना चाहिए क्योंकि इसके लिए कोई देवता भूमि पर नहीं उतर सकते हैं। इस प्रकार की प्रार्थनाओं से हमारी सांस्कृतिक अपरिपक्वता का द्योतन होता है।

जीवन स्थगित है

जैसाकि पूर्व में कहा जा चुका है, अब पिता-पुत्र दोनों की नियुक्ति एक ही स्थान पर राजकीय महाविद्यालय सज्जनपुर में हो चुकी थी। सचिन अब पच्चीस वर्ष का हो गया था और भारतीय प्रशासनिक सेवा के लिए उन दिनों उच्चतम आयु सीमा अट्ठाइस वर्ष थी। सचिन के पास तीन अवसर थे जिनमें से दो ही उच्चतम आयु-सीमा के अंतर्गत आते थे। इसलिए अब इस परीक्षा को सचिन के लिए गम्भीरता से लेना आवश्यक हो गया था। अप्रैल 1980 में उसने पहली बार आई.सी.एस. की प्रारम्भिक परीक्षा दी थी और उसमें वह बिना किसी विशेष आयास के ही सफल हो गया था। परीक्षा परिणाम जून 1980 में घोषित हो गया था। अब वह नवम्बर 1980 में होने वाली मुख्य परीक्षा की तैयारी में लग गया था। यह 1 सितम्बर 1980 का दिन था और इस दिन ग्रीष्मावकाश के बाद कॉलेज खुला था। जब डाक आई तो पता लगा कि सचिन का स्थानांतरण राजकीय महाविद्यालय सज्जनपुर से राजकीय महाविद्यालय गोविन्दपुरा कर दिया गया था। प्राचार्य ने दूरभाष पर निदेशक महोदय से बात की तो पता लगा था कि इसके लिए स्वयं कीर्तिजी ने ही प्रार्थना की थी। अगली सूची आने तक स्थानांतरण निरस्त भी नहीं किया जा सकता था, क्योंकि इस समय गोविंदपुरा में पूरे विज्ञान-संकाय में एक भी व्याख्याता नहीं था। प्राचार्य महोदय ने सचिन को कुछ भी नहीं बताया था, किन्तु डेढ़ महीने बाद सचिन का स्थानांतरण राजकीय महाविद्यालय, सज्जनपुर में और कीर्तिजी का स्थानांतरण कहीं अन्यत्र कर दिया गया था।

गोविन्दपुरा का महाविद्यालय एक बाबाजी ने खुलवाया था जोकि राजनीतिक रूप से बहुत सक्रिय थे, उनके दबाव के कारण निदेशालय को स्थानांतरण निरस्त करने में डेढ़ महीना लग गया था। सचिन की पढ़ाई में इससे बहुत विघ्न पड़ा था और सन् 1980 में मुख्य परीक्षा में बैठने का विचार उसे त्यागना पड़ा था। वह केवल अनिवार्य विषयों के प्रश्नपत्र ही दे पाया था और इस प्रकार उसका यह अवसर नष्ट हो गया था। गोविन्दपुरा का महाविद्यालय उसी सत्र में एक बाबाजी के भक्तों के प्रयास से खुला था और ठीक गेहूं के खेतों के बीच में अवस्थित था जहां माचिस की डिब्बी तक नहीं मिलती थी। दूर-दूर तक कोई भी दुकान नहीं थी और न ही रहने योग्य कोई बस्ती थी। एकदम कालेपानी की सजा जैसा वातावरण था। रहने के लिए किराए का आवास गुलाबपुरा में लेना पड़ता था। महाविद्यालय तक पहुंचने का साधन केवल एक बस थी जो सुबह लगभग दस बजे गुलाबपुरा से महाविद्यायल तक जाती थी और संध्या को पांच बजे वापस लौटकर प्राचार्य के घर के पास ही खड़ी हो जाती थी। किराए के लिए एक ही मकान था जो कॉलेज प्रवक्ताओं

को दिया जाता था और उसी के एक-एक कमरे में प्रत्येक को रहना पड़ता था। पानी की भी किल्लत थी क्योंकि पूरे मकान में एक ही नल था; इसी नल में से पीने और नहाने-धोने का पानी बाल्टियों में भरकर रखना पड़ता था। प्राचार्य महोदय का घर भी सामने ही था, उनके पास भी वक्त बिताने का एक ही साधन था कि वे प्रवक्ताओं की प्रत्येक गतिविधि पर दृष्टि रखते थे, इसलिए नल के सामने बैठकर नहाना भी सम्भव नहीं था। वैसे तो खाने के लिए दो तंदूरी ढाबे हुआ करते थे, किन्तु चपातियां अधपकी मिलती थीं और सब्जी-दाल में किरकिर के अतिरिक्त पैट्रोमैक्स की गंध भी पर्याप्त मात्रा में मौजूद रहती थी। स्थानांतरण निरस्त करवाने का सचिन के पास एक ही उपाय था। जीजाजी के एक शिक्षक डॉ. भटनागर उपनिदेशक महोदय के मित्र थे और उपनिदेशक महोदय की निदेशक महोदय से बनती नहीं थीं। बाबाजी भी राजनीतिक रूप से सक्षम थे इसलिए सचिन का स्थानांतरण होने में डेढ़ महीने का समय लग गया था। प्राचार्य ने सचिन का अवकाश स्वीकृत करने से भी मना कर दिया था, इस प्रकार डेढ़ महीने बाद एक अन्य व्यक्ति की नियुक्ति के पश्चात ही सचिन को इस महाविद्यालय से मुक्ति मिली थी। सचिन ने वैकल्पिक विषयों के रूप में गणित व दर्शनशास्त्र को चुना था। गणित का पाठ्यक्रम बहुत लम्बा था, क्योंकि गणित के प्रोफेसर प्रशासनिक सेवाओं में योग्यतम छात्रों का चले जाना पसंद नहीं करते हैं तथा दर्शनशास्त्र का पाठ्यक्रम सचिन के लिए बिल्कुल नया था। यदि छात्रावास का वातावरण सचिन को मिला होता तो वह इस वर्ष भी परीक्षा में बैठ सकता था, किन्तु अब उसने इस वर्ष बैठने का विचार त्याग दिया था। निदेशक महोदय ने अगले हफ्ते का आश्वासन देते-देते सचिन के पूरे डेढ़ महीने बिगाड़ दिए थे। सचिन जब विश्वविद्यालय में था तो उसने भली-भांति जांचकर देखा था कि विज्ञान संकाय का प्रत्येक प्राध्यापक ही प्रतिभासम्पन्न छात्रों के प्रतियोगी परीक्षाओं में चयन के विरुद्ध होता है इसलिए न केवल विज्ञान विषय का पाठ्यक्रम लम्बा रखा जाता है बल्कि प्रश्नपत्र भी समयसापेक्ष नहीं होता है। ऐसे प्राध्यापक बहुत कम होते हैं जिनका दृष्टिकोण युक्तियुक्त होता है।

प्रकृति बच्चों को जो जन्मजात प्रवृत्ति देती है उसके कारण बच्चा माता-पिता पर अविश्वास नहीं करता है। प्रकृति इस जन्मजात वृत्ति को इसलिए उत्पन्न करती है क्योंकि इसके अभाव में बालक का जीवन बच ही नहीं सकता है। एक सिंहनी अपने शावक का सिर भी अपने दांतों के बीच में ले लेती है फिर भी शावक उस पर अविश्वास नहीं करता है। जो माता-पिता अपने बच्चों के साथ भी विश्वासघात कर सकते हैं वे हत्यारों एवं लुटेरों से भी अधिक

मनोविकृत होते हैं क्योंकि उनका यह आचरण निसर्ग-विरोधी होता है। यह सब हो जाने के बाद भी सचिन को अपने पिता पर कोई संदेह नहीं हुआ था क्योंकि पुत्र का अहित करने से पिता का भी अहित ही होता है और इस प्रकार का कार्य कोई पागल व्यक्ति ही कर सकता है। कीर्तिजी एक शिक्षक व नागरिक के रूप में सामान्य जीवन व्यतीत कर रहे थे, उन्हें एक विद्वान व्यक्ति भी समझा जाता था और किसी के लिए भी यह बात कल्पना से बाहर थी कि वे इतने विक्षिप्त थे। यदि सचिन उन्हें तीस वर्ष की अवस्था से पूर्व समझ गया होता तो आज उसका जीवन नितांत भिन्न होता। कीर्तिजी ने प्रारम्भ से ही घर में एक ऐसा वातावरण बना रखा था जिसमें उनके व्यक्तित्व पर संदेह करना सम्भव नहीं था। वे बचपन से ही बच्चों को इस बात के प्रति आश्वस्त करते आ रहे थे कि दुनियादारी की समझ में वे सबसे आगे थे। लगता है कि कीर्तिजी प्रारम्भ से ही एक ऐसे संसार मे जी रहे थे जो वास्तविकता से असम्पृक्त था और उनकी मान्यताएं भ्रमित थीं। ऐसा लगता है कि यह विक्षिप्त व्यक्ति की भ्रांतियों का संसार था।

सचिन ने 1981 में पुन: आई.सी.एस. की प्रारम्भिक परीक्षा दी थी जिसमें वह बिना किसी आयास के ही पुन: उत्तीर्ण हो गया था। क्योंकि यह उसका अंतिम अवसर था वह इस बार दत्तचित्त होकर मुख्य परीक्षा की तैयारी कर रहा था। इस सत्र में उसने तैयारी के लिए लम्बी छुट्टियां भी ली थीं। वह परीक्षा प्रारम्भ होने के चार-पांच दिन पूर्व ही जयपुर के एक होटल में चला गया था और परीक्षा की समाप्ति तक लगातार वहीं बना रहा था। उसके सभी प्रश्नपत्र बहुत अच्छे हुए थे और इसके लिए वह परमात्मा के प्रति अनुगृहीत था। उसने सभी प्रश्नपत्रों के अंक जोड़कर देख लिए थे और उसका अनुमान था किसी भी परिस्थिति में उसके कुल अंक 67% से कम नहीं रहेंगे और इस प्रकार उसका योग्यताक्रम 1 से 20 के बीच में रहेगा। गणित के प्रश्नपत्रों में उसके कुल अंक 85% से भी अधिक आने की संभावना थी। इसके पूर्व सचिन ने जब भी अंकों के सम्बंध में कोई अनुमान लगाया था तो वास्तविक प्राप्तांक सदैव उससे पांच-सात प्रतिशन अधिक ही रहे थे।

पिता के पूछने पर उसने सब कुछ यथातथ्य बता दिया था। पिता के इस आग्रह में भी उसे कुछ विचित्रता नहीं लगी थी कि सचिन को अपने अनुक्रमांक प्रत्येक प्रश्नपत्र पर लिख लेने चाहिए और अपनी डायरी में भी दो-तीन स्थानों पर अंकित कर लेने चाहिए और अनुमतिपत्र कीर्तिजी को दे देना चाहिए जिसे वे संभालकर रख लेंगे। सचिन के सभी सहकर्मियों का मानना था कि सफलता तो असंदिग्ध है ही, किन्तु जिज्ञासा का विषय केवल इतना है कि मेरिट पहले

दस में आती है अथवा नहीं आती है। सहकर्मियों ने भी सभी अति-संक्षिप्त, संक्षिप्त व विस्तृत उत्तरों की जांच-पड़ताल कर ली थी और इस निष्कर्ष पर पहुंचे थे कि यदि मेरिट पहले दस में नहीं आती है तो उन्हें आश्चर्य होगा। सचिन अब पूरी तरह निश्चिंत था। उसे संतोष था कि उसने किसी पर भी अतिरिक्त बोझ नहीं डाला था, परिवार के प्रति अपने सभी दायित्वों का भी पालन किया था, फिर भी अंततोगत्वा वह अपने उद्देश्य में सफल हो गया था।

कीर्तिजी के प्रारम्भिक एक-दो दिन कुछ असमंजस में बीते थे। उन्हें किसी भी प्रसन्नता का अनुभव नहीं हो रहा था, अपितु एक गहरी उदासी ने उन्हें घेर लिया था। इसका अर्थ यह था कि वे अपने जीवन में सही समय पर सही निर्णय को चूकते रहे थे। उनका मन अब भी यह मानने को तैयार नहीं था कि सचिन उनसे अधिक प्रतिभासम्पन्न था। फिर भी यह अस्तित्व की कितनी बड़ी विडम्बना थी कि सचिन तो आई.ए.एस. बन जाएगा और वे कुछ भी नहीं बन पाए थे। इसका कारण वे क्या समझें? क्या इसका दोष वे भाग्य को दें अथवा अपनी अव्यावहारिक बुद्धि को दें? उन्हें अपनी मूर्खताएं अब साफ-साफ उभरकर दिखाई पड़ने लगी थीं और यह भी लग रहा था कि बहुत शीघ्र सारे लोग उनकी मूर्खताओं को असंदिग्ध रूप से समझने लग जाएंगे और उन्हीं के मुंह पर कहने लगेंगे। यहां तक कि पत्नी, बच्चे व निकट कुटुम्बी भी उनको ताने देने से नहीं चूकेंगे। कीर्तिजी समझ गए थे कि सचिन निश्चित रूप से आई.ए.एस. हो जाएगा और इस स्थिति में वे प्रतिक्षण स्वयं को एक कटघरे में खड़ा हुआ पाएंगे और स्वयं से पूछेंगे कि क्या उन्होंने अपने जीवन को बुद्धिमत्तापूर्वक जीया है? उन्हें सतत इस स्थिति का साक्षात्कार होगा जो उनके लिए एक अत्यंत अप्रिय अनुभव होगा। कीर्तिजी सोच रहे थे कि आशीष मेडिकल कॉलेज में आ चुका है; सचिन का आई.ए.एस. बनना अब निश्चित है; गौरव भी आशीष से कम नहीं है और उसका डॉक्टर बनना भी निश्चित है। इस प्रकार उनके बेटों में से एक उच्च अधिकारी व दो डॉक्टर बन जाएंगे। तीनों पुत्रों के बारे में उनका अनुमान ठीक निकला था। वे उनके बचपन में ही समझ गए थे कि आई.ए.एस. में केवल बड़े वाला आ सकता है, बाकी दोनों अधिक-से-अधिक डॉक्टर या इंजीनियर बन सकते हैं। कीर्तिजी को इस बात पर गर्व हो रहा था कि बतौर शिक्षक विद्यार्थियों की योग्यता को पहचानने में उनसे कभी भूल नहीं हुई है। लड़कियां पढ़ने में अधिक तेज नहीं हैं, अधिक-से-अधिक वे किसी कॉलेज में कला संकाय में प्रोफेसर बन सकती हैं। एक विचार उनको यह भी आया कि सचिन के आई.ए.एस. बनने के कुछ लाभ भी हैं। सचिन का विवाह अच्छी जगह हो जाएगा, उन्हें दान-दक्षिणा भी अच्छी मिलेगी और इससे दीप्ति के विवाह में भी मदद मिलेगी।

जीवन स्थगित है

धीरे-धीरे कीर्तिजी को फिर नकारात्मक विचारों ने घेर लिया था। उन्हें रह-रहकर सुधीर माथुर की बात याद आ रही थी कि बेटा तो कलक्टर बन जाएगा किन्तु बाप को महत्त्व क्यों देगा? कीर्तिजी सबसे अधिक महत्त्व स्वयं को ही देते थे, क्योंकि न तो उन्हें अपनी पत्नी से ही कोई लगाव था और न ही बच्चों से कोई स्नेह था। सहपाठियों और गांव के लोगों के बीच में उनकी एक प्रतिष्ठा थी। उन्हें बचपन से ही विलक्षण माना जाता था और यह माना जाता था कि उन जैसा हिंदी और अंग्रेजी का ज्ञान किसी भी व्यक्ति को होना साधारण बात नहीं थी। उन्हें एक अभूतपूर्व शिक्षक भी माना जाता था। समवयस्क लोगों में अध्ययन के विषय में कीर्तिजी की बहुत प्रशंसा थी और यह प्रशंसा ही उनकी पूंजी थी। इस प्रशंसा के अतिरिक्त जीवन में उनकी वास्तविक उपलब्धि कुछ भी नहीं थी। इस आत्म-प्रशंसा के बोध के अतिरिक्त उनका हृदय बिल्कुल रिक्त था। उन्होंने सदैव ही स्वयं को बौद्धिक रूप से विशिष्ट समझा था, किन्तु क्या अब भी स्वयं को अपवाद समझने का भ्रम बनाए रख सकेंगे? उनके परिचितों व संबंधियों में सभी जानते हैं कि कीर्तिजी मजिस्ट्रेट बनना चाहते थे, और अधिक पढ़ने के कारण वे मनोरोगी भी हो गए थे, किन्तु फिर भी मजिस्ट्रेट नहीं बन पाए थे। सचिन के आई.ए.एस. में आ जाने से उन्हें स्वयं के सम्बंध में पुनर्मूल्यांकन करना पड़ेगा। परिचितों की धारणा में भी परिवर्तन आएगा और अब सभी संबंधी, कौटुम्बिक व परिजन सचिन को ही अधिक बुद्धिमान समझेंगे। उनका महत्त्व पत्नी व बच्चों की दृष्टि में भी पहले जैसा नहीं रहेगा। अब जब भी उनके परिचित लोगों के दायरे में यह बात चलेगी कि सबसे अधिक प्रतिभावान कौन है तो सचिन का नाम लिया जाएगा। अब सबकी दृष्टि में वे गौण हो जाएंगे और सचिन का महत्त्व बढ़ जाएगा। अब तक उनकी बहनें, भानजे-भानजियां, भाई-भाभी, भतीजे-भतीजियां, पत्नी-बच्चे कुटुम्बजन आदि पढ़ाई के मामले में उनको ही अग्रगण्य मानते रहे थे और वे स्वयं भी विस्तार से अपनी उपलब्धियों का विश्लेषण करते रहे थे। भविष्य में उन्हें इन सबके बीच में मौन रह जाना पड़ेगा; दूसरे लोग भी उनके बजाय सचिन की ही अधिक प्रशंसा करेंगे। अब तक उनके सहकर्मियों को इस बात से सहमत होना पड़ता है कि हिन्दी और अंग्रेजी का ज्ञान किसी भी अन्य व्यक्ति को उन जैसा नहीं है; उन जैसा सतत अच्छा शैक्षणिक रिकॉर्ड भी किसी अन्य प्रवक्ता का नहीं है, किन्तु अब इन सहकर्मियों को उन्हें सचिन के माध्यम से नीचा दिखाने का अवसर मिल जाएगा। यह कीर्तिजी में बहुत बड़ी अपरिपक्वता थी कि वे शैक्षणिक उत्कृष्टता को बढ़ा-चढ़ाकर महत्त्व देते थे और वास्तविक उपलब्धियों को भूल जाते थे। वे अपनी प्रशंसा सदैव ही

बढ़ा-चढ़ाकर करते थे और उनके परिचितों के पास कोई प्रत्युत्तर नहीं होता था। अब सभी सचिन की प्रशंसा बढ़ा-चढ़ाकर करेंगे जिसका अर्थ होगा कि कीर्तिजी कुछ भी नहीं हैं। सचिन को इस प्रकार पिता की अवमानना का निमित्त बनने का क्या अधिकार था? जो कार्य पिता भी नहीं कर पाया था उसे करने का पुत्र को क्या अधिकार होना चाहिए? जब परिचितों और संबंधियों में कोई भी आई.ए.एस. नहीं है तो सचिन को ही आई.ए.एस. होने की क्या अनिवार्यता है? सचिन को ऐसा कार्य करने का क्या अधिकार है जिससे सभी को उसकी तुलना में नीचा देखना पड़े?

कीर्तिजी एक ऐसे पिता थे जो तीनों पुत्रों को सामाजिक व आर्थिक दृष्टिकोण से स्वयं पर ही अवलम्बित देखना चाहते थे। यह तभी सम्भव हो सकता था जब वे परिवार के सर्वेसर्वा बने रहते; पुत्र उन्हें स्वयं से अधिक बद्धिमान समझते और उनके प्रति वास्तविक श्रद्धा रखते। वे चाहते थे कि प्रत्येक पुत्र अपनी बची हुई सारी कमाई उनके हाथों में रख दे और उसके उपयोग के लिए उन्हीं पर निर्भर करे। दोनों पति-पत्नी की यही आकांक्षा थी कि बुढ़ापे में सभी बेटे-बहू उन्हें स्वयं से अधिक महत्त्व दें, उनके आगे-पीछे घूमें और वे बैठकर राज करें। उनका मानना था कि बच्चे अधिक होने के कारण उनका अधिकांश जीवन भागदौड़ में ही बीत जाएगा और केवल बुढ़ापे में ही उन्हें चैन मिलेगा। संयुक्त परिवार का आदर्श सामने रखकर वे तीनों लड़कों की सारी जमा-पूंजी स्वयं ही ले लेंगे और सारी अचल सम्पत्ति भी स्वयं के ही अधिकार में रखेंगे। मृत्युपर्यन्त उन्हें पेंशन भी मिलेगी और इस प्रकार वे सारे परिवार के केन्द्र में रहेंगे। किन्तु अब परिस्थितियां बिल्कुल विपरीत होती जा रही थीं। सचिन एक बहुत बड़ा अफसर बन जाएगा और अधिक सम्भावना है कि वह राजस्थान के बाहर ही रहेगा। जब सबसे बड़ा भाई ही संयुक्त परिवार की धारणा को कोई महत्त्व नहीं देगा तो छोटे भाई ऐसा क्यों करेंगे? कीर्तिजी चाहते थे कि तीनों भाई एक ही स्थान पर उनके साथ रहें और सब कुछ उन्हीं से पूछ कर करें। बहुएं भी साथ रहें जिससे सचिन की मां को भी बुढ़ापे में आराम मिले। वे दोनों ही परिवार के कर्ता-धर्ता बने रहें और सभी पुत्र उनकी आज्ञा में चलें। सचिन अब अखिल भारतीय सेवा में आ जाएगा और दोनों छोटे लड़के डॉक्टर बन जाएंगे। सब कुछ तीन-तेरह हो जाएगा। इन परिस्थितियों में तीनों ही बेटे स्वयं को पिता से अधिक बड़ा समझेंगे और कीर्तिजी को भी उन्हें स्वतंत्रता देनी पड़ेगी। अब उनके हाथ में कौन-सी सत्ता रह जाएगी? गृहस्थी में औलाद से उचित बात भी मनवानी पड़ती है और अनुचित बात भी मनवानी पड़ती है। अब कौन-सा बेटा उनकी बात मानने को बाध्य होगा और किस बेटे को वे

ना-कुछ समझकर डांट सकेंगे। अब स्वयं कीर्तिजी को ही पुत्रों की धारणाओं का आदर करना पड़ेगा। अब न तो किसी पुत्र के लिए उनकी विद्वत्ता का कोई महत्त्व होगा और न ही पुत्रों के लिए उनकी चल-अचल सम्पत्ति का कोई महत्त्व होगा। अभी तक जिन पुत्रों को वे प्रकृति द्वारा दी गई सम्पत्ति की तरह मानकर चलते आ रहे थे, अब उन्हीं पुत्रों को स्वयं से अधिक बड़ा समझना पड़ेगा। अब तक सदैव वे स्वयं को केन्द्र में रखकर ही जीते आ रहे थे, स्वयं की अवहेलना होने पर उनके लिए जीना क्या अभीष्ट होगा? एक पिता के रूप में स्वाभिमान होना स्वाभाविक है और स्वयं को उपेक्षणीय मानना क्या उनके लिए सम्भव होगा? आज तक वे जिन लोगों के भी बीच में जीए हैं, एक वर्चस्व की भाव-दशा में जीए हैं, अब दूसरों को स्वयं से अधिक महत्त्वपूर्ण समझकर कैसे जी सकेंगे? अब उन्हें जीवनभर असाधारण पुत्रों का साधारण पिता होने का अभिशाप भुगतना पड़ेगा । काश एक पुत्र भी ऐसा होता जिससे तुलना करके वे अपने बड़प्पन पर भरोसा कर सकते। धीरे-धीरे कीर्तिजी को लगा कि आज तक उन्हें स्वयं की दृष्टि में महत्त्वहीन होकर जीना नहीं पड़ा था, किन्तु अब भविष्य में वे स्वयं की दृष्टि में ही ना-कुछ हो जाएंगे। उनके पास गर्व करने के लिए कुछ भी नहीं बचेगा। धीरे-धीरे कीर्तिजी पर नकारात्मक विचारों का तमस छाता ही जा रहा था। उन्हें याद आया कि सचिन को देखकर उन्हें प्रारम्भ से ही एक खीझ-सी होती थी। क्योंकि सचिन पढ़ाई-लिखाई, लोकप्रियता और प्रियदर्शिता में उनसे किंचित भी कम नहीं था तथा अपनी पत्नी और अपनी भाभी द्वारा सचिन की तुलना स्वयं से किया जाना उन्हें हर्षित नहीं करता था। इस प्रकार सचिन को पिता को सतत आहत करने का क्या अधिकार था? सचिन की मां ने उन्हें कभी भी प्रतिभासंम्पन्न नहीं माना था और अब तो उसे घर के वातावरण को विषाक्त करने का एक और कारण मिल जाएगा। सचिन की मां को प्रारम्भ से ही उन्हें ताने देने की आदत रही है और एक तरह से वह उन्हें कई बार चुनौती दे चुकी है कि उसके तीनों बेटे ही पिता से अधिक व्यावहारिक और सफल होंगे। उसकी दृष्टि में कीर्तिजी अपने भानजों की तरह ही एक विदूषक थे और उन्हें दुनियादारी की कोई भी समझ नहीं थी। अब कीर्तिजी सोच में पड़ गए थे और उन्हें लगने लगा था कि सचिन के सफल होने में उन्हें व्यक्तिगत हानि अधिक थी और लाभ कम था। वे यह भी सोचने लगे थे कि वे दूसरों के हानि-लाभ के बारे में क्यों सोचें? संसार तो सारा ही संघर्ष है और सबसे बड़ा संघर्ष तो निकटतम व्यक्तियों के बीच में ही होता है। पारिवारिक सदस्य एक-दूसरे के जीवन को सर्वाधिक प्रभावित करते हैं; इसलिए सबसे बड़ा संघर्ष भी उन्हीं के बीच में

होता है। फिर क्यों नहीं उन्हें एक पिता के अधिकार का उपयोग करना चाहिए और बाढ़ आने से पहले ही पाल बांध लेनी चाहिए? जहां तक पद का प्रश्न था वे स्वयं को आगे नहीं बढ़ा सकते थे क्योंकि अवस्था उनके साथ न्याय नहीं कर रही थी, किन्तु अब वे और तरीकों से यह सिद्ध कर सकते थे कि आज भी वे अपने तीनों पुत्रों से अधिक बड़े हैं। आज भी जो गांठ वे पैरों से बांध सकते हैं उनके पुत्र उस गांठ को हाथों से नहीं खोल सकते हैं। मनुष्य का सबसे पहला धर्म–पत्नी, पुत्र व धन की अपेक्षा स्वयं की आत्मा की रक्षा करना होता है। इसलिए कीर्तिजी का दायित्व भी सर्वप्रथम स्वयं के महत्त्व के प्रति ही बनता है।

अब कीर्तिजी की सोच प्रायः विक्षिप्त हो गयी थी और उनकी नींद एवं भूख भी जाती रही थी। पहले दिन उन्होंने स्वप्न में देखा था कि चुनाव घोषित हो गए हैं और प्रवक्ताओं को बजाय जोनल मजिस्ट्रेट के एक बार फिर पीठासीन अधिकारी बना दिया गया है। वे जिला–मुख्यालय पर प्रशिक्षण के लिए पहुंचे हैं और परिवहन की बस ने उन्हें बहुत दूर उतार दिया है। रास्ते में हजारों वाहन खड़े हैं। उनके हाथ में एक अटैची है और कंधे पर एक बिस्तरबंद है जिसे इस उम्र में भी उन्हें स्वयं ढोना पड़ रहा है। वे ढूंढ़–ढूढ़कर थक गए हैं, उन्हें सामान उठाने वाला कोई भी दिखाई नहीं दे रहा है क्योंकि उन जैसे वहां सैकड़ों लोग हैं जिन्हें मदद की आवश्यकता है। उनकी कॉलेज के चतुर्थ श्रेणी कर्मचारियों की ड्यूटी भी कहीं अन्यत्र लगी हुई है। वे सारे वाहनों को चीरते हुए बहुत मुश्किल से पंडाल तक पहुंच पाए हैं। सचिन बहुत पहले से ही मंच पर जिलाधीश के रूप में तनकर बैठा हुआ है और वह पिता की ओर देख तक नहीं रहा है। वह सब पर एक उचटती–सी निगाह डाल रहा है और किसी को भी पहचान नहीं रहा है। सारे प्रवक्ता कीर्तिजी की ओर देखकर हंस रहे हैं और आपस में मिलकर उनका मजाक उड़ा रहे हैं। कीर्तिजी हड़बड़ाकर जाग उठते हैं और नींद में यह भी भूल जाते हैं कि उनकी सेवानिवृत्ति को मात्र आठ वर्ष रह गए हैं और ऐसे संयोग की सम्भावना नहीं के बराबर है। वे यह भी भूल जाते हैं कि चुनावों में जिलाधीश के पिता अथवा पिता के मित्रों की ड्यूटी लगाना प्रशासनिक विभाग की संस्कृति के विरुद्ध है; यह लगभग अनुशासनहीनता की श्रेणी में आता है।

इसके अगले दिन कीर्तिजी फिर स्वप्न देखते हैं। वे देखते हैं कि सचिन का पदस्थापन पास के जिले में ही जिलाधीश के रूप में हो गया है। गांव के मित्रों ने एक समारोह का आयोजन किया है। वे सचिन की बढ़ा–चढ़ाकर प्रशंसा कर रहे हैं और उसको पुष्पमालाओं से लाद रहे हैं। सचिन पुष्पमालाएं

उतार-उतारकर मेज पर रखता जा रहा है। वहीं कुछ पिछली पीढ़ी के लोग भी बैठे हैं और वे जोर-जोरे से बोल रहे हैं कि हम तो कीर्तिजी को सचिन से भी बड़ा आदमी समझते हैं। यदि अधिक पढ़ाई-लिखाई करने से उनका मस्तिष्क अस्तव्यस्त नहीं हुआ होता और वे पागल नहीं हुए होते तो उस जमाने में आर.ए.एस. में अव्वल आए होते और आज वे भी आई.ए.एस. होते। कीर्तिजी स्वप्न में ही चीख-चीखकर कहना चाहते हैं कि उन्हें केवल मानसिक बीमारी हुई थी और वे कभी भी पागल नहीं हुए थे। स्वप्न में ही वे यह समझाना चाहते थे कि प्रत्येक मानसिक बीमारी पागलपन नहीं होती है क्योंकि कभी-कभी बीमारी का कारण शीर्षासन करना भी होता है। इसके बाद कीर्तिजी को कई दिनों तक अच्छी तरह नींद नहीं आई थी। तीसरे-चौथे दिन वे इस निष्कर्ष पर पहुंच गए थे कि उन्हें प्रत्येक मूल्य पर सचिन को आई.ए.एस. बनने से रोकना होगा। अब उन्हें लगने लगा था कि कोई अदृश्य शक्ति उनके पीछे पड़ गई है और इस कार्य के लिए उन्हें बाध्य कर रही है। धीरे-धीरे इस शक्ति का प्रभाव उन पर अधिकाधिक बाध्यकारी होता चला गया था और प्रतिक्षण उनके मन में एक ही एक विचार घूमने लगा था कि उन्हें हरि सिंह से मिलना चाहिए और सचिन को आई.ए.एस बनने से रोकना चाहिए। हरि सिंह बचपन में कीर्तिजी का एक सहपाठी रह चुका था और केवल एक वही था जो प्रत्येक मामले में उनसे सहमत हो जाया करता था। वह अच्छे काम में सहायता मांगने पर कभी भी प्रसन्न नहीं होता था, किन्तु बुरा-से-बुरा काम करने के लिए वह चुटकी बजाते ही तत्पर हो जाया करता था। उसे ऐसे लोगों की ऐसी-तैसी करने में बहुत मजा आता था जिन्हें उन्नतिशील और महत्त्वपूर्ण समझा जाता था। हरि सिंह ऐसे लोगों में से था जिन्हें न्याय और अन्याय से कोई भी सरोकार नहीं होता और जो केवल व्यक्तियों से ही मतलब रखते हैं। फिर भी कीर्तिजी सारे रास्ते यह सोचते रहे थे कि वे बात को किस ढंग से रखें कि हरि सिंह सहमत हो जाए। अगले दिन प्रात:काल ब्रह्म-मुहूर्त में उठकर वे सुबह-सुबह ही हरि सिंह के पास पहुंच गए थे। हरि सिंह को उन्हें देखकर बहुत प्रसन्नता हुई थी। वस्तुत: हम जिसे मित्रता कहते हैं वह बचपन में ही होती है। दोनों बचपन से ही मित्र थे और इस घनिष्ठता का आधार उनका विघ्नतोषी स्वभाव था। दोनों ही षड्यंत्र में निपुण थे और उन्हें किसी बने-बनाये महत्त्वपूर्ण काम को बिगाड़ने में बहुत मजा आता था।

हरि सिंह—"अचानक कैसे आना हुआ मित्र, सब कुशल-मंगल तो है? किसी आदमी को भेजकर मुझे ही बुला लिया होता।"

कीर्तिजी–"सचिन मेरी एक भी बात नहीं मानता है। अब उसने मेरी मर्जी के विरुद्ध आई.ए.एस. की परीक्षा भी दे दी है। उसका सफल होना भी निश्चित है। आजकल मैं इसी बात से चिंतित हूं।"

हरि सिंह–"लेकिन इसमें चिंता की क्या बात है?"

कीर्तिजी–"सचिन कोई संजीदा तरह का व्यक्ति नहीं है, किसी भी काम को गंभीरता से लेना उसके स्वभाव में नहीं है। इस समय वह कॉलेज में प्रोफेसर है और उसकी यह नौकरी लोक सेवा आयोग द्वारा पक्की भी हो चुकी है। आई.ए.एस. की नौकरी बहुत जिम्मेदारी की नौकरी है और इसमें बहुत समय और गम्भीरता की आवश्यकता है। इस नौकरी में समस्याएं भी बहुत आती हैं और सचिन में हम लोगों जैसा व्यावहारिक ज्ञान भी कहां है? ऊपर की कमाई करने का माद्दा भी उसमें नहीं है और ऋषि-मुनियों जैसी बातें करता है। जब वह इस नौकरी के अनुकूल ही नहीं है तो एक पद को खराब करने से क्या लाभ है? इन नौकरियों के लिए वास्तविक योग्यता तो व्यावहारिक ज्ञान और दुनियादारी की समझ है जो सचिन में बिलकुल नहीं है। यह नौकरी कोई ऋषि-मुनियों के लिए थोड़े ही है, इस नौकरी में तो उसी व्यक्ति को आना चाहिए जो हमारी तरह साम-दाम-दण्ड-भेद सभी में पारंगत हो। सचिन से कहीं योग्य तो मैं था, लेकिन वह मेरे से भी दुनियादारी के मामलों में सहमत नहीं होता है, ऐसा व्यक्ति प्रशासनिक सेवाओं में कैसे सफल हो सकता है?"

हरि सिंह–"आई.ए.एस. की नौकरी में सचिन को वेतन भी अधिक मिलेगा। नौकर-चाकर, मकान-टेलीफोन, गाड़ी-घोड़ा इत्यादि सुविधाएं भी मिलेंगी। जिंदगी-भर अफसरी करेगा। रही बात सिरदर्द की तो अगला खुद भुगतेगा। इसमें हमें कुछ करने की क्या जरूरत है?"

कीर्तिजी–"तुम बात को समझे नहीं। अधिक-से-अधिक दो-चार साल यह लड़का आईए.एस. की नौकरी करेगा और इसके बाद अचानक छोड़-छिटकाकर दूर खड़ा हो जाएगा। इससे इस लड़के की मौजूदा नौकरी भी चली जाएगी। सचिन के लिए सबसे उपयुक्त और सबसे अधिक सुरक्षित कॉलेज की नौकरी ही है। मैंने उसे बचपन से ही बड़ा किया है, इस नौकरी के अतिरिक्त और कोई नौकरी करने जैसी गंभीरता सचिन में नहीं है। जब तक वह प्रशासनिक पदों पर रहेगा, उसकी चिंता मुझे प्रत्येक दिन बनी रहेगी। दुनियादारी का ज्ञान किताबें पढ़ने से थोड़े ही आ जाता है। उसकी जगह आशीष अथवा गौरव भी होता तो मुझे चिंता नहीं होती। सचिन तो एकदम फिलॉसफर है, यहां तक कि हम जैसे लोगों को भी वह समझ नहीं पाता है। दुनिया तो बहुत बड़ा जंजाल है, ऐसे लड़के का तालमेल इस प्रकार की नौकरियों से कैसे बैठ सकता है?

जीवन स्थगित है

जो हंस की चाल नहीं चल सकता है, कम-से-कम उसे अपनी चाल तो नहीं भूलना चाहिए।"

हरि सिंह-"तो इसका मतलब यह है कि हमें उसकी प्रोफेसरी की नौकरी बचानी पड़ेगी?"

कीर्तिजी-"उसके लिए शिक्षा विभाग ही सबसे अच्छा है। एक बार यह नौकरी छूट गई तो सरकारी कॉलेज में नौकरी दुबारा नहीं मिलेगी। वैसे भी यह नौकरी आजकल तो आकाश-कुसुम की तरह हो गई है। विश्वविद्यालयों और निजी महाविद्यालयों में भी बहुत राजनीति रहती है और दिमाग में तनाव बना रहता है। सचिन के लिए विश्वविद्यालय में जाना भी उपयुक्त नहीं है क्योंकि वह बिल्कुल ईजी-गोइंग है। मैंने स्वयं इसीलिए पीएच.डी. नहीं की वरना किसी विश्वविद्यालय में जाना मेरे लिए कौन-सी बड़ी बात थी? सरकारी कॉलेज में वेतन भी समान मिलता है और पेंशन की भी सुविधा है, देखा जाए तो यह नौकरी भी बुरी नहीं है। सबसे बड़ी बात तो सुख-शांति है और दूर के डूंगर सुहावने दिखते हैं।"

बातचीत आगे बढ़ाने पर पता लगा कि हरि सिंह का एक निकटतम घरेलू सम्बंधी चित्रगुप्त सिंह उन दिनों राजस्थान लोक सेवा आयोग का सदस्य था। दोनों का विचार बना कि हमें श्री चित्रगुप्त सिंह से मिलना चाहिए और पता लगाना चाहिए कि इस संबंध में वे हमारी क्या सहायता कर सकते हैं? श्री चित्रगुप्त ने उन्हें प्रारम्भ में बहुत धमकाया कि यह अपराध है और वे उन्हें पुलिस के सुपुर्द कर देंगे, इससे उन्हें सजा भी हो सकती है। किन्तु कीर्तिजी और हरि सिंह दोनों ही कोई मामूली व्यक्ति नहीं थे, उन्हें लोगों को अपनी बात मनवाना आता था। अंत में श्री चित्रगुप्त सिंह को भी एक निरीह और चिंताग्रस्त पिता पर दया आ गई और वे उनकी सहायता करने को सहमत हो गए। श्री चित्रगुप्त ने उन्हें बताया कि सारी उत्तर पुस्तिकाओं को संकलित करके यहीं रखा गया है और यहीं से उन्हें परीक्षकों को भेजा जाएगा। श्री चित्रगुप्त ने उनको कहा कि यदि अनुक्रमांक और विषय ज्ञात हैं तो शाम को पांच बजे के पश्चात् इसी कार्यालय में मेरे पास आ जाना। संयोग की बात है कि उत्तर-पुस्तिकाएं जहां पर रखी थीं, उस तलघर की चाबी श्री चित्रगुप्त के ही पास थी। शाम को कीर्तिजी सचिन से लिए गए अनुमति-पत्र को अपने साथ ले गए, जिसमें अनुक्रमांक, केंद्र का नाम और प्रश्नपत्रों का शीर्षक सभी कुछ अंकित था। उत्तर-पुस्तिकाएं ढूंढ़ना अब सरल था। कीर्तिजी ने सुझाव दिया था कि प्रत्येक प्रश्नपत्र की मुख्य उत्तर पुस्तिका वैसी की वैसी रहने दो और समस्त पूरक उत्तर-पुस्तिकाओं को फाड़कर फेंक दो। इससे न तो परीक्षक को कोई दिक्कत

आएगी और न ही परीक्षा-परिणाम बनाने वालों का इस ओर ध्यान जाएगा। मुख्य उत्तर-पुस्तिकाओं में केवल सोलह पृष्ठ होते थे जबकि प्रत्येक प्रश्नपत्र में तीस-पैंतीस पृष्ठ काम में लेने पड़ते थे, इन शेष पृष्ठों को पूरक पुस्तिकाओं के रूप में संलग्न किया जाता था। इस प्रकार सचिन के लिखे हुए पृष्ठों में से प्रत्येक प्रश्नपत्र में आधे से अधिक पृष्ठों को फाड़ दिया गया था। श्री चित्रगुप्त सिंह ने उन्हें सभी विषयों की उत्तर-पुस्तिकाएं ढूंढ़कर दे दी थीं और इस प्रकार एक बार फिर सचिन के भाग्य का निर्णय कर दिया गया था।

जब परीक्षा परिणाम आया तो सचिन स्तब्ध रह गया था। उसका अनुमान था कि उसके प्राप्तांक कम-से-कम 67% होंगे जबकि कुल प्राप्तांक 40% से भी कम थे। गणित के दोनों प्रश्नपत्रों में कम-से-कम 85% अंक आने की सम्भावना थी जबकि वास्तविक प्राप्तांक केवल 40% के आसपास थे। प्रत्येक प्रश्नपत्र के अंक अप्रत्याशित थे और अनुमानित के लगभग आधे थे। सचिन इस परीक्षा परिणाम को समझने में कतई असमर्थ था। उसके मित्र और सहकर्मी भी कुछ नहीं समझ पा रहे थे। यह ऐसा ही था जैसे सचिन के सामने एक तश्तरी को उघाड़ने पर स्वयं उसी का कटा हुआ सिर मिले और वह स्वयं जीवित हो। सब यह समझ गए थे कि हेराफेरी तो अवश्य हुई है, किन्तु क्या हेराफेरी हुई है और किस प्रकार हुई है, यह बात कोई नहीं समझ पा रहा था। सबको एक ही बात समझ में आ रही थी कि यह परीक्षा परिणाम सचिन का हो ही नहीं सकता।

यह बात सचिन की कल्पना से भी बाहर थी कि पिता होकर भी कोई ऐसा षड्यंत्र कर सकता है। सचिन ने पिता पर अब भी कोई संदेह नहीं किया था। इस घटना से सचिन को बहुत धक्का लगा था, क्योंकि बचपन से ही वह एक लक्ष्य बनाकर चला था और उस लक्ष्य की पूर्ति के लिए उसने सभी विकल्पों का त्याग कर दिया था। उसका विचार था कि अंत में वह अपने उद्देश्य में सफल हो जाएगा और सभी मित्रों से आगे निकल जाएगा, किन्तु अब सब कुछ उलटा हो गया था। उसके बहुत से मित्र पिछले पांच वर्षों में आई.पी.एस., आर.ए.एस., बैंक ऑफिसर आदि पदों पर चले गए थे। कुछ ने पी-एच.डी कर ली थी और किसी विश्वविद्यालय में टिक गए थे। अब इन लोगों की तुलना में अचानक वह निरीह हो गया था और स्वयं को स्थापित करने की स्थिति में नहीं रह गया था। वह अपने मित्रों को कुछ भी नहीं समझा सकेगा कि अकारण सब कुछ विपरीत क्यों हो गया था?

कुछ समय के लिए सचिन बिल्कुल हतकार्य हो गया था। उसकी रुचि शुद्ध गणित में थी और इस क्षेत्र में कोई भी शोधकार्य विश्वविद्यालय के विभाग में नहीं हो रहा था। विश्वविद्यालय में जिन प्राध्यापकों ने उसे पढ़ाया था और जो

वास्तव में ही इस क्षेत्र में कोई अच्छा शोधकार्य करवा सकते थे, एक-एक करके वे सभी सेवानिवृत्त हो चुके थे। सचिन को आशा थी कि वह आई.ए.एस. में निश्चित रूप से सफल हो जाएगा, इसलिए राजस्थान प्रशासनिक सेवा की परीक्षा उसने अभी तक नहीं दी थी और उसके तीनों अवसर अब तक बाकी थे। उन दिनों प्रचलित नियमों के अनुसार प्रवक्ताओं को आयु सीमा में भी 40 वर्ष तक की छूट थी। अस्तु, कुछ समय पश्चात् ही उसने राजस्थान प्रशासनिक सेवा के लिए आवेदन कर दिया था। परीक्षा की तैयारी करने में उसे कोई विशेष आयास नहीं करना पड़ा था और उसके लिखित प्रश्नपत्र भी बहुत अच्छे हुए थे। श्री चित्रगुप्त इस समय भी राजस्थान लोक सेवा आयोग में मौजूद थे। कीर्तिजी ने फिर हरि सिंह की सहायता ली थी और उसके दो प्रश्नपत्रों-शुद्ध गणित व भारतीय दर्शन की पूरक उत्तर-पुस्तिकाओं को नष्ट करवा दिया था। कीर्तिजी का अनुमान था कि इससे सचिन को साक्षात्कार के लिए निमंत्रण पत्र नहीं मिलेगा, किन्तु उनका यह अनुमान मिथ्या सिद्ध हुआ था। इंटरव्यू वाले दिन वे स्वयं अजेमर पहुंच गए थे और सचिन को 180 में से 20 अंक दिए गए थे जबकि न्यूनतम प्राप्तांक 60 थे। 60 अंक आते ही सचिन का चयन राजस्थान प्रशासनिक सेवा में हो गया होता, किन्तु अब उसका चयन राजस्थान लेखा सेवा में हुआ था जिसमें जाना उसने उचित नहीं समझा था। इतना ही नहीं कीर्तिजी और हरि सिंह दोनों ने श्री चित्रगुप्त के पीछे पड़कर आयु-सीमा में 40 वर्ष तक की छूट को भी निरस्त करवा दिया था। अब सचिन अपने शेष बचे हुए दो अवसरों का लाभ नहीं उठा सकता था। इस निरस्तीकरण के कारण बहुत से कॉलेज प्रवक्ताओं को हानि उठानी पड़ी थी। अब उनमें से बहुत से राजस्थान प्रशासनिक सेवा के लिए प्रयत्न करने से वंचित रह गए थे। अब कीर्तिजी स्टाफरूम में बैठकर अपना गुणगान करने की स्थिति में आ गए थे कि किस प्रकार उन्होंने राजस्थान प्रशासनिक सेवा (लिखित परीक्षा) में सर्वाधिक अंक प्राप्त किए थे और किस प्रकार उन्होंने अंग्रेजी के एक प्रवक्ता को, जो कि बी.एस.सी. था, प्रथम वर्ष (अंग्रेजी सहित्य) की परीक्षा में बैठने के लिए बाध्य कर दिया था। उन्होंने उसे यह मानने के लिए बाध्य कर दिया था कि प्रवक्ता होते हुए भी उसे अंग्रेजी भाषा का समुचित ज्ञान नहीं था। कीर्तिजी को दूसरों को इसी प्रकार नीचा दिखाने में आनंद आता था, क्योंकि वे स्वयं अब कोई भी सृजनात्मक कार्य नहीं कर सकते थे, अब उनकी मनस ऊर्जा दूसरों की लकीरें छोटी करने में नियोजित हो रही थीं। फ्रायड ने ठीक कहा है कि जीवन-ऊर्जा के प्रवाह की दो ही दिशाएं हो सकती हैं। यदि यह ऊर्जा नैसर्गिक हो तो यह सृजन और उन्नति की ओर गतिशील होती है किन्तु विकृत होने पर यही ऊर्जा

विध्वंस में नियोजित हो जाती है। प्रायः प्रत्येक मनुष्य दो प्रकार से अपनी अहंतुष्टि करता है, या तो वह स्वयं की उन्नति व दूसरों की उन्नति का निमित्त बनता है अथवा वह दूसरों की उन्नति में विघ्न डालना प्रारम्भ कर देता है। जहां पहली प्रवृत्ति मनुष्य की सभ्यता व संस्कृति को आगे बढ़ाती है वहीं दूसरी प्रवृत्ति समाजविरोधी और आपराधिक होती है। इस नकारात्मक प्रवृत्ति से सभी का अहित होता है। अब कीर्तिजी का सारा आचरण एक विक्षिप्त व्यक्ति जैसा आचरण था; वे बिना किसी स्वार्थपूर्ति के भी दूसरों का अहित करने से नहीं चूकते थे। अब वे एक ऐसे व्यक्ति थे जिसे बिना किसी प्रयोजन के भी दूसरों का काम बिगाड़ने में संलग्न पाया जाता है। उनके व्यक्तित्व में अब ऐसी प्रवृत्तियों का प्रादुर्भाव हो चुका था जो किसी को भी तूतनखामन, यायाति व धुंधकारी की स्मृति करवाने का निमित्त बन सकती थीं।

कीर्तिजी का व्यक्तित्व प्रारम्भ से ही समस्यात्मक बना रहा था। पहली समस्या उनके व्यक्तित्व की नकारात्मकता थी। जब मनुष्य की जीवन-ऊर्जा सम्यक दिशा में प्रवाहित होती है तो ऐसा व्यक्ति अपनी उपस्थिति मात्र से सौंदर्य, शुभ व औचित्य को गति देता है। इस सृजनात्मकता को ही हम जीवन के प्रति सम्मान कहते हैं। सारा काव्य, अध्यात्म, ज्ञान-विज्ञान व तकनीक जीवन के इस सम्मान पर ही टिके हैं। मनुष्य यदि पशुत्व का अतिक्रमण कर सका है तो केवल इसलिए कि उसके भीतर कोई अंत:प्रेरणा है जो उसे जीवन का सम्मान करना सिखाती है, जबकि पशु जगत में ऐसी कोई प्रेरणा नहीं पाई जाती है। किन्तु सभी मनुष्यों में यह सृजनात्मक जीवन का सम्मान नहीं पाया जाता है अपितु कुछ मनुष्यों में यह जीवन-ऊर्जा विक्षिप्त भी हो जाती है और इसकी दिशा विपरीत हो जाती है और केवल मनुष्य ही एक ऐसा प्राणी है जो विक्षिप्त भी होता है। सामान्यतः पशुओं में न तो सृजनात्मकता मिलती है और न ही वह विक्षिप्त होता है। ऐसा मनुष्य जिसमें यह जीवन-ऊर्जा नकारात्मक अथवा विक्षिप्त हो जाती है, वह अपनी उपस्थिति मात्र से ही असौंदर्य, अशुभ व अनौचित्य का उन्मेष करता है। कीर्तिजी भी ऐसे ही एक व्यक्ति थे जिनकी जीवन-ऊर्जा विपरीत दिशा में प्रवाहित थी। वे जीवन में किसी को भी सफल होते हुए देख कर उद्विग्न हो जाते थे। कीर्तिजी जीवन में सहयोग की कोई भी संभावना हो सकती है यह कल्पना भी नहीं कर पाते थे। यहां तक कि उन्हें लगता था कि सबसे बड़ा संघर्ष पारिवारिक सदस्यों के बीच में ही होता है। चाहे परिवार हो अथवा कुनबा हो अथवा मित्रवर्ग हो, वे सबके बीच में केवल संघर्ष की ही कल्पना कर पाते थे क्योंकि उनके भीतर किसी के साथ भी सहयोग की कोई भावना का उद्‌भव ही नहीं होता था। स्वयं के परिवार के लोगों को

भी सफलता की ओर अग्रसर होते हुए देखकर उन्हें केवल अपनी अक्षमता का ही बोध होता था न कि किसी प्रसन्नता का।

अवचेतन मन के तल पर वे अपनी अहंरक्षा में जुट जाते थे और बाह्यतः वे ऐसे व्यक्ति का काम बिगाड़ने के निमित्त ढूंढ़ने लग जाते थे। वे अपने अस्तित्व का सम्मान तभी कर पाते थे जब वे किसी व्यक्ति को सफल होने से रोक देते थे। किसी के भी प्रयोजनों को विफल कर देना उन्हें एक प्रकार की अहंतुष्टि देता था जबकि किसी की भी सफलता उन्हें स्वयं की क्षमता पर लगे हुए प्रश्नचिन्ह जैसा प्रतीत होता था। उनके व्यक्तित्व के संबंध में पहली समस्या यही सक्रिय नकारात्मकता थी, जिसे अदम्य ईर्ष्याभाव भी कहा जा सकता था। वे एक कुंठित व्यक्ति थे। एक कहानी सुनने में आती है कि गांव में एक कुरूप स्त्री विवाह के पश्चात् आई थी, वह संतानहीन ही थी कि उसके पति की मृत्यु भी हो गई थी। धीरे-धीरे यह स्त्री वयोवरिष्ठ हो गई थी और आदरणीय भी हो गई थी, किन्तु कुण्ठा उसके भीतर बनी रही थी। अब जो भी नवविवाहिता षोडशी, सुंदरी, सजी-धजी बहू उसके पैर छूती, वह उसको आशीर्वाद देती थी—बहू मेरे जैसी ही तू होना। ऐसा ही कीर्तिजी का अन्य लोगों के प्रति व्यवहार था, उनमें एक अदम्य ईर्ष्याभाव था, जिसका कारण उनके भीतर की कुण्ठा थी। हमें जो कुछ जीवन से मिलता है वही हम दूसरों को दे पाते हैं।

उनके व्यक्तित्व की दूसरी समस्या प्रत्यानुभूति अथवा एण्टीपैथी थी। प्रत्यानुभूति का अर्थ होता है समानुभूति का अभाव। प्रत्येक सामान्य मनुष्य दूसरे मनुष्यों के सुख व दुःख से प्रभावित होता है, इसलिए अकारण ही वह ऐसा कोई भी कार्य नहीं करना चाहता है जिससे दूसरे का दुःख बढ़े अथवा उसके सुख में बाधा पहुंचे। सामान्य परिस्थितियों में प्रत्येक मनुष्य दूसरे को सुखी देखकर सुखी होता है, दूसरे को दुखी देखकर दुखी होता है। इसी को हम समानुभूति कहते हैं। गालिब ने लिखा है—

मैंने लड़कपन में मजनूं पर असद
संग उठाया था कि सिर याद आया।

यही समानुभूति है और यह प्रत्येक मनुष्य में पाई जाती है। जब इस प्रवृत्ति का सर्वतः प्रत्याहरण अथवा अभाव हो जाता है तो उसे प्रत्यानुभूति अथवा एण्टीपैथी कहते हैं। जैसाकि आगे दिखाई देगा, कीर्तिजी के व्यक्तित्व की सबसे बड़ी समस्या यही प्रत्यानुभूति अथवा संवेदनहीनता थी। कीर्तिजी दूसरे मनुष्य के सुख अथवा दुःख के प्रति नितांत संवेदनशून्य व्यक्ति थे और यह प्रवृत्ति उनके स्वभाव की एक स्थायी प्रवृत्ति जैसी थी। कीर्तिजी दूसरे मनुष्य के सुख-दुःख से नितांत असम्पृक्त रहते थे, वह दूसरा मनुष्य चाहे

पत्नी हो, पुत्र हो, पुत्री हो अथवा कोई भी अन्य निकटतम व्यक्ति हो। वे बहुत आश्चर्य से पूछते थे कि दूसरों के बारे में वे सोचें ही क्यों? दूसरों के बारे में सोचना उन्हें नितांत अस्वाभाविक प्रतीत होता था। यहां तक कि एक नवजात शिशु की अहंशून्यता व निश्छलता देखकर भी उनके भीतर किसी कोमल भाव का उदय नहीं होता था और उनमें अपत्य स्नेह का भी अभाव था। इस प्रकार किसी भी परिस्थिति में उनका स्वार्थ अथवा मनोविकृतियां जैसे ईर्ष्या, लोभ इत्यादि ही एकपक्षीय निर्णायक तत्त्व होते थे। वे एक ऐसे व्यक्ति थे जो अपने क्षुद्रतम स्वार्थ के लिए भी अन्य किसी निर्दोष मनुष्य का सम्पूर्ण जीवन तक नष्ट कर सकते थे। उनके लिए अपने क्षुद्रतम स्वार्थ का महत्त्व अधिक था और दूसरे के सम्पूर्ण जीवन की सुविधा-असुविधा का कोई भी महत्त्व नहीं था। प्रत्येक मनुष्य के भीतर अन्य मनुष्यों में प्रति जो एक नैसर्गिक समानुभूति पाई जाती है, कीर्तिजी की प्रकृति में उसका नितांत अभाव था। उनके मन में न तो दूसरे के सुख की कोई छाया पड़ती थी और न ही दूसरे के दुःख की कोई छाया पड़ती थी। इसे आप विषमानुभूति अथवा सैडिज्म नहीं कह सकते हैं क्योंकि दूसरे को दुःखी देखकर उन्हें न तो सुख होता था और न ही दुःख। दूसरों का सुख-दुःख उनके लिए असंगत था। कीर्तिजी के व्यक्तित्व की सबसे बड़ी समस्या यही एण्टीपैथी अथवा प्रत्यानुभूति थी जिसके कारण उनके निर्णय और आचरण असामान्य और चौंकाने वाले होते थे। यहां हमें भारतीय दर्शन की ओर देखना पड़ेगा। उपनिषद का ऋषि यह अनुभव करता है कि समस्त प्राणियों का सुख मेरे सुख को भी बढ़ाता है और समस्त प्राणियों का दुःख मेरे दुःख को भी बढ़ाता है। इसलिए वह प्रार्थना करता है–सर्वे भवन्तु सुखिन: सर्वे संतु निरामया:। वह सभी प्राणियों में अपनी आत्मा को देखता है और अपनी आत्मा में सभी प्राणियों को देखता है और कहता है–अहं ब्रह्मास्मि। वह ऋषि अपनी सत्ता और जीवन-ऊर्जा के विस्तार को सीमारहित अनुभव करता है। एण्टीपैथी की स्थिति ठीक इसके विपरीत होती है, यह ऐसी मनोविकृति होती है जिसमें प्राणतत्त्व संकुचित होकर समग्र अस्तित्व से कट जाता है। यह भी एक प्रकार से भावनात्मक स्तर पर विथड्रॉअल अथवा प्रत्याहरण ही है। पिता होते हुए भी कीर्तिजी ने सचिन का समस्त शैक्षणिक उद्भव नष्ट कर दिया था; उन्होंने उसे न तो अभियंता बनने दिया था न ही भारतीय अथवा प्रांतीय प्रशासनिक सेवाओं में जाने दिया था, इसका कारण उनमें ईर्ष्या व एण्टीपैथी दोनों का एक साथ विद्यमान होना था। सामान्यत: प्रत्येक मनुष्य में ईर्ष्या का भाव उदित हो सकता है, किन्तु दूसरे के प्रति संवेदना के कारण वह किसी का अहित नहीं करता है। किन्तु कीर्तिजी के व्यक्तित्व में

जीवन स्थगित है

इस संवेदना का आत्यंतिक अभाव था जिसके कारण ईर्ष्या अथवा लोभ जैसे मनोविकार उनके विवेक पर हावी हो जाया करते थे।

कीर्तिजी के व्यक्तित्व की तीसरी समस्या परोन्मुखी मृत्यु-ऐषणा थी। जैसाकि आगे स्पष्ट होगा वे दूसरे के जीवन को भी कोई महत्त्व नहीं देते थे और उनमें दूसरे के प्रति मृत्यु-कामना भी पाई जाती थी। किसी परिस्थिति-विशेष में दूसरे की मृत्यु का कारण बनना भी वे बुरी बात नहीं समझते थे। वे इसे बहुत सामान्य भाव से लेते थे और औचित्य के संबंध में विचार करना कतई आवश्यक नहीं समझते थे। इस मनोस्थिति को भी एण्टीपैथी की ही एक गहन दशा की तरह समझा जा सकता है। किन्तु इस मृत्यु-ऐषणा में उस आक्रमकता और बारम्बारता का अभाव था जो उन्माद की कुछ मनोस्थितियों में पाई जाती है।

कीर्तिजी के व्यक्तित्व की चौथी समस्या उनकी अहंकेंद्रिकता थी। वे ऐसे व्यक्ति थे जिसको दूसरे के स्पष्टतम अधिकार भी दिखाई नहीं देते और स्वयं के नैसर्गिक दायित्वों का बोध भी नहीं होता। अधिकार उन्हें केवल स्वयं के दिखाई देते थे और कर्तव्य केवल दूसरों के लिए प्रतीत होते थे। उनके लिए स्वयं के अधिकारों का दायरा असीम था और दूसरों के अधिकारों की सीमा नगण्य थी। इसे भी एक तरह से प्रत्यानुभूति के एक लक्षण के रूप में लिया जा सकता है। उनके व्यक्तित्व में कुछ था तो स्पष्टतः यायाति और तूतनखामन के व्यक्तित्व की स्मृति दिलाता था। कहते हैं कि मृत्युदूत यायाति की आयु पूर्ण होने पर सौ बार उसे लेने आए थे, किन्तु प्रत्येक बार यायाति ने अपने स्थान पर अपने किसी पुत्र को ले जाने की कामना मृत्युदूतों के प्रति प्रकट की थी। प्रत्येक बार यायाति यह भूल गया था कि पुत्र अवस्था में उससे भी छोटे थे और उन्हें भी जीने का अधिकार था। इसी प्रकार तूतनखामन ने ठीक अपनी मृत्यु से पूर्व राज्य का सारा पैतृक खजाना व राज्य का सारा परम्परागत शस्त्रागार अपनी कब्र में दफन करवा दिये थे ताकि भविष्य में उस जितना बड़ा शासक दूसरा कोई न हो सके। तूतनखामन यह भूल गया था कि पीढ़ियों से चले आ रहे खजाने व शस्त्रागार पर उसके उत्तराधिकारियों का भी उतना ही अधिकार था जितना कि स्वयं उसका हुआ करता था। वह मिस्र के सारे भविष्य को ही अतीत की कब्र में दफना देना चाहता था। हो सकता है कि ये दोनों ऐतिहासिक पात्र भी कीर्तिजी की तरह ही अहंकेंद्रिकता और प्रत्यानुभूति के अधिष्ठान रहे हों।

निष्कर्षतः यह कहना भी आवश्यक प्रतीत होता है कि मनोरोगों के संबंध में पर्याप्त सामाजिक चेतना का भी अभाव रहा है। कीर्तिजी जैसे लोग अपनी दैनिकचर्या में कोई असामान्य प्रतिक्रिया व्यक्त नहीं करते हैं, इसलिए ऐसे लोगों

को पहचानना बहुत कठिन हो जाता है। पश्चिम के समाज में ऐसे व्यक्तियों के असामान्य आचरण के बारे में अन्य परिजनों जैसे पत्नी, मित्रों, संबंधियों, सहकर्मियों इत्यादि को पहले से ही विज्ञता होती है इसलिए इस तरह के अहित नहीं हो पाते हैं। विशेष महत्त्व की परिस्थितियों में जहां कि विशेष सोच-विचार की आवश्यकता होती है; गंभीर मुद्दे जुड़े होते हैं और उनके संबंध में किसी निर्णय पर पहुंचना होता है और यह निर्णय भविष्य पर समुचित प्रभाव डालने वाला होता है; ऐसे असामान्य मनोविज्ञान वाले व्यक्तियों पर भरोसा न करना सिखाया जाना चाहिए। यह सिखाने का कार्य प्रत्येक उस व्यक्ति का उत्तरदायित्व होता है जो ऐसे व्यक्तियों को समझता है। सतही तौर पर देखने पर ऐसे व्यक्ति विक्षिप्त प्रतीत नहीं होते, किन्तु महत्त्वपूर्ण अवसरों पर इनकी भूमिका पर निर्भर रहना बहुत जीवन-विरोधी हो सकता है; यही ऐसे व्यक्तियों के संबंध में विडम्बनापूर्ण होता है। जैसाकि आगे भी देखने में आएगा कीर्तिजी के व्यक्तित्व में ईर्ष्या व लोभ की प्रवृत्तियां ही बाह्यत: पकड़ में आती थीं, किन्तु उनका एण्टीपैथिक होना पकड़ में नहीं आता था। यदि समाज में मनोरोगों के बारे में जागरूकता हो तो विशेष-विशेष महत्त्व के अवसरों पर ऐसे मनोरोगियों को मनोचिकित्सकों के पास ले जाकर उनकी चिकित्सा करवाना भी अभीष्ट होता है ताकि वे परिवार का अहित नहीं कर सकें। सुकरात का कहना ठीक है कि ज्ञान में ही वह शक्ति निहित होती है जो हमें अनिष्ट होने से बचा सकती है।

यदि सचिन के प्रतियोगी परीक्षाओं में सम्मिलित होते समय और उसके वैवाहिक संबंध का निर्णय करते समय कोई कीर्तिजी को मनोचिकित्सक के पास ले जाता तो इस सारे अनिष्ट से बचा जा सकता था, किन्तु लगता है कि हमारे समाज में मानसिक रोगों के सम्बंध में जागरूकता आने में अभी बहुत समय लगेगा और पश्चिम का समाज इस मामले में हमारे से कम-से-कम एक शताब्दी आगे है। हमें अपनी युवा पीढ़ी के जीवन को महत्त्व देना सीखने में भी स्यात् इतना ही समय और लगे। अभी तो हमारे समाज में जो प्रवृत्तियां प्रचलित हैं उनके अंतर्गत हम मनुष्य के जीवन को कोई महत्त्व देते ही नहीं हैं। हमारे लिए वैज्ञानिक चिंतन के विकास का कोई महत्त्व नहीं है और भाग्यवाद ही सब कुछ है। हम यह भी भूल जाते हैं कि मनुष्य समुदाय के अतिरिक्त मनुष्य का भाग्य नियत करने वाला अन्य कोई भी नहीं है। व्यक्तिगत नियंता के अभाव में नियति कैसे सम्भव है और परमात्मा कोई व्यक्ति नहीं है? हमारे देश में जब कोई भी व्यक्ति दुर्योग का लक्ष्य बन जाता है तो हम उसके भाग्य को दोष देकर अपने उत्तरदायित्व से मुक्त हो जाते हैं और भविष्य के लिए भी कोई शिक्षा ग्रहण करना नहीं चाहते हैं। देखा

जीवन स्थगित है

जाए तो इस सारे दुर्दैव का उत्तरदायित्व केवल कीर्तिजी का न होकर उस सारे वातावरण का भी है जिसमें सचिन और कीर्तिजी दोनों जी रहे थे।

यहां एक बहुत बड़ा प्रश्न संस्कृति और परिवेश के सम्बंध में भी उत्पन्न होता है क्योंकि जीवन के प्रति हमारी धारणाएं और हमारे जीवन मूल्य अचेतन मन को भी प्रभावित करते हैं। एक जैसा मनोरोग होने पर भी देश-काल और वातावरण की विभिन्नता विभिन्न प्रकार की प्रतिक्रियाओं को जन्म देती है। हमने इस देश में ऐसा सोच पैदा किया है जिसके कारण मां-बाप स्वयं को भाग्यविधाता समझते हैं और अपने बच्चों को मनुष्य तक होने की गरिमा से वंचित रखना चाहते हैं। मनुष्य व पशु में एक ही मौलिक भेद होता है कि मनुष्य को स्वयं के बारे में विधि-संगत निर्णय लेने का अधिकार होता है जबकि पशु को यह अधिकार नहीं होता है। मनुष्य शब्द की व्युत्पत्ति मन से होती है जिसका स्वभाव ही स्वतंत्रता है, इसी प्रकार पशु शब्द की व्युत्पत्ति पाश से होती है जिसका अर्थ होता है रस्सी अथवा बंधन; अर्थात् जो स्वतंत्र है वह मनुष्य है और जो बंधा है वह पशु है। किन्तु मनुष्य अकेला नहीं है, वह समाज में रहता है इसलिए विधि की आवश्यकता होती है। विधि का आधार पारस्परिक संविदा है इसलिए विधि मनुष्य की स्वतंत्रता की उसी प्रकार रक्षा करती है जैसेकि यातायात के नियम पथिक की स्वतंत्रता की रक्षा करते हैं। विधि मनुष्य की स्वतंत्रता का हनन नहीं करती अपितु उसे वास्तविक व व्यावहारिक बनाती है। हमने इस देश में पिता को आकाश में स्थापित कर दिया है और पुत्र को धरती पर घिसटने के लिए छोड़ दिया है; वे जीवनपर्यन्त कभी भी एक ही धरातल पर खड़े नहीं हो पाते हैं और इसको हम हमारा सांस्कृतिक गौरव मानते हैं। जिस देश में पुत्र द्वारा की गई समीक्षा को पिता अपना अपमान समझता हो, उस देश में मनुष्य के अधिकारों की रक्षा नहीं की जा सकती है। पिता हो अथवा माता हो अथवा आचार्य हो, सबकी समीक्षा का आधार उन पर निर्भर अगली पीढ़ी को होना चाहिए। यद्यपि एक ही वंश-परम्परा में पिता व पुत्र दोनों का जन्म होता है; उनमें मात्र बीस-तीस वर्ष आगे-पीछे का अंतर होता है; उनमें गुणात्मक अंतर की कोई अनिवार्यता होती ही नहीं, फिर भी एक भारतीय पिता अपने पुत्रों के संबंध में स्वयं को विरंचि ही समझता है। हमारा आदर्श यह रहा है कि पुत्र को एक चिकनी मिट्टी के निष्प्राण लौंदे जैसा होना चाहिए जिसे माता-पिता चाहे जैसी आकृति दे सकें अथवा उसे मेज-कुर्सी जैसा होना चाहिए जिसे माता-पिता जहां भी चाहे उठाकर रख सकें; गोबर-गणेश की धारणा के पीछे भी यही आदर्श काम करता रहा है; हम पुत्र को अपने शरीर के मैल से अधिक कुछ भी मानने को तैयार ही नहीं है। एतदर्थ भारतीय परिवारों में

मानवाधिकारों के उल्लंघन को बड़े-बूढे स्वयं के लिए गर्व की बात समझते हैं। माता-पिता उम्र में बड़े होते हैं, प्रायः धन और शक्ति भी उन्हीं के पास होती हैं; सामाजिक दबाव भी उन्हीं के पास अधिक होता है और वे यह भूल जाते हैं कि मनुष्य के रूप में पुत्र-पुत्रियों के अधिकार भी उनसे कम नहीं होते। मनुष्य के रूप में मां-बाप का स्वरूप अधिक बड़ा नहीं होता और पुत्र-पुत्रियों का स्वरूप छोटा नहीं होता। स्थिति बिल्कुल विपरीत है, सामान्य अनुभव यह पाया जाता है कि जैसे-जैसे मनुष्य की अवस्था बढ़ती है उसमें मानवीय संवेदनाओं व सदगुणों का अभाव होता चला जाता है, इसीलिए बालक को मनुष्य का पिता कहा जाता है। पिता-पुत्र के संबंध में यह दृष्टिकोण शास्त्रसम्मत भी नहीं है। इस संबंध में हमें केवल एक उक्ति चाणक्य नीति में मिलती है-

पंचवर्षाणि लालयेत, दशवर्षाणि च ताडयेत
प्राप्ते षोडशेवर्षे पुत्रापि मित्रवत समाचरेत।

इसका अर्थ है कि बालक को पांच वर्ष की अवस्था तक केवल लाड़ करना चाहिए, अगले दस वर्षों तक उसे अनुशासित करना चाहिए, किन्तु जैसे ही बालक सोलहवें वर्ष में प्रवेश करे उसके साथ मित्र जैसा व्यवहार करना चाहिए। अधिकांश भारतीय माता-पिता इस उक्ति का भी ठीक अर्थ नहीं समझते हैं। मित्र को हम केवल परामर्श दे सकते हैं, अपनी इच्छा को उस पर नहीं थोप सकते हैं। इसी प्रकार सोलहवें वर्ष में प्रवेश करने के पश्चात् माता-पिता का संतान को निर्णय करने की स्वतंत्रता नहीं देना अनैतिक होता है। यद्यपि इस अवस्था में पुत्र-पुत्री आर्थिक रूप से माता-पिता पर ही अवलंबित रहते हैं तो भी उन्हें निर्णय करने की स्वतंत्रता देना ही माता-पिता का कर्तव्य है। आर्थिक अवलंबन का अर्थ इस स्वतंत्रता का हनन नहीं होना चाहिए; यह तो संतान के जीने के अधिकार के अंतर्गत आता है। भरण-पोषण के अधिकार और स्वतंत्रता के अधिकार को परस्पर अपवर्जी नहीं माना जाना चाहिए। यही मानवाधिकार की समझ है और इस देश को इसकी बहुत आवश्यकता है। जहां भारत में पूर्णायु अस्सी वर्ष को माना जाता है, वहीं पश्चिम में यह पूर्णायु नब्बे वर्ष होती है। यह केवल संयोग नहीं है कि पश्चिम का कानून स्वतंत्रता देने की अवस्था को अठारह वर्ष मानता है जोकि नब्बे का पांचवां भाग है। भरण-पोषण का दायित्व सदैव विधिक नहीं होता है, प्रायः सभी देशों में इसे नैतिक दायित्व माना जाता है।

सोचने की बात यह है कि कितने भारतीय माता-पिता अपने नैतिक दायित्वों के प्रति जागरूक होते हैं? परिवार के भीतर मानवाधिकारों की अवहेलना भी कोई क्षम्य अपराध नहीं है, किन्तु इस देश में मानवाधिकारों के हनन का क्षेत्र

और भी व्यापक है। इस देश में जो प्रवृत्ति पिता और पुत्र के संबंध में लागू होती है वही प्रवृत्ति एक उच्च वर्ण व निम्न वर्ण के मनुष्य के संबंध में भी लागू होती है; वही प्रवृत्ति एक सम्पन्न और विपन्न मनुष्य के सम्बंध में भी लागू होती है और वही प्रवृत्ति एक बड़े आदमी और एक छोटे आदमी के संबंध में भी लागू होती है। इस देश के संबंध में तुलसीदास का यह कथन शत-प्रतिशत ठीक है कि समरथ को नहीं दोष गुसाईं। इस देश में अपराध व दण्ड की धारणा केवल छोटे लोगों के संबंध में की जाती है और बड़े आदमियों को आज भी इससे ऊपर माना जाता है। यह किस प्रकार का प्रजातंत्र है जिसमें मानवाधिकारों की स्पष्ट अवेहलना गर्व की बात समझी जाती है? लगता है आज भी हम सभ्यता से सदियों दूर हैं और हमारा आचरण गुफा-मानव जैसा है। क्या यही इस देश की नियति है?

यहां एक बात नकारात्मक प्रवृत्तियों के संबंध में भी महत्त्वपूर्ण है। पश्चिम का समाज इसीलिए आगे बढ़ा है कि पश्चिम प्रत्येक व्यक्ति की प्रतिभा और विश्वसनीयता को ही महत्त्व देता है। पश्चिम के व्यक्ति में एक गहरी समझ है जिसके कारण वह नकारात्मक प्रवृत्तियों की अवहेलना करता है। जीवन में विकास करने का अधिकार, सफल और समृद्ध होने का अधिकार, उन्नति करने का अधिकार और परितुष्ट होने का अधिकार प्रत्येक मनुष्य को है क्योंकि यह अधिकार नैसर्गिक है और जन्मजात है। यह अधिकार हमें एक मनुष्य होने के नाते मिलता है जैसेकि एक पक्षी होने के कारण उड़ने का अधिकार मिलता है, एक फूल होने के कारण खिलने का अधिकार मिलता है, एक कोयल होने के नाते गाने का अधिकार मिलता है अथवा एक मोर होने के नाते नाचने का अधिकार मिलता है इत्यादि। प्रत्येक मनुष्य का स्वयं आगे बढ़ने का अधिकार नैसर्गिक है, किन्तु दूसरे मनुष्य को आगे बढ़ने से रोकने का चक्रव्यूह आपराधिक है। प्रत्येक मनुष्य को स्वयं की लकीर बड़ी करने का अधिकार तो होता है किन्तु दूसरों की लकीरें छोटी करने का अधिकार नहीं होता। इसलिए ईर्ष्या सदा ही समाजद्रोही और प्रगतिविरोधी होती है और एक समझदार समाज वह समाज होता है जो नकारात्मक प्रवृत्ति के मनुष्यों को महत्त्व नहीं देता है। एक सतत प्रक्रिया है जो मनुष्य को पशुत्व से ऊपर उठाकर सभ्य-सुसंस्कृत बनाती है और ईर्ष्या इस प्रक्रिया में व्यवधान उत्पन्न करती है। वही समाज उन्नति कर सकता है जिसमें प्रतिभा और विश्वसनीयता को महत्त्व मिलता है और नकारात्मकता को दण्डित किया जाता है। क्या हमारा समाज भी ऐसा ही एक समाज है? आवश्यक नहीं है कि भविष्य अतीत की पुनरुक्ति मात्र हो। हमें एक न्यायसंगत, बुद्धिमत्तापूर्ण, वैज्ञानिक चिंतनयुक्त और प्रगतिशील भविष्य के प्रति आशान्वित होना चाहिए और एक

नई संस्कृति की अवधारणा करनी चाहिए जो विवेकसम्मत हो और सभी पूर्वाग्रहों से असंयुक्त हो। वही मनुष्य सम्मानित होना चाहिए जो प्रतिभावान, विश्वसनीय और सृजनात्मक हो, अन्य सभी बातें गौण होनी चाहिए। हरि ओम तत्सत्!

मेवात के गांवों में प्रायः दो जातियों का वर्चस्व पाया जाता है–कंजर और ब्राह्मण। किन्तु आश्चर्य का विषय है कि यहां कुछ ब्राह्मण परिवार ऐसे भी मिलते हैं, जिनकी संस्कृति कंजरों की संस्कृति से भिन्न नहीं होती है। ये लोग शराब पीते हैं, मांस खाते हैं, गुण्डागर्दी करते हैं और मौका मिलते ही घर की औरतों से जिस्मफरोशी तक करवाने से बाज नहीं आते हैं। इनमें ब्राह्मणत्व के संस्कारों का लेशमात्र भी नहीं पाया जाता है। ऐसा लगता है कि ऐतिहासिक कारणों से यह क्षेत्र असुरक्षित रहा है और ब्राह्मणों के गुणसूत्र कंजरों के गुणसूत्रों से घुलमिल गए हैं। यहां ऐसे भी ब्राह्मण परिवार मिलते हैं जिनमें कुलीनता नाममात्र को भी नहीं पाई जाती है और जरा-सा मौका मिलते ही उनकी पशु प्रवृत्ति बाहर आ जाती है। सबसे बड़े आश्चर्य की बात तो यह है कि आचरण में इतने हीन होने पर भी ये स्वयं को बहुत बड़ा समझते हैं और दूसरे मनुष्य को तिनका भी नहीं मानते हैं भले ही वह कितना ही आदरणीय हो।

श्री जगतनारायण शर्मा भी ऐसे ही एक व्यक्ति थे जो मेवात के जहाजपुर गांव में रहते थे। व्यवसाय से ये एक कृषक थे और इनके पास इतनी भूमि अवश्य थी कि ये सुविधापूर्वक परिवार सहित अपना जीवनयापन कर सकें। चार कमरों की एक धर्मशाला का प्रबंध भी इसी परिवार के पास था। धर्मशाला का निर्माण गांव के लोगों ने चंदा इकट्ठा करके करवाया था और इसके पीछे उद्देश्य यह था कि शादी-ब्याह, भात-छूछक, पर्व-उत्सव, मृत्युभोज आदि पर आने वाले दूर-दराज के मेहमानों को कोई कष्ट न हो। सामान्य दिनों में भी बाहर से आने वाले अजनबी लोग धर्मशाला में ही टिक जाया करते थे। वैसे तो यह धर्मशाला सारे गांव की सामूहिक सम्पत्ति थी, किन्तु ब्राह्मण होने के नाते इसकी व्यवस्था श्री जगतनारायण शर्मा को ही सौंप दी गई थी और इससे होने वाली आय भी उन्हीं की आमदनी मानी जाती थी। कोई अभाव नहीं था, किन्तु किंवदंती है कि दोनों ही पति-पत्नी स्वभाव से अत्यंत लालची थे और माया के सामने इनके लिए नैतिकता का कोई भी महत्त्व नहीं था। सुनने में आता है कि रात को अकेले आदमियों को बुलाकर धर्मशाला में सुला दिया जाता था और फिर औरतों को चुपचाप उनके पास भेज दिया जाता था। धीरे-धीरे आसपास के गांवों की औरतों की घनिष्ठता भी इनकी घर की औरतों से बढ़ती जा रही थी। ऐसी बातें कब तक छिपी रहती हैं? विगत दो सालों से यह भी देखने में

जीवन स्थगित है

आ रहा था कि आसपास के गांवों के कुछ मनचले युवक भी प्राय: ही इस धर्मशाला में आकर टिक जाते थे। इन लोगों से गांव के किसी भी परिवार का परिचय नहीं था और धीरे-धीरे गांववालों के लिए यह एक नाराजगी का विषय बनता जा रहा था। गांव में अब लूटपाट और चोरी-चकोरी की वारदातें भी होने लगी थीं और यहां के लोग स्वयं को असुरक्षित भी अनुभव करने लगे थे।

खैर, इस गांव में एक बच्चों का माध्यमिक विद्यालय था, कुछ दुकानें थीं, एक पंचायत भवन था, किन्तु पूजा-पाठ, भजन-कीर्तन व जागरण करने के लिए कोई भी अच्छा मंदिर नहीं था। गांव में सभी खाते-पीते लोग थे, किन्तु उनमें से रईस किसी को भी नहीं कहा जा सकता था। लक्ष्मीपति कोई भी नहीं था, इसलिए मंदिर कौन बनवाता? गांव का सामुदायिक पंचायत भवन भव्य था और इसे देखने के लिए आसपास के गांवों से भी लोग आते थे; इसलिए गांव वालों ने यह निर्णय किया कि मंदिर के लिए भी चंदा इकट्ठा किया जाए और ऐसा ही भव्य एक मंदिर भी बनवाया जाए। पंचों ने सुझाव दिया कि पंचायत भवन में ताला लगाकर एक दानपेटी रख दी जाए जिसमें मंदिर के लिए चंदा इकट्ठा होता रहेगा। आखिर गांव में कमी क्या है–ब्राह्मण हैं, बनिए हैं, यादव हैं, जाट हैं, गूजर हैं और सभी-के-सभी जमींदार हैं? एक मंदिर का बनना कौन-सी बड़ी बात है? यह भी तय किया गया था कि दान गुप्त होना चाहिए ताकि किसी भी परिवार की किसी अन्य से तुलना नहीं हो सके। यह एक पुण्य का काम है और अपनी-अपनी श्रद्धा के अनुसार ही होना चाहिए; किसी भी भाई पर देखा-देखी अथवा दबाव की परिस्थितियां पैदा करना उचित नहीं है। तय हुआ कि प्रत्येक धनतेरस को सारी पंचायत के सामने इस दानपेटी को खोला जाए; इसमें जमा रुपए व जेवरात आदि को गिना और तौला जाए और फिर पंचायत की बही में लिखकर यह जमा पूंजी पण्डित जगतनारायण जी को सौंप दी जाए। धर्मशाला भी ये ही चला रहे हैं तो मंदिर का सेवा-कार्य भी ये ही सम्भाल लेंगे। शुरू-शुरू में पण्डितजी सहमत नहीं हुए, उनका विचार था कि यह जोखिम का काम है, इसलिए किसी बैंक में एक लॉकर लेकर सारी जमा-पूंजी उसी में रख दी जाए। उस जमाने में बैंक भी कम थे और लॉकर भी आसानी से नहीं मिलते थे। थोड़ी बहुत भागदौड़ भी की गई किन्तु तत्काल कोई लॉकर नहीं मिल पाया। धीरे-धीरे पण्डितजी मान गए कि भगवान का काम है, वे नहीं करेंगे तो कौन करेगा? अब दानपेटी को रखे हुए तीन वर्ष पूरे होने वाले थे, काफी जेवरात तथा नकद रुपए इकट्ठे हो गए थे और अनुमान था कि अगली दीवाली तक गांव में एक बहुत आलीशान मंदिर बनकर खड़ा हो जाएगा। पंडितजी का कहना था कि काम ऐसा होना चाहिए जिससे गांव

की रौनक बढ़े, नहीं तो कहीं भी दो मूर्तियां रख लो और पूजा कर लो क्योंकि भगवान तो भावना का भूखा होता है। ऐसे मामलों में दिखावा और आडम्बर ही बड़ी बात मानी जाती है। तय हुआ कि सारे गांववाले मिलकर जगन्नाथजी का एक इतना सुंदर मंदिर बनाएंगे कि पूरे मेवात में ऐसा कोई भी मंदिर नहीं होगा। मूर्तियां बनाने के लिए एक कारीगर इन्होंने पहले से ही मथुरा में ढूंढ़ रखा था। यह कारीगर ऐसी मूर्तियां बनाता था जो मुंह से बोलती हुई दिखाई पड़ती थीं। पिछला सारा माल-वाल पंडितजी के ही पास था और किसी को भी पता नहीं था कि वे उसे कैसे सम्भालकर रख रहे हैं?

यह पौष का महीना था कि अचानक एक रात को हड़कंप मच गया। घोड़ों की कुछ टापें सुनाई दीं, हवा में गोलियां चलने की आवाज आई और कोई तीन-चार घुड़सवार मुंह पर सफेद रंग का साफा बांधे हुए गांव में दाखिल हुए, उनके सिर पर काले रंग की पगड़ियां थीं और पैरों में चमड़े की जूतियां थीं।

ये घुड़सवार सीधे ही धर्मशाला के सामने वाले दरवाजे से दाखिल हुए और धर्मशाला के पिछवाड़े वाली दीवार के पास उगे हुए एक बबूल के पेड़ के नीचे पहुंचे। धर्मशाला में सामने की पंक्ति में चार कमरे बने हुए थे। इन कमरों के दाहिनी तरफ कुछ स्नानघर व शौचालय बने हुए थे। आगे और पीछे लम्बी-चौड़ी खाली जगह थी जिसके चारों ओर एक परकोटा था। परकोटे की दीवार बहुत ऊंची थी और इसके ऊपर कांच के टुकड़े गड़े हुए थे। दरवाजा केवल एक था जोकि सामने की ओर था। यह दरवाजा बहुत मजबूत था और लोहे का बना हुआ था। धर्मशाला के बांयीं ओर कुछ हटकर पण्डितजी का घर था, दायीं ओर राव साहब की हवेली थी और पिछवाड़े की ओर घना जंगल था। इस समय घुप्प अंधेरा था और कोई भी जाग नहीं रहा था। घुड़सवारों ने तुरंत एक गड्ढा खोदकर जमीन में से कुछ निकाला, उसे एक काली चादर में लपेटा, दुबारा हवाई फायर किए और भाग खड़े हुए। राव साहब की हवेली धर्मशाला के सबसे निकट थी। फायर की आवाजें और घोड़ों की टापें सुनते ही वे जाग गए थे और उन्होंने घुड़सवारों को गांव में दाखिल होते हुए देख लिया था। वे एक सेवानिवृत्त मेजर थे, किन्तु इस समय उनकी बंदूक में गोलियां नहीं थीं। गोलियां एक लोहे के संदूक में थीं जिसमें ताला लगा हुआ था। जब तक वे गोलियों को बंदूक में भरकर दबे पांव हवेली की छत पर पहुंचे, तब तक डाकू अपना काम करके दूर निकल गए थे।

ठिठुरन और हाड़ कंपा देने वाली सर्दी के बावजूद दस-पंद्रह लोग अपने घरों से बाहर निकलकर अब धर्मशाला के पिछवाड़े पहुंच चुके थे। धर्मशाला का लोहे का दरवाजा पूरा खुला पड़ा था और उसमें लगने वाला ताला कहीं भी दिखाई नहीं दे रहा था। कुछ लोग भागकर पण्डितजी के घर पहुंचे और उन्हें

जगाकर घटनास्थल पर लेकर आए। पेड़ के नीचे खुदे हुए गड्ढ़े को देखते ही श्री जगत शर्मा दोनों हाथों से अपना माथा पकड़कर जमीन पर उकड़ू बैठ गए।

जगत ने कहा–"जगन्नाथजी की दुहाई, मैं तो बरबाद हो गया। अब मैं किसी को क्या मुंह दिखाऊंगा? मैंने मंदिर का सारा मालमत्ता और घरवाली के जेवर दो गमछों में बांधकर एक तांबे के कलश में रखे थे, इस कलश का मुंह ऊपर से भी बांध दिया था और उसे इसी पेड़ के नीचे गाड़ दिया था। मेरा तो सब कुछ चला गया, किन्तु आप लोग चिंता नहीं करें। मैं अपनी सारी जमीन–जायदाद बेचकर भी मंदिर की पाई–पाई चुका दूंगा। मंदिर की जमा पूंजी के लिए मैं ही जिम्मेदार हूं।"

राव साहब लगातार जगत को संदिग्ध दृष्टि से देख रहे थे। वे ब्रिटिश फौज में मेजर रह चुके थे और अब एक सेवानिवृत्त फौजी का जीवन गुजार रहे थे।

राव साहब–"मैंने खुद अपनी आंखों से देखा था कि धर्मशाला का लोहे का दरवाजा खुला पड़ा था। डाकू आराम से सीधे धर्मशाला की ओर आए, धर्मशाला के दरवाजे से भीतर घुसे, सीधे धर्मशाला के पिछवाड़े पहुंचे और इसी पेड़ के नीचे आकर खड़े हो गए। इसके बाद मैं बंदूक की गोलियां ढूंढ़ने लग गया। पेड़ तो और भी हैं, फिर उन्होंने इसी पेड़ को क्यों चुना और इसी पेड़ के नीचे गड्ढा क्यों खोदा? जब तक मैं बंदूक में गोलियां भरकर छत पर पहुंचा, वे अपना काम पूरा करके धर्मशाला से दूर निकल गए थे। उन्होंने दो बार हवाई फायर भी किए थे ताकि सारे गांव को पता लग जाए कि डाका पड़ चुका है। माल–ताल तो वे चुपचाप भी निकालकर ले जा सकते थे; फिर उन्होंने हवाई फायर क्यों किए थे? इसका मतलब है कि इसी गांव का कोई आदमी डाकुओं से मिला हुआ है और लूट में उसका भी हिस्सा है।"

लाला मातादीन–"इस तांबे के कलश का तो जगतनारायण के अलावा किसी को सुराग भी नहीं था, फिर कौन हरामी की औलाद मुखबिरी करेगा?"

जगतनारायण–"मैं खुद भी बहुत हैरान हूं क्योंकि कलश मैंने बहुत ऐहतियात से जमीन में गाड़ा था। जहां तक मैं सोच सकता हूं, इसे गाड़ते समय मुझे किसी ने भी नहीं देखा होगा। उस दिन धर्मशाला में कोई भी नहीं था, वह गोवर्धन पूजा का दूसरा दिन था और रात को कोई डेढ़ बजे दरवाजे के भीतर से ताला लगाकर यह कलश मैंने इस पेड़ के नीचे गाड़ा था। पारो भी उस समय गहरी नींद में सो रही थी।"

राव साहब–"यदि यह मान भी लिया जाए कि किसी ने इस कलश को यहां गाड़ते समय जगत को देख लिया था तो भी गोवर्धन पूजा को बहुत समय बीत चुका है। अब तक तो यह कलश कितनी ही बार चोरी चला गया होता।"

जगतनारायण–"इससे पहले दो बार मैं यह काम और कर चुका हूं, और यह कलश लगभग ढाई साल तक यहां महफूज गड़ा रहा है।"

लाला मातादीन–"यह बात बिल्कुल साफ है कि यह बेटी का खसम जगत खुद ही नालायक है। इसी ने मुखबिरी की है और हवाई फायर का नाटक करवाया है। यदि मुखबिर कोई और होता तो यह काम चुपचाप होता और इस चोरी का पता जगत के अलावा किसी को भी नहीं लगता।"

जगत के चेहरे का रंग उड़ गया और वह इधर-उधर देखने लगा।

राव साहब–"अब मैं यह भी समझ गया कि गांव में चोरियां क्यों होने लगी हैं और इस गांव की बहू-बेटियां रात के अंधेरे में उठकर कहां चली जाती हैं?"

अचानक राव साहब को कुछ याद आ गया और उन्होंने जगत को गोली मार दी। आखिर वे फौज में मेजर रह चुके थे और उनकी आंखें धोखा नहीं खा सकती थीं। सभी गांववालों ने मिलकर यह तय किया कि इस वारदात की रपट थाने में कोई भी नहीं लिखवाएगा। डाकुओं का पता हम खुद ही लगाएंगे और खुद ही माल को भी बरामद करेंगे। फिर भी यदि गांव में पुलिस आ जाती है तो कोई भी गवाही नहीं देगा।

इसके बाद उन्होंने एक पहाड़ी बंजर भूमि में गड्ढा खोदा और लाश को तुरंत उसमें दबा दिया।

लाला मातादीन–"अब जगत के घरवालों का क्या करें? घर में और कौन-कौन हैं? सबसे पहले तो जगत की घरवाली ही गवाही देगी।"

पारो दौड़कर राव साहब के पैर पकड़ लेती है।

पारो–"आज घर में मेरे और दो छोटे बच्चों के अलावा और कोई भी नहीं है। भगवान की कसम मैं मुंह तक नहीं खोलूंगी। आप मेरे माता-पिता के समान हैं, कम-से-कम बच्चों पर तो दया कीजिए।"

लाला मातादीन–"तेरा मायका कहां है? तू वहां क्यों नहीं चली जाती?"

पारो–"पास के ही गांव बिदिसा में है। मैं पण्डित घासीराम जी की पोती हूं। सुबह होते ही बच्चों को लेकर चली जाऊंगी और गांव में कभी भी वापस नहीं आऊंगी।"

लाला मातादीन–"मेरी ससुराल भी बिदिसा में है और इसके पीहर वालों की गारण्टी मैं लेता हूं। उनमें से कोई भी हमारे खिलाफ गवाही नहीं देगा। यह देवीप्रसाद की बेटी है और अब एक ब्राह्मण की बेटी की जान बचाने की जिम्मेदारी मुझ पर आ गई है। इसके पीहर वाले हमारे ही आदमी हैं और वही करेंगे जो मैं कहूंगा।"

सब अपने-अपने घरों को वापस लौट गये। राव साहब भी ठिठुरते हुए हवेली में वापस पहुंच गए। जल्दबाजी में वे भूल गए थे कि उन्होंने केवल आधी बांहों का एक खाकी कमीज पहन रखा है। वे चिंतित जरूर हैं लेकिन उन्हें गांववालों पर भरोसा है। सबसे कई पीढियों के संबंध हैं। जगत अधर्मी था, लेकिन था तो ब्राह्मण ही। ब्रह्महत्या का पाप तकदीर में लिखा था, सो वो भी हो गया। अचानक उन्हें अपनी बेटी याद आ गई थी; अब पछताने से क्या फायदा? लाला मातादीन का भला हो, नहीं तो बेचारी के बच्चे भी अनाथ हो जाते। उन्हें मुकदमेबाजी की रत्ती भर भी चिंता नहीं थी, फिर भी उनका मन भीतर से प्रसन्न नहीं था। आखिर ब्रह्महत्या तो ब्रह्महत्या ही होती है।

यह घटना आज से कोई नब्बे बरस पहले हुई होगी। उस समय हिन्दुस्तान के भीतरी इलाकों में बड़ी-बड़ी घटनाएं घट जाया करती थीं, किन्तु पुलिस और प्रशासन तक कोई खबर नहीं पहुंचती थी। मेवात के इस इलाके में डकैती और लूटपाट उन दिनों सामान्य घटनाएं थीं। बात आई-गई हो गई थी।

पारो रात भर रोती रही थी; अभी उसकी उम्र ही क्या थी? सोलह बरस की उम्र में उसका विवाह हो गया था और अब बीस बरस की होते-होते वह विधवा भी हो गई थी। सुरेश अभी कुल तीन बरस का था और द्रौपदी तेरह महीने की थी। पारो देखने में अभी भी सुंदर थी और कुंआरी लगती थी। चार साल पहले इसी घर में वह दुल्हन बनकर आई थी, उसके हाथों से अभी तक मेंहदी की खुशबू तक नहीं गई थी और यह वज्रपात हो गया था। सुबह होते ही यह घर भी हमेशा के लिए छूट जाने वाला था; अपना-अपना भाग्य होता है।

भोर होते ही वह दोनों बच्चों को लेकर बिदिसा की ओर चल दी थी, जाने से पहले उसका साहस पडोसियों से भी बात करने का नहीं हुआ था। द्रौपदी उसकी गोद में थी और बेचारा सुरेश धीरे-धीरे उसके साथ पांव बढ़ा रहा था। पीहर वालों के लिए जवान बेटी के इस तरह विधवा होकर मायके लौटने से अधिक दुखद प्रसंग क्या हो सकता था? वह रोते-रोते अपने पैर बिदिसा की ओर बढ़ाने का प्रयास कर रही थी तभी उसे सामने से आती हुई एक घोड़ागाड़ी दिखाई दी और वह घोड़ागाड़ी उसके पास आकर रुक गई। इस घोड़ागाड़ी को एक गोरा-चिट्टा युवक चला रहा था जिसकी उम्र मुश्किल से कोई पच्चीस बरस रही होगी।

उसने पूछा-"कहां जाना है? पीछे बैठ जाओ, इस तरह बच्चों के साथ कब तक पहुंचोगी?"

पारो ने इससे पहले गंगल को कभी नहीं देखा था। उसने रोते-रोते संक्षेप में कहा था कि उसके पति को डाकुओं ने गोली मार दी थी।

गंगल–"यह सब मुझे रात को ही मालूम हो गया था। तेरा आदमी वास्तव में ही हरामी था। स्साला अपनी नई-नई लुगाई से भी धंधा करवाता था। इसमें गांववालों का कोई कुसूर नहीं है। ब्राह्मण होकर भी उसने भगवान तक को धोखा देने की कोशिश की थी। बहुत लगन से गांववालों ने चंदा इकट्ठा किया था, यहां तक कि बीरबानियों ने घरवालों से छिपाकर अपने गहने भी दान में दे दिए थे; सुना है काफी माल-ताल था।"

पारो–"समझो कि लालच के कारण ही मारा गया। उसे मैंने बहुत समझाने की कोशिश की थी कि दूसरों की माया कोई घर की औरत जैसी नहीं होती है कि चाहे जैसे नीयत खराब कर लो। कुछ तो उसे ऊपर वाले से भी डरना चाहिए था। उसने मेरी एक भी नहीं सुनी और यह भी नहीं सोचा कि कुछ ऊंच-नीच हो जाने पर इन बालकों का क्या होगा?"

पारो रोते हुए भी सुंदर लग रही थी। गंगल ने पहली बार इतनी सुंदर औरत देखी थी। वह अभी अकेला और कुंआरा था। मां बेचारी मर गई थी और जिस आदमी को वह अपना बाप समझता था वह उसे मौसी के पास छोड़कर चला गया था। ऐसी स्थिति में उसको इससे अच्छी जोरू और कहां मिल सकती थी? आखिर उसने कह दिया था–

"तुम ब्राह्मण की बेटी हो और मैं जात का कंजर, इसलिए कुछ कहते हुए भी संकोच होता है। एक तरह से सोचो तो एक ब्राह्मण की बेटी का धर्म भ्रष्ट करना बहुत बड़ा पाप है, लेकिन इन बच्चों की तरफ देखकर भी कलेजा मुंह को आता है। तेरे को तो दूसरा मर्द भी मिल जाएगा, लेकिन इन बालकों से कौन छाती तोड़ेगा? मेरी बात अलग है, मैं तो इन बच्चों की तरह ही पलकर बड़ा हुआ हूं। मुझे तो अपने बाप का भी पता नहीं कि कौन था?"

पारो–"कुछ काम-धंधा भी करते हो या यूं ही एक अकेली जवान औरत को देखकर मन में बेईमानी आ गयी है?"

गंगल–"मेरे जैसा तबलची पूरी दिल्ली में दूसरा नहीं है; हुनर बहुत बड़ी बात होती है। दिल्ली की सबसे मशहूर गाने वाली अमीरबाई के कोठे पर संगत करता हूं। वहां एक से एक बड़े रईस और एक से एक बड़े गुणी लोग लम्बी-लम्बी मोटरगाडियों में बैठकर आते हैं और सारी रात जागकर दादरा, ठुमरी और कहरवा सुनते हैं। खूब बख्शीश मिलती है; मैं तेरे को भी पैसों की कोई कमी नहीं रहने दूंगा। तू चाहे तो इन बच्चों की भी तकदीर जाग सकती है। अपने मुंह से अपनी बड़ाई करना ओछे लोगों का काम होता है, लेकिन अल्लाह जिसको नवाजता है उसको बहुत खूब नवाजता है और ऐसे शख्स को पैसे की क्या कमी हो सकती है?"

190 जीवन स्थगित है

अब पारो वाकई सोच में पड़ गई थी। कंजर है तो क्या हुआ; आदमी गैरतमंद मालूम होता है; हुनरमंद भी है और जवान भी है और उससे सिर्फ चार-पांच साल बड़ा है। अच्छे घर का कौन लड़का अब पारो का हाथ पकड़ेगा? ब्राह्मणों में तो नाता भी नहीं होता। विधवा औरत और उतारू का घड़ा दोनों की एक जैसी गति होती है। अब उसे सारी उम्र दर-दर की ठोकरें खानी पड़ेंगी और पराई जूठन पर जिंदगी गुजारनी पडेगी।

कोई नहीं होगा जिसे वह अपना कह सकेगी। क्या पता इन बच्चों के भाग्य से ही कुछ अच्छा घट रहा हो। उसने जैसे स्वयं से ही कहा—

"एक तो बीच में ही छोड़कर चला गया। लाख समझाया कि गलत काम मत करो; तुम बाल-बच्चों वाले एक जिम्मेदार आदमी हो। अब तुमने भी धोखा दे दिया तो मैं कहीं भी मुंह दिखाने लायक नहीं रहूंगी।"

गंगल—"मेरा इस दुनिया में है ही कौन जिसके लिए इतना बड़ा अधर्म करूंगा? एक ब्राह्मण की बेटी का धर्मभ्रष्ट करना और फिर उसे धोखा देना मेरे जमीर में नहीं है। मेरा बाप मेरे होते ही मर गया था, इसके बाद मेरी मां धंधे पर बैठ गई थी। मेरे अलावा मेरी मां के कोई भी औलाद नहीं हुई थी। मां के मरने के बाद जिस मौसी ने मुझे पाला था, अब वह भी अल्लाह को प्यारी हो गई है। बाल-बच्चे इस मौसी के भी नहीं हुए थे। जो आदमी मेरी मां के घर में रहता था, वह भी घर को छोड़कर कहीं और चला गया। अब इस दुनिया में मेरा कोई भी नहीं है। मुझे तो खुद जीने के लिए कोई सहारा चाहिए, फिर मैं तुझे धोखा क्यों दूंगा? मुझे तेरे से अधिक सुंदर और खानदानी औरत और कहां मिलेगी?"

पारो चुपचाप खिसककर गंगल की पीठ से अपनी पीठ सटाकर आराम से बैठ गई थी। सुबह की हल्की-हल्की धूप में बच्चे भी अब बेसुध सो रहे थे। उन्हें कुछ भी पता नहीं था पिछले कुछ ही घण्टों में उनके जीवन में कितना बड़ा परिवर्तन आ चुका था। घोड़ागाड़ी अब दिल्ली की ओर सरपट भाग रही थी।

गंगल वास्तव में ही होनहार था और उसकी अंगुलियों में भी जादू था। अमीरबाई गंगल पर इतनी मेहरबान थी कि वह किसी भी कीमत पर गंगल को नाराज नहीं करना चाहती थी और उसके सभी नखरे उठाने को तैयार रहती थी। कमाई-धमाई की गंगल को कोई कमी नहीं थी और बच्चों के प्रति उसका व्यवहार भी बहुत अच्छा था। अमीरबाई खुद मोटरगाड़ी में बैठकर पारो और बच्चों से मिलने के लिए आती रहती थी। जब भी वह आती थी साथ में घर-गिरस्ती का बहुत सारा सामान तथा पारो व बच्चों

के लिए वस्त्र और सौंदर्य-प्रसाधन लाना भी नहीं भूलती थी। द्रौपदी से तो उसे विशेष लगाव था। गंगल शराब प्राय: रोजाना पीता था, बहुत-सी बार उसकी पूरी रात ही कोठे पर गुजर जाया करती थी, किन्तु पारो से उसे वास्तव में ही लगाव था। छोटी-मोटी कमियां हरेक मर्द में होती हैं और पारो इन कमियों का जिक्र करके गंगल का दिल दुखाने वाली औरत नहीं थी। पारो हर लिहाज से अपनी जिंदगी से खुश थी, देखते-ही-देखते उसके एक लड़का और हो गया था। अब इस दम्पति के तीन बच्चे थे—सुरेश, द्रौपदी और गोपाल। गंगल का व्यवहार तीनों ही बच्चों के प्रति एक-सा था और उसके मन में इन बच्चों को लेकर कोई भेदभाव नहीं था।

दुनिया का दस्तूर है कि समय सदा एक जैसा नहीं रहता है। अब तक दोनों परिवारों में से एक ने भी पारो और बच्चों को ढूंढ़ने की कोशिश नहीं की थी, किन्तु अब परिस्थितियां बदल गई थीं। जगतनारायण शर्मा के एक चचेरे भाई थे श्री रूपनारायण शर्मा, जो उम्र में उनसे कोई पांच-सात वर्ष बड़े थे। व्यवसाय से वे वकील थे और शेखावाटी के एक कस्बे माणिक्यपुर में वकालत करते थे। वे एक शौकीनमिजाज आदमी थे और कानून की पढ़ाई करते समय ही उन्हें उपदंश हो गया था। समय पर इलाज न करवाने के कारण वे संतान उत्पति में असमर्थ हो गए थे और अब उनकी विवाहिता पत्नी भी बिना किसी संतान को जन्म दिए चल बसी थी। डॉक्टरों ने उन्हें समझा दिया था कि उनके संतान नहीं हो सकती है, इसलिए वे दूसरा विवाह नहीं करना चाहते थे। वकालत का व्यवसाय ऐसा था कि स्वयं चूल्हा फूंकने के लिए उन्हें कोई समय नहीं मिल पाता था। इसके अतिरिक्त अकेला घर भी उन्हें काटने के लिए दौड़ता था। अब विवश होकर वे पारो में रुचि लेने लगे थे। पारो के दोनों बच्चे आखिर उनका अपना खून थे, अब उन्हें इन बच्चों की चिंता भी सताने लगी थी। अमीरबाई का द्रौपदी से विशेष लगाव भी उन्हें अखरने लगा था और वे द्रौपदी के भविष्य को लेकर आशंकित रहने लगे थे। सारे रिश्तेदारों को भी वकील साहब की बात ठीक लग रही थी और वे कुछ परिजनों को अपने साथ लेकर एक दिन अचानक अमीरबाई के कोठे तक पहुंच गए थे। वकील आदमी थे, प्रत्येक परिस्थिति से निपटने के लिए तैयार होकर गए थे और साथ में पांच-सात लठैत भी ले लिए थे। कोठे पर उनकी मुलाकात गंगल से हो गई थी। पहले तो गंगल ने बहुत आना-कानी की थी, सबको जान से मरवा देने की धमकियां भी दी थीं, लेकिन अनपढ़ आदमी था, जेल जाने की बात से डर गया था। वकील साहब सब तरह से दुनियादार आदमी थे, वे गंगल को तीन सौ अशर्फियां हर्जाने के तौर पर देने के लिए भी तैयार हो गए थे। अंत में गंगल उन्हें पारो से मिलवाने

जीवन स्थगित है

के लिए राजी हो गया था। गोपाल अभी छोटा था और गंगल ने शर्त रखी थी कि गोपाल के बड़ा होते ही वह उसे अपने साथ वापस ले जाएगा। पारो को पहले तो बहुत शर्मिंदगी महसूस हुई; फिर उसे गंगल पर क्रोध आया और उससे बिछड़ने का दुःख हुआ; उसकी बसी-बसाई गृहस्थी एक बार फिर उजड़ने लगी थी। लेकिन वकील साहब भी पढ़े-लिखे और जवान आदमी थे, इसलिए सुबह होते-होते पारो के चेहरे की रंगत वापस लौट आई। गंगल को भी पारो और गोपाल से बिछड़ने का बहुत दुख हो रहा था। लेकिन वह मुकदमेबाजी और जेल जाने से डरता था, साथ ही तीन सौ अशर्फियों का लालच भी कम नहीं था। बहुत समझाने-बुझाने पर पारो अपने पति के भाई और रिश्तेदारों के साथ जाने के लिए राजी हो गई थी। वकील साहब भी खुश थे कि मामला बिना फौजदारी के ही निपट गया था। अब तक उन्होंने कमाया ही कमाया था और खर्च कुछ किया नहीं था, इसलिए अशर्फियों का उन्हें कोई लोभ नहीं था। अब वे निश्चिंत होकर माणिक्यपुर वापस आ गए थे। अब श्री रूपनारायण शर्मा ही इन तीनों बच्चों के पिता थे। अन्य किसी भी पिता की स्मृति इन अबोध बच्चों को नहीं थी। रिश्तेदारों का मानना था कि द्रौपदी की तकदीर अच्छी थी जो अपने घर वापस आ गई थी, नहीं तो पता नहीं बेचारी का क्या हश्र होता? गंगल ने दुबारा कभी भी गोपाल या पारो से मिलना जरूरी नहीं समझा था। सुनने में आया था कि वह एक ठेकेदार बन गया था और अब स्वयं को महाजन माता-पिता की औलाद बताने लग गया था।

समय धीरे-धीरे गुजरता चला गया था। बचपन कब यौवन में विकसित हुआ और यौवन कब बुढ़ापे में बदला, यह सोचने का वक्त किसी के पास नहीं था। देखते ही देखते पारो के दोनों बेटे भी पढ़-लिखकर वकील बन गए थे। श्री सुरेशनारायण शर्मा और श्री गोपालनारायण शर्मा अब दोनों ही माणिक्यपुर में रहकर वकालत कर रहे थे और द्रौपदी का विवाह हरियाणा के एक न्यायिक अधिकारी से हो गया था जो बाद में केन्द्र में एक मंत्री बना था।

धीरे-धीरे एक पूरी पीढ़ी ही विदा होती चली गई थी और श्री रूपनारायण शर्मा व पारो भी चल बसे थे। लोग यह भी भूल गए थे कि ये तीनों बच्चे श्री रूपनारायण शर्मा के अपने बच्चे नहीं थे और उनकी वंश-परंपरा अज्ञात थी। तीनों ही बच्चे व्यक्तित्व में इतने भिन्न-भिन्न दिखाई देते थे कि लगता था जैसे वे तीन अलग-अलग परिवारों के बच्चे हों। कालांतर में सुरेश और गोपाल की गृहस्थी भी बस गई थी। सुरेश की पत्नी का नाम सावित्री और गोपाल की पत्नी का नाम गायत्री था। ये दोनों सगी बहनें थीं और मेवात के ही एक कस्बे मैथिली के एक दबंग और युयुत्सु

परिवार की अपत्या थीं। कहने को तो यह परिवार भी एक ब्राह्मण परिवार ही था, किन्तु इसकी संस्कृति भी जगतनारायण के परिवार जैसी ही थी। जिस समय बड़े वकील साहब का विवाह हुआ था, गायत्री पूरी तरह युवा नहीं हो पाई थी। यद्यपि वह देखने में सुंदर नहीं थी, किन्तु अपनी अमर्यादित चंचलता के कारण धीरे-धीरे जीजाजी की भी अंतरंग बन गई थी। वयः संधि की इस अवस्था में प्रत्येक कन्या में ही कुछ ना कुछ आकर्षण होता है, गायत्री ने भी अपने इस यत्किचिंत आकर्षण का जाल बिछाया था और अपने जीजाजी को गोपाल से विवाह कर देने के लिए राजी कर लिया था। यहां तक कि गोपाल और गायत्री का पाणिग्रहण हो जाने के पश्चात् भी बड़े वकील साहब अपनी सारी कमाई गायत्री के ही हाथों में रखते रहे थे।

इसके बाद दोनों बहनों के बाल-बच्चे भी होते चले गए थे, किन्तु बड़े वकील साहब की पैंतालीस वर्ष की अवस्था में ही रहस्यमय ढंग से आकस्मिक मृत्यु हो गई थी। इस परिवार का कहना था कि उनकी मृत्यु का कारण कैंसर था, किन्तु किसी ने भी उन्हें बीमार नहीं देखा था और वे आखिरी दिन तक भी अदालत में देखे गए थे। छोटी बहिन गायत्री के विवाह से पूर्व ही अपने जीजाजी से अंतरंग सम्बंध रह चुके थे, इसलिए बड़ी बहन सावित्री भी अपना वैधव्य बिना पुरुष-संसर्ग के क्यों काटती? यह सर्वविदित तथ्य है कि सावित्री के अपने पति की मृत्यु के पश्चात् भी दो बच्चे और हुए थे—विमल और प्रभा। शेखावाटी के इस क्षेत्र में यह एक बिल्कुल नई बात थी क्योंकि विशेषकर ब्राह्मण-बनियों में विधवा औरतों के बच्चे पैदा करने का कोई भी रिवाज नहीं था। इस मामले में यह परिवार एकदम क्रांतिकारी था। ये दोनों बच्चे किसके थे? दोनों बहनों का कहना था कि सावित्री ने अपने पति सुरेशनारायण की मृत्यु के पश्चात् अपने देवर गोपालनारायण का सिंदूर अपनी मांग में भर लिया था। लोकलाज व घर की प्रतिष्ठा बचाने के लिए ऐसा कहना उचित भी था। सावित्री का कहना इतना ही था कि पति का जीवन समाप्त हो जाने के साथ ही पत्नी का जीवन थोड़े ही समाप्त हो जाता है, उसकी जिंदगी के सारे काम तो पहले की तरह ही चलते रहते हैं। एक विधवा द्वारा बच्चों को जन्म देने में इतनी आश्चर्यजनक बात क्या है? यह परिवार मानता था कि धीरे-धीरे सारा समाज ही उनके परिवार जितना ही आधुनिक हो जाएगा इसलिए इन्होंने तथाकथित सामाजिकता की कोई भी परवाह नहीं की थी। बाद में इन दोनों बच्चों के उत्तरदायित्व को लेकर अवश्य मतभेद हो गया था और परिवार का विभाजन भी हो गया था। गायत्री का कहना था कि इन बच्चों का उत्तरदायित्व सावित्री के बड़े बेटों का था जो इनके बड़े भाई थे, जबकि बड़े वकील साहब के बेटों का

कहना था कि इनका उत्तरदायित्व छोटे वकील साहब पर था जिनको इनका पिता माना जाता था। आखिर में समझौता हो गया था और विमल की जिम्मेदारी बड़े भाइयों ने ले ली थी, जबकि प्रभा छोटे वकील साहब के साथ रह रही थी। प्रभु की कृपा समझिए कि इसके बाद सावित्री की मां बनने की उम्र निकल गई थी, नहीं तो क्या पता यह बगिया कब तक फलती-फूलती रहती? अब वकील साहब को होश आया और उन्होंने अपनी नसबंदी करवा ली, किन्तु परिवार के किसी भी सदस्य को इसका पता नहीं लगने दिया। खैर, गायत्री के दो भाई भी थे—अरुण शर्मा और वरुण शर्मा। वरुण उनमें छोटा था और प्रभु-कृपा से कुछ समय पश्चात् उसका स्थानांतरण भी माणिक्यपुर में ही हो गया था। कहते हैं कि गायत्री जब तेरह वर्ष की ही थी तो उसकी अंतरंगता वरुण से हो गई थी, इसलिए वरुण को यहां अपत्नीक रहकर भी कोई अभाव नहीं था। वकील साहब के संतति-निरोध के ऑपरेशन का इन दोनों बहनों को छोड़कर सारे संबंधियों व परिचितों को पता था। लेकिन बच्चे तो भगवान की देन होते हैं और भगवान इस प्रकार की दुनियादारी से बहुत ऊपर होते हैं। अभी गायत्री की उम्र ही क्या थी, वह पूजा-पाठ में भी बड़ी बहन से बढ़-चढ़कर थी, इसलिए भगवान ने उसे दो बच्चे और दे दिए थे—मनीष और शोभा। दोनों बहनों का कहना था कि उन्होंने जो कुछ भी किया था वह घर की चहारदीवारी के भीतर ही रहकर किया था। यद्यपि वे इतनी निर्लज्ज नहीं थीं कि घर की मर्यादा का उल्लंघन करतीं, फिर भी गायत्री ने अपने पति से बदला ले लिया था। दोनों ही बहनों का कहना था कि ये बच्चे श्री वरुण शर्मा के थे। जो भी हो, अब दोनों पति-पत्नी के बीच में हिसाब-किताब बराबर हो गया था और दोनों में से कोई भी एक-दूसरे को कुछ भी कहने की स्थिति में नहीं था। छोटे वकील साहब की कुछ भतीजियां भी विवाह पूर्व मां बनने लगी थीं, किन्तु उनका गर्भपात करवा दिया गया था। इस मामले में दोनों बहनों के विचार एक जैसे थे, उन्हें ऐसी औरतें कतई पसंद नहीं थीं जो घर की चहारदीवारी लांघकर घर की बदनामी करती फिरती हैं। इनका मानना था कि औरत को जो भी कुछ करना हो वह अपने घर में रहकर ही करना चाहिए और इस मामले में ये दोनों कतई विश्वसनीय थीं।

अस्तु, फिर भी इस दम्पती के घर की चहारदीवारी के भीतर ही चार वैध संतानें हो गई थीं, जिनके नाम क्रमशः सुभाष, विक्रम, कालिंदी और पल्लवी थे। इसी प्रकार चार संतानें ऐसी थीं जिन्हें न तो पूरी तरह वैध कहा जा सकता था और न ही पूरी तरह अवैध कहा जा सकता था। ये चार संतानें थीं—विमल, प्रभा, मनीष और शोभा। माना जाता है कि विमल और प्रभा के पिता छोटे

वकील साहब थे जबकि मनीष और शोभा को गायत्री ने जन्म दिया था। इस प्रकार इस दम्पती के आठ बच्चे थे। लोकलाज के कारण ये इनमें से तीन बच्चों विमल, प्रभा और शोभा को एक चचेरे भाई की मातृहीन संतान बताते थे और खूब वाहवाही लूटते थे। अपनी वैध संतानों में ये केवल मनीष को सम्मिलित करते थे और उनकी संख्या पांच बताते थे। यहां तक सब ठीक चल रहा था क्योंकि प्रात: स्मरणीया पितामही की कामायनी अच्छी तरह फलफूल रही थी, किन्तु विधाता से इस परिवार का भी सुख-चैन सर्वदा नहीं देखा गया था। एक दिन छोटे वकील साहब ने क्रोध में आकर गायत्री की गोद से मनीष को उठाकर पक्के फर्श पर दूर उछाल दिया था। बालक बिना हिले-डुले और चीखे-चिल्लाए काफी देर तक फर्श पर पड़ा रहा था और इसके बाद गायत्री ने उसे पुन: गोद में उठा लिया था। थोडा बड़ा होने पर यह स्पष्ट होने लग गया था कि मनीष जोकि सहोदर भाई-बहन के प्रणय का अलभ्य पुष्प था, मस्तिष्कशून्य सिद्ध हो रहा था। मनीष की बुद्धि का विकास हुआ ही नहीं था और वह प्रारम्भ से ही अपने नित्यकर्म के लिए भी दूसरों पर अवलंबित रहता आया था। अब गायत्री ही उसका शौच, आचमन, स्नान, वस्त्रत्याग, यौननिवृत्ति इत्यादि करवाती थी और यह लड़का इस परिवार के लिए एक जीवनपर्यन्त समस्या बन गया था। यह लड़का सुदर्शन था और मस्तिष्क-विकृति के कारण इसकी स्तम्भन शक्ति असामान्य रूप से अदम्य और दीर्घ थी, इसलिए घर की औरतों को यह विशेष रूप से प्रिय था। यही कारण था कि घर की औरतों ने चिकित्सकों के परामर्श को नहीं माना था और इसके जीवन को एक उपहार समझा था। यह किशोर अपनी माता व बहनों को विशेष रूप से प्रिय था और वे इसका जीवन बचाने के लिए कुछ भी करने को उद्यत रहती थीं।

समय का स्वभाव गति है, अब कथा का प्रवाह जिस कालखण्ड तक आ गया है वह आज से कोई तीस वर्ष पूर्व का है। मैं समय हूं और इस कथा का सूत्रधार भी मैं ही हूं। मैं संकल्परहित हूं और आकाश से भी सूक्ष्मतर होने के कारण निर्लिप्त होना ही मेरा स्वभाव है। इसलिए किसी भी घटनाक्रम का साक्षी होना ही मेरा स्वभाव है, इसका उत्तरदायित्व केवल उन मनुष्यों का होता है जो इसे प्रभावित कर रहे होते हैं। जिन दिनों की बात अब मुझे करनी है उन दिनों सचिन लगभग 28 वर्ष का हो चुका था और लोकसेवा आयोग द्वारा उसका चयन भी एक कॉलेज प्रवक्ता के रूप में हो चुका था। आशीष की डॉक्टरी की पढ़ाई पूरी हो चुकी थी और दीप्ति भी स्नातकोत्तर करने के पश्चात् एक महिला महाविद्यालय में कार्य कर रही थी। गोपाल, गंगल और पारो का पुत्र था, पल्लवी गोपाल और गायत्री की पुत्री थी और पल्लवी व दीप्ति दोनों

समवयस्क थीं। कुछ समय पहले अनूप शहर के एक ही महाविद्यालय में दुर्दैव से ये दोनों एक ही साथ कार्यरत रह चुकी थीं; ये दोनों वहां एक ही आवास में रहती थीं और एक ही संकाय में पढ़ाती थीं। इसके बाद महिला महाविद्यालय सज्जनपुर में एक पद रिक्त हो गया था और दीप्ति अनूप शहर को छोड़कर अब सज्जनपुर आ चुकी थी। इसे एक दुर्योग ही कहा जा सकता है कि समय के इस बिन्दु पर आकर दोनों कथा-प्रवाह एक ही स्थान पर पहुंच गए थे। किन्तु इस दुर्योग को असम्भाव्य कतई नहीं माना जा सकता है क्योंकि ये तीनों कस्बे माणिक्यपुर, सज्जनपुर और अनूप शहर एक ही क्षेत्र में पड़ते थे।

सचिन जब दीप्ति को कार्यमुक्त करवाने के लिए अनूप शहर गया था तो उसकी मुलाकात पल्लवी से भी हुई थी। इस समय वे दोनों एक ही महिला-आवास में रह रही थीं। इस संक्षिप्त से साक्षात्कार में भी सचिन को पल्लवी के व्यक्तित्व में विश्वसनीयता व शालीनता का स्पष्ट अभाव दिखाई दिया था और बात चलने पर उसने पिता व दीप्ति के समक्ष अपना निषेधसूचक मंतव्य भी प्रकट कर दिया था। यह वह दौर था जब कीर्तिजी सचिन के पीछे जल्दी से जल्दी विवाह करने के लिए पड़े हुए थे। उनका कहना था कि उन्हें सचिन के छोटे बहन-भाइयों का विवाह भी यथासमय करना था। क्योंकि सचिन इस समय तक माणिक्यपुर से स्थानांतरण करवाकर उपेन्द्रनगर चला गया था; विवाह-सम्बंधी चेष्टा में कीर्तिजी स्वयं ही लगे हुए थे। यूं देखा जाए तो अच्छे प्रस्तावों की कोई कमी नहीं थी और उस समय चार प्रस्ताव निर्णायक दौर में चल रहे थे। पहला सम्बंध ऋचा का था जो कानोड़िया महाविद्यालय जयपुर में प्रवक्ता थी; दूसरा सम्बंध स्मिता का था जो सत्य सांई महिला महाविद्यालय जयपुर में प्रवक्ता थी; तीसरा सम्बंध अरुणा का था जो विश्वविद्यालय के वनस्पति विभाग में थी और चौथा संबंध वीणा का था जो राजस्थान लेखा सेवा में अधिकारी थी। सचिन का रुझान ऋचा की ओर अधिक था, यद्यपि स्मिता भी एक अच्छी लड़की थी। सुंदरता के दृष्टिकोण से भी ये दोनों ही सराहनीय थीं। सचिन का विचार यह था कि विवाह जीवन में केवल एक ही बार होता है, इसलिए सब कुछ भलीभांति सोच विचार कर ही किसी निर्णय पर पहुंचना अभीष्ट होता है। इन चारों सम्बंधों में से किसी एक को भी वह तभी चुनना चाहता था, जबकि इनके बारे में की गई जांच-पड़ताल इन्हें असंदिग्ध स्थापित कर दे। सचिन इस बात को जानता था कि एक से एक अच्छे सम्बंध और भी मिल सकते थे, इसलिए वह किसी भी प्रकार की हड़बड़ी में नहीं था। सचिन इन चारों लड़कियों से व्यक्तिगत स्तर पर सम्पर्क में था और वह चाहता था कि कीर्तिजी पारिवारिक स्तर पर इन सम्बंधों की परख करने में उसका सहयोग करें।

मैं समय हूं और मुझे स्पष्ट दिखाई दे रहा था कि यह कहानी अब एक और अनहोने निष्कर्ष की ओर चली जाएगी। इसका कारण यह था कि कीर्तिजी एक विक्षिप्त व्यक्ति थे और सचिन अभी भी इस बात से अनभिज्ञ था कि वे विश्वास करने के योग्य नहीं थे। उनका आचरण नकारात्मक था और जिन मनोवृत्तियों से उनका आचरण प्रभावित हो रहा था, उनमें प्रमुख थीं–अदम्य ईर्ष्याभाव, लोभ और कृपणता, प्रत्यानुभूति तथा स्वार्थपरकता। इन मनोवृत्तियों के रहते हुए यह नितांत असम्भ्व था कि कीर्तिजी किसी उचित निर्णय पर पहुंच सकते। इस अवसर पर सबसे बड़ी समस्याएं लोभ एवं प्रत्यानुभूति थीं जोकि उनके भीतर पहले से ही सक्रिय हो चुकी थीं। यह दुखद था कि इस समय निर्णय का सारा सूत्र केवल कीर्तिजी के हाथ में था, क्योंकि सज्जनपुर में केवल वे ही उपस्थित थे। सचिन की नियुक्ति इस समय उपेन्द्रनगर में थी, जबकि आशीष अभी बीकानेर में रहकर ही इंटर्नशिप कर रहा था। सज्जनपुर में इस समय अबोध बालकों के अतिरिक्त सुशीला और दीप्ति ही थीं जो कीर्तिजी की नकारात्मकता को रोकने में सक्षम नहीं थीं। यह वह समय था जब सचिन इस ऊहापोह में फंसा हुआ था कि उपर्युक्त चारों सम्बंधों में से किसको स्वीकृति दे देनी चाहिए? सचिन के सामने इस समय चार सौभाग्यकांक्षिणी कन्याओं के प्रस्ताव थे, जिनमें से प्रत्येक सौभाग्यवती होने की प्रतीक्षा कर रही थी। चारों ही सम्बंध अच्छे थे। इसलिए सचिन कोई निर्णय नहीं ले पा रहा था। इस समय सचिन असमंजस में था, यहां तक कि रातों को उसकी नींद में भी व्यवधान पड़ने लगा था। वह चारों लड़कियों से मिल चुका था और उनके परिवारों से भी परिचित हो चुका था। चारों ही परम्परागत कुलीन ब्राह्मण परिवार थे। ऋचा कानोडिया महाविद्यालय जयपुर में प्रवक्ता थी और उसके पिता का कहना था कि उसका चयन शीघ्र ही विश्वविद्यालय के विभाग में होने वाला था। उसके पिता यह नहीं चाहते थे कि अकेली लड़की घर से बाहर रहकर कष्ट उठाए; उनके दो ही बेटियां थी और बेटा कोई भी नहीं था। इसलिए वे चाहते थे कि जब तक सचिन का चयन विश्वविद्यालय के विभाग में नहीं हो जाए सचिन जयपुर के आसपास ही बना रहे और ऋचा पूर्ववत माता-पिता के साथ रहती रहे। इस दम्पति का कहना था कि उनके केवल दो पुत्रियां ही थीं और उनके लिए पुत्र व दामाद में कोई अंतर नहीं था। सिविल लाइन्स में इतना बड़ा मकान उन्होंने इसलिए बनाया था कि उनकी बेटियों व दामादों को इधर-उधर किराए के मकानों में भटकना नहीं पड़े। यद्यपि इस दम्पति ने बेटियों को भी बेटों की तरह ही पाला था, किन्तु उनको सदैव यही सिखाया था कि वे अपने पति के मन के अनुकूल ही आचरण करें। सचिन को सबसे अधिक ऋचा की मां का

स्वभाव ही पसंद आया था, वह अच्छे संस्कारों की एक मितभाषिणी और घरेलू महिला थी और उसे अधिक बातें बनाना भी नहीं आता था। ऋचा के पिता अवश्य एक दुनियादार आदमी थे, दोनों के स्वभाव में भिन्नता थी इसलिए पत्नी के लिए पति को समझना थोड़ा कठिन था। पति तो पत्नी की प्रशंसा करते हुए नहीं थकता था, किन्तु पत्नी न तो पति की प्रशंसा करती थी न ही उसकी उपेक्षा करती थी, बस बीच में कभी-कभी मुंह अवश्य बिचका दिया करती थी। दोनों लड़कियां भी स्वभाव में मां के अधिक अनुकूल थीं और मौका मिलते ही ये दोनों भी पिता की खिंचाई करने से नहीं चूकती थीं। किन्तु ऋचा के पिता उन थोड़े से व्यक्तियों में से थे जो अपनी गृहस्थी से पूरी तरह संतुष्ट होते हैं, यद्यपि कभी-कभी अपने उत्तरदायित्वों को निभाने में आलस्य अवश्य कर जाते हैं। वे उन व्यक्तियों में से थे जो मानते हैं कि घर का आलम्बन तो पत्नी ही होती है क्योंकि वही घर का संरक्षण और हितसाधन करती है। देखने में भी ऋचा सबसे अधिक सुंदर थी और सचिन प्रथम वरीयता इसी सम्बंध को दे रहा था। दूसरी कन्या का नाम स्मिता था और उस समय यह सत्यसांई महिला महाविद्यालय, जयपुर में प्रवक्ता थी। इस लड़की ने 'राष्ट्रीय योग्यता परीक्षा' उत्तीर्ण कर रखी थी और यह अपने पति से दूर नहीं रहना चाहती थी। यह लड़की जयपुर छोड़ने को भी तैयार थी और लोक सेवा आयोग द्वारा चयन हेतु तत्पर थी। लड़की सुंदर और स्पष्ट वक्ता थी; इसके पिता भी राजकीय कर्मचारी रह चुके थे तथा माता-पिता दोनों ही सरल स्वभाव के सद्विप्र थे। देखा जाए तो इस सम्बंध में भी कोई कमी नहीं थी सिवाय इसके कि यह परिवार साधारण और मध्यमवर्गीय था तथा दिखावे से कोसों दूर था। ऐसी लड़कियां अनगढ़ हीरों की तरह होती हैं जिनकी तुलना में चमकदार पत्थरों की चकाचौंध का कोई मूल्य नहीं होता है। वैसे सचिन इस सम्बंध के भी पक्ष में ही था। तीसरी कन्या का नाम अरुणा था और वह विश्वविद्यालय के विज्ञान संकाय में प्रवक्ता थी। इसके पिता हिंदी के एक बड़े समीक्षक थे और शोधकार्य को ही महत्त्व देते थे। वे सचिन को भी विश्वविद्यालय में ही देखना चाहते थे और उसे एक विद्वान के रूप में यशस्वी होने में सहयोग करना चाहते थे। उन्होंने यह संकेत दिया था कि बाधा कीर्तिजी की ओर से ही थी, क्योंकि ये समीक्षक महोदय सरस्वती के तो प्रियपात्र थे किन्तु लक्ष्मी का वरदहस्त उन पर कभी भी नहीं रहा था। वे जीवन-भर एक शिक्षक रहे थे और उनके पास धनार्जन का कोई अन्य पैतृक साधन भी नहीं था। चौथी कन्या का नाम वीणा था; यह दीप्ति के साथ वनस्थली के एक छात्रावास में रह चुकी थी और इसे मेधावी समझा जाता था। साक्षात्कार में न्यूनतम अंक नहीं मिलने के कारण इसका चयन राजस्थान लेखा

सेवा में हुआ था, किन्तु इसके प्रथम श्रेणी की अधिकारी बनने की पूरी संभावना थी। दीप्ति का कहना था कि यह एक मध्यमवर्गीय परिवार की विनम्र लड़की थी, फिर भी सचिन एक अधिकारी पत्नी की अपेक्षा एक शिक्षिका को ही अधिक पसंद करता था। निर्णय अभी स्थगित था क्योंकि कीर्तिजी आवश्यक तथ्यों का पता लगाना चाहते थे और पारिवारिक पष्ठभूमि की जांच-परख करना भी आवश्यक समझते थे। कीर्तिजी की कथनी और करनी में दिन-रात का अंतर था। वे सदा ही बहुत समझदारी की बातें करते थे और निर्णय बिल्कुल गलत लेते थे। इस समय उनका सिद्धांत-वाक्य था कि अज्ञातकुलशील लोगों से बचना चाहिए और सभी तथ्यों का पूरा पता लगाना चाहिए। यह बात अलग है कि बाद में उन्होंने जो कुछ किया था वह ठीक इसके विपरीत था। कीर्तिजी स्वयं के सम्बंध के विषय में अपने पिता को भ्रमित मानते रहे थे और वैवाहिक दर्शन में जीवन-भर बहुत बड़े-बड़े उपदेश करते रहे थे। उनके उपदेशों को सुनकर युवा पीढ़ी के प्रत्येक सदस्य को यह मानना पड़ता था कि सबसे बड़ी बात जीवन का अनुभव होती है। इस सम्बंध में उन्हें बिल्कुल एक आदर्श पिता जैसा प्रवचन करने की आदत थी और उनके पास विवाह के सम्बंध में एक पूरा दर्शनशास्त्र था। सचिन को कतई यह संदेह नहीं हो सकता था कि उसके पिता उसे धोखा देंगे। सचिन स्वयं भी जल्दबाजी के पक्ष में नहीं था क्योंकि वह इस बात को भली प्रकार समझता था कि परिवार में कोई दोष नहीं होना चाहिए। सबसे महत्त्वपूर्ण सम्पदा किसी परिवार के अच्छे संस्कार ही होते हैं और केवल भले परिवार की लड़की ही घर गृहस्थी के दायित्व का सम्यक निर्वाह कर सकती है। सचिन का मानना था कि गृहस्थ भी एक तरह की तपस्या ही है, इसलिए प्रत्येक स्त्री पत्नी बनने के योग्य नहीं होती और प्रत्येक पत्नी मातृत्व के योग्य नहीं होती। बिना सोचे-समझे किया गया विवाह सदैव दुःख में ही ले जाता है। इसीलिए भारतीय समाज में विवाहोत्सुक युगल माता-पिता के अनुभव को महत्त्व देते हैं।

किन्तु कीर्तिजी की बुद्धि का कोई क्या करता? इस समय वे इस विचारधारा के प्रवाह में थे कि सचिन और आशीष का विवाह वे ऐसे परिवारों में करेंगे जहां से उनको पर्याप्त धन मिलेगा और उन्हें पुत्रियों के विवाह में स्वयं के पास से व्यय नहीं करना पड़ेगा। इस समय वे अपने इस कर्तव्य को भी भूल गए थे कि पुत्रों के गृहस्थ-जीवन को सुखी बनाना भी पिता का ही उत्तरदायित्व होता है और उन्हें अब उन पुत्रों के साथ विश्वासघात नहीं करना चाहिए जिन्होंने पिता मानते हुए उन पर भरोसा किया है। इस समय उनके पास केवल एक ही मापदण्ड था—ऐसे सम्बंध ढूंढ़ना जहां से उनको अधिक-से-अधिक धन मिल सके और पुत्रों को जैसे-तैसे इन सम्बंधों के लिए राजी करना।

कीर्तिजी के परिवार में एक चाचाजी थे श्री हरिदत्त शर्मा और कीर्तिजी इनसे बहुत प्रभावित थे। पिछली पीढ़ी में कीर्तिजी इन्हीं को सबसे अधिक विद्वान और सफल व्यक्ति समझते थे। श्री हरिदत्त जी ने किसी संदर्भ में यह कह दिया था कि पुत्र को लखपति बनाना हो तो उसे पूरे एक लाख रुपए देने पड़ते हैं, जबकि पुत्री को लखपति बनाना हो तो उसके विवाह में केवल बीस हजार रुपए अधिक खर्च करने पड़ते हैं। कीर्तिजी ने इस वाक्य को एक सिद्धांत-वाक्य की तरह पकड़ लिया था। श्री हरिदत्त जी का आशय यह नहीं था कि पुत्रों का गृहस्थ-जीवन चौपट करके पुत्रियों का भला करना चाहिए, किन्तु कीर्तिजी इस समय इस सिद्धांत-वाक्य का यही अभिप्राय ले रहे थे। इन चाचाजी के तीन लड़के थे जिनमें से दो को तो उन्होंने डॉक्टर बना दिया था, किन्तु तीसरे को केवल बी. ए. तक पढ़ाया था ताकि वह उनपर आश्रित बना रहे और उनकी आज्ञा में चले। इन्हीं चाचाजी के पदचिन्हों पर चलकर कीर्तिजी ने सचिन को प्रशासनिक सेवाओं में जाने से रोक दिया था। कीर्तिजी की शक्ल भी इन्हीं चाचाजी से थोड़ी-बहुत मिलती थी, किन्तु इसे कीर्तिजी की भूल ही कहा जाएगा कि वे बिना परिस्थितियों को समझे हुए ही इन आप्तवचनों को लागू करने पर तुले हुए थे। कीर्तिजी की सोच इस समय यह थी कि प्रस्ताव कितना ही अच्छा क्यों न हो, वे ऐसे प्रस्ताव को स्वीकृति क्यों देंगे जिसमें उनका व्यक्तिगत लाभ नहीं हो? वे ऐसी मूर्खता कैसे कर सकते हैं? वस्तुत: कीर्तिजी सचिन का विवाह एक नितांत घरेलू लड़की से करना चाहते थे ताकि उन्हें दहेज अधिक मिल सके। सचिन जब दीवाली के बाद उपेन्द्रनगर से सज्जनपुर आया था तो उन दोनों में इस संबंध में चर्चा भी हुई थी।

कीर्तिजी–"मैं तुम्हारा विवाह एक कामकाजी लड़की से करने के पक्ष में नहीं हूं। लड़की प्रतिभासम्पन्न हो और एक सम्पन्न परिवार की हो तो सबसे अच्छा है। उसे अधिक-से-अधिक प्रथम श्रेणी में उच्च माध्यमिक परीक्षा में उत्तीर्ण होनी चाहिए। इससे लड़की नौकरी के लिए जिद भी नहीं करेगी और बच्चों के भी प्रतिभासम्पन्न होने की सम्भावना रहेगी।"

सचिन–"इससे क्या लाभ होगा? यदि दोनों पति-पत्नी प्राध्यापक भी हों तो भी घर-गृहस्थी अच्छी तरह संभल सकती है। कॉलेज में कोई विशेष व्यस्तता होती ही नहीं है। साल में कम-से-कम पांच महीने ऐसे निकलते हैं जब कॉलेज में कोई काम होता ही नहीं है। शेष सात महीनों में भी मुश्किल से कोई तीन-चार घण्टे कॉलेज में गुजरते हैं। यदि दोनों पति-पत्नी एक ही कॉलेज में हों और पति कॉलेज को अधिक समय देने को तैयार हो तो पत्नी पर अतिरिक्त भार नहीं पड़ता है।"

कीर्तिजी–"भाइयों में तुम सबसे बड़े हो, इसलिए माता–पिता की सेवा की गारंटी भी तुम्हे ही देनी पड़ेगी। बुढ़ापे में उनको निभाना तुम्हारा ही उत्तरदायित्व बनता है। यदि बड़ा बेटा माता–पिता के कहने में नहीं चलता है तो छोटे बहन–भाई भी उसी का अनुकरण करते हैं। हमें तो तीनों में से किसी एक पर दायित्व निश्चित करना पड़ेगा और क्योंकि तुम सबसे बड़े हो यह दायित्व भी तुम्हारा ही बनता है।"

सचिन को यह जानकर बहुत आश्चर्य हुआ था कि पिता कितने अव्यावहारिक हैं? उत्तरदायित्व अनुभव करने की बात होती है और उसे किसी पर बाहर से थोपा नहीं जा सकता है। उत्तरदायित्व अनुभव करने का कारण माता–पिता के प्रति कृतज्ञता का बोध होता है और इसके लिए संतान का हित करना पड़ता है। संतान का लगातार अहित भी करते रहो और यह भी अपेक्षा रखो कि उससे माता पिता के प्रति दायित्व–बोध बढ़ेगा तो ऐसे दृष्टिकोण को अव्यावहारिक ही कहा जाएगा।

सचिन–"आशीष और गौरव दोनों ही डॉक्टर बनेंगे और उनको कोई आर्थिक तंगी भी अनुभव नहीं होगी। स्वाभाविक है कि उनमें से प्रत्येक अत्यंत व्यस्त रहेगा और किसी घरेलू लड़की से ही विवाह करना चाहेगा। डॉक्टर को कामकाजी पत्नी से कोई लाभ होता ही नहीं है, क्योंकि पत्नी उसे जितना घरेलू जिम्मेदारियों से मुक्त कर देती है उतना ही अधिक वह अपने व्यवसाय में सफल हो सकता है। किसी भी डॉक्टर को सफल होने के लिए अपना अधिकाधिक समय व्यवसाय को ही देना पड़ता है। इसलिए कोई भी समझदार डॉक्टर कामकाजी पत्नी से विवाह करना ही नहीं चाहता है। आशीष तो यह बात बार–बार कहता है कि वह किसी भी परिस्थिति में किसी कामकाजी महिला से विवाह नहीं करेगा। गौरव भी बार–बार यही कहता है कि वह बहन–भाइयों में सबसे छोटा है इसलिए किसी की पढ़ाई–लिखाई और शादी–विवाह में वह सहयोग नहीं कर पाएगा, किन्तु बुढ़ापे में माता–पिता की सेवा करना वह अपना उत्तरदायित्व समझेगा। कहने का मतलब यह है कि घर में तीन बहुएं आएंगी और आज ही यह नहीं कहा जा सकता है कि उनमें से किसके साथ आपका सामंजस्य बैठ सकेगा और किसके साथ आप रहना चाहेंगे? यह सब आपकी ओर से समायोजन करने की क्षमता और इच्छा पर भी निर्भर करेगा। माता–पिता बहू–बेटों के साथ तभी रह पाते हैं जब बहू–बेटों को भी उनका रहना अच्छा लगता हो और उनके रहने से एक सहारा महसूस होता हो। यह सब कुछ आगे की परिस्थितियों पर निर्भर करता है और इसके लिए किसी को भी बाध्य नहीं किया जा सकता है। व्यक्ति भिन्न–भिन्न प्रकार

202 *जीवन स्थगित है*

के होते हैं और सबकुछ तालमेल पर ही निर्भर करता है। जिस बहू के साथ आपका तालमेल नहीं बैठेगा उसके साथ तो आप भी नहीं रहना चाहेंगे। इसलिए एक कपोल कल्पना के आधार पर इतनी बड़ी आर्थिक हानि उठाना कतई उचित नहीं है। अभी बहुत से बच्चों की पढ़ाई-लिखाई और लड़कियों के विवाह भी बाकी हैं, परिवार को भी इस समय आर्थिक सहायता की आवश्यकता है। यदि मैं अकेला ही कमाऊंगा तो बचत क्या कर पाऊंगा? यदि मैं इंजीनियर या आई.ए.एस बन गया होता तो मैं भी किसी घरेलू लड़की से ही विवाह करता, किन्तु अब ऐसा करना उपयुक्त नहीं है। वैसे भी देखा जाए तो कॉलेज की नौकरी कोई नौकरी जैसी होती भी नहीं है। दोपहर में तीन-चार घण्टे तो घरेलू औरतें भी अपने हिसाब से ही व्यतीत करना चाहती हैं। यह नौकरी तो एक तरह से मनोरंजन-मात्र है।

कीर्तिजी–"मां-बाप का बुढ़ापा क्या बार-बार आता है? हमारा सारा जीवन तो बच्चों का पालन-पोषण करने और उन्हें पढ़ाने-लिखाने में ही निकल जाएगा, आराम तो बुढ़ापे में ही मिलेगा। सोचते थे कि पेंशन भी मिलेगी और बुढ़ापा आराम से कट जाएगा। खैर, जो भी हो मुझे तो तुम्हारी बात उचित प्रतीत नहीं होती है।"

सचिन–"घरेलू लड़की से विवाह तो मैं भी नहीं करूंगा क्योंकि यह बात मुझे भी उचित प्रतीत नहीं होती है। कोई भी पति किसी भी पत्नी की गारंटी नहीं ले सकता है। इसलिए हमें सारे विकल्प खुले रखने चाहिए और अच्छे-से-अच्छे प्रस्तावों पर विचार करना चाहिए। मुझे तो इस बात पर भी आश्चर्य होता है कि आप मुझे ही जीवन-भर के लिए आर्थिक तंगी में क्यों धकेल देना चाहते हैं?"

इस समय कीर्तिजी फिर एक विक्षिप्त व्यक्ति जैसा ही व्यवहार कर रहे थे और वे ईर्ष्यावश सचिन का कोई भी हित होते हुए नहीं देखना चाहते थे। वे यह भी भूल गए थे कि हरिदत्त जी के दुराग्रह का क्या परिणाम हुआ था? उनके दो लड़के डॉक्टर बन गए थे; तीसरे लड़के को उन्होंने डॉक्टर नहीं बनने दिया था। बड़ा होते ही इस तीसरे बेटे को पिता के दुर्व्यवहार से बहुत निराशा हुई थी; उसने विवाह करने से भी मना कर दिया था और वह योगानंद का शिष्य बन गया था। कीर्तिजी स्वयं इसी मार्ग का अनुसरण कर रहे थे और वे अतीत से भी कोई शिक्षा ग्रहण करना नहीं चाहते थे। वे तीनों लड़कों में से कम-से-कम एक को यंत्र-मानव की तरह चलाना चाहते थे। वे चाहते थे कि कम-से-कम एक लड़का आर्थिक रूप से इतना अशक्त हो कि उसके लिए पैतृक सम्पत्ति का महत्त्व हो। घरेलू लड़की से विवाह होने पर वह पैतृक

सम्पत्ति की प्रत्याशा में जीवन-भर उनके आगे-पीछे घूम सकती थी। उन्होंने इसीलिए सचिन को इंजीनियर, आई.ए.एस. इत्यादि नहीं बनने दिया था, किन्तु इस अंतिम बिन्दु पर आकर उनकी यह योजना आंशिक रूप से विफल हो गई थी। सचिन की इस स्पष्ट असहमति के कारण अब वे उसका विवाह किसी घरेलू लड़की से नहीं कर सकते थे। अब सचिन के विवाह में मध्यस्थ बनने में उन्हें केवल एक ही प्रयोजन दिखाई दे रहा था कि वे अधिक-से-अधिक भेंट-पूजा प्राप्त करने का प्रयास करेंगे ताकि लड़कियों के विवाह में थोड़ा सहारा लग सके। आखिर वे ऐसे किसी प्रस्ताव को स्वीकृति क्यों दे दें जिसमें स्वयं उनको कुछ भी लाभ न होता हो?

यही वह समय था जब श्री गोपालनारायण शर्मा ने प्रति सप्ताह एक बार कीर्तिजी से मिलना-जुलना प्रारम्भ कर दिया था। छोटे वकील साहब प्रत्येक बुधवार को अदालत के काम से माणिक्यपुर से चलकर सज्जनपुर आया करते थे और अदालत का काम समाप्त होते ही अपने एक सम्बंधी को लेकर कीर्तिजी से मिलने आ जाया करते थे, ये तथाकथित सम्बंधी कीर्तिजी के पड़ोस में ही रहते थे। कीर्तिजी को पता था कि पल्लवी दीप्ति के साथ एक ही कॉलेज में रह चुकी थी; कीर्तिजी को यह भी पता था कि पल्लवी की नौकरी एक नए निजी महाविद्यालय की नितांत अस्थायी नौकरी थी; कीर्तिजी को यह भी पता था कि पल्लवी की कॉलेज की सारी पढ़ाई हरियाणा में हुई थी; कीर्तिजी को यह भी पता था कि पल्लवी का शैक्षणिक रिकॉर्ड बहुत अच्छा नहीं था; कीर्तिजी को यह भी पता था कि राजस्थान के विश्वविद्यालय और लोक सेवा आयोग पल्लवी का चयन करना पसंद नहीं करेंगे; कीर्तिजी को यह भी पता था कि सचिन को पल्लवी का स्वभाव पसंद नहीं आया था; फिर भी वे वकील साहब में पूरी रुचि ले रहे थे। कीर्तिजी एक विचित्र स्वभाव के व्यक्ति थे और यह सब जानते हुए भी वकील साहब की बहुत अच्छी तरह आवभगत कर रहे थे। पल्लवी का सम्बंध पहले से विचाराधीन चारों सम्बंधों की तुलना में कुछ भी नहीं था, फिर भी कीर्तिजी अपने खजाने की खोज में लगे हुए थे। सचिन की नियुक्ति इन दिनों उपेन्द्रनगर में ही थी और वह इस सारे घटनाक्रम से अनभिज्ञ था। बार-बार मिलने से वकील साहब और कीर्तिजी अनौपचारिक होने लगे थे और अपनी-अपनी समस्याओं की चर्चा भी एक-दूसरे से करने लगे थे।

वकील साहब–"मेरे दो लड़के हैं सुभाष और विक्रम। सुभाष बड़ा है और वह मेरे साथ वकालत करता है। उसका विवाह भी हो चुका है। विक्रम अभी अविवाहित है और मकराना में पत्थर का कारोबार करता है।"

कीर्तिजी–"लड़कियां कितनी हैं?"

वकील साहब—"लड़कियां भी दो ही हैं। बड़ी लड़की कालिंदी एक नर्तकी है, वह कत्थक की नृत्यांगना थी, इसलिए उसका विवाह भी हमने एक संगीत-शिक्षक से ही कर दिया है। कालिंदी के पति मणिपुर कॉलेज ऑफ आर्ट में प्राध्यापक हैं। दूसरी लड़की पल्लवी है जो एक महिला महाविद्यालय में प्रवक्ता है। मैं चाहता हूं कि उसका विवाह भी एक प्रवक्ता से ही हो जाए।"

कीर्तिजी—"पल्लवी शायद वही लड़की है जो अनूपशहर में दीप्ति के साथ थी?"

वकील साहब—"पल्लवी और दीप्ति में अच्छा मेलजोल रह चुका है। आप चाहें तो पल्लवी दो-चार दिन के लिए यहीं पर आकर रह जाएगी; आप सब भी उससे मिल लेना।"

कीर्तिजी—"इसकी कोई आवश्यकता नहीं है, क्योंकि सचिन तो पल्लवी को देख ही चुका है। सुना है कि आपकी वकालत ठरके की है और आपकी आर्थिक स्थिति भी अच्छी चल रही है।"

वकील साहब—"कमाई-धमाई तो वकालत में खूब होती है बशर्ते कि किसी को वकालत करना आता हो। हम लोग तो आई.ए.एस, आर.ए.एस., आर.जे.एस. वगैरह को कुछ समझते ही नहीं है; रोज अदालत में जूते मारते हैं। इनसे अधिक तनख्वाह तो हमारा मुंशी ही लेता है। खर्चे की तो हमें कोई भी परवाह नहीं है, खर्चा तो हम कितना भी कर सकते हैं।"

कीर्तिजी—"मैं भी आजकल दीप्ति के लिए सम्बंध देख रहा हूं और इसके बाद जिज्ञासा के भी हाथ पीले करने हैं। हमारी नौकरी में समाज से सम्पर्क कम बनता है और कोई दूसरा मदद करने वाला नहीं होता है। कुछ अच्छे लड़के मिले भी, किन्तु दहेज बहुत अधिक मांगते हैं।"

वकील साहब इस संकेत को समझ गए थे और उन्होंने यह मौका खोना ठीक नहीं समझा था।

वकील साहब—"दीप्ति और जिज्ञासा के लिए सम्बंध ढूंढ़ने में मैं आपकी सहायता करूंगा। मैं चालीस साल से इसी क्षेत्र में वकालत कर रहा हूं और इस क्षेत्र के लोगों से मेरा व्यापक परिचय है। फिलहाल आपके पास यदि पैसों की तंगी है तो आप जितना पैसा चाहें मुझसे उधार ले सकते हैं। अच्छे कामों में मदद करने से तो मुझे भी खुशी मिलती है। यह तो आपसी व्यवहार की बात है, जब आपके पास पैसे हों तो आप लौटा देना। सम्बंध होना या न होना तो संस्कार की बात है, यह तो बच्चों की इच्छा पर भी निर्भर करता है।"

वास्तविक आग्रह करने पर कीर्तिजी अदालती कार्यवाही करके वकील साहब से पचास हजार रुपए लेने को तैयार हो गए थे। दोनों के बीच में यह लिखा-पढ़ी हुई थी कि सम्बंध होने की स्थिति में इसे उपहार समझा जाएगा और सम्बंध न होने की स्थिति में प्रति छह वर्ष बाद मूलधन के दुगुने का आकलन करके समस्त राशि देय होगी। वकील साहब ने यह सब इसलिए किया था कि उनके अभीष्ट अच्छे नहीं थे। अपनी आर्थिक स्थिति को भी वकील साहब ने बढ़ा-चढ़ाकर प्रस्तुत किया था। तथ्य तो यह था कि परिवार के विभाजन के पश्चात् वे एक किराए के मकान में रह रहे थे और पिछले बीस सालों में अपना मकान तक नहीं बनवा पा रहे थे । उन्होंने इसी प्रयोजन के लिए दो भूखण्ड खरीदकर छोड़ रखे थे। ये दोनों भूखण्ड पास-पास थे और वकील साहब का विचार इन दोनों भूखण्डों पर दोनों बेटों के लिए एक संयुक्त मकान बनाने का था। अब उन्होंने इन दोनों भखण्डों में से एक को बेच दिया था। और यह विक्रय राशि कीर्तिजी को दे दी थी। कीर्तिजी जानबूझकर एक ऐसी व्यूहरचना में फंस रहे थे जिसका परिणाम सचिन के गृहस्थ-जीवन का छिन्न-भिन्न हो जाना था। कुछ दिनों बाद वकील साहब फिर कीर्तिजी से मिलने आए थे। अब यह उनका नियमित साप्ताहिक क्रम था। दोनों के बीच में जैसे एक मौन समझौता हो गया था कि वे एक-दूसरे की समस्याओं को सुलझाने में सहायता करेंगे।

कीर्तिजी–"आजकल मैं भी दीप्ति के लिए सम्बंध ढूंढ़ रहा हूं। कई बार सम्बंध अच्छा होने पर भी गोत्र वगैरह आड़े आ जाते हैं। हमारा ऋषिगोत्र वाशिष्ठ है, किन्तु हमारे यहां इसे टालना अनिवार्य नहीं माना जाता है। कम-से-कम दो शासन पितृपक्षीय व मातृपक्षीय अवश्य टाले जाते हैं जैसेकि दीप्ति के मामले में इन्हें क्रमशः बबेरवाल व चौमाल माना जाएगा। कितना ही अच्छा सम्बंध हो इन दो गोत्रों के आड़े आ जाने पर वह हमारे लिए त्याज्य हो जाता है। आपको पल्लवी के लिए कैसा लड़का चाहिए?"

वकील साहब–"सुभाष और विक्रम दोनों ही मेरा कहना नहीं मानते हैं तथा कालिंदी को भी पीहर से कोई लगाव नहीं है। उसका विवाह भी त्रिपुरा में हुआ है जोकि बहुत दूर है। पल्लवी ही हमारा थोड़ा-बहुत कहना मानती है। हमारी तो एक ही इच्छा है कि पल्लवी का विवाह ऐसे लड़के से हो जाए जो हमारी भावनाओं का आदर करे। सचिन से भी हम यही अपेक्षा रखते हैं कि वह हमारी प्रत्येक इच्छा का सम्मान करेगा।"

कीर्तिजी–"इसके लिए तो सचिन से पूछना पड़ेगा। उसकी नियुक्ति आजकल उपेंद्रनगर में है। वह दिसम्बर की छुट्टियों में यहां आएगा तब उससे बात करनी पड़ेगी।"

206   *जीवन स्थगित है*

अब कीर्तिजी के लिए इस सम्बंध को गंभीरता से लेना आवश्यक हो गया था। सबसे पहली आवश्यकता इस परिवार की पृष्ठभूमि के सम्बंध में पता करने की थी। कीर्तिजी के मित्रों में से तीन शिक्षक ऐसे थे जिनका पैतृक घर माणिक्यपुर में था और स्वयं उनकी नियुक्ति सज्जनपुर में थी। ये तीनों ही मित्र वकील साहब के परिवार से भली प्रकार परिचित थे और इनमें से एक के सम्बंध इस परिवार से बिल्कुल घनिष्ठ थे। इन तीनों ने परिवार के सम्बंध में सारे ही तथ्यों से कीर्तिजी को अवगत करवा दिया था। इन तीनों का ही मानना था कि इस परिवार की संस्कृति भिन्न थी; ये लोग हरियाणा के ऐसे क्षेत्र के रहने वाले थे जहां आचरण सम्बंधी नैतिकता को कमाई के सामने कोई महत्त्व नहीं दिया जाता था; इसके अतिरिक्त यह परिवार बहुत दम्भी और अहंकारी भी था; आचरणहीन होने के बावजूद ये अपने-आपको बहुत बड़ा और अन्य मनुष्य को तिनका समझने वाले लोग थे। परिवार के सभी लोग षड्यंत्रकारी और विघ्नतोषी प्रवृत्ति के व्यक्ति थे इत्यादि। घनिष्ठ पारिवारिक सम्बंधों और एक ही छोटे से कस्बे के निवासी होते हुए भी इन तीनों शिक्षकों ने इस परिवार की स्पष्ट निंदा की थी। यह अवश्य कहा था कि यह परिवार सम्पन्न था और कीर्तिजी की लॉटरी खुल जानेवाली थी। इतनी स्पष्ट बातों से भी कीर्तिजी विचलित नहीं हुए थे। देखा जाए तो वे जूडास इस्करिएट जैसे व्यक्ति थे जिसे एक तरफ तो जीसस के एक महान शिक्षक बनने की संभावना से ईर्ष्या थी और दूसरी तरफ तीस चांदी के सिक्कों का लोभ भी था। जुडास इस्करिएट की तरह ही कीर्तिजी पर भी ईर्ष्या, संवेदनहीनता व लोभ की भावनाएं सभी महत्त्वपूर्ण अवसरों पर हावी हो जाया करती थीं। इस अवसर पर सबसे अधिक भ्रांति दीप्ति ने फैलाई थी, वस्तुत: तो वह प्रत्येक मौके पर ही ऐसी बातें कहती थीं तो पिता को सुनने में अच्छी लगती थीं। उसने बार-बार यह कहा था कि वह एक महीने लगातार पल्लवी के साथ रह चुकी थी और पल्लवी बहुत अच्छी लड़की थी। उसका कहना था कि किसी आई.ए.एस. को भी इससे अधिक अच्छी लड़की नहीं मिल सकती थी। दीप्ति की बात से कीर्तिजी आश्वस्त हो गए हों ऐसा नही था। इसका कारण यह था कि उनके मित्रों ने इस परिवार की अनैतिकता के बारे में उनको पहले ही विस्तार से बता दिया था। कीर्तिजी इस बात को अच्छी तरह समझ गए थे कि यह परिवार लम्पट था और परिवार के भीतर भी अगम्यगमन का दोष था। यह परिवार कुलीन भी नहीं था और प्रतिष्ठा में भी हीन था। अब वे दुविधा में फंस गए थे और चिंतित रहने लगे थे। उन्होंने वकील साहब से एकमुश्त पचास हजार रुपए ले लिए थे और उन्होंने इतने रुपए एक साथ कभी भी नहीं देखे थे। न तो वे इन रुपयों को वापस लौटाना

चाहते थे, न यह कहना चाहते थे कि ये दहेज में मिले हैं, न यह कहना चाहते थे कि उन्होंने उधार लिए हैं, वे बस इन्हें अपने खाते में जमा करवाकर बेटी के विवाह में वाहवाही लूटना चाहते थे। ये रुपए उनके पच्चीस महीनों के वेतन के बराबर थे, पूरी गृहस्थी का खर्चा चलाकर वे इतने रुपए कभी भी बचाने की आशा नहीं कर सकते थे, इसलिए इन रुपयों का मोह भी उनसे छूट नहीं रहा था। वे घर आई हुई लक्ष्मी को ठोकर नहीं मारना चाहते थे और मन-ही-मन अपने कृत्य को इसलिए न्यायसंगत ठहराना चाहते थे कि उन्हें भी अपनी पुत्रियों के हाथ पीले करने हैं। उन्हें इस समय अपने चाचाजी की यह सलाह याद आ रही थी कि पुत्र को लखपति बनाने के लिए उसे पूरे एक लाख रुपए कमाकर देने पड़ते हैं जबकि पुत्री को लखपति बनाने के लिए उसके विवाह में केवल बीस हजार रुपए अतिरिक्त खर्च करने पड़ते हैं। वे इस समय अपने-आपको दीप्ति का पिता ही अधिक अनुभव कर रहे थे और इन रुपयों की सहायता से उसके लिए एक अच्छा वर प्राप्त कर लेने की आशा कर रहे थे। कीर्तिजी के व्यक्तित्व में अनिवार्य संतुलन का अभाव था और कोई आश्चर्य नहीं कि उनके सारे निर्णय ही असंतुलित और आकस्मिक होते थे। वे इस समय यह भी भूल गए थे कि पिछले सात साल में सचिन ने जो कुछ भी बचाया था वह पिता के हाथ में रख दिया था; दीप्ति ने भी पिछले दो वर्ष की नौकरी में लगभग पच्चीस हजार रुपए बचाकर उन्हें दिए थे; छह महीने बाद ही आशीष भी डॉक्टरी करने लग जाएगा इत्यादि। कीर्तिजी फिर भी इन्हीं रुपयों को अधिक महत्त्व दे रहे थे क्योंकि ये उन्हें अनायास मिल गए थे। कीर्तिजी का स्वभाव ही ऐसा था कि उनसे हाथ में आया हुआ पैसा छूटता नहीं था। यह उनके भीतर एक तरह के पागलपन जैसा ही था कि एक बार हाथ में आ जाने के बाद रुपए उनसे अस्वीकृत नहीं होते थे। वे एक-एक नोट को बार-बार गिनते थे और बहुत सहेजकर उसको रखते थे। वे इस सम्बंध के पक्ष में निर्णय लेना चाहते थे और सारी बातें खुलकर बताना भी नहीं चाहते थे। ऐसी स्थिति में उनके लिए पत्नी को विश्वास में लेना आवश्यक हो गया था।

कीर्तिजी—"इस परिवार के चाल-चलन के बारे में कुछ उन्नीस-बीस सुनने को मिलता है किन्तु इस सम्बंध के कुछ लाभ भी हैं। पहला लाभ तो यह है कि सबसे अधिक नकद, सोना-चांदी इत्यादि देने की स्वीकृति केवल इन्हीं की ओर से आई है और दूसरा लाभ यह है कि ये इसी क्षेत्र के रहने वाले लोग हैं और बहुत सम्पर्कशील हैं। इन लोगों से साख-सम्बंध, इंटरव्यू-नौकरी आदि कामों में मदद ही मिलेगी। वकील साहब कृपणहृदय और ईर्ष्यालु व्यक्ति नहीं हैं। जो काम उनके योग्य होगा वे उसमें अवश्य सहायता करेंगे।

जीवन स्थगित है

हमें उनसे दीप्ति व जिज्ञासा के विवाह के लिए अच्छे लड़के ढूंढ़ने में भी मदद मिल सकती है; आशीष के साक्षात्कार के समय भी सहायता मिल सकती है, इत्यादि।"

सुशीला–"हमारे सचिन के अतिरिक्त और भी बच्चे हैं और हमें पूरे परिवार के हानि-लाभ के बारे में ही सोचना चाहिए। इस समय हमें सबसे अधिक चिंता दीप्ति के विवाह की रहती है; इस बारे में कई बार मन में चिंता हो जाती है तो रातों की नींद भी उचट जाती है। सारी दिक्कत दहेज के कारण ही आ रही है, नहीं तो दीप्ति को तो सभी लड़के पसंद कर लेते हैं। अब डॉक्टर-इंजीनियर लड़के देखो तो दहेज भी उसी के अनुसार चाहिए। सचिन स्वयं एक पढ़ी-लिखी कमाने वाली लड़की से विवाह करना चाहता है और आजकल कौन पढ़ी-लिखी लड़की अच्छी होती है? पुराने जमाने की बात और थी, बड़े-बड़े संयुक्त परिवार होते थे और लड़कियों को घर से बाहर भटकने की आजादी नहीं मिलती थी। अब वैसी लड़कियां कहां मिलती हैं?

कीर्तिजी–"सोचने की बात यह है कि इस मामले में सचिन बहुत संवेदनशील है; यदि लड़की ऐसी-वैसी निकल गई तो दोनों की निभेगी कैसे?"

सुशीला–"घर-गिरस्ती में तो सभी को दबकर रहना पड़ता है, हरेक व्यक्ति मजबूरी के कारण ही निभाता है। हमें कौन-सी लैला-मजनूं की जोड़ी बनानी है? ऐसी बातें तो केवल फिल्मों में दिखाने की होती हैं। यदि लड़की बहुत अच्छे स्वभाव की आ जाएगी तो इन दोनों की तो निभ जाएगी, लेकिन ऐसी लड़की हमें क्यों महत्त्व देगी? हमें तो हमारे जैसी ही बहू चाहिए जिसके लिए दुनियादारी ही अधिक महत्त्वपूर्ण हो। यह तो सभी जानते हैं कि विवाह तो खुशार के लड्डू की तरह होता है, जो इसे खाता है वो भी पछताता है और जो इसे नहीं खाता है वह भी पछताता है, फिर भी खाना तो सभी को पड़ता है।"

कीर्तिजी–"किन्तु समस्या यह है कि सचिन का दृष्टिकोण पूरी तरह व्यावहारिक नहीं है और वह सिद्धांतवादी अधिक है। कहीं हमें ऐसा सम्बंध करके लेने-के-देने तो नहीं पड़ जाएंगे?"

सुशीला–"फिर भी मां-बाप होने के नाते हमारा कर्तव्य उस काम को करने का है जिससे सबका भला होता हो।"

वास्तव में देखा जाए तो इस सलाह का कोई भी महत्त्व नहीं था क्योंकि कीर्तिजी कोई ईमानदार व्यक्ति नहीं थे। इस अवसर पर उन्हें सारे तथ्यों को स्पष्ट तौर पर सचिन सहित पूरे परिवार के समक्ष रख देना चाहिए था और उसके पश्चात् ही किसी निर्णय पर पहुंचना चाहिए था किन्तु वे तथ्यों को छिपा

रहे थे। यह कीर्तिजी का स्वभाव था कि सबसे अधिक धोखा वे उसी व्यक्ति को देते थे जो उन पर सबसे अधिक भरोसा करता था। जैसे ही किसी व्यक्ति का उन पर भरोसा उठ जाता था वे उसे धोखा देना बंद कर देते थे। वे पारिवारिक सदस्यों के प्रति भी उतने ही संवेदनाशून्य और विवेकहीन थे जितने कि वे बाहर के लोगों के लिए थे, अपने अतिरिक्त वे सभी को संघर्ष का एक पक्षकार समझते थे। वे किसी को भी इस मुद्दे पर विश्वास में लेकर उससे निष्पक्ष सलाह नहीं करना चाहते थे। उनका उद्देश्य केवल इतना था कि कोई भी निर्णय लेने से पहले सुशीला व दीप्ति को भी अपनी भूल में सम्मिलित कर लिया जाए ताकि वे दोनों उन्हें बाद में दोष नहीं दे सकें। सुशीला और दीप्ति दोनों की स्थितियां एक जैसी थीं। उन्हें अपनी क्षमता पर स्वयं भी कोई भरोसा नहीं था। सबसे पहले वे कीर्तिजी के मंतव्य को समझने का प्रयास करती थीं, फिर उनकी हां–में–हां मिलाती थीं ताकि वे स्वयं को कीर्तिजी की नजरों में समझदार सबित कर सकें। सुशीला व दीप्ति को कीर्तिजी केवल संकेत देते थे, फिर वे दोनों उनसे सहमति व्यक्त कर देती थीं और फिर बड़ी–से–बड़ी भूल होने पर भी वे उनका विरोध करने की स्थिति में स्वयं को नहीं पाती थीं। इस प्रकार उनके प्रति व्यक्त कीर्तिजी का अर्द्धसत्य असत्य से भी कहीं अधिक भ्रामक सिद्ध होता था। व्यक्तियों और परिस्थितियों को समझने की क्षमता सचिन और आशीष में इन तीनों की अपेक्षा बहुत अधिक थी; यदि कीर्तिजी का आग्रह वास्तव में ही उचित निष्कर्ष के प्रति रहा होता तो उनके लिए सारे तथ्यों को स्पष्टत: इन दोनों के सामने खोलकर रख देना अनिर्वाय होता, किन्तु वे लड़कों को विश्वास में लेना ही नहीं चाहते थे। एक ही परिवार का सदस्य होते हुए भी वे उनसे विपक्षियों जैसा व्यवहार ही करते थे, क्योंकि उनकी समझ यह थी कि उनके स्वयं के हित लड़कों के स्वार्थ से टकराते थे। इसलिए एक पिता की भूमिका में पुत्रों की स्वार्थपूर्ति की अवहेलना करते हुए निर्णय का अधिकार वे स्वयं के पास ही सुरक्षित समझते थे।

धीरे–धीरे कीर्तिजी का मानस इस सम्बंध के अनुकूल होता जा रहा था। अगले बुधवार को श्री गोपालनारायण फिर उनसे मिलने आए थे।

वकील साहब–"सचिन से बात हो गई क्या? हम तो एक पढ़ी–लिखी बेटी देकर बदले में एक बेटा लेना चाहते हैं। हम तो एक ऐसा दामाद चाहते हैं जो हमारी बात माने और किसी भी मुसीबत में हमारा साथ नहीं छोड़े।"

कीर्तिजी–"यदि यह बात एकदम से अभी सचिन के सामने रख दी जाएगी तो इसका उत्तर निश्चित रूप से ही नकारात्मक होगा। किन्तु धीरे–धीरे मैं सचिन को इस बात के लिए राजी कर लूंगा। यद्यपि इस मामले में मैं कोई भी गारण्टी

नहीं दे सकता हूं, किन्तु मैं आपका अधिक-से-अधिक सहयोग करने का प्रयास अवश्य करूंगा।"

दोनों ही व्यक्ति जो भी कुछ कर रहे थे बिल्कुल अनुचित कर रहे थे। वकील साहब तथ्यों को तोड़मरोड़ रहे थे और उनका स्पष्ट अभिकथन नहीं कर रहे थे। कीर्तिजी भी अपने सामर्थ्य की सीमा का अतिक्रमण कर रहे थे, क्योंकि सचिन की ओर से कोई भी अनुचित आश्वासन देने का उन्हें कोई अधिकार नहीं था। माता-पिता यह भूल जाते हैं कि वे विवाह के पक्षकार नहीं होते हैं, उनका दायित्व केवल अभीष्ट जीवनसाथी चुनने में पुत्र-पुत्रियों का सहयोग करना होता है। अपने अनुभवी होने वे कारण यदि वे कोई सहयोग कर पाते हैं तो पुत्र-पुत्री उनके प्रति कृतज्ञता का अनुभव करते हैं किन्तु सहयोग के स्थान पर धोखा देने का कोई भी अधिकार माता-पिता को नहीं होता है। इससे अच्छा है कि वे बीच में से हट जाएं और पुत्र या पुत्री को स्वयं ही निर्णय करने दें। माता-पिता का दायित्व संतान का हित करना होता है न कि उनका अहित करना। मनुष्य को दास की तरह खरीदने या बेचने का युग हजारों साल पहले बीत चुका है और विवाह पुत्र या पुत्री का क्रय-विक्रय करने वाली संस्था नहीं होती है। दोनों ही पक्षों के परिजनों को विवाह के पक्षकारों से न तो कोई तथ्य छिपाने का अधिकार होता है और न ही तथ्यों को तोड़-मरोड़कर प्रस्तुत करने का अधिकार होता है। परिवार के सदस्यों को यह कतई नहीं भूलना चाहिए कि विवाह का निर्णय एक व्यक्तिगत अधिकार होता है, यह कोई परिवारिक समझौता नहीं होता। हमारे देश में कहा जाता है कि माता-पिता देवता होते हैं, किन्तु अधिकांश अवसरों पर इस उत्कट अहंकार के कारण वे मनुष्यता के स्तर से भी नीचे गिर जाते हैं। कीर्तिजी सचिन को बचपन से ही जानते थे और यह भी जानते थे कि सचिन से कोई भी अनुचित बात मनवाना न केवल दुष्कर था, अपितु असम्भव था। सत्य के प्रति इतना प्रबल आग्रह करोड़ो में से किसी एक मनुष्य में पाया जाता है। सचिन उन व्यक्तियों में से था जो किसी भी परिस्थिति में अपनी स्वतंत्रता के साथ अनुचित समझौता नहीं कर सकते हैं और न ही किसी दूसरे की स्वतंत्रता का हनन करने वाले को क्षमा कर सकते हैं। सचिन के लिए स्वतंत्रता का महत्त्व धन, पद, यश व सुविधा सभी से बढ़कर था। उसका मानना था कि मनुष्य का सारा सत्यं, शिवं और सुंदरम् अंततः स्वतंत्रता की ही खोज है। कहना चाहिए कि स्वतंत्रता ही आत्मा का स्वभाव है और प्रत्येक प्राणी अपने स्वभाव की उपलब्धि में ही लगा हुआ है। अस्तित्ववादियों का यह कथन सत्य है कि बाह्य परिस्थितियों के कारण कभी कभी स्वतंत्रता व सुरक्षा में विरोध खड़ा हो जाता है, ऐसे में मनुष्य को स्वतंत्रता का ही वरण करना चाहिए क्योंकि

स्वतंत्रता का मूल्य मनुष्य के प्राणों से भी अधिक होता है अर्थात् स्वतंत्रता ही जीवन का परम मूल्य है। सचिन जैसे लोग स्वतंत्रता को खोकर सुरक्षा को कभी नहीं चुनते हैं। एक पिता होने के नाते कीर्तिजी से इस न्यूनतम समझ की अपेक्षा को केवल मानवोचित ही कहा जा सकता था। इस समय इन दोनों ही व्यक्तियों का आचरण अनैतिक, दायित्वशून्य और विधि-विरुद्ध था और वे इस दम्पति का जीवन नष्ट करने का कारण बन रहे थे। एक पिता के रूप में उनमें से प्रत्येक एक अपराधी था और यह अपराध वह सोच-समझकर कर रहा था। श्री गोपालनारायण शर्मा जैसे लोग हिन्दू संस्कृति पर भी एक कलंक जैसे होते हैं। उनका आचरण सारी परंपरा को कलंकित करता है। कन्यादान का अर्थ होता है कि विवाह के समय माता-पिता पुत्री पर अपने सारे अधिकारों का त्याग कर देते हैं, अब वे पुत्री से कोई भी अपेक्षा नहीं रख सकते हैं। यहां तक कि पुत्री के घर का पानी पीना भी वे अपना अधिकार नहीं समझते हैं। किन्तु वकील साहब सचिन को जिस परिस्थिति में डाल रहे थे उसका अभिप्राय था कि न केवल वे अपनी पुत्री का जीवन नष्ट करना ही अपना अधिकार समझेंगे अपितु वे उसके पति को भी एक बंधक की तरह समझेंगे। वे इस तरह के यजमान थे जो किसी गाय को इसलिए दान करके एक सोने के खूंटे से बंधवा देता है कि गाय उस खूंटे समेत घर वापस लौट आए; वे ऐसे ही यजमान थे जो गाय को पहले दिन से ही खूंटे को उखाड़ने का प्रशिक्षण देना प्रारम्भ कर देता है। आप इसे यज्ञ कहेंगे अथवा प्रवंचना कहेंगे। दामाद से इस प्रकार की प्रत्याशा हिंदू-संस्कृति पर भी एक कलंक की तरह थी और वे शास्त्रों में वर्णित छोटे कद के एक ऐसे कलियुगी ब्राह्मण जैसा ही आचरण कर रहे थे।

हिन्दू संस्कृति में भी ऐसा आग्रह कहीं नहीं पाया जाता है कि किसी भी परिस्थिति में दामाद की स्वतंत्रता का हनन करने का अधिकार पत्नी के माता-पिता के पास होता है। यदि श्वसुर स्वर्ग को भी जा रहा हो और जामाता उसके अंतिम संस्कार में शामिल हो जाए तो श्वसुर अविलम्ब नरक का भागी होता है। शास्त्रों में वर्णित ये सारी व्यवस्थाएं इसलिए हैं कि माता-पिता पुत्री का शोषण नहीं कर सकें जो पुत्रों की तुलना में अत्यंत निरीह होती है। श्री गोपालनाराण शर्मा वस्तुत: ही ब्राह्मण समाज की अपनी दत्तक सदस्यता को इस समय कलंकित कर रहे थे। ब्राह्मणों ने ऐसी कोई परम्परा निर्मित नहीं की है कि कन्या को एक धरोहर की तरह माना जाए और उसे प्राप्त करने वाले को ससुराल का ऋणी समझा जाए। इसमें कोई आश्चर्य नहीं होना चाहिए क्योंकि संसार का कोई भी धर्म पुत्री के गृहस्थ जीवन में हस्तक्षेप की आज्ञा नहीं देता है। विवाह पति और पत्नी के बीच में आपस का सम्बंध होता है और समस्त मनुष्य-जाति में पुत्री पर दबाव डालकर

इस सम्बंध को विकृत करना अनैतिक माना जाता है, यह इसलिए भी अधिक अनैतिक हो जाता है कि माता-पिता द्वारा पुत्री पर दबाव डालना पुत्र पर दबाव डालने की अपेक्षा अधिक सरल होता है।

अब यह परिस्थिति और भी उलझी हुई हो गई थी और कीर्तिजी के लिए सचिन के अतिरिक्त सभी परिवारिक सदस्यों को अपने विश्वास में लेना आवश्यक हो गया था। वकील साहब ने यह शर्त रखी थी कि सचिन उनकी प्रत्येक बात मानेगा और प्रत्येक परिस्थिति में उनका साथ देगा। इस शर्त के बारे में सुशीला और बच्चों से चर्चा करना भी आवश्यक हो गया था। आशीष और दीप्ति दोनों का मंतव्य था कि सचिन भाई साहब इस शर्त को किसी भी परिस्थिति में नहीं मानेंगे और कीर्तिजी को यह सम्बंध किसी भी हालत में नहीं करना चाहिए। ऐसा करने का परिणाम केवल विवाह-विच्छेद होगा और इससे पूरे परिवार का अपयश होगा। केवल सुशीला एक अदूरदर्शी और बुद्धिहीन स्त्री थी और केवल वही इस समय भी कीर्तिजी से सहमत थी। उसका मानना था कि घर-गृहस्थी में तो कोई भी सुखी नहीं रहता है लेकिन सभी को सामाजिकता का निर्वाह करना पड़ता है। जब सारा परिवार मिलकर सचिन पर दबाव डालेगा तो उसे हमारे अनुसार चलना ही पड़ेगा। कीर्तिजी के मित्र भी इस सम्बंध से दुखी थे, किन्तु कीर्तिजी अपने मित्रों को इस समय ईर्ष्यालु समझ रहे थे जोकि उनकी स्वयं की मनोविकृति थी। एक छोटे से कस्बे का मामला था और पारिवारिक शत्रुता उत्पन्न होने का भी खतरा था, फिर भी सभी मध्यस्थों ने इस सम्बंध को लेकर अपनी असहमति ही प्रकट की थी। कीर्तिजी फिर भी सचिन के भावी गृहस्थ-जीवन के बारे में नहीं सोच रहे थे, अपितु वे उन पचास हजार रुपयों के बारे में सोच रहे थे जो उन्हें वकील साहब से मिले थे। वे यह भी भूल गए थे कि दोनों भाई-बहनों ने उन्हें अपने वेतन से जो राशि बचाकर दी थी, वह इससे भी कहीं अधिक थी। पुत्र-पुत्री द्वारा किए गए सहयोग के लिए उनके मन में कोई कृतज्ञता तक नहीं थी, यहां तक कि उन्होंने उनकी प्रशंसा करना भी आवश्यक नहीं समझा था। वे इस सहयोग के बावजूद लगातार यह उलाहना देते रहते थे कि सचिन बहुत अपव्ययी था और उसके स्थान पर कीर्तिजी होते तो बहुत अधिक बचत करते। जहां तक वकील साहब का प्रश्न था वे एक जाल बिछा रहे थे और पूरे परिवार को एक षड़यंत्र के घेरे में ले रहे थे, तो भी दोनों पति-पत्नी उनके स्वागत में पलक-पांवड़े बिछा रहे थे। समाज में आज भी ऐसे माता-पिता विद्यमान हैं जो बच्चों को मनुष्य न समझकर अपने हाथों की एक कठपुतली मात्र समझना चाहते हैं। इस समय तक सचिन अकेला भी पिता को कम-से-कम पैंतीस हजार रुपए बचाकर दे चुका था, जिसका प्रतिफल उसे यह मिला था कि

कीर्तिजी ने उसके आई.ए.एस. बनने के सफल प्रयास को आपराधिक तरीके से निरस्त कर दिया था और इस भूल का उन्हें कोई पश्चाताप तक नहीं था। दूसरी तरफ एक अज्ञात व्यक्ति जो सचिन के वैवाहिक निमित्त से कीर्तिजी को बीस-तीस हजार रुपए अधिक दे रहा था, उसके प्रति ये दम्पति इतना कृतज्ञ अनुभव कर रहे थे कि सचिन को आजीवन बंधक तक रखने के लिए तैयार हो गए थे। क्या कीर्तिजी वाकई विक्षिप्त नहीं थे?

उन्हें यह तक दिखाई नहीं दे रहा था कि नकद रुपए अधिक देकर वे वर-वधू को मिलने वाले सामान में कटौती कर देंगे और कुल वैवाहिक खर्च उतना ही करेंगे, यह केवल एक सामंजस्य की बात थी और ऐसा करके वे कोई कृपा नहीं कर रहे थे। ऐसे माता-पिता को क्या कहना चाहिए था? अब वे अपने मन की कपोल-कल्पनाओं में भी लीन रहने लगे थे। वे सोच रहे थे कि दीप्ति और जिज्ञासा के लिए सम्बंध ढूंढ़ने में सहयोग करने हेतु वकील साहब का अवतरण एक देवदूत की तरह हुआ था। वकील साहब का परिवार इसी क्षेत्र में पिछली दो पीढ़ियों से वकालत कर रहा था; स्वयं गोपालशरणजी का अनुभव चालीस वर्षों से अधिक का हो चुका था; इसलिए इस परिवार का जनसम्पर्क भी व्यापक था और यह परिवार अन्य बच्चों के लिए अच्छे सम्बंध ढूंढ़ने में भी सहायता कर सकता था। ऐसे हवाई किले बनाते समय कीर्तिजी यह भी भूल गए थे कि स्वयं इस परिवार की प्रतिष्ठा अच्छी नहीं थी और परिणाम विपरीत भी हो सकता था। अंततोगत्वा इस दम्पति ने सचिन के भावी गृहस्थ-जीवन के प्रति समस्त शुभकामनाओं को तिलांजलि दे दी थी और सभी उपयुक्त सम्बंधों की उपेक्षा करके उन्होंने इसी सम्बंध के पक्ष में निर्णय ले लिया था। इस निर्णय के बाद सचिन को कीर्तिजी ने एक पत्र लिखा था:

प्रिय सचिन,

आयुष्मान् भव। इस समय पांच लड़कियों के सम्बंध विचाराधीन हैं—ऋचा, स्मिता, अरुणा, वीणा और पल्लवी। पल्लवी से तुम दीप्ति के साथ मिल ही चुके हो और देखने में वह तुम्हें नापसंद भी नहीं है। उसके पिता वकालत के सम्बंध में प्रति बुधवार सज्जनपुर भी आते हैं और उनके सज्जनपुर में भी बहुत से मुवक्किल हैं। वकील साहब की प्रतिष्ठा एक ईमानदार आदमी की है, उन्हें एक योग्य और विश्वसनीय वकील माना जाता है। यहां के स्कूल व कॉलेज शिक्षकों के बहुत से परिवार भी इनसे परिचित हैं; यह सम्बंध सबसे अधिक पास का है और मैंने सारी ऊंच-नीच का पता लगा लिया है। दीप्ति पल्लवी को अच्छी तरह जानती है और उसने तुम्हें भी उसके बारे में सब कुछ बताया है। बाकी सभी लड़कियों के परिवार अज्ञात कुलशील हैं और बीच में कोई मध्यस्थ भी नहीं है। यदि तुम्हारे पास असहमति का कोई ठोस कारण नहीं हो तो मैं इसी सम्बंध को सबसे अधिक

जीवन स्थगित है

विश्वसनीय समझता हूं और इसे पक्का कर देना चाहता हूं। हम तीन बार विज्ञापन निकलवा चुके हैं और लगता है कि इससे अधिक परिचित सम्बंध मिलना मुश्किल है। होली पर तो तुम आ ही रहे हो और होली के दूसरे दिन ही एक अच्छा मुहूर्त भी निकल रहा है। तुम्हारा जैसा भी मानस बने सूचित करना।

शुभेच्छु

कीर्तिस्वरूप शर्मा

यह पत्र पढ़कर सचिन की पहली प्रतिक्रिया आश्चर्य के रूप में उभरी, क्योंकि पल्लवी की बात तो बहुत पहले ही अप्रासंगिक हो चुकी थी। वह छह महीने पहले पल्लवी से मिला था और यह बता चुका था कि उसकी दृष्टि में पल्लवी कोई ढंग की लड़की नहीं थी। वह एक उद्दण्ड और धूर्त लड़की प्रतीत होती थी। दिसम्बर की छुट्टियों में सचिन कोई दस मिनट के लिए वकील साहब से भी मिला था और वे भी उसे कोई भले मनुष्य प्रतीत नहीं हुए थे। उनकी सारी बातें ही एक जालसाज आदमी जैसी थीं और सचिन कीर्तिजी को सब कुछ बता भी चुका था। इस सारी विवेचना में उलझन यह थी कि दीप्ति बार-बार पल्लवी का पक्ष क्यों ले रही थी? उसका कहना था कि सचिन दीप्ति से केवल एक बार पंद्रह मिनट के लिए मिला था, इसलिए वह उसे समझ नहीं पाया था। दीप्ति का कहना था कि वह पल्लवी को अधिक अच्छी तरह समझ सकती थी क्योंकि वह एक महीने तक उसके साथ एक ही कॉलेज और एक ही फ्लैट में रही थी। दीप्ति तो यहां तक कह रही थी कि इससे अच्छा सम्बंध तो भाई साहब को आई.ए.एस. बन जाने पर भी नहीं मिल सकता था। अब पिता भी यही बात कह रहे थे कि इस सम्बंध में तो कोई दोष नहीं दिखाई देता है किन्तु किसी दूर-परे के संबंध की गारण्टी लेना उनके लिए कैसे सम्भव होगा? अन्य चारों ही सम्बंधों के बारे में खोजबीन करने में वे अपनी असमर्थता व्यक्त कर रहे थे ओर स्वयं भी आश्वस्त नहीं थे। स्पष्ट है कि कीर्तिजी और दीप्ति दोनों ही जानबूझकर तथ्यों को सही ढंग से प्रस्तुत नहीं कर रहे थे। किन्तु सचिन की अपनी जगह पर सोच भी ठीक थी कि उसका अहित करने पर परिवार का हित कैसे हो सकता है? सभी का हित इस बात में होता है कि किसी अच्छे परिवार की अच्छी लड़की ही घर में आए। इसलिए कीर्तिजी और दीप्ति को अन्य चारों सम्बंधों के बारे में क्या पूर्वाग्रह हो सकता था? सोचते-सोचते सचिन को यह संदेह होने लगा था कि कहीं वास्तव में ही पिता और दीप्ति की धारणा तथ्यों पर आधारित हो और स्वयं उसका निष्कर्ष निराधार हो?

ऐसा कई बार होता है कि जैसे-जैसे लोग अधिक निकट आते हैं, उनके बारे में हमारी प्रारम्भिक धारणाएं बदलती जाती हैं। दीप्ति स्वयं अब बड़ी हो

गई थी और लड़कियों के कॉलेज में पढ़ा रही थी। हो सकता है कि उसकी इस बात में सच्चाई हो कि वह छात्रावास में तरह-तरह की लड़कियों के साथ रह चुकी थी और लड़कियों के बारे में सचिन की तुलना में वह बहुत अधिक जानती थी। कहीं सचिन स्वयं ही 'प्राइड एण्ड प्रेज्युडिस' के मिस्टर डेर्सी जैसा आचरण तो नहीं कर रहा था? अन्य सम्बंधों से पल्लवी वाले सम्बंध की तुलना करने का भी सचिन के पास कोई वास्तविक आधार नहीं था, क्योंकि शेष चारों लड़कियों से भी वह केवल एक-एक बार ही मिला था और बार-बार मिलने का कोई उपाय भी नहीं था।

हिन्दुस्तान में एक पीढ़ी पहले तक तो स्थिति यह थी कि वर-वधू विवाह से पहले एक-दूसरे को देखते तक नहीं थे और मध्यस्थ लोग ही सम्बंध तय कर दिया करते थे। एक पीढ़ी के गुजरने से केवल इतना ही अंतर पड़ा था कि अब लड़का और लड़की विवाह से पहले एक-दो बार मिल लिया करते थे। किसी निर्णय पर पहुंचने के लिए उन्हें अब भी दूसरे लोगों का ही सहारा लेना पड़ता था। अपरिचित लड़के और लड़कियों का बार-बार मिलना आज से पच्चीस-तीस साल पहले भी कोई अच्छी बात नहीं समझी जाती थी। आज से पच्चीस-तीस साल पहले भी सचिन का पूरणजी स्वामी जैसे लोगों से साक्षात्कार हुआ करता था जो विवाह से पहले लड़की को दिखाने की प्रथा के घोर विरोधी थे। पूरणजी का तर्क यह था कि लड़की या तो काली होती है या गोरी होती है और काली लड़कियों के रहने के गांव गोरी लड़कियों के गांवों से अलग नहीं बसाये जा सकते हैं। देखा जाए तो उस समय का सारा युग ही पूरणजी स्वामी की विचारधारा के आसपास ही चल रहा था। आज भी कुछ सौभाग्याकांक्षिणी लड़कियां यह तर्क देती हैं कि विवाह-पूर्व लड़की की नुमाइश करने से लड़की का अपमान होता है। अस्तु, इस देश में विवाह का निर्णय अंधेरे में एक छलांग जैसा ही होता आया है। निर्णय का आधार कभी भी लड़के और लड़की के व्यक्तित्व नहीं रहे हैं अपितु इससे भिन्न मापदण्ड जैसे जाति, कुल, गोत्र, प्रतिष्ठा, आर्थिक स्थिति, जन्मकुण्डलियों का मिलान इत्यादि ही रहे हैं। पल्लवी यद्यपि दोहरी मांगलिक थी और उसकी जन्मकुण्डली में दो वैधव्य-योग और एक पतिहंता योग स्पष्ट रूप से विद्यमान थे, फिर भी वकील साहब ने सचिन के पूछने पर यह कह दिया था कि लड़की मांगलिक नहीं है। कीर्तिजी का कहना था कि इस विषय में अधिक आग्रह करने से कोई लाभ नहीं हो सकता था क्योंकि जन्मकुण्डली झूठी भी दी जा सकती थी। उनका यह कहना एक तरह से ठीक भी था कि इस विषय में विश्वास ही बड़ी बात होती है।

अंत में सचिन ने कीर्तिजी और दीप्ति के संयुक्त आकलन को ही महत्त्व देना उपयुक्त समझ लिया था। अंततोगत्वा वह भी उसी पावन भारतभूमि का नागरिक था जिसमें पूरणजी स्वामी जैसे लोग रहते थे। एक बात अवश्य समझ में आती है कि इस अंतराल में सचिन की नियुक्ति यदि सज्जनपुर में ही रही होती और वह वकील साहब से बार-बार मिला होता तथा इस सम्बंध के बारे में होने वाली पारिवारिक चर्चाओं का आद्योपांत साक्षी रहा होता तो सचिन से यह भूल नहीं होती। यद्यपि यह भूल बहुत गम्भीर, थी फिर भी यह मूर्खतापूर्ण न होकर परिस्थितिजन्य ही थी। इस भूल का कारण भी आंकड़ों की कमी ही थी न कि आकलन की त्रुटि इसका कारण थी। सचिन ने बचपन से ही पिता को सदैव यह कहते हुए सुना था कि घर में सबसे अधिक व्यावहारिक ज्ञान उन्हीं को था; यद्यपि सचिन इस बात से कभी भी सहमत नहीं हो पाया था किन्तु कहीं-ना-कहीं सचिन पर इस बात का प्रभाव भी मौजूद था।

कीर्तिजी स्वनिर्मित भ्रांतियों के संसार में जीने वाले व्यक्ति थे और सबसे बुरी बात यह थी कि वे इन भ्रांतियों को दूसरों पर थोपने में भी अत्यंत दुराग्रही थे। बचपन का हमारा पारिवारिक जीवन कभी-कभी दुर्योग से एक काजल की कोठरी जैसा भी होता है जिसके प्रभाव को पूरी तरह निष्कृत कर देना मनीषियों के लिए भी संभव नहीं हो पाता है। देखा जाए तो दीप्ति भी सचिन से केवल चार वर्ष छोटी थी, पांच वर्ष उसने लड़कियों के साथ छात्रावास में बिताए थे, अब एक महिला महाविद्यालय में पढ़ा रही थी, इसलिए दीप्ति को पूरी तरह नासमझ मान लेने का भी सचिन के पास कोई आधार नहीं था। यह दुर्भाग्यपूर्ण ही था कि दीप्ति के ऐसे महत्त्वपूर्ण मौके पर भी सम्भ्रमित होने का कारण घर का विक्षिप्ततापूर्ण वातावरण ही था। वकील साहब ने इस अवसर पर भी प्रत्युत्पन्नमति का परिचय दिया था और होली के दूसरे दिन ही वाग्दान-संस्कार भी सम्पन्न हो गया था। सचिन ने ध्रुवतारे को साक्षी मानकर पल्लवी को अपनी वाग्दत्ता स्वीकार कर लिया था। इससे पहले कि घर के सारे लोग माणिक्यपुर जाकर पल्लवी के सारे परिवार से मिलते सगाई की रीति भी सम्पन्न कर दी गई थी। सगाई के अगले दिन ही सचिन की छुट्टियां भी समाप्त हो गई थीं और वह वापस उपेन्द्रनगर लौट गया था।

कहते हैं कि जब कोई मनुष्य पानी में फिसलकर गिर जाता है तो पानी भी उसे डुबोने से पहले ऊपर की ओर उछालता है। अभी पल्लवी की गोद-भराई की रस्म बाकी थी और इसके लिए कीर्तिजी को परिवार सहित माणिक्यपुर जाना था। वहां जाकर कीर्तिजी सहित सभी पारिवारिक सदस्यों का मोहभंग हो गया था और उन्हें बहुत निराशा का सामना करना पड़ा था। कीर्तिजी

को सबसे पहला धक्का लड़की को देखकर लगा था। कीर्तिजी ने इतनी दुबली-पतली लड़की अपने जीवन में पहली बार देखी थी और वह कोई विशेष सुंदर भी नहीं थी। दीप्ति ने उसे कोई छह महीने पहले देखा था और इन छह महीनों में वह इतनी बदल गई थी कि कठिनाई से पहचान में आ रही थी। दूसरा धक्का सबको पल्लवी की मां को देखकर लगा था और अब यह समझ में आ रहा था कि वकील साहब ने कीर्तिजी के परिवार को सगाई की रस्म से पहले अपने घर पर आमंत्रित क्यों नहीं किया था। पहली दृष्टि में ही गायत्री एक धूर्त और मक्कार औरत लगती थी जिसके चेहरे से ही दुराचरण और अपराध-भाव स्पष्ट झलकता था। यह सभी को समझ में आ रहा था कि ऐसी मां की लड़की किसी भी परिस्थिति में अच्छी नहीं हो सकती है।

अब कीर्तिजी को भी यह समझ में आ रहा था कि उन्होंने सचिन द्वारा व्यक्त की गई आशंकाओं की अवेहलना करके और दीप्ति के आकलन पर भरोसा करके भूल की थी। प्रवीण जोकि अनूपशहर महिला महाविद्यालय का व्यवस्थापक था और केवल पच्चीस-छब्बीस साल का एक अविवाहित युवक था, पल्लवी के विवाह में आवश्यकता से अधिक रुचि ले रहा था और सचिन को यह बात ठीक नहीं लगी थी। सचिन ने बार-बार इस तरफ इंगित भी किया था। पल्लवी को देखकर यह आशंका होना बिल्कुल स्वाभविक था कि पिछले छह महीने में वह गर्भवती हो चुकी थी और अभी-अभी उसका गर्भपात करवाया गया था। यद्यपि वकील साहब को भी कोई सरल व्यक्ति नहीं कहा जा सकता था किन्तु गायत्री जैसी औरतें तो किसी भी शहर में दो-चार ही पर्याप्त होती हैं। वह उन औरतों में से थी जिनके भीतर की कुटिलता लाख अच्छा व्यवहार करने पर भी छिपाये नहीं छिपती है। वकील साहब के व्यक्तित्व से तो कोई सतही तौर पर धोखा भी खा सकता था, क्योंकि कभी-कभी उनके एक स्वाभिमानी और अक्खड़ व्यक्ति होने का मिथ्याभास होता था, किन्तु यह स्त्री तो किसी भी दृष्टिकोण से कुलीन नहीं लगती थी। तीसरा तथ्य सबसे अधिक गंभीर था और इसके कारण पूरे परिवार को ही एक सशक्त धक्का लगा था। अपने बच्चों के बारे में भी वकील साहब ने गलत सूचना दी थी। सुभाष और विक्रम के अतिरिक्त उनके एक पुत्र मनीष और था। यह लड़का मस्तिष्कहीन था और अपना नित्यकर्म भी स्वयं नहीं कर सकता था। सभी व्यावहारिक पर्यायों से यह एक नरपशु था। वकील साहब ने बार-बार यह कहा था कि मेरे दो पुत्र हैं और दो ही पुत्रियां हैं। कीर्तिजी का सिर यह सोचकर चकरा रहा था कि जो व्यक्ति इतना बड़ा झूठ बोल सकता था, उस व्यक्ति की किस बात पर भरोसा किया जा सकता था? यदि इस समय सचिन माणिक्यपुर में होता तो मामला ही समाप्त हो जाता और यही उचित भी रहता। खैर, इन

परिस्थितियों में कीर्तिजी को भी नाराजगी प्रकट करनी पड़ी थी और उन्होंने आगे बढ़ने से पहले परिवार के साथ अकेले में विचार विमर्श करने की इच्छा प्रकट की थी।

कीर्तिजी–"दीप्ति एकदम अबोध है क्योंकि अब मैं समझ गया हूं कि पल्लवी कोई ठीक तरह की लड़की नहीं है। लड़की की मां भी उससे अधिक बुरी है जितना हमारे सुनने में आया है। इन लोगों ने सभी प्रकार से हमें धोखा दिया है, यहां तक कि संतान के संबंध में भी मिथ्या-भाषण किया है।"

सुशीला–"स्वयं के बच्चों के बारे में तो कोई भी झूठ नहीं बोलता है, ऐसा इन्होंने क्या कहा था?"

कीर्तिजी–"वकील साहब ने स्वयं के दो पुत्र बताए थे। इस तीसरे लड़के के बारे में जानबूझकर तथ्यों को छिपाया था क्योंकि यह लड़का जड़बुद्धि और नृपशु है, इसलिए यह बात गंभीर प्रतीत होती है। यहां आकर यह पता लगा है कि यह अपना नित्यकर्म, पहनना-ओढ़ना, खाना-पीना इत्यादि भी स्वयं नहीं कर सकता है।"

सुशीला–"मान लिया कि इन्होंने यह दुराव-छिपाव जानबूझकर किया था तो भी इस बात से हमारा क्या प्रपंच है?"

कीर्तिजी–"अगर बेल ही जहरीली हो तो उसमें दूसरे फल भी जहरीले लग सकते हैं। जैसा मामा होता है वैसे ही भानजे होते हैं। यदि ऐसा हो गया तो पूरा परिवार ही समस्याग्रस्त हो जाएगा। विवाह के लिए प्रतिभासंपन्न लड़कियों को इसीलिए तो महत्त्व दिया जाता है ताकि अगली पीढ़ी भी प्रतिभासंपन्न हो सके। नौकरीपेशा लोगों के लिए सबसे बड़ी पूंजी ही गुणसूत्र और संस्कार होते हैं। इस घर में तो मुझे अब कुछ भी विश्वसनीय नहीं लगता है। ये दोनों लड़कियां प्रभा और शोभा कौन हैं?

दीप्ति–ये दोनों पल्लवी के चाचाजी की लड़कियां हैं और इनकी मां की मृत्यु हो चुकी है। इनके पिता रेलवे में कर्मचारी हैं, इसलिए इनको लेकर बेचारे जगह-जगह नहीं भटक सकते हैं। इसे तो इनके ताऊजी-ताईजी की अच्छाई ही कहा जाएगा कि इन लड़कियों को पाल रहे हैं। वरना आज के जमाने में कौन इस तरह दूसरों के बच्चों को निभाता है?"

अब कीर्तिजी उलझन में पड़ गए थे और उन्हें मित्रों के संकेत पूरी तरह समझ में आने लगे थे। इस दाल में तो सभी कुछ काला दिखाई दे रहा था। अब वे समझ गए थे कि बुराई कि जड़ें इतनी गहरी थीं कि कोई भी विस्तार से सब कुछ नहीं बताना चाहता था। सबने यह सोचा होगा कि वकील आदमी हैं और एक छोटे से कस्बे का मामला है, क्या पता किसी झूठे मुकदमे में ही नाम लिखवा दें?

कीर्तिजी—"ये लोग इतने भले नहीं हो सकते हैं, इसके पीछे भी कोई-ना-कोई गुत्थी होनी चाहिए। कुल मिलाकर बात यह है कि हमें बिना सोचे-समझे आगे नहीं बढ़ना चाहिए और गोद भरने की रस्म आज पूरी नहीं करनी चाहिए।"

जिज्ञासा—"पिताजी ठीक ही कह रहे हैं; पल्लवी को देखकर तो मुझे भी धक्का लगा है। इतनी दुबली-पतली लड़की की सचिन भाई साहब के साथ कोई जोड़ी ही नहीं है। अच्छी और स्वस्थ लड़कियों का हिन्दुस्तान में कोई अकाल थोड़े ही पड़ गया है?"

दीप्ति—"लेकिन पिताजी यह कैसे हो सकता है? हमने पहला ही तो सम्बंध किया है, यदि इसको भी हम बीच में ही तोड़ देते है तो लोगों को हमारे विरुद्ध अपवाद फैलाने का निमित्त मिल जाएगा। छह महीने पहले भी पल्लवी इतनी दुबली-पतली नहीं थी, इसलिए फिर मोटी हो जाएगी। हो सकता है कि इसके पीछे भी कुछ स्वाभाविक कारण हों। इसने पहली बार नौकरी की है और वह भी एक निजी महाविद्यालय की नौकरी है; इसलिए पढ़ाने-लिखाने की चिंता भी बनी रहती है और खाने-पीने की व्यवस्था भी ढंग की हो नहीं पाती है। इसके अतिरिक्त नेट-स्लेट की चिंता बनी रहती है; पी-एच.डी. पूरी लिखने की चिंता बनी रहती है इत्यादि। शादी-विवाह के प्रस्तावों को लेकर भी इस उम्र में तनाव से गुजरना पड़ता है। ऐसी परिस्थितियों में लड़कियों का दुबला होना कोई आश्चर्य की बात नहीं होती। जहां तक मनीष के मंदबुद्धि होने का प्रश्न है अथवा सास-ससुर की विश्वसनीयता का प्रश्न है तो लड़कों के लिए ससुराल के घर का कोई महत्त्व नहीं होता है। भाई साहब की डोली विवाह के बाद कौन-सी ससुराल में आकर उतरेगी कि हम इन तथ्यों को इतना तूल दें?"

कीर्तिजी—"क्या पता इस लड़के मनीष की निर्योग्यता आनुवंशिक हो?"

दीप्ति—"पल्लवी का कहना है कि ढाई वर्ष की उम्र तक यह लड़का एकदम सामान्य था। मस्तिष्क-ज्वर होने से इसकी यह हालत हो गई है। बेचारों ने शर्मिंदगी के कारण दो बेटे बताए होंगे, क्योंकि ऐसे बेटे पर किसको गर्व हो सकता है? हम भी बात का बतंगड़ बना लेते हैं अन्यथा इस बात से हमें भी क्या प्रयोजन है? आज पिताजी को भी अपनी ससुराल गए हुए बीस बरस हो गए होंगे अर्थात् यदि प्रारम्भिक कुछ वर्षों को छोड़ दिया जाए तो कौन दामाद अपनी ससुराल से लगाव रखता है? हमारे भी घर में भी सात फूफाजी हैं, शादी-ब्याह में भी शायद ही किसी के दर्शन हो पाते हों। लड़कों का ससुराल आना-जाना तो कोई शुरू के दो-चार सालों में होता है, वो भी पहले दिन पावणा और दूसरे दिन बाप का मुहावणा।"

जीवन स्थगित है

जिज्ञासा के अतिरिक्त कीर्तिजी की आशंका को कोई भी नहीं समझ पा रहा था। दीप्ति और सुशीला दोनों ने एक ही जिद पकड़ रखी थी कि बिना रस्म पूरी करे लौट जाने का काम हमें शोभा नहीं देता है, हमारे भी लड़कियां हैं। इनके घर पर इतने सारे मेहमान और रिश्तेदार आए हुए हैं; इन सबके बीच में हम बिना गोद भरे हुए चले जाते हैं तो यह पल्लवी के लिए बहुत अपमानजनक होगा। इससे अच्छा तो यह है कि अभी हम कोई भी तमाशा खड़ा नहीं करे और गोद-भराई की रस्म भी रीति-रिवाज के अनुसार पूरी कर दें। घर पर लौटकर विचार करेंगे और आवश्यकता हुई तो किसी और बहाने से इस सम्बंध को तोड़ देंगे। जब तक बेटी बाप के घर में होती है, उसके सहस्र वर होते हैं। इनका सामान भी हमारे सामान से अधिक है; हम इनका सामान तभी वापस करेंगे जब यह हमारा सारा सामान वापस कर देंगे, हमें इसमें भी कोई हानि नहीं है। इससे इन लोगों को भी सारी बात को अपने ढंग से रखने का मौका मिल जाएगा और अपने संबंधियों के सामने नीचा नहीं देखना पड़ेगा। आखिर सबकी प्रतिष्ठा होती है। अंततोगत्वा सुशीला और दीप्ति के आग्रह के कारण गोद भरने की रस्म भी पूरी कर दी गई थी।

माणिक्यपुर से वापस लौटने के बाद कीर्तिजी के होश ठिकाने आ गए थे। अब उन्हें समझ में आ गया था कि वकील साहब सचिन और पल्लवी को क्या उत्तरदायित्व सौंपना चाहते थे। उन्होंने दीप्ति के कारण सगाई से पहले लड़की और घरबार को नहीं देखा था, यह उनकी बहुत बड़ी भूल थी। इस प्रकार का नृपशु किसी भी घर में पैदा नहीं होता है, इसलिए एक तरह से यह स्थिति उनकी कल्पना के भी बाहर थी। हो सकता है कि यह परिवार पल्लवी से यह आशा रखता हो कि मां की मृत्यु के पश्चात् वही इस नृपशु की जीवन-रक्षा करेगी, वकील साहब की बातों से तो कुछ ऐसा ही आभास हो रहा था। वाकई यह स्थिति अपवादस्वरूप और चिंताजनक थी। इस बात के लिए सचिन कैसे तैयार होगा? अपना घर कौन नरक बनाना चाहता है? मात्र पचास हजार रुपए के लिए क्या किसी प्रतिभासम्पन्न और सज्जन मनुष्य के जीवन को इस प्रकार नष्ट कर देना उचित है? यदि वे इस सम्बंध को तोड़ देते हैं तो इस परिवार की ओर से क्या प्रतिक्रिया हो सकती है? हो सकता है कि यह परिवार कोई निंदा-स्तुति का वातावरण बनाए और दीप्ति के सम्बंध में भी कोई अड़चन खड़ी करे। कीर्तिजी दोनों ही स्थितियों से प्रसन्न नहीं थे। इसलिए उन्होंने किसी भी निर्णय पर पहुंचने से पहले दीप्ति से विचार-विर्मश कर लेना भी उचित समझा था।

कीर्तिजी-"यह सम्बंध हम कर तो रहे हैं किन्तु कहीं ऐसा न हो कि मनीष का उत्तरदायित्व वे पल्लवी पर डालने की कोशिश करें। इससे तो सचिन का जीवन ही नष्ट हो जाएगा।"

दीप्ति–"अभी तो पल्लवी की मां भी कम-से-कम पच्चीस-तीस बरस और जीएगी। मां के चले जाने के बाद मनीष के दो भाई भी हैं। विवाह के बाद लड़कियों का पीहर के प्रति लगाव स्वत: ही धीरे-धीरे कम हो जाता है। मनीष की जिम्मेदारी लेने के लिए पल्लवी क्यों राजी हो जाएगी? ऐसा आप क्यों सोचते हैं?"

कीर्तिजी–"इसका कारण वकील साहब के दिए हुए संकेत हैं जिनका अभिप्राय मुझे अब समझ में आया है। एक बात तो वो यह कहते हैं कि उनका कहना केवल पल्लवी ही मानती है और दूसरी बात वो यह कहते हैं कि उन्हें ऐसा दामाद चाहिए जो उनकी प्रत्येक बात माने क्योंकि बेटे-बहू उनकी बात नहीं मानते हैं। वो तो यह भी कहते है कि हरियाणा की संस्कृति यही है कि मां-बाप की परेशानी बेटी-दामाद ही दूर करते हैं। सचिन को यह बात बहुत बुरी लगेगी क्योंकि हमारे यहां इस तरह की उम्मीद रखना बिल्कुल परम्परा के विरुद्ध है।"

दीप्ति–"लेकिन पल्लवी तो बहुत मतलबी लड़की है। वह ऐसी मूर्खता का काम क्यों करेगी? जैसे-जैसे लड़की की उम्र बढती है और उसका स्वयं का घर बसता चला जाता है, उसके लिए पीहर की समस्याएं गौण होती चली जाती हैं। सोचने की बात यह है कि वह अपना घर क्यों बिगाड़ेगी? विवाह के बाद तो पति और पत्नी का स्वार्थ एक ही हो जाता है, इसलिए प्रत्येक लड़की अपने मां-बाप की अपेक्षा अपने पति को ही अधिक महत्त्व देती है।"

कीर्तिजी–"सामान्य परिस्थितियों में तो तुम्हारी बात ठीक है किन्तु इसके अपवाद भी मिलते हैं । मेरी सात बहनों में से एक बहन ऐसी भी थी जो सदैव ससुराल की अपेक्षा पीहर को ही अधिक महत्त्व देती थी। उसका लगाव अंत तक अपने पीहर और पिता के प्रति ही बना रहा था। वकील साहब की बातों से लगता है कि पल्लवी की इस प्रवृत्ति के पीछे भी अवश्य कोई कारण है।

दीप्ति–"यह कारण क्या हो सकता है? पल्लवी भी एक पढ़ी-लिखी और समझदार लड़की है; सम्भावना तो यही है कि वह भी अन्य लड़कियों की तरह ही सोचेगी।"

कीर्तिजी–"लगता है कि पल्लवी की मां के पास बहुत-सी व्यक्तिगत सम्पत्ति है और पल्लवी अपने बहन-भाइयों में सबसे अधिक परिग्रही है। हो सकता है कि उसकी मां के पास सोना हो, चांदी हो, मोहरें हों, अशर्फियां हों, गिन्नियां हों और बहुत सारे जेवरात हों। हो सकता है कि पल्लवी का बचपन बार-बार इसी धन को देखते हुए बीता हो। पुराने घरों में ऐसा होता था; सौ-सौ तोले की एक-एक तगड़ी होती थी और सोना तौलने के लिए भी लोग वही

तराजू काम में लेते थे जिससे अनाज तौलते थे। हो सकता है कि मनीष एक निमित्तमात्र हो जिसके बहाने पल्लवी की मां यह सारी सम्पत्ति अपनी बेटी को ही देना चाहती हो। प्रश्न यह है क्या पल्लवी धन को बेहद महत्त्व देने वाली लड़की है?"

थोड़ी देर के लिए दीप्ति भी सोच में पड़ गयी।

दीप्ति–"यह बात ठीक है कि पल्लवी पैसे को बहुत अधिक महत्त्व देती थी। वह एक-एक पैसे को दांतों से पकड़ती थी और सारा खर्च दूसरों पर डाल देती थी। वह साबुन-तेल, आटा-दाल, मिर्च-मसाले, आलू-प्याज तक अपने माणिक्यपुर के घर से लेकर आती थी और अपने वेतन में से कुछ भी खर्च नहीं करना चाहती थी। वह छात्राओं को भी समय-समय पर उपहार लाने के लिए प्रोत्साहित करती थी। वह ऐसी लड़कियों से परिवारिक सम्बंध बनाती थी जो धनवान घरों से होती थीं। मान लो कि ऐसी बात हो भी तो इसमें भाई साहब को अथवा हमको क्या हानि है? यदि लड़की लालची है और पीहर से कुछ लेकर आना चाहती है तो इस बात से हमें नाराज क्यों होना चाहिए? आपका तो मानना भी यही है कि आदमी को तिकड़मी होना चाहिए। यह बात तो सच है कि पल्लवी का सारा परिवार ही तिकड़मी है और सम्भावना यही है कि भाई साहब को उन्हीं के हिसाब से चलना पड़ेगा।"

कीर्तिजी को लगा कि अब उन्हें वास्तविक सूत्र मिल गया है। यही कारण है कि उनके मित्र भी उन्हें बार-बार यही कहते हैं कि कीर्तिजी की तो लाटरी खुल गई है। ऐसा लगता है कि वकील साहब के पास अथाह पैतृक सम्पत्ति है जो उन्हें सोने-चांदी के रूप में उत्तराधिकार में मिली है। दोनों मां-बेटियां तेज-तर्रार हैं और मां अपनी बहुओं को मनीष के निमित्त से इस सारी सम्पत्ति से वंचित रखना चाहती है। बेटी भी समझदार है, पहले धन पर आधिपत्य करेगी और फिर मनीष को भी इस पशुयोनि से मुक्त कर देगी। दूसरे भाई-बहन भी यही करेंगे इसलिए पल्लवी ही मूर्ख क्यों बने? मां का प्रेम तो अंधा होता है और उसे बचपन से ही बेटे का नित्यकर्म करने की आदत पड़ जाती है लेकिन मां के जाने के बाद यह काम न तो भाई-भाभी ही कर सकते हैं और न कोई बहन ही कर सकती है। प्रश्न केवल इतना है कि मनीष के बहाने कौन इस सारी सम्पत्ति को हड़प लेता है और कौन स्वयं को इससे वंचित कर देता है? पल्लवी एक समझदार लड़की है जो इस सम्पत्ति के महत्त्व को समझती है क्योंकि एक बुद्धिहीन नृपशु से पीछा छुड़ा लेना कौन-सी बड़ी बात है? वे स्वयं भी इस कार्य में पल्लवी की सहायता कर देंगे और उसे कोई सरल और सुरक्षित तरीका बता देंगे। घर में दो-दो डॉक्टर भी होंगे आशीष और गौरव;

इसके अतिरिक्त उनके गांव में ऐसे-ऐसे मित्र हैं जिनके लिए यह सब बाएं हाथ का खेल है। अब धीरे-धीरे कीर्तिजी एक निष्कर्ष की ओर पहुंच रहे थे क्योंकि वे समझ गए थे कि यह कोई गम्भीर समस्या सिद्ध नहीं होगी। अब कीर्तिजी को यह भी लगने लगा था कि इस सम्बंध को करने में सबसे अधिक लाभ है क्योंकि मनीष की समस्या के साथ लाखों रुपए का उत्तराधिकार जुड़ा हुआ है। प्रश्न केवल इस समस्या को युक्तिपूर्वक हल करने का है। पहली बात तो स्वयं पल्लवी ही कोई अप्रिय स्थिति पैदा नहीं होने देगी और यदि ऐसी स्थिति पैदा हुई भी तो वे उचित समय आने पर स्वयं सचिन को इसका हल बता देंगे। मनीष के कारण सास-ससुर और बहू सबको उन पर आश्रित रहना पड़ेगा और इस गरज के कारण वे उनसे सतत आर्थिक लाभ उठाते रहेंगे। घर तो घोषियों के भी जलते हैं लेकिन सुख चूहे भी नहीं पाते हैं। हमें धोखा दिया है तो अब खुद ही इसका परिणाम भी भुगतेंगे। चरक-संहिता का ज्ञान किस दिन काम आएगा? सचिन अवश्य प्रारम्भ से ही इस बात को लेकर क्षुब्ध रहेगा किन्तु इस समस्या का समाधान न तो उसे पल्लवी अभी बता सकती है और न हम ही उसे अभी समझा सकते हैं। जब तक मनीष के माता-पिता जीवित हैं इस विषय में गहन विश्वसनीयता का नाटक करना आवश्यक है, नहीं तो उनसे पर्याप्त आर्थिक लाभ उठाने में बाधा आएगी। इसलिए वे सचिन की आशंकाओं पर अभी गौर ही नहीं करेंगे, एक कान से सुनेंगे और दूसरे से निकाल देंगे। निष्कर्ष पर पहुंचने के पश्चात् कीर्तिजी के लिए यह आवश्यक हो गया था कि वे अपनी अवधारणा को पत्नी के प्रति भी प्रकट कर दें ताकि वह भी निश्िंचत हो जाए। अब कीर्तिजी को मन-ही-मन इस बात पर खीझ हो रही थी कि आखिर सचिन व्यावहारिक विषयों में इतना भिन्न क्यों था कि उससे कोई सम्वाद ही सम्भव नहीं था? शास्त्रों में कहा है, 'शठम् शाठ्यै समाचरेत्' अर्थात् जिस स्तर के लोग हैं उनसे वैसे ही स्तर पर निपटना पड़ता है।

कीर्तिजी के व्यक्तित्व का यह भी एक पक्ष था कि वे स्वयं के मन में कोई भी निराधार भ्रांति निर्मित कर लेते थे; उसे स्वयं ही असंदिग्ध मान लेते थे और उसी में उलझकर रह जाते थे। उन्हें उनकी कपोल-कल्पनाओं से बाहर लाने का सामर्थ्य न तो सुशीला में था और न ही दीप्ति से इसकी आशा की जा सकती थी। कीर्तिजी अपनी धारणाओं को इतनी दृढता से इन दोनों के सामने रखते थे कि प्रारम्भिक हिचकिचाहट के पश्चात् ये दोनों भी कीर्तिजी की अवधारणों को सत्य मानने लग जाती थीं। जहां तक सचिन व आशीष का प्रश्न था, कीर्तिजी उन्हें अपने मौलिक चिंतन की हवा भी नहीं लगने देते थे। वे अपनी योजनाओं को छिपाने में बहुत कुशल व्यक्ति थे और तब तक अपना मुंह

नहीं खोलते थे जब तक कि अपने उद्देश्य में सफल नहीं हो जाते थे। कीर्तिजी ने सचिन के प्रशासनिक सेवाओं में जाने के मनोरथ को भी इसी प्रकार मौन रहकर विफल कर दिया था। इतने महत्त्वपूर्ण मुद्दे पर भी उन्होंने पत्नी अथवा पुत्र-पुत्रियों से परामर्श करना उचित नहीं समझा था। इस समस्या के बारे में भी उन्होंने एक नितांत वैयक्तिक धारण निर्मित कर ली थी कि मनीष की समस्या के साथ अथाह पैतृक सम्पत्ति जुड़ी हुई थी और मां-बाप इस सम्पत्ति को केवल पल्लवी को ही देना चाहते थे। उन्होंने अपनी इस धारणा से सुशीला और दीप्ति को भी सहमत कर लिया था और समस्या का सबसे अधिक उपयुक्त हल भी ढूंढ़ लिया था। इतना सब होने पर भी उन्होंने सचिन अथवा आशीष को यथास्थिति से अवगत करवाना आवश्यक नहीं समझा था। इसके विपरीत उन्होंने इस सम्बंध से जुड़ी हुई सारी आशंकाओं को ही विवाह होने तक इन दोनों से छिपा लिया था। आखिर जुलाई के महीने में पवित्र अग्नि को साक्षी मानकर पाणिग्रहण संस्कार भी कर दिया गया था। यज्ञ के सारे देवताओं को आहुत किया गया था; समिधा देकर उन्हें प्रसन्न किया गया था और उनको साक्षी मानकर श्वसुर ने अपनी कन्या के प्रति अपने सारे अधिकारों का जामाता के पक्ष में त्याग कर दिया था। माता-पिता कन्या को पालते-पोषते हैं और विवाह के समय अपने सारे अधिकार जामाता को सौंप देते हैं इसलिए हिंदू कन्यादान को सबसे बड़ा पुण्य कार्य मानते हैं। श्वसुर अधिक सामर्थ्यवान होते हुए भी जामाता को पूजता है क्योंकि 'स्थानं प्रधानं न बलं प्रधानम्' अर्थात् विवाह के बाद केवल जामाता की भूमिका ही पुत्री के लिए महत्त्वपूर्ण होती है, पिता का संरक्षण उसके लिए गौण हो जाता है। कन्या विवाह से पूर्व पिता को अपना संरक्षक मानती है, किन्तु विवाह होते ही पति उसका संरक्षक हो जाता है; इसलिए विवाह के समय और उसके पश्चात् सदैव पति के स्थान को पिता के स्थान से ऊपर माना जाता है। पुनश्च दान लेनेवाला सदा ही दान देनेवाले से बड़ा होता है। कन्या पवित्र अग्नि के सामने यह वचन देती है कि वह पति के चित्त और वित्त के अनुकूल ही सर्वदा आचरण करेगी और इस वचन से बद्ध होने के कारण ही वर वधू को अपने बायें पक्ष में लेकर अपनी अर्द्धांगिनी स्वीकार कर लेता है। पंच महाभूतों और सभी देवयोनि की आत्माओं ने साक्षात् ऐसा ही होते हुए देखा और कहा कि तथास्तु। यह नवम अवतार के निर्वाण और दशम अवतार के अवतरण के बीच की एक पुण्य-रात्रि थी जिसमें यह पुनीत संयोग घटित हुआ था।

हमारे देश भारतवर्ष में एक कहावत है कि विवाह कसार के लड्डू की तरह होता है, जो इसे खाता है वह भी पछताता है और जो इसे नहीं खाता है वह भी पछताता है। इसका कारण स्यात् यह है कि इस देश में विवाह दो नितांत

अपरिचित व्यक्तियों के बीच में होता है जो अकस्मात् जीवन-भर साथ रहने के लिए बाध्य हो जाते हैं। विवाह के बाद बहुत शीघ्र ही सचिन पर स्पष्ट होने लगा था कि यह पाणिग्रहण एक प्रकार का योजनाबद्ध षड्यंत्र था जिसका सूत्र गायत्री के हाथ में था। वकील साहब और पल्लवी गायत्री को असंतुष्ट रखने की स्थिति में नहीं थे, इसलिए वे भी धीरे-धीरे गायत्री का सहयोग करने के लिए कृतसंकल्प हो गए थे। गायत्री प्रारम्भ से ही शोभा और मनीष को लेकर चिंतित रहती थी जोकि उसकी अवैध संतानें थीं क्योंकि वह अपने पति श्री गोपालनारायण को भी अपना शुभचिंतक नहीं मानती थी। दोनों बेटियों में पल्लवी ही अधिक सुंदर और धूर्त थी, इसलिए गायत्री ने बचपन से ही सोच लिया था कि अपनी मृत्यु के बाद वह मनीष का उत्तरदायित्व पल्लवी के होने वाले पति पर ही डालेगी। उसका सबसे अधिक लगाव मनीष के प्रति ही था जिसे वह स्वयं की मृत्यु के पश्चात् भी जीवित रखना चाहती थी। पल्लवी को उसने प्रारम्भ से ही स्वतंत्रता दी थी, उसे उन्मुक्त आचरण की शिक्षा दी थी और उसे पुरुषों की तरह ही निर्लज्ज बनाया था। स्कूल और कॉलेज के दिनों में उस पर कोई रोकटोक नहीं थी और वह कहीं भी आने-जाने के लिए स्वतंत्र थी। वह बस अथवा रेल में किसी भी व्यक्ति के साथ यात्रा कर सकती थी और गंतव्य स्थान पर पहुंचकर उस व्यक्ति के साथ किसी होटल के कमरे में भी रुक सकती थी। इसका परिणाम यह हुआ था कि तरुणावस्था से ही उसके अपने सभी सगे, चचेरे, मौसरे व फुफेरे भाइयों से शारीरिक सम्बंध हो चुके थे और ऐसे पुरुषों की कोई गिनती नहीं थी जिनकी वह अंकशायिनी रह चुकी थी। वह अपने-आपको एक पढ़े-लिखे परिवार की आधुनिक लड़की समझती थी जिसके लिए दैहिक सम्बंध सामान्य दिनचर्या की बात थी। वह प्रत्येक पुरुष से ही दैहिक सम्बंध रखना अपना अधिकार समझती थी। गायत्री ने उसे जानबूझकर इस तरह से पाला था ताकि वह अपने होने वाले पति की कतई परवाह नहीं करे।

पल्लवी के लिए विवाहित जीवन का कोई अर्थ ही नहीं था और वह दाम्पत्य-जीवन जीना भी नहीं चाहती थी। किन्तु दो कारण ऐसे थे जिनके रहते हुए उसे विवाह करना पड़ा था; उनमें से पहला कारण था अपनी संतान को एक पिता का नाम देना और दूसरा था अपने पति पर मनीष के दायित्व को थोपने का प्रयास करना। गायत्री ने अपने सहोदर भाई वरुण के सहयोग से मनीष को जन्म तो दे दिया था, किन्तु छोटे वकील साहब ने उसे घृणा के कारण गायत्री की गोद से उछालकर दूर फेंक दिया था और उसका मस्तिष्क अस्त-व्यस्त हो गया था। अब वह एक नृपशु था और गायत्री को यह चिंता

बनी रहती थी कि उसके बाद मनीष की परिचर्या और शौचादि कर्म कौन करेगा? वह स्वयं भी यह कार्य करते-करते तंग आ चुकी थी क्योंकि यह लड़का उसके पैरों की बेड़ियां बन गया था। इसके कारण वह दो-चार दिन के लिए भी कहीं आना-जाना नहीं कर सकती थी। फिर भी उसने इस नृपशु को जीवित रखना अपने पति के विरुद्ध एक प्रतिष्ठा का प्रश्न बना रखा था। वह यह भी चाहती थी कि उसके जीवनकाल में ही कोई दूसरा इस लड़के की जिम्मेदारी समझने लगे तो उसे कुछ राहत मिले। गायत्री को इस बात पर बहुत गर्व था कि पल्लवी लिख-पढ़ गई थी, उसने एम. ए. और एम. फिल. कर लिया था और एक निजी महाविद्यालय में प्राध्यापिका बन गई थी। उनके परिवार के लिए यह एक नारी-शक्तीकरण जैसी घटना थी। पल्लवी भी गायत्री जितनी ही धूर्त, मक्कार और नौटंकीबाज थी और इसलिए गायत्री को उससे बहुत आशाएं थीं।

स्वयं गायत्री न तो सुंदर थी, न ही पढ़ी-लिखी थी, न ही आर्थिक रूप से स्वतंत्र थी, फिर भी उसने अपने पति को तिगनी का नाच नचा रखा था, इसलिए इस बेटी को वह अमोघ नारी-शक्ति की तरह समझती थी। गायत्री ने बचपन से ही पल्लवी को दाम्पत्य के प्रति विद्रोह सिखाया था और अब पल्लवी पति को अपनी अंगुलियों पर नचाना ही गृहस्थ-धर्म का सार समझती थी। प्रारम्भ से ही पल्लवी एक ऐसे युवक की खोज में थी जो उसकी प्रत्येक बात मान ले और संयोग से ऐसा ही एक विचारहीन युवक उसे मिल भी गया था। यह युवक पल्लवी की एक मौसी का बेटा सुदेश था जो हरियाणा रोडवेज में बस कंडक्टर था। पल्लवी के प्रारम्भ से ही इस लड़के से भी सम्बंध हो गए थे। यह लड़का पहले दिन करनाल डिपो की एक बस अनूपशहर लेकर आता था और अगले दिन उसी बस को अनूपशहर से करनाल ले जाता था। अनूपशहर से वह माणिक्यपुर आ जाता था जोकि केवल तीस किलोमीटर दूर था और इस प्रकार वह प्रति दो रात्रियों में से एक माणिक्यपुर में ही व्यतीत करता था। वर्षों से यही क्रम चला आ रहा था और यह लड़का अपनी नौकरी से थक चुका था। पल्लवी और सुदेश दोनों ने मिलकर अपने घरवालों के समक्ष विवाह का प्रस्ताव रखा था और इसके लिए जिद भी की थी। सुदेश का कहना था कि वह अपनी नौकरी से दुखी था; वह इस नौकरी को छोड़ देगा और घर का सारा कामकाज सम्भाल लेगा। पल्लवी पढ़-लिखकर प्रोफेसर बन जाएगी और दोनों की गृहस्थी आराम से चल पड़ेगी। गायत्री और पल्लवी दोनों को ही यह योजना बहुत पसंद आई थी। वास्तव में तो स्थिति यह थी कि पल्लवी सुदेश को ही वह आदर्श पुरुष समझती थी जो उसे जीवन में कभी मिला था। पल्लवी को

लगता था कि वास्तविक प्रेम की घटना उसके जीवन में केवल सुदेश को लेकर घटित हुई थी। दोनों मां-बेटियों ने इस प्रस्ताव को हाथों-हाथ लिया था; उन्होंने परिवार के अन्य लोगों और निकट सम्बंधियों से सहयोग भी मांगा था किन्तु सभी ने इस विवाह-प्रस्ताव की निंदा की थी। ऐसे विवाह यहूदियों, ईसाइयों तथा मुसलमानों में तो स्वीकृत हैं, किन्तु हिन्दू विधि ऐसे विवाह का निषेध करती है। मातृपक्ष तथा पितृपक्ष दोनों की कम-से-कम सात पीढ़ियों को टालना अनिवार्य होता है, नहीं तो विवाह सपिण्ड विवाह कहलाता है और हिन्दूधर्म में यह अमान्य होता है। सभी के विरोध के कारण यह विवाह तो सम्पन्न नहीं हो पाया था किन्तु पल्लवी अपने भावी पति में सुदेश को ही देखने लगी थी। गायत्री भी पल्लवी के लिए सुदेश जैसे पति की ही कामना करने लगी थी। गायत्री इतनी बुद्धिहीन व विक्षिप्त स्त्री थी कि उसे एक अनैतिक बस कंडक्टर और एक पढ़े-लिखे शालीन व्यक्ति में अंतर करना भी आवश्यक नहीं लगता था। यही वह पृष्ठभूमि थी जिसमें पल्लवी का विवाह सचिन से हुआ था। कहना ही पड़ेगा कि भारत तो वस्तुत: ही महान है।

यह नितांत स्वाभाविक है कि दोनों ही परिवार इस विवाह के कारण द्रुत गति से निराशा की ओर बढ़ रहे थे। कीर्तिजी भी अब समझ गए थे कि ईर्ष्या और लोभ के कारण उन्होंने सचिन का गृहस्थ-जीवन भी एकदम चौपट कर दिया था। आने वाले कुछ ही दिनों में यह स्पष्ट होने लगा था कि घर के किसी भी सदस्य के प्रति पल्लवी का व्यवहार सौमनस्यपूर्ण नहीं था। विवाह के पहले दीप्ति के साथ पल्लवी का व्यवहार सहेलियों जैसा ही था, किन्तु विवाह के बाद पल्लवी जानबूझकर उसके साथ रूखा व्यवहार कर रही थी। दीप्ति भी अब इस बात को समझ गई थी कि विवाह पूर्व किया गया पल्लवी का व्यवहार एक दिखावा मात्र था। सभी देवरों और ननदों के प्रति उसका व्यवहार नौकरों जैसा था; वह उनसे अपने जूठे बरतन उठवाने में भी नहीं चूकती थी जोकि मारवाड़ी समाज की परम्पराओं के विरुद्ध था। ससुर के सामने भी उसका व्यवहार अमर्यादित था और वह उनके साथ आनेवाले मित्रों के प्रति भी अभद्र व्यवहार करती थी। श्वसुर के सामने भी साड़ी का पल्ला गिरा देना, खड़े होकर कपड़े बदलना तथा आंखों से अशोभनीय हरकतें करना उसके लिए आदतन था। स्नानघर का पिछला दरवाजा सड़क की ओर खुलता था; वह कपड़े धोने के बहाने घण्टों ही स्नानघर में अर्द्धनग्न अवस्था में बैठी रहती थी इत्यादि। कुछ दिनों के भीतर ही स्वयं कीर्तिजी को भी यह मानना पड़ गया था कि इतने आचरणहीन और पतित कुल की वधू उनके कुटुम्ब में आज तक भी विवाह होकर नहीं आई थी। कीर्तिजी ने सुशीला को कहा था कि इस लड़की की पर्तें

तो धीरे-धीरे करके खुलेंगी; सचिन जब तक इसको नहीं समझे तभी तक अच्छा है। यह लड़की तो बिल्कुल मायावी है, दीप्ति इसको क्या समझ सकती थी? आगंतुक महिलाओं में से भी किसी न तो पल्लवी की प्रशंसा की थी और न ही उसको मिले हुए उपहारों की सराहना की थी। महिलाओं ने आश्चर्य प्रकट किया था कि कीर्तिजी ने इस विवाह में क्या देखा था? इतनी दुबली-पतली लड़की से इतने अच्छे लड़के का विवाह कौन करता है? कीर्तिजी को विवाह पर समुचित ध्यान देकर ही किसी निर्णय पर पहुंचना चाहिए था। उधर पल्लवी का परिवार भी संतुष्ट नहीं था। इस परिवार की सोच कंजरों जैसी थी। यह परिवार सोचता था कि उन्होंने एक कमाऊ और सुंदर लड़की देकर दामाद पर बहुत अनुग्रह किया था और बदले में दामाद से प्रत्येक बात मनवाकर छोड़ेंगे। गायत्री ने विवाह के समय विदा करने के पूर्व पल्लवी को दुबारा समझाया था कि अब हम दामाद के सामने खुलकर अपनी समस्या को रखेंगे और जब तक वे हमारी बात नहीं मान लेते हैं पल्लवी को उनसे दाम्पत्य संबंध नहीं बनाने हैं। तब तक पल्लवी को इस विवाह के प्रति न तो कोई अहोभाव प्रकट करना है और न ही सचिन के साथ एक नववधू जैसा व्यवहार करना है। पल्लवी का स्वभाव भी अपनी मां के जैसा ही था; पुरुष का सान्निध्य उसके लिए कोई नया अनुभव भी नहीं था इसलिए वह यथासंभव स्वयं को अन्यमनस्क प्रकट करने का प्रयास कर रही थी। वह इस सारी स्थिति को एक नाटक की तरह ले रही थी और एक सफल अभिनेत्री की तरह अपनी भूमिका को निभा रही थी।

विवाह के कुछ आरम्भिक दिन इसी प्रकार की धूप-छांव में बीत गए थे। पहले दिन ही पगफेरे के समय सचिन इस बात को समझ गया था कि दोनों के स्वभाव में जमीन-आसमान का अंतर था। शेखावाटी अंचल में गृहप्रवेश के समय नववधू के सामने चांदी की सात थालियां क्रमश: रखी जाती हैं। पहले सुंदर-सुंदर रंगों से सात रंगोलियां बनाई जाती हैं और फिर इनमें से प्रत्येक पर एक-एक थाली रखी जाती है। इन थालियों पर सात कदम रखकर नववधू को घर के भीतर प्रवेश करना होता है। यदि एक भी थाली अपनी जगह से खिसक जाती है अथवा खनकने की आवाज करती है तो यह माना जाता है कि वधू सास से झगड़ा करेगी और अलग हो जाएगी। इसे प्राय: एक मजाक की तरह लिया जाता है और किसी भी प्रकार का अपशकुन नहीं समझा जाता है। प्रत्येक वधू संभल-संभलकर अपने पैर आगे बढ़ाती है और ससुराल पक्ष की स्त्रियां थालियों को इस प्रकार आड़ा-तिरछा रखती हैं कि कोई-ना-कोई थाली अपने स्थान से अवश्य खिसक जाए। पल्लवी ने भी बहुत संभल-संभलकर डग भरे थे फिर भी थालियां अस्त-व्यस्त हो गई थीं। सचिन ने भी मजाक में ही कह

दिया था कि झगड़ा तो अवश्यम्भावी है क्योंकि पल्लवी तो पहले से ही झगड़ा करने की ठान कर आई है। जो बात सभी अन्य व्यक्तियों के लिए मनोविनोद थी, वही बात पल्लवी को बहुत अप्रिय लगी थी। उसने जिन अवज्ञापूर्ण, अवमाननायुक्त व आग्नेय नेत्रों से सचिन की ओर देखा था, उस दृष्टि से पहले दिन ही सचिन का उत्साह भंग हो गया था। सचिन पहले दिन ही यह समझ गया था कि पल्लवी के मन में उसके प्रति महत्त्व का कोई भाव नहीं था। विवाह के प्रति पल्लवी का यही दृष्टिकोण आखिरी दिन तक भी बना रहा था।

पल्लवी हनीमून के मामले में अपनी बहनों और सहेलियों के समक्ष नीचा नहीं देखना चाहती थी; इसलिए विवाह के बाद एक सप्ताह व्यतीत होते ही पल्लवी ने सचिन से कश्मीर जाने की इच्छा प्रकट कर दी थी। सुभाष का सुझाव था कि यह अवसर तो जीवन में एक ही बार आता है, इसलिए सचिन ने इसे सहर्ष स्वीकार कर लिया था। सचिन के पास जो भी बचत थी उसने या तो आशीष की सहायता में नियोजित कर दी थी अथवा उसे विवाह के खर्च के निमित्त पिता को सुपुर्द कर दी थी इसलिए सचिन के पास न तो धन का अतिरेक था और न ही धन का अभाव था। पल्लवी भी अधिक फिजूलखर्ची के पक्ष में नहीं थी। किन्तु उसे इस बात पर अवश्य आश्चर्य हुआ था कि सात वर्ष की नौकरी में सचिन ने स्वयं के लिए कुछ भी नहीं बचाया था। कॉलेज खुलने में लगभग बीस दिन शेष थे और उन्होंने तय किया था कि वे आराम से घूमते हुए बस से यात्रा करेंगे और क्रमश: दिल्ली, जालंधर व जम्मू में रात्रि विश्राम करेंगे। इस प्रकार चौथे दिन वे श्रीनगर पहुंच सकते थे। कार्यक्रम अकस्मात् बना था और तत्काल आरक्षण मिलना सम्भव नहीं था; इसलिए सबसे सुगम तरीका दिन में बस से यात्रा करना और रात्रि में किसी होटल में रुककर विश्राम करना था। इस तरह वे सारे यात्रा-मार्ग को भी देखते हुए जा सकते थे। वापस लौटने के लिए उन्होंने श्रीनगर से दिल्ली के लिए हवाई यात्रा का आरक्षण करवा लिया था। दिल्ली से श्रीनगर जाते हुए उन्होंने तीन दिन में जो दूरी तय की थी, वह वापसी में घटकर एक घण्टे और पांच मिनट रह गई थी। जब वे श्रीनगर से रवाना हुए थे तो हवाई अड्डे तक उन्होंने स्वेटर पहन रखा था और जब वे दिल्ली हवाई अड्डे पर उतरे थे तो पसीने से तरबतर हो गए थे। विज्ञान के उपयोग से दूरी, समय व मौसम सभी के अर्थ बदल गए थे और उन्हें लग रहा था कि 'एलिस इन वंडरलैण्ड' में एलिस का अनुभव भी कुछ-कुछ ऐसा ही रहा होगा।

वह जुलाई का दूसरा सप्ताह था। पहले दिन वे माणिक्यपुर से चलकर दिल्ली पहुंचे थे और वहां पर रात्रि-विश्राम किया था। दूसरे दिन वे दिल्ली से चलकर

जीवन स्थगित है

जालंधर पहुंचे थे और वहां पर रात्रि-विश्राम किया था। तीसरे दिन वे जालंधर से चलकर जम्मू पहुंचे थे और पर्यटन विभाग के होटल में रात्रि-विश्राम किया था। उन दिनों यह होटल बहुत साफ-सुथरा और व्यवस्थित था। अगले दिन वे जम्मू देखने के लिए रुक गए थे। जम्मू का मौसम उत्तर भारत के शेष समतलीय नगरों जैसा ही गर्म होता है, किन्तु एक-दो दिन से हल्की-हल्की बूंदाबांदी हो रही थी और मौसम असह्य नहीं था। जम्मू में रघुनाथ मंदिर और संग्रहालय के अतिरिक्त विशेष कुछ देखने योग्य नहीं है फिर भी पर्यटक प्रायः एक दिन यहां व्यतीत करते हैं। जीवन में कुछ छोटी-मोटी स्मृतियां ऐसी होती हैं जो अविस्मरणीय हो जाती हैं। पर्यटन विभाग के होटल के बाथरूम में सचिन और पल्लवी एक साथ बैठकर इकट्ठे नहाए थे और उन्होंने एक-दूसरे के जिस्म पर मल-मलकर साबुन लगाया था। सचिन के लिए इस प्रकार का अनुभव पहला था और उसे ज्ञात हुआ था कि हमारी पीठ का बहुत-सा भाग स्पर्श के प्रति बहुत संवेदनशील होते हुए भी स्पर्श से वंचित रह जाता है। इस प्रकार के स्नान अथवा उबटन आदि के पश्चात् एक अद्भुत ताजगी का अनुभव होता है। स्वयं व्यक्ति अकेला ही अच्छी तरह स्नान नहीं कर पाता है। इस स्नान के बाद संध्या की चाय पीने में एक अलग ही स्फूर्ति का अनुभव हुआ था। अगले दिन सुबह उठकर वे बस द्वारा श्रीनगर के लिए प्रस्थान कर गए थे। पहाड़ी स्थानों पर यात्रा दिन में ही करनी चाहिए क्योंकि यहां पर सारा ही मार्ग सौंदर्य से ओतप्रोत व दर्शनीय होता है। पर्यटक प्रायः यह भूल करते हैं कि प्राकृतिक सौंदर्य को किसी एक ही स्थल पर ढूंढ़ते हैं जबकि आसपास का पूरा क्षेत्र ही प्राकृतिक सौंदर्य से युक्त होता है; किसी भी क्षेत्र में सौंदर्य का एक निरंतर सातत्य पाया जाता है। पहले दिन जम्मू में ही हल्की-हल्की फुहारें पड़ चुकी थीं, इसलिए सारे मार्ग में गहरा कोहरा और स्निग्ध ठंड व्याप्त थी। इस कोहरे में डूबे हुए बीच के स्थल जैसे–ऊधमपुर, पटनीटोप, काजीकुण्ड, अनंतनाग इत्यादि बहुत वायव्य लग रहे थे। ऐसे स्थानों पर यदि पर्यटक युवा हों और उनका पेट ठूंस-ठूंसकर भरा हुआ नहीं हो तो बस के रुकते ही वाष्पसिक्त स्नैक्स खाना और गर्म-गर्म चाय की चुस्कियां लेना बहुत रुचिकर प्रतीत होता है।

श्रीनगर पहुंचते-पहुंचते शाम का धुंधलका हो चला था और एक नितांत भिन्न व अपरिचित स्थान पर सचिन व पल्लवी दोनों आमने-सामने खड़े थे। अब यहां पर न कोई ईदन का उपवन था, न ही कोई शैतान अथवा फरिश्ते थे। एक-दूसरे के अतिरिक्त यहां कोई भी ऐसा नहीं था जिसे वे पहचानते हों। वे जैसे एक एकांत द्वीप में प्रवाहित संवेदना की नदी के दो विपरीत छोर थे जो अपने-अपने स्थान पर बद्धमूल थे और इन छोरों के मध्य में एक नील

वितान मानो कि छाया बनकर उतर रहा था। हमारे देश में विवाह भी विचित्रतम स्थितियों का सृजन करता है। दो लोग जो कल तक अपरिचित थे अकस्मात् एक-दूसरे को अनन्य सामीप्य में खड़े हुए पाते हैं और यह कामना करते हैं कि यह सामीप्य जीवन की अंतिम श्वास तक यूं ही बना रहेगा। दोनों एक-दूसरे की आंखों में अपने भविष्य को देखते हुए यह अवधारणा करते हैं कि उनका एक छोटा-सा घर होगा, दो सुंदर-सुंदर बच्चे होंगे, घर की दीवारें होंगी जो उन्हें बाहर के शीत और ताप से बचाएंगी। पति और पत्नी मानो एक-दूसरे के लिए स्वर्ग से उतरे हुए वरदान की तरह होते हैं और इस आशीर्वाद को आत्मसात करने के लिए ही मानो मधुयामिनियों का ऐकांतिक साहचर्य नियत होता है। एक तरह से हनीमून एक ऐसा आयोजन होता है जो पूरे भविष्य को वर्तमान में समेट लेने के लिए किया जाता है।

सचिन ने देखा कि एक छरहरे बदन का लम्बा-सा युवक तेजी से सारे सामान को उठा रहा था। सामान बहुत अधिक नहीं था, किन्तु उन्हें होटल को ढूंढ़कर वहां तक पहुंचना था इसलिए वे इस युवक के पीछे-पीछे हो लिए थे। होटल के कमरे का आरक्षण उन्होंने जम्मू में ही करवा लिया था और इस समय होटल का कार्ड पोर्टर के पास था। यहां के पोर्टर सामान उठाकर भी इतनी तेजी से चलते हैं कि उनका साथ देने के लिए लगभग दौड़ना पड़ता है। बस स्टैण्ड से कोई दस मिनट सड़क के ऊपर चढ़कर वे डल झील के एक किनारे पर पहुंच गए थे। डल झील का पानी इस समय धुंधलके के कारण गहरा हरा दिखाई दे रहा था। बाएं हाथ को एक पतली सड़क पर मुड़ने के बाद फिर दायीं ओर एक तंग गली में मुड़ना पड़ा था और सामने ही वह होटल था। एक तो होटल मुख्य सड़क पर नहीं था, दूसरे होटल का यह कमरा पहली मंजिल पर बना हुआ लकड़ी का एक छोटा-सा कमरा था, इसलिए दोनों को ही पसंद नहीं आ रहा था। कमरा अच्छी तरह सुसज्जित और कीमती सामान लिए हुए था और सर्दियों के मौसम के अनुकूल था। इस कमरे में रात्रि विश्राम का अनुभव एक वैसा ही अनुभव हो सकता था जैसेकि तेज सर्दियों में छोटे बच्चे दादी के कमरे के कोने में रखे लकड़ी के बड़े से संदूक पर रजाई ओढ़कर कहानी के बीच में ही सो जाते हैं। होटल का मालिक लगभग सत्तर वर्ष का एक वृद्ध व्यक्ति था जिसकी दाढ़ी तुषार धवल थी; इस व्यक्ति ने हरे रंग की सलवार-कमीज पहन रखी थी और इसके चेहरे पर एक संतोष की आभा थी। वह एक हाथ से हुक्के को उठाकर उसे गुड़गुड़ाते हुए आया था और दोनों के चेहरों को देखते ही समझ गया था कि कमरा उनके अनुकूल नहीं था। पोर्टर की ओर मुड़कर उसने कश्मीरी जुबान में कुछ हिदायत दी, दोनों की ओर मुस्कुराकर देखा और

जीवन स्थगित है

सचिन के हाथ पर साठ रुपए रख दिए। सचिन यह समझ गया था कि कमरे की अग्रिम बुकिंग करवाना ऐसे स्थानों पर उचित नहीं होता है। सचिन ने पोर्टर को पर्यटन विभाग के गेस्ट हाउस में चलने के लिए कहा था जोकि मुख्य सड़क पर था और जिसे रास्ते में आते हुए उन दोनों ने देख लिया था। यह गेस्टहाउस अपने ढंग से सुंदर बना हुआ था यद्यपि इसका किराया निजी होटलों की तुलना में लगभग डेढ़-दो गुणा था। सबसे बड़ी बात यह थी कि सारी सुविधाएं जैसे बैंक, रेस्तरां, जनरल स्टोर, ब्यूटी-पार्लर, डाकघर इत्यादि इसी भवन के आसपास उपलब्ध थीं। बस से लेकर हवाई-जहाज तक के समस्त आरक्षण यहीं पर करवाए जा सकते थे। धोने और इस्तरी करने के लिए कपड़े भी यहीं पर दिए जा सकते थे; गर्म कपड़ों की ड्राइक्लीनिंग भी यहीं पर करवाई जा सकती थी। पर्यटक बसें भी सुबह आठ बजे यहीं से रवाना होती थीं और शाम को सात बजे तक यहीं पर लाकर उतार देती थीं। दोनों चाहते तो किसी हाउसबोट में भी जाकर रह सकते थे, किन्तु सुरक्षा और सुविधा के दृष्टिकोण से उन्होंने यहीं टिके रहना ठीक समझा था।

उन दिनों भ्रमण का आनंद कुछ और ही तरह का हुआ करता था। दर्शनीय स्थलों की सैर के लिए प्रतिदिन बसें चला करती थीं जिनमें एक-साथ कोई तीस-चालीस लोग बैठकर पर्यटन का आनंद लिया करते थे। इनमें से अधिकांश युगल नवविवाहित हुआ करते थे और इनको देखकर सचिन को लगता था कि उसे भी कोई पांच-सात बरस पहले ही विवाह कर लेना चाहिए था। कुछ पंजाबी परिवार भी होते थे जो प्राय: प्रतिवर्ष ही अपने बच्चों को लेकर यहां घूमने के लिए आ जाया करते थे। पंजाबी परिवार प्राय: सारे रास्ते ही धूम-धड़ाका करते हुए चलते थे और खाने-पीने की चीजों में भी मशगूल रहा करते थे। परांठे और मक्खन, छोला-भटूरा, आलू की टिकिया और लस्सी इनका रोजाना का नाश्ता हुआ करता था। देखने में चाहे ये कितने ही विशालकाय हो जाएं, नाश्ते में कटौती करना इनकी आदत में शुमार नहीं होता था। इनके साथ बहुत छोटे-छोटे सुंदर बच्चे हुआ करते थे जो प्रतिक्षण पर्यटन का वास्तविक आनंद लिया करते थे।

पंजाबी बच्चों का रंग गोरा होता है, आंखें और बाल काले होते हैं और अपनी चपलता में ये यूरोप के किसी भी देश के बच्चों से पीछे नहीं होते हैं। नवविवाहित युगलों को ये अधेड़ दम्पति इस प्रकार देखते थे मानो कि वे विगत ऋतुओं के एलबम देख रहे हों। उनकी आंखों में अनायास ही उत्सुकता और जिज्ञासा के सौहार्द्रपूर्ण बिम्ब तैरते हुए दिखने लगते थे। तीस-चालीस लोगों का यह समूह आपस में बातचीत, सलाह-मशविरा, गुफ्तगू और जानकारियों का

आदान-प्रदान करते हुए भ्रमण किया करता था। प्रत्येक बस में पर्यटन विभाग का एक योग्य व अनुभवी गाइड भी हुआ करता था जो प्रत्येक छोटी व बड़ी बात की सटीक व्याख्या करता हुआ चलता था। इन मार्गदर्शकों में से अधिकांश अत्यंत प्रियदर्शी, आकर्षक, वाचाल व गरिमायुक्त हुआ करते थे। ये नवयुवक सुदर्शन, पढ़े-लिखे व परिष्कृत व्यक्तित्व वाले जानकार लोग हुआ करते थे जिनकी बातों में रोचकता तथा कश्मीर की तहजीब की जिंदादिली का भरसक पुट हुआ करता था। बस रुकने पर पूरा समूह ही एक साथ दृश्यावलोकन, चाय, नाश्ता, लंच इत्यादि किया करता था। पूर्व परिचित लोग बार-बार मिल जाया करते थे और प्रत्येक स्थान पर ही बहुत से परिचित चेहरे दिख जाया करते थे। पूरे दिन साथ-साथ रहने के कारण बहुत से लोग, विशेषकर बच्चे, एक प्रकार के लगाव का अनुभव करने लगते थे और दुबारा किसी स्थान पर अनायास मिल जाने पर हर्ष से उनके चेहरे खिल उठते थे। संध्या को अलग होते समय ऐसा लगा करता था जैसे बरसों के पड़ोसी किसी अन्य कॉलोनी में रहने के लिए जा रहे हों। कश्मीर में शायद ही ऐसा कोई स्थान होता था जहां भारत के सभी प्रांतों के पुरुष, स्त्रियां व बच्चे एक गंगा-जमुनी भीड़ की तरह प्रवाहमान नहीं दिखाई देते थे। कहना कठिन है कि अमन चैन के वे दिन अब दुबारा कब लौटेंगे? आजकल पर्यटन स्थलों पर पर्यटन बसों का प्रचलन प्रायः बंद हो गया है और सैलानी अपने-अपने निजी वाहनों में भ्रमण करते हुए देखे जाते हैं, किन्तु भ्रमण में अब वैसा आनंद नहीं आता है। प्रायः सभी स्थानों की स्वच्छता भी इससे प्रभावित हुई है। आज से तीस साल पहले रोहतांग दर्रे व गुलमर्ग में जिस सौंदर्य का साक्षात्कार हो जाता था, वैसा सौंदर्य अब केलोंग व लद्दाख तक भी दुर्लभ होता जा रहा है। यह बहुत दुर्भाग्यपूर्ण है कि कश्मीर में कानून व व्यवस्था की स्थितियां आज भी संतोषजनक नहीं हैं और पर्यटक आज भी वहां जाने का साहस नहीं जुटा पाते हैं।

गेस्टहाउस के अपने कमरे में पहुंचकर सबसे पहले इस दम्पती ने चाय के लिए आदेश दिया था। बैरा तुरंत भाप निकलती हुई चाय की केतली लेकर उनके समक्ष उपस्थित हो गया था। नित्यकर्म से निवृत्त होकर दोनों ने हल्के-हल्के गर्म पानी से स्नान किया था और वस्त्र बदले थे। यद्यपि उन पर दिन-भर की यात्रा की थकान अपना प्रभाव दिखा रही थी, फिर भी जिज्ञासा का भाव बहुत प्रबल था। कमरे का ताला लगाकर दोनों डल झील की ओर लपके थे। डल झील की सतह पर उन दिनों रोजाना ही एक दीवाली जैसा दृश्य होता था। झील में बहुत से हाउसबोट तैर रहे थे जिनकी रोशनी का प्रतिबिम्ब पानी के भीतर प्रवाहमान दिखाई देता था। लोग रात को नौ-दस बजे तक झील

के किनारे ही बैठे रहना पसंद करते थे जब तक कि ठंड बहुत अधिक नहीं बढ़ जाती थी। किनारे पर बैठे हुए लोग मोम के दीए जलाकर पानी में छोड़ देते थे। अंधेरे के कारण झील का पानी नहीं दिखाई देता था; केवल ये दीए, चांद और तारे टिमटिमाते हुए दिखाई देते थे। शाम की हल्की-हल्की ठंड में एक तरोताजगी होती थी जिसमें डूबे हुए युवा जोड़ों के उत्साह और बच्चों की चहल-पहल के कारण मौसम और भी खुशगवार हो उठता था। ठंड बढ़ जाने के बाद सभी अपने-अपने कमरों में लौट जाते थे। पहले दिन प्राय: प्रत्येक परिवार ही सांझ के झुटपुटे के समय पहुंचता था और डल झील से परिचित होने के लिए इस परिवार के पास इसी प्रकार का संक्षिप्त समय हुआ करता था। अगला दिन सचिन और पल्लवी ने डल झील और मालरोड को देखने के लिए नियत किया था। डल झील का पानी उन दिनों हरे रंग का दिखाई देता था, जिसमें दिन-भर छोटी-छोटी नौकाओं से लेकर बड़े-बड़े हाउसबोट तक तैरते रहते थे। डल झील के एक कोने पर बना हुआ एक हरा-भरा द्वीप-सा दूर-दूर से देखा जा सकता था जिसमें चार चिनार उगे हुए थे। इस द्वीप पर चहलकदमी करते हुए सचिन के मन में गजल की कुछ पक्तियां उभर रही थीं–

न ओस पड़ी दूब पर न बादल कोई आया।
इन चार चिनारों में कोई बैठ न पाया।

कुछ पर्यटक हाउसबोट किराए पर लेकर दिन-रात डल झील में ही पड़े रहना पसंद करते थे। शेष पर्यटक कुछ समय के लिए हाउसबोट किराए पर लेकर झील में तैरने का आनंद लेते थे। सचिन और पल्लवी ने भी कश्मीरी परिधान पहनकर दिन-भर नौकाविहार का आनंद लिया था और इसी परिधान में पोलरॉइड कैमरे से तस्वीरें भी खिंचवाई थीं। जैसे ही कोई दम्पती नौकाविहार प्रारम्भ करता था, फोटोग्राफर स्वत: ही चलकर इस युगल के पास पहुंच जाया करते थे और कश्मीरी परिधान की व्यवस्था भी ये ही कर दिया करते थे। जो पर्यटक साधारण कैमरों से तस्वीरें खिंचवाते थे, उनकी तस्वीरें ये तस्वीरनवीस उसी दिन शाम को अथवा अगले दिन शाम को तैयार करके उनके होटल के कमरों में पहुंचा दिया करते थे। पोलरॉइड कैमरों से खींची गई तस्वीरें तुरंत मिल जाया करती थीं, किन्तु इनको गुणवत्ता में उतना अच्छा नहीं माना जाता था। सचिन और पल्लवी ने दोनों ही प्रकार की तस्वीरें कश्मीरी परिधान पहनकर खिंचवाई थीं। (इस प्रकार का परिधान उन्होंने शालीमार गार्डन में भी पहना था जहां रात्रि को 'प्रकाश और ध्वनि', का कार्यक्रम आयोजित किया जाता था)। डल झील के अतिरिक्त भी श्रीनगर में बहुत से दर्शनीय स्थल हुआ करते थे। एक प्रकार से आप श्रीनगर को शिमला से भी बड़ा शहर कह सकते थे क्योंकि

शिमला जहां पहाड़ियों के ऊपर ऊंचा–नीचा बसा हुआ है, वही श्रीनगर की अधिकांश इमारतें एक ही धरातल पर स्थित हैं। इस प्रकार श्रीनगर को भारत का सबसे बड़ा पर्वतीय नगर भी कहा जा सकता है।

डल झील पर नौकायन करने के पश्चात् सचिन और पल्लवी दोनों मालरोड पर घूमते हुए श्रीनगर के अंतःस्थलों तक पहुंचे थे। इन स्थानों पर हाथकरघा उद्योग की बहुत–सी इकाइयां रेश्मी व ऊनी वस्त्र बनाने का काम करती थीं। यहां के कुटीर उद्योगों द्वारा निर्मित रेशमी व ऊनी वस्त्र सारे भारत में प्रसिद्ध थे। इन वस्त्रों में शाल, दुशाले, ओवरकोट, स्वेटर इत्यादि विशेष लोकप्रिय थे। जो भी पर्यटक कश्मीर जाता था वहां से ऊनी, रेशमी वस्त्र प्रायः खरीदकर लाता था। रेशमी वस्त्र बनाने के लिए कीड़े पाले जाते थे और कुछ परिवार मुगलकाल से ही इस व्यवसाय में लगे हुए थे। ऊनी व रेशमी वस्त्रों के अतिरिक्त मालरोड पर लगनेवाला लकड़ी व सूखे मेवों का बाजार भी बहुत लोकप्रिय था। पल्लवी अपने घर के सभी सदस्यों के प्रति अपनी निष्ठा का प्रदर्शन करना चाहती थी, इसलिए वह सभी के लिए कुछ–न–कुछ ले रही थी। सचिन के घर की संस्कृति में इस प्रकार की औपचारिकता का कोई महत्त्व नहीं था। वह सामान को हल्का–फुल्का रखना चाहता था और अनावश्यक वस्तुएं खरीदने से बच रहा था। फिर भी पल्लवी ने इस पर्यटन के स्मृति चिन्हों के रूप में बहुत कुछ खरीद लिया था। यद्यपि उस समय दोनों को ही यह पता नहीं था कि वे दुबारा कश्मीर बहुत लम्बे समय तक नहीं आ सकेंगे। बीसवीं सदी का अंतिम दशक आते–आते कश्मीर पर्यटकों के लिए असुरक्षित होने लगा था। दिन–भर मालरोड पर घूमकर सचिन व पल्लवी संध्या को वापस पर्यटन स्वागत–केंद्र में पहुंचे थे जहां पर पर्यटक बसों का आरक्षण कार्यालय था। उन्होंने आगामी कुछ दिनों के लिए भ्रमण आयोजित करने वाले कार्यक्रमों का आरक्षण करवाया था। दोनों इसी पर्यटन स्वागत केंद्र के एक कक्ष में रुके हुए थे। सुबह आठ बजे टूर के लिए आरक्षित बसें स्वागत–केंद्र से ही प्रस्थान करती थीं और संध्या को वापस यहीं पर लाकर छोड़ देती थीं। सामान्यतः भ्रमण के लिए पांच–छह टूर हुआ करते थे जिनमें प्रमुख थे–श्रीनगर (स्थानीय) तथा मुगल गार्डन्स, पहलगाम, गुलमर्ग, सोनमर्ग, वरनाग तथा अमरनाथ गुफा इत्यादि। पहले तीन टूर श्रीनगर में ही रहकर किए जा सकते थे और इसके बाद सोनमर्ग, चश्मेशाही, वरनाग, अमरनाथ, हेमिस गुम्पा इत्यादि देखने के लिए पर्यटकों को अन्यत्र रहने के लिए जाना पड़ता था।

मुगल गार्डन्स गिनती में छह थे जो उन दिनों सुंदरता में एक–दूसरे से बढ़–चढ़कर थे। ये सभी उद्यान अपने प्राकृतिक सौंदर्य में अद्‌भुत थे और भारत

का कोई भी अन्य पर्यटन-स्थल इनकी समानता नहीं कर सकता था। इनको देखकर यह बात अच्छी तरह समझ में आ जाती थी कि कश्मीर को भारत का स्वर्ग क्यों कहा जाता है। फिर भी कश्मीर में सबसे अधिक रमणीक स्थान पहलगाम ही है। प्राय: दर्शकों को पहलगाम आकर यह विचार पकड़ता है कि उन्हें रुकने के लिए श्रीनगर के स्थान पर पहलगाम को चुनना चाहिए था। पहलगाम की लिद्दर नदी संभवत: संसार की सुंदरतम बर्फानी नदियों में से एक कही जा सकती है। यह ताजा बर्फ के पिघलने से बनती है और तेज प्रवाह के कारण ऐसा लगता है जैसेकि यह स्वच्छ दूध की नदी है। मुझे लगता है कि शीरीं और फरहाद की कहानी में जिस नदी को जू-ए-शीर कहा गया है, शायद लिद्दर ही वह नदी रही हो। ऐसा मानना तर्कसंगत है। शीरीं का अर्थ होता है माधुरी और फरहाद का अर्थ होता है हर्ष। इसी प्रकार शीर व खीर दोनों की व्युत्पत्ति क्षीर शब्द से हुई है जिसका अर्थ होता है दूध। हिंदू पुराणों में जहां क्षीरसागर का वर्णन मिलता है वहीं यहूदी परम्परा में दूध की नदी का वर्णन मिलता है जिसे जू-ए-शीर कहा जाता है। क्षीरसारगर और जू-ए-शीर दोनों को ही स्वर्ग में अवस्थित माना जाता है। यह केवल संयोग-मात्र नहीं है कि कुरान व बाइबल दोनों में ही कश्मीर को स्वर्ग कहा गया है। इस प्रकार जू-ए-शीर का अर्थ कश्मीर की कोई बर्फानी नदी ही हो सकता है। हो सकता है कि फरहाद से ऐसी ही किसी हिमालय की नदी को अरब के रेगिस्तान की दिशा में मोड़ने की इल्तिजा की गई हो। यह पूरी-की-पूरी कहानी प्रतीकात्मक हो सकती है जैसेकि भागीरथ का स्वर्ग से गंगा को उतारना एक प्रतीकात्मक कहानी है। वस्तुस्थिति चाहे जो भी हो लिद्दर को देखकर क्षीरसागर व जू-ए-शीर की स्मृति आना कतई स्वाभाविक प्रतीत होता है।

पहलगाम में रहने के लिए उन दिनों हरे रंग के छोटे-छोटे कॉटेज बने हुए थे जिनके चारों ओर नर्म-नर्म दूब के मैदान बनाए गए थे और इन मैदानों के बीच में से लिद्दर नदी के पानी से बने हुए नाले बहा करते थे। इस दूब के नवजात कालीन पर बैठकर दूधिया पानी के नालों में पैर डुबोकर चाय या कॉफी के बड़े प्यालों में से चुस्कियां लेना एक बहुत सुखद अनुभव हो सकता था। यह दूब इतनी कोमल और ताजा हुआ करती थी कि ऐसा लगता था जैसे मखमल का कोई हरा कालीन बिछा हुआ हो। लिद्दर का पानी अत्यंत स्वच्छ, पारदर्शी और हिमशीतल हुआ करता था। दूब के इस मैदान पर आकाश में तैरते हुए बादलों के नीचे बैठने पर मन अनायास एक ऐसे युग की स्मृति में लौट जाता था जब नायिका झरने के पानी में पांव लटकाए हुए अपनी वेणी गूंथ रही होती थी और दूर से उसे एक सफेद घोड़े पर सवार नायक द्रुतगति से आता हुआ

दिखाई देता था। नायिका के हाथ में एक दर्पण होता था जिससे वह घोड़े के पीछे शिकार करके लाए हुए शेर या चीते को देखकर उसे भूनने के बारे में मानस बनाया करती थी। प्रकृति के इस सान्निध्य में प्रत्येक पुरुष जैसे एक आदिमानव हो जाता था और प्रत्येक स्त्री लिद्दर में निष्णात डायना हो जाती थी जिसके सौंदर्य को देखने के बाद आंखें नारी-सुंदरता के प्रति अंधी हो जाती थीं। पहलगाम में देवदार के पेड़ों के घने वृत्ताकार झुण्ड थे जिनके बीच में से छनकर आती हुई सूरज की किरणें घास के मैदान पर पड़ती थीं; इस घास पर लेटकर देवदार के पेड़ों के बीच में से झांकते हुए सूरज को देखना बहुत सुखद लगता था। इस स्थान से थोड़ी दूर दायीं ओर चलने पर पर्यटन-विभाग का एक गेस्टहाउस बना हुआ था जिसमें बाहर की ओर दाएं हाथ को एक सिरे पर एक कमरा बना हुआ था जिसे बॉबी-रूम कहा जाता था। इस कक्ष में बॉबी के इस गाने की शूटिंग हुई थी—हम तुम एक कमरे में बंद हों और चाबी खो जाए। पर्यटन गाइड उन दिनों इस कमरे को भी बहुत शौक से दिखाया करते थे। पहलगाम में नैसर्गिक सौंदर्य के साथ-साथ एक विचित्र प्रकार की आध्यात्मिक शांति का भी अनुभव होता है जिसे केवल विश्राम की मनःस्थिति में ही आत्मसात किया जा सकता है। पहलगाम का शाब्दिक अर्थ होता है 'चरवाहे का गांव' और बाइबिल में प्रभु ईसा मसीह को एक 'अच्छा चरवाहा' कहा गया है। ऐसा मानने के ऐतिहासिक प्रमाण हैं कि प्रभु ईसा मसीह और हजरत मूसा दोनों ही पहलगाम में रह चुके हैं। मूसा ने यहूदियों की बारह जनजातियों को मिस्र के राजा की दासता से मुक्त करवाया था, इस प्रसंग को बाइबिल में 'विजडम ऑफ सर्पेन्ट' कहा जाता है। मिस्र से इजराइल वापस लौटते समय इनमें से एक जनजाति रास्ता भटककर कश्मीर पहुंच गई थी और सुरक्षा कारणों से यहीं पर आकर बस गई थी। हजरत मूसा स्वयं इस जनजाति को ढूंढ़ते हुए कश्मीर पहुंचे थे और कुछ लोगों का मानना है कि कश्मीर में मूसा के नाम से एक पत्थर और एक कब्र भी पाई जाती है। यहूदी लोग कब्र को पूरब-पश्चिम दिशा में खोदते हैं जबकि मुसलमान इसे उत्तर-दक्षिण दिशा में खोदते हैं। कश्मीर में पाई जाने वाली कब्रों से पता लगता है कि कश्मीरी लोग मूलतः यहूदी थे। कुछ लोग यह भी मानते हैं कि क्रूस पर ईसा मसीह की मृत्यु नहीं हुई थी और वे अपने पुनरुत्थान के बाद कश्मीर आ गए थे और लगभग अस्सी वर्ष असफ यूसा के नाम से यहां रहे थे। उनकी मृत्यु एक सौ तीन वर्ष की अवस्था में कश्मीर में हुई थी, ऐसी मान्यता है और कश्मीर में उनकी कब्र भी पाई जाती है। इस बात में एक बहुत बड़ा सत्यांश प्रतीत होता है कि 'पहलगाम' और 'ईशमुकाम' दोनों स्थानों के नाम ईसा मसीह के कारण ही इस

238 जीवन स्थगित है

रूप में प्रचलित हुए हैं। यह भी एक सर्वविदित तथ्य है कि संत जॉन व संत टॉमस दोनों ने दक्षिण भारत में ईसाईयत का प्रचार किया था।

गुलमर्ग, तंगमर्ग और खिल्लनमर्ग बहुत ऊंचाई पर स्थित हैं और देवदार के घने व ऊंचे वृक्षों के कारण प्रसिद्ध हैं। यहां देवदार के पेड़ों के घने झुरमुट पाए जाते हैं जिनके प्रति कलाप्रेमियों के आकर्षण का उनके द्वारा बनाए गए चित्रों के माध्यम से पता लगता है। गुलमर्ग तक पहुंचने के लिए तंगमर्ग से ऊपर पहाड़ी टट्टुओं की सवारी करना आवश्यक होता है। इन टट्टुओं को खच्चर भी कहा जाता है और ये साधारण घोड़ों से भिन्न होते हैं। सर्दियों में तंगमर्ग से ऊपर वाले सारे जंगल पर बर्फ जम जाती है और कोई भी यहां तक नहीं आ सकता है। गर्मियों में भी यहां ऊपर चढ़ते-चढ़ते नालों में बहते हुए पानी को जमते हुए देखा जा सकता है। खच्चरों पर बैठकर घने जंगलों को पीछे छोड़ते हुए पर्यटक एक विशाल खुले मैदान पर आकर रुक जाते हैं जिसे पठार कहा जा सकता है। यहां से सूर्यास्त का दृश्य बहुत मनोरम दिखाई देता है। प्राय: पर्यटक यहां घुड़सवारी, ठंडे पानी के नालों और सूर्यास्त का आनंद लेने के लिए ही आते हैं। गर्मियों के कुछ महीनों को छोड़कर यहां सदैव बर्फ ही जमी रहती है।

प्राकृतिक सौंदर्य के अतिरिक्त हनीमून के इस अनुभव में सचिन के लिए अविस्मरणीय कुछ भी नहीं था। पल्लवी यद्यपि गायत्री की शिक्षा के अनुसार दाम्पत्य सम्बंध बनाने से स्वयं को नहीं रोक पाई थी, किन्तु जैसे-जैसे वह सचिन को समझती जा रही थी उसके चेहरे पर उदासी की पर्त और गहरी होती जा रही थी। इस पूरे प्रवास में सचिन को यह लगता रहा था कि पल्लवी के चेहरे पर सहजता व संतोष का अभाव था। पल्लवी के चेहरे पर अपराधबोध, हताशा व असुरक्षा के भाव प्राय: दिखाई देने लगते थे और सचिन इन भावों को समझने में स्वयं को असमर्थ पाया करता था। कुछ था जिसके कारण पल्लवी उद्विग्न थी और सचिन को उसकी असहजता रह-रहकर हैरान करती थी। सचिन का व्यक्तित्व पल्लवी की तुलना में शिक्षा-दीक्षा, बुद्धिमत्ता, वाकपटुता, सौंदर्यबोध, सुदर्शनीयता इत्यादि सभी दृष्टिकोणों से अधिक उत्कृष्ट था, किन्तु पल्लवी की आंखों में इस कारण से उभरने वाला प्रशंसा-भाव प्राय: क्षणिक होता था और उसका स्थान अविलम्ब एक उदासी की मनोदशा ले लेती थी। कहीं-ना-कहीं पल्लवी को प्रारम्भ से ही यह आभास हो गया था कि इस विवाह का निष्कर्ष अनिवार्यत: विग्रह ही होना था।

पल्लवी जिस महाविद्यालय में नियुक्त थी वह एक सद्योन्मीलित महिला महाविद्यालय था जिसका भविष्य अनिश्चित था। पिछले सत्र में भी पल्लवी को मार्च के अंत में ही सेवामुक्त कर दिया गया था और विवाह के समय वह

सेवारत नहीं थी। यह भी एक संयोग ही था कि उसे अगले सत्र में भी इसी महाविद्यालय में नियुक्ति मिल गई थी। पल्लवी की सारी शिक्षा-दीक्षा हरियाणा में हुई थी और वह एक साधारण शैक्षणिक पृष्ठभूमि वाली छात्रा थी इसलिए उसका चयन राजस्थान लोक सेवा आयोग अथवा किसी स्तरीय महाविद्यालय में बिना किसी सिफारिश के होने की संभावना न के बराबर थी। फिर भी पल्लवी व उसके घरवाले उसे आवश्यकता से अधिक समझते थे। वह न तो खाना बनाना पसंद करती थी और न ही उसे घर की साज-सज्जा करना रुचिकर था। दाम्पत्य के पहले दिन से आखिरी दिन तक सचिन को नौकरानी के हाथ का बनाया हुआ खाना ही खाना पड़ा था। कई नौकरानियां बहुत फूहड़ भी होती थीं; मासिक स्राव के दिनों में उनका रक्त रसोईघर के फर्श पर भी फैल जाता था; फिर भी पल्लवी ऐसी नौकरानियों को हटाने के पक्ष में नहीं होती थी। नौकरानियां घर की सफाई भी सलीके से नहीं करती थीं; सचिन को स्वयं ही सप्ताह में कम-से-कम दो बार घर को व्यवस्थित करना पड़ता था। पल्लवी में एक गृहणी होने के कोई भी गुण नहीं थे, वह घर को एक कामकाजी महिला-आवास से अधिक कुछ नहीं समझती थी। सचिन की नियुक्ति विवाह से पूर्व एक बड़े नगर में थी जहां वह अविवाहित होते हुए भी अधिक सलीके से रह रहा था। सचिन के उपेन्द्रनगर को छोड़ने के समय वहां का द्रुतगति से विकास हो रहा था और नई-नई आवासीय योजनाएं निर्मित की जा रही थीं। नगर विकास न्यास द्वारा उन दिनों उचित मूल्यों पर भूखण्डों का पंजीकरण हो रहा था। इस विवाह के कारण सचिन का उपेन्द्रनगर भी छूट गया था जिसके कारण उसे बहुत आर्थिक हानि हुई थी। यदि सचिन अपने विवाह के समय उपेन्द्रनगर में कोई भूखण्ड ही खरीद लेता तो कालांतर में उसका विक्रय मूल्य तीन-चार सौ गुणा हो गया होता। कीर्तिजी के विवाह सम्बंधी गलत निर्णय के कारण सचिन को अनूपशहर आना पड़ा था जोकि उपेन्द्रनगर से बहुत दूरी पर था। इस कारण उसे बिना भूखण्ड खरीदे ही उपेन्द्रनगर को छोड़ना पड़ा था। आर्थिक दृष्टि से भी विवाह के इस निर्णय के कारण सचिन को हानि अधिक हुई थी। अनूपशहर तुलनात्मक रूप से एक बहुत छोटा और नीरस कस्बा था, फिर भी सचिन को अपना स्थानांतरण अनूपशहर करवाना पड़ा था। इस स्थानांतरण के कारण सचिन मित्रों की तुलना में आर्थिक दृष्टि से बहुत पिछड़ गया था और मित्रों को इससे दुःख भी बहुत हुआ था। पता नहीं क्या सोचकर कीर्तिजी ने इस सम्बंध को चुना था? दीप्ति की भूमिका भी इस संदर्भ में बहुत अनुत्तरदायित्वपूर्ण रही थी, पल्लवी के व्यक्तित्व में प्रशंसा योग्य कुछ भी नहीं था।

जीवन स्थगित है

कॉलेज खुलने के कोई बीस दिन के भीतर ही सचिन ने अपना स्थानांतरण उपेन्द्रनगर से अनूपशहर करवा लिया था। अनूपशहर राजस्थान का एक वणिक-संस्कृति प्रधान छोटा-सा कस्बा था जहां शिक्षकवर्ग का कोई वर्चस्व नहीं था। वहां के सामाजिक जीवन पर शिक्षकवर्ग का प्रभाव न के बराबर ही था और शिक्षकों की गिनती वहां के सार्वजनिक जीवन में महत्त्वपूर्ण व्यक्तियों में नहीं होती थी। शिक्षित होने के कारण उन्हें आदरणीय तो समझा जाता था किन्तु समाज की आंतरिक संरचना का अनिवार्य अंग नहीं समझा जाता था, बीस-तीस साल एक स्थान पर बिता लेने पर भी उन्हें बाहर का व्यक्ति माना जाता था। यहां के व्यवसायी अशिक्षित होते हए भी संपन्न थे; उनकी बड़ी-बड़ी हवेलियां थीं और शिक्षकवर्ग को वे निरीह मध्यमवर्गीय लोगों में गिनते थे। राजकीय महाविद्यालय में लगभग सात सौ विद्यार्थी थे जिनमें तकरीबन पांच सौ वाणिज्य संकाय में थे, डेढ़ सौ कला संकाय में थे और केवल पचास ही विज्ञान संकाय में थे। सचिन के विद्यार्थियों की संख्या कोई पच्चीस-तीस ही थी और साठ हजार आबादी वाले इस कस्बे में इतने से विद्यार्थियों के शिक्षक को प्रायः एक अपरिचित व्यक्ति ही माना जाता था। ये विद्यार्थी भी शिक्षा के प्रति उदासीन दृष्टिकोण लिए हुए ही थे क्योंकि अभियांत्रिकी में प्रवेश प्राप्त करने में असफल होने के बाद उपाधि प्राप्त करना इनके लिए मात्र एक औपचारिकता रह गई थी। विज्ञान भी केवल ये इसलिए पढ़ रहे थे क्योंकि केवल असफल विद्यार्थी ही विज्ञानवर्ग को छोड़कर कला अथवा वाणिज्य में प्रवेश लेते थे।

उपेन्द्रनगर में सचिन एक दस सदस्यीय स्नातकोत्तर विभाग का सर्वाधिक प्रतिष्ठित शिक्षक था और उसका भी एक विशेष क्षेत्र था जबकि यहां वह एक पूर्णतया उपेक्षित जीवन जीने को बाध्य था। उपेन्द्रनगर में कॉलेज शिक्षकों की संख्या ही लगभग तीन सौ थी, जिनमें से दस-बीस को छोड़कर सभी के अपने मकान बने हुए थे और ये लोग अपने-आप में ही एक बहुत बड़ा समाज थे। आए दिन ही वहां पर विवाह, पदोन्नति, शैक्षणिक सफलता, सेवानिवृत्ति आदि के उपलक्ष्य में आयोजन होते रहते थे और प्रत्येक शिक्षक ही स्वयं को सम्पृक्त अनुभव किया करता था। महाविद्यालय की भी अपनी एक विशिष्ट संस्कृति थी और एक वैचारिक परम्परा थी जो व्यक्ति को कुछ करने के लिए आंदोलित करती थी। इतने वरिष्ठ लोगों के साथ स्टाफरूम में बैठकर विचार-विमर्श करना प्रत्येक शिक्षक के व्यक्तित्व-विकास में सहयोगी बनता था। किन्तु अनूपशहर के एक छोटे-से महाविद्यालय के शिक्षक का जीवन स्वभावतया ही अपेक्षाकृत नीरस था। एक दृष्टिकोण से देखा जाए तो एक बड़े महाविद्यालय का वैचारिक वातावरण विश्वविद्यालय के परिवेश की तुलना में भी अधिक उत्कृष्ट हो सकता है। जहां विश्वविद्यालय में अंतर्संकाय विचार-विमर्श बहुत

कम होता है, वहीं एक बड़े महाविद्यालय में विभिन्न संकायों के शिक्षक प्रतिदिन एक स्थान पर ही बैठकर विचारों का आदान-प्रदान करते हैं। यदि किसी महाविद्यालय में दस प्राध्यापक भी वास्तव में प्रतिभासम्पन्न हों तो ऐसा महाविद्यालय एक मार्क्स, एक सार्त्र अथवा एक नीत्शे जैसे मौलिक चिंतक को जन्म दे सकता है। किसी प्राध्यापक-कक्ष में तीन विभिन्न संकायों के प्राध्यापकों का प्रतिभासम्पन्न होना भी बहुत बड़ी घटना होती है।

एक संयोग अवश्य सुखद था कि विवाहित जीवन के प्रारम्भिक दिनों में पल्लवी और सचिन को महिला महाविद्यालय के परिसर में ही एक फ्लैट मिला हुआ था और उनके प्रारम्भिक दो महीने सुविधाजनक तरीके से कट गए थे। अनूपशहर जैसे कस्बे को देखते हुए यह फ्लैट आधुनिक और विश्रामदायक था, यहां तक कि इसमें स्टैण्डिंग किचन, रनिंग वॉटर और कमोड की व्यवस्था भी थी। अन्यत्र ऐसे मकान भी दुर्लभ थे जिनमें आधुनिक रसोईघर और स्नानघर बने हों। सचिन प्राय: पल्लवी के महिला महाविद्यालय चले जाने के पश्चात् घर से प्रस्थान करता था और उसके वापस लौटने से पहले ही वह घर पहुंच जाया करता था। यद्यपि इस आवास से सचिन का महाविद्यालय कोई पांच-छह किलोमीटर दूर था, किन्तु सचिन स्कूटर से आता-जाता था इसलिए आने-जाने में उसे बहुत कम समय लगता था। बाजार व सब्जीमंडी भी रास्ते में ही पड़ते थे इसलिए सचिन को प्राय: एक ही बार घर से बाहर निकलने की आवश्यकता पड़ती थी। सचिन उन दिनों बिल्कुल युवा था और जब वह पैन्टशर्ट, कोट, टाई, ओवरकोट इत्यादि पहनकर घर से बाहर घूमने निकलता था तो बूढ़े-बुजुर्ग लोग चौंककर खड़े हो जाते थे और उसको बाहर से आया हुआ कोई उच्च अधिकारी समझते थे। कुछ लोग उसकी तुलना अंग्रेज रीजेन्ट से भी करते थे। इस परिसर में रहने वाली अन्य सभी शिक्षिकाएं अकेली और अविवाहिता थीं, दो महीने बीतते-बीतते व्यवस्थापकों ने पल्लवी से कॉलेज परिसर से बाहर कोई आवास ढूंढ़ लेने के लिए आग्रह करना प्रारम्भ कर दिया था। अनूपशहर एक छोटा-सा कस्बा था; सरकार ऐसे स्थानों पर कॉलेज तो खोल देती है किन्तु यहां पर नियुक्त शिक्षकों को बहुत-सी अप्रिय स्थितियों से गुजरना पड़ता है। सरकार आज तक अपने राजपत्रित अधिकारियों तक के लिए फ्लैट अथवा सामूहिक आवास उपलब्ध करवाने की स्थिति में नहीं आ पाई है। छोटे कस्बों में प्राध्यापकों और प्राथमिक विद्यालय के शिक्षकों में भी कोई अंतर नहीं समझा जाता है, सभी को मास्टरजी कहा जाता है और उनके जीवन स्तर को भी एक जैसा ही अंकित किया जाता है। यही कारण है कि अच्छा वेतन मिलने पर भी छोटे कस्बों में सरकारी अधिकारियों का निर्वाह कष्टरहित नहीं होता है और

सभी सिफारिश वाले अधिकारी छोटे कस्बों से बचना चाहते हैं। ऐसे कस्बों में सुविधायुक्त मकान अंगुलियों पर गिने जा सकते हैं और वे भी उन्हीं को मिलते हैं जिनके पास स्थानीय लोगों की गारण्टी होती है। इस तरह के स्थानों पर प्रायः मकान रिक्त पड़े रहते हैं और गृहपति साधारण मकानों को भी किराए पर देना अपनी प्रतिष्ठा के विरुद्ध समझते हैं। व्यवसायी वर्ग प्रायः किराए की कोई परवाह नहीं करता है और मकानों को खाली रखना पसंद करता है। एक राजकीय अधिकारी के लिए यह स्थितियां बहुत विडम्बनापूर्ण होती हैं और कभी-कभी उसके पद व गरिमा के अनुकूल भी नहीं होतीं। एक आयकर अधिकारी को जिसे करोड़ों रुपयों का आयकर निर्धारित करना पड़ता है अथवा एक अतिरिक्त जिला न्यायाधीश को जिसे मृत्युदण्ड तक देने का अधिकार होता है, किराए के मकानों के लिए लोगों से अनुनय-विनय करते हुए देखा जा सकता है। इन स्थितियों को गरिमापूर्ण नहीं कहा जा सकता है।

यूं तो पल्लवी के पिता वकील ही थे किन्तु कस्बे के लोग उनको बड़ा आदमी समझते थे। स्थानीय लोगों से उनका अच्छा परिचय था और इस परिचय के कारण वे सप्ताह में एक दिन अनूपशहर की अदालत में भी आया करते थे। मकान के मामले में सभी थाने-कचहरी से बचना चाहते हैं इसलिए उनके जितने भी परिचित थे मकान की बात चलते ही हाथ जोड़कर दूर खड़े हो जाया करते थे। बहुत प्रयत्न करने पर भी वकील साहब को कोई मकान नहीं मिला। अंत में उन्होंने यह काम अपने एक सम्बंधी को सौंप दिया और स्वयं बीच से हट गए। यह व्यक्ति सार्वजनिक निर्माण विभाग में एक सहायक इंजीनियर था और इसे अपनी जुबान का पक्का समझा जाता था। यह स्वयं भी पिछले पंद्रह साल से एक ही हवेली में रह रहा था और वहां के समूचे व्यवसायी वर्ग का ही उससे काम पड़ता था। अंत में इन इंजीनियर साहब के आश्वस्त करने पर सचिन व पल्लवी को एक रहने लायक मकान मिल गया था जो एक ऐसी गली में स्थित था जिसमें कम-से-कम एक-एक फुट गहरी रेत जमी हुई थी तथा मकान के पिछवाड़े वाली गली का भी यही हाल था। यह मकान एक दुमंजिली बड़ी हवेली के रूप में था जिसकी निचली मंजिल पुराने ढंग से बनी हुई थी और ऊपर वाली मंजिल कामचलाऊ स्तर की आधुनिक थी। नीचे की मंजिल में बरसों से एक नाई परिवार रह रहा था जिसमें कम-से-कम दस सदस्य थे। इस परिवार का दायित्व मकान की रखवाली करना था। ऊपर वाली मंजिल में बाथरूम व फ्लश अच्छे बने हुए थे; रनिंग वॉटर की भी सुविधा थी; कमरे बहुत सुंदर थे, किन्तु स्टैंडिंग किचन नहीं था। खाना नीचे फर्श पर बैठकर ही बनाना पड़ता था। ऊपर की मंजिल में एक जैसे दो हिस्से बने हुए थे। एक

हिस्से में एक बैंक अधिकारी सपरिवार रहते थे और दूसरा हिस्सा सचिन को रहने के लिए मिला था।

दोनों ने लगभग छह महीने का समय इस मकान में अच्छी तरह व्यतीत किया था। यही वह समय था जब चांदनी रातें और जाड़ों की धूप सबसे अधिक अपनी लगती हैं और स्यात् इस दम्पती को भी लगती थीं। यह भी मिथ्या नहीं है कि अवकाश वाले दिन कभी-कभी पल्लवी अच्छा-से-अच्छा खाना बनाना चाहती थी और दोनों की ऐसे भोजन में रुचि भी होती थी। यह बात भी मिथ्या नहीं है कि पल्लवी बहुत से कपड़े इकट्ठे कर लिया करती थी और छुट्टी के दिन सर्दियों की दुपहरी में उन्हें बैठकर धोया करती थी। बहुत सारे कपड़े अलगनी पर सूखते हुए देखना उसे अच्छा लगता था। दोनों को ही सुंदर से सुंदर कपड़े पहनना पसंद था और दोनों ही अपनी वेशभूषा के प्रति उस वयस में जागरूक भी थे। यह भी सच है कि पल्लवी ने इन दिनों सचिन से यह कहना शुरू कर दिया था कि वह सचिन को उसके छोटे रूप में देखना चाहती थी। यह भी सच है कि सचिन अपने महाविद्यालय से पहले घर आ जाया करता था और शाम को तब तक छत पर टहलता रहता था जब तक पल्लवी उसे पिछली गली में से आती हुई दिखने लगती थी। यह भी सच है कि कुछ देर होने पर वह स्वयं ही पल्लवी को लेने के लिए उसके कॉलेज पहुंच जाया करता था और उसे वह प्राचार्या के घर में किसी मीटिंग में सम्मिलित पाता था। कॉलेज समाप्त हो जाने के बाद प्राय: नित्य ही प्राचार्या मैडम के घर पर सभी संकाय सदस्याएं मिलजुलकर विचार-विमर्श करने के लिए बैठती थीं और वहां पर चाय और कॉफी के दौर भी चलते थे। यह भी सच है कि प्राचार्या सचिन को बहुत पसंद करती थीं और उसे इस प्रकार पायजामे और हाउसकोट में देखकर उसे बहुत प्रसन्नता होती थी। यह सब कुछ सच था, किन्तु इससे बड़ा सच कुछ और भी था। सचिन के लिए विवाह उसके विरुद्ध किए गए एक षड़यंत्र की तरह आया था। विवाह के बाद सचिन को एक गहरी उदासी, अकेलेपन और असुरक्षाबोध ने घेर लिया था। विवाह से पहले वह प्राय: ही कविताएं लिखा करता था, उसके एक अच्छे कवि बनने की सम्भावना थी किन्तु इस विवाह के पश्चात् उसके भीतर की नि:शेष कविता मर चुकी थी। विवाह के पहले वह कुछ गुनगुना भी लिया करता था, किन्तु अब सब कुछ स्तब्ध होकर रह गया था। वह अवाक् होकर जीवन की एक सर्वथा अप्रत्याशित भावभंगिमा को देख रहा था। यह वह समय था जब सचिन किंकर्तव्यविमूढ़ था और भविष्य में उसे केवल एक गहन अंधकार व्याप्त दिखाई देता था। वह अतीत की प्रत्येक उस दुरभिसंधि से भिज्ञ नहीं था जिससे होकर

भविष्य ने यह विद्रूप ग्रहण किया था। उसके लिए अतीत व भविष्य दोनों में एक धुंध थी और वर्तमान में उसके हिस्से में केवल इतनी-सी धूप थी कि वह कठिनाईपूर्वक जी सकता था। उसकी श्वास मानो उखड़ना चाहती थी, किन्तु वह जीवन के प्रति कृतसंकल्प था और जीने के लिए दीर्घतम श्वास-प्रश्वास अपने फेफड़ों में भर रहा था। उसकी दशा एक ऐसे तैराक जैसी थी जो अकस्मात एक बाढ़ग्रस्त नदी के साथ बह गया था, किन्तु जिसे किनारे तक वापस पहुंचना अभी असम्भव नहीं लग रहा था; बाढ़ का आना जिसके लिए आकस्मिक तो था किन्तु उसकी जीवन में इतनी आस्था थी कि यह अभी दुर्निवार्य प्रतीत नहीं होता था।

अस्तु, उनके नवदाम्पत्य की पहली शीतऋतु इस आवास में व्यतीत हुई थी और इस ऋतु को अप्रिय भी नहीं कहा जा सकता था किन्तु इसके बाद यहां की परिस्थितियां भी बदलती चली गई थीं। जैसाकि पूर्व में कहा जा चुका है, एक छोटे कस्बे के लोग, विशेषकर व्यापारिक वर्ग के लोग, प्राध्यापकों को भी प्राथमिक शालाओं के शिक्षकों की तरह निरीह समझते हैं और इसका कारण उनका अज्ञान होता है; श्रद्धा का उद्गम ज्ञान से होता है और अवमानना का कारण सदैव अज्ञान होता है। कस्बे के इन लोगों के लिए पुलिस विभाग का एक सिपाही अथा बिक्रीकर विभाग का एक दफ्तरी कहीं अधिक बड़े अधिकारी होते हैं। इनकी श्रद्धा इनके भय पर ही आश्रित होती है। इस आवास का उत्तरदायित्त्व मकान-मालिक के एक सम्बंधी के पास था। इस सम्बंधी के तीन बच्चे थे जो दूसरी-तीसरी कक्षा में पढ़ा करते थे। उसने यह इच्छा प्रकट की थी कि सचिन अथवा पल्लवी इन बच्चों को सप्ताह में दो बार—शनिवार की शाम और रविवार की सुबह अपने घर पर बुला लें और पांच-छह घण्टे बिठाकर इनका सारा होमवर्क पूरा करवा दें। यह व्यक्ति ऐसे किराएदारों के होते हुए ट्यूशन के पैसे बचा लेना अपना कर्तव्य समझता था क्योंकि मकान का किराया मिलने पर भी ऐसे व्यक्ति आभार को चुकता नहीं समझते हैं। ऐसे लोग यह भी भूल जाते हैं कि इन्होंने नीचे के तल पर बरसों से एक नाई परिवार को इसलिए मुफ्त रखा हुआ है ताकि मकान खुला रह सके। कस्बे के लोगों में यह एक सामान्य प्रवृत्ति होती है कि मकान का दुगुना-तिगुना किराया लेकर भी ये किराएदार से इस बात की अपेक्षा रखते हैं कि वह प्रत्येक सार्वजनिक मुद्दों पर उनकी बात मानेगा, उनके लिए किराएदार की स्वतंत्रता का कोई भी महत्त्व नहीं होता है भले ही वह कितना ही बड़ा विद्वान अथवा अधिकारी व्यक्ति हो। इनकी मानसिकता इस प्रकार की होती है मानो कि इन्होंने किराएदार की स्वतंत्रता को भी खरीद लिया है। अस्तु, इन बच्चों को पढ़ाने में दिक्कत यह थी कि सचिन

और पल्लवी प्रत्येक सप्ताहांत को माणिक्यपुर अथवा सज्जनपुर जाया करते थे जहां पर उनके पैतृक आवास थे। इसलिए बच्चों को शनिवार व रविवार को पढ़ाना सम्भव ही नहीं था। बाकी दिन बच्चे स्कूल जाते थे और स्कूल के बाद पढ़ना नहीं चाहते थे। बहुत समझाने पर भी इस व्यक्ति के अहंकार को इससे ठेस लगी थी और इसके अगले ही महीने इसने मकान बदलने के लिए कह दिया था। इसके लिए उसे एक भतीजे के विवाह का आयोजन करना पड़ा था। कस्बे के लोग इस तरह के बहाने इसलिए बनाते हैं ताकि मध्यस्थ लोगों को संतुष्ट किया जा सके। यह व्यक्ति बहुत विनम्रतापूर्वक अपनी विवशता को प्रकट कर रहा था और वकील साहब तथा इंजीनियर महोदय से क्षमा मांगने को भी तैयार था। शेखावाटी का वणिकवर्ग इतना ही व्यवहारकुशल और दम्भी होता है। इस वर्ग की नम्रता में भी एक अहंकार होता है और अहंकार में भी एक सज्जनता होती है।

तीसरा मकान महिला महाविद्यालय के पास ही था और पल्लवी ने पहले ही इस मकान के पक्ष में निर्णय ले रखा था। वैसे तो इस मकान में भी सारी सुविधाएं थीं, किन्तु छत पर जाने के लिए सीढ़ियां नहीं थीं। शेखावाटी में छत पर गुजरने वाली गर्मी की रातें जहां खरबूजे के पणे जैसी ठण्डी होती हैं वहीं पर छत पर गुजरने वाली सर्दी की दुपहरियां भी सुसवा रोटी जैसी आकरी होती हैं। इस क्षेत्र में एक कहावत है–रात तो तारां ही छाई सा, बात तो ठुकुर सुहाई सा। इसका अभिप्राय है कि रात तो वही होती है जो गर्मियों में तारों से आच्छादित आकाश के नीचे गुजरती है और बात भी वही होती है जो भगवान ठाकुरजी को सुहाती है। शेखावाटी में कोई भी व्यक्ति कूलर अथवा एअर कंडीशनर के नीचे सोना पसंद नहीं करता था। यहां पर मई-जून में भी लोग छत पर सोते थे और रात के दो बजते-बजते इतनी ठंड हो जाया करती थी कि छोटे बच्चे नींद में ही सीढ़ियों से उतरकर नीचे के कमरों में बिस्तरों पर औंधे मुंह लेटकर सो जाया करते थे और बड़े-बुजुर्ग खेस अथवा चद्दर ओढ़कर काम चलाया करते थे। मच्छर उन दिनों बिल्कुल भी नहीं हुआ करते थे और छत पर गुजरने वाली रातें शहद जैसी मीठी हुआ करती थीं। रात को नौ-दस बजते ही लोग पानी की सुराहियां लेकर छत पर पहुंच जाते थे; छत पर ही बैठकर खाना खाते थे और छत पर पलंग या गद्दे बिछाकर सो जाते थे। सुबह उठकर यहां पर जो ताजगी महसूस होती थी वह अन्यत्र कहीं भी महसूस नहीं हो सकती है। इस क्षेत्र में छत पर जाने के लिए सीढ़ियों का न होना एक बहुत बड़ा अभाव था किन्तु यह मकान महिला महाविद्यालय के ठीक पीछे था और रिक्त कालांशों का यहां आकर सदुपयोग किया जा सकता था। पल्लवी को यह मकान पसंद था क्योंकि मध्यवर्ती कालांशों

जीवन स्थगित है

में पल्लवी की सहेलियां भी यहां आकर विश्राम कर सकती थीं। पल्लवी छत पर न जा सकने को कोई महत्त्व नहीं दे रही थी। एक तरह से उसका तर्क भी ठीक था कि सर्दियों की दुपहरियां प्राय: कॉलेज में ही व्यतीत होती हैं और मई-जून में ग्रीष्मावकाश में उन्हें यहां रहना नहीं है।

अस्तु, मई का पहला सप्ताह आते-आते मकान तपने लगा था और दोनों का ही मन अनूपशहर से उचटने लगा था। प्राचार्या की हार्दिक इच्छा यह थी कि उन्हें भी एक कूलर खरीदकर उसी की तरह ग्रीष्मावकाश अनूपशहर में ही बिताना चाहिए था। इधर-उधर भटकने से क्या लाभ था? प्रभुकृपा से ये दोनों दम्पति अभी प्राध्यापक ही थे और ग्रीष्मावकाश इन्होंने हिमाचल प्रदेश में बिताने का निर्णय ले लिया था। कॉलेज में प्राचार्य और प्राध्यापक का अंतर या तो दीवाली की छुट्टियों में समझ में आता है अथवा ग्रीष्मावकाश होने पर समझ में आता है अथवा कक्षा में पढ़ाते समय समझ में आता है अन्यथा सभी मजे करते हुए दिखाई देते हैं। दोनों ने यह तय किया था कि वे दस दिन माणिक्यपुर में, दस दिन सज्जनपुर में व्यतीत करेंगे और शेष समय हिमाचल प्रदेश में गुजारेंगे, इससे उन्हें घरवालों के ताने भी नहीं सुनने पड़ेंगे। इसी 8 मई को दीप्ति का विवाह भी एक डॉक्टर से हो गया था और यह दम्पती उनसे पहले ही कश्मीर व हिमाचल प्रदेश के भ्रमण पर जा चुके थे। सचिन व पल्लवी अभी सज्जनपुर और माणिक्यपुर का अपना समय पूरा कर रहे थे, जबकि दीप्ति व शचीन्द्रजी घूमकर वापस लौट आए थे। शचीन्द्रजी ने कश्मीर में सबसे अधिक सुंदर पहलगाम को तथा हिमाचल में मनाली को माना था। उन्होंने सचिन को मनाली के एक होटल का कार्ड भी दिया था जहां वे मात्र तीस रुपए प्रतिदिन किराए पर रहकर आए थे। होटल नया बना हुआ और शानदार था, देखने में वह एक निजी आवास जैसा लगता था और उसके चारों ओर पहाड़ी झरनों का ठण्डा पानी बहता था। शचीन्द्रजी होटल वाले को उनके लिए एक कमरा खाली रखने के लिए भी कहकर आए थे। दीप्ति और शचीन्द्रजी दोनों का आग्रह था कि सचिन व पल्लवी को तुरंत मनाली पहुंच जाना चाहिए। ये लोग श्रीनगर, पहलगाम, गुलमर्ग, शिमला व धर्मशाला के बाद आखिर में मनाली पहुंचे थे, किन्तु हिमाचल में सर्वाधिक प्रिय उन्हें मनाली ही लगा था। वैसे उन्होंने कश्मीर की भी भरपूर प्रशंसा की थी और हिन्दुस्तान में तीन स्थान सबसे अधिक सुंदर माने थे—कश्मीर, केदारनाथ तथा गोवा। यद्यपि कुछ संदर्भों में शचीन्द्रजी सचिन से बहुत भिन्न थे; वे इतने संवेदनहीन थे कि हनीमून पर भी अपने साथ चार मित्रों के परिवारों को लेकर गए थे, फिर भी पर्यटन के मामले में उनकी राय सचिन से मिलती-जुलती थी। सुनने में आ रहा था कि परीक्षा

परिणामों के संदर्भ में भी उनकी तुलना केवल सचिन से ही की जा सकती थी, किन्तु फिर भी कुछ अनुभवों के प्रति उनके दृष्टिकोण में सूक्ष्मता का स्पष्ट अभाव दिखाई देता था।

जिस समय सचिन और पल्लवी मनाली पहुंचे थे, संध्या के कोई तीन बज रहे थे। व्यास नदी के किनारे बसा हुआ मनाली उन दिनों एक बहुत छोटा-सा पर्यटन-स्थल था। आजकल गंगोत्री के मार्ग में पड़ने वाला हरसिल जितना बड़ा हिल स्टेशन है, उन दिनों मनाली भी लगभग इतना ही हुआ करता था। व्यास नदी यहां पर प्रायः डेढ़ सौ डिग्री के कोण पर मुड़ती थी, यह बड़ी रेखा के अनुदिश बहती हुई आती थी और छोटी रेखा पर मुड़ जाती थी। इस छोटी रेखा पर पर्यटन विभाग ने एक लकड़ी का होटल बना रखा था जिसके नीचे से यह बहती हुई नदी निकल जाया करती थी। पर्यटन विभाग के लकड़ी के बने हुए इस होटल व्यास के अतिरिक्त सभी होटल निजी थे और घरों जैसे ही प्रतीत होते थे। इन होटलों में से अधिकांश पथरीली भूमि पर बने हुए थे और इन तक पहुंचने के लिए सड़क से आठ-दस सीढ़ियां ऊपर चढ़ना पड़ता था। नदी के सामने और पीछे केवल पहाड़ियां ही पहाड़ियां थीं और खाने के लिए उन दिनों केवल तीन-चार रेस्तरां ही बने हुए थे। प्रत्येक रेस्तरां में उचित मूल्य पर पंजाबी शैली का स्वादिष्ट भोजन मिलता था। मनाली उन दिनों एक शांत व छोटा-सा हिल स्टेशन था जो कि रोहतांग दर्रे के कारण प्रसिद्ध था। शचीन्द्रजी का बताया हुआ होटल ढूंढ़ने मे सचिन को कोई दिक्कत नहीं हुई थी। होटल व्यास की ओर पीठ करके खड़ा होने पर दायें हाथ की ओर बस-स्टैण्ड को पार करके चलते जाने पर होटल पैरामाउन्ट से आगे यह होटल था जिसे एक घर भी कहा जा सकता था। होटल तक पहुंचने के लिए एक पहाड़ी ढाल के ऊपर लगभग दस सीढ़ियां चढ़नी पड़ती थीं। यद्यपि यह मई की शुरुआत थी और सीजन अभी चल रहा था, फिर भी उन्हें होटल में एक कमरा खाली मिल गया था। होटल वाले ने इसका किराया पहले चालीस रुपए बताया था, किन्तु बाद में डॉक्टर साहब का हवाला देने पर वह तीस रुपए लेने के लिए राजी हो गया था। इस कमरे के फर्श, दीवारों, फ्लश, वासबेसिन इत्यादि सभी का रंग समुद्र जैसा हरा था और फर्श पर एक कीमती कालीन बिछा हुआ था। कमरे के बीचों-बीच एक सुंदर डबल बेड था, सीलिंग पर तथा चारों ओर की दीवारों पर रंगबिरंगे झाड़फानूस, बत्तियां और बल्ब लगे हुए थे। स्नानघर कीमती था और इसमें बहुत कीमती स्टील के नलों का प्रयोग किया गया था। तीस रुपए प्रतिदिन में ऐसे कमरे को वाकई एक अभूतपूर्व खोज कहा जा सकता था, क्योंकि इसी दौरे में सचिन व पल्लवी ने शिमला में एक कमरे का किराया डेढ़

सौ रुपए प्रतिदिन और धर्मशाला में अस्सी रुपए प्रतिदिन दिया था। सस्ता होने का कारण यह था कि यह होटल नया-नया ही खुला था। शचीन्द्रजी अपने मित्रों के साथ क्रमशः श्रीनगर, पहलगाव, गुलमर्ग, शिमला व धर्मशाला होते हुए आखिर में मनाली पहुंचे थे। लम्बे समय तक यात्रा पर रहने के कारण सभी मित्रों की पाचनशक्ति जबाव दे चुकी थी, किन्तु यहां आकर उन्हें विश्राम मिला था। शचीन्द्र जी डॉक्टर होने के साथ-साथ एक व्यवहारकुशल व्यक्ति भी हैं, उन्होंने आते ही इस होटल के व्यवस्थापक से मित्रता कर ली थी और व्यवस्थापक ने उन्हें स्वयं की व्यक्तिगत रसोई में बनवाकर गर्म-गर्म फुल्के, मूंग की दाल, चावल और कढ़ी इत्यादि खिलाए थे। सारी टीम यहां पर एक लम्बे समय तक टिककर गई थी और इसीलिए उन्हें मनाली बहुत पसंद आया था।

अधिकांश पर्यटक शिमला व डलहौजी को मनाली से अधिक सुंदर मानते थे, किन्तु सचिन व शचीन्द्रजी दोनों को ही उन दिनों रोहतांग दर्रा अधिक सुंदर लगा था। सचिन और पल्लवी ने यात्रा का प्रारम्भ मनाली से ही किया था इसलिए उन्होंने व्यवस्थापक को घरेलू खाना बनाने से मना कर दिया था। वे खाना बाहर ही खाना चाहते थे जहां कि शाही-पनीर, मटर-गोभी, बैंगन का भर्ता, एगकरी और स्टफ टॉमेटो इत्यादि उनके पसंदीदा व्यंजन थे। यहां पर मई के महीने में भी अच्छी-खासी ठंड थी और चाय के प्यालों से उठने वाली भाप साफ-साफ हवा में जमती हुई देखी जा सकती थी । चाय पीने के बाद दोनों को शौचादि से निवृत्त होना था। सचिन व पल्लवी को आश्चर्य का सामना तब करना पड़ा था जब उन्होंने नहाने के लिए स्नानघर के नल खोले थे। यद्यपि बायीं तरफ के नलों पर लाल निशान लगा हुआ था और दायीं तरफ के नलों पर काला निशान लगा हुआ था, किन्तु दोनों की नलों से ठण्डा पानी आ रहा था। यह पानी हिमशीतल था और स्नान के समय उन्हें बहुत संकल्प से काम लेना पड़ा था, विशेषकर इस पानी को सिर पर डालना एक चुनौती जैसा था। किन्तु स्नान के बाद एक अभूतपूर्व स्फूर्ति का अनुभव हुआ था और यात्रा की सारी थकान जाती रही थी।

उन दिनों मनाली एक छोटा-सा मनोरम पर्वतीय स्थल था जो हिमशीतल हवाओं के झोंको में नैसर्गिक सौंदर्य के झूले में ऊंघता हुआ-सा प्रतीत होता था। रेस्तरां केवल चार थे जिनमें तीन ही आधुनिक कहे जा सकते थे। होटल से निकलकर दोनों बस स्टैंड पर पहुंचे थे और वहां से दायीं ओर मुड़कर नदी के साथ-साथ आगे की ओर बढ़े थे। थोड़ा-सा आगे चलने पर कुछ दुकानें थीं जिन पर पहनने के लिए भारी-भरकम ऊनी कपड़े और घुटनों तक के जूते किराए पर मिलते थे। एक दुकान पर खंजर, छुरी, कटार, खुखरी इत्यादि एक

महिला बेच रही थी। उस समय इन दुकानों की गिनती कोई चार-पांच ही थी, जबकि अब यहां पर एक बहुत बड़ा बाजार बन गया है। दुकानों पर टोपियां, मफलर, जर्सियां, लेदरकोट, ओवरकोट, जुराबें, जूते इत्यादि मिलते थे जो बर्फ पर चलते समय पहने जाते थे और जिन्हें सैलानी साथ लेकर नहीं आ सकते थे। इन दुकानों के सामने सुबह-सुबह ही घोड़ेवाले आकर खड़े हो जाया करते थे और पर्यटक आवश्यक सामान खरीदकर, हल्का-फुल्का नाश्ता करके, घोड़ों पर सवार होकर रोहतांग दर्रे की ओर रवाना हो जाया करते थे। उन दिनों कोई भी सड़क मनाली बस स्टैण्ड से ऊपर रोहतांग दर्रे की ओर नहीं जाती थी जबकि आज यह सड़क रोहतांग दर्रे को पार करके केलोंग होते हुए लेह तक जाती है। आज से पच्चीस-तीस साल पहले घोड़ेवाले तीसरे आइस-प्वाइंट तक पर्यटकों को ले जाते थे और फिर संध्या तक वापस मनाली बस स्टैण्ड लाकर छोड़ देते थे। रोहतांग दर्रे के आसपास भी गुलमर्ग जैसे मैदान और ठण्डे पानी के चश्मे हुआ करते थे। मई-जून के आते-आते पहले व दूसरे आइस-प्वाइंट से बर्फ लापता होने लगती थी, किन्तु तीसरे आइस-प्वाइंट पर पहुंचने पर पहाड़ के एक शिखर के ठीक नीचे बर्फ जमी हुई मिला करती थी। यहां का दृश्य बहुत मनोरम हुआ करता था, चारों ओर बर्फ से ढकी हुई हिमालयी चोटियां दिखाई दिया करती थीं तथा नीचे की ओर खुले हुए मैदान दूर-दूर तक खाली दिखाई दिया करते थे। गुलमर्ग की तरह यहां पर देवदार का घना जंगल नहीं हुआ करता था। उन दिनों यहां के प्राकृतिक सौंदर्य में एक स्वच्छता और अस्पर्शितता होती थी जो अब नहीं पाई जाती है। इस बर्फ पर लोग पैदल चलते थे, स्केटिंग करते थे अथवा कुत्तों द्वारा खींची जाने वाली स्लेज गाड़ियों पर बैठकर फिसलते थे। बर्फ पर फिसलना और एक-दूसरे पर बर्फ के गोले बना-बना कर फेंकना पर्यटकों के प्रिय खेल हुआ करते थे। आजकल असंख्य वाहन प्रतिदिन रोहतांग दर्रे को पार करते हुए केलोंग तक पहुंचते हैं, इसलिए न तो यह स्थान अब स्वच्छ, प्रदूषणरहित व नैसर्गिक सौंदर्ययुक्त रह गया है और न ही यहां गर्मियों में बर्फ जमती है। अब इस स्थान के मैलेपन व प्रदूषण को देखकर हार्दिक दु:ख होता है। अब एक पर्यटन-स्थल के रूप में केवल केलोंग बचा है और रोहतांग दर्रे के आसपास की लोकप्रिय रमणीकता समाप्त हो गई है। जो स्थान पहले एक कौमार्य-सौंदर्य से युक्त था वह अब एक परित्यक्ता विगत-यौवना नगरवधू जैसा अनाकर्षक लगता है। उन दिनों के घोड़ेवाले, ओवरकोट, गर्म टोपियां, जूते इत्यादि अतीत के स्मृति-चिह्न बनकर सड़क के किनारे बने हुए घरों में टंगे हुए पर्यटक वाहनों में से दिखाई देते हैं। मनुष्य की यांत्रिकता का कलुष मानो रोहतांग दर्रे के नैसर्गिक सौंदर्य को भी लील गया है।

अस्तु, सचिन और पल्लवी घूमते हुए व्यास नदी के किनारे तक पहुंच गए थे। नदी बहुत तेजी से ऊपर से नीचे की ओर बहती हुई आ रही थी और यह एक बहुत सुंदर दृश्य था। नदी के किनारे और प्रवाह के बीच में केवल बड़ी-बड़ी चट्टानें ही स्थिर होकर अवस्थित थीं जिन पर बैठकर पर्यटक घण्टों से नदी के प्रवाह का आनंद ले रहे थे। सचिन आगे बढ़कर एक बड़ी चट्टान पर बैठ गया था और उसने पल्लवी को थामने के लिए अपना दायां हाथ आगे बढ़ा दिया था। पल्लवी के चेहरे पर अविश्वास और आशंका स्पष्ट दिखाई दे रही थी और वह आगे आने से डर रही थी। सचिन को उसने दूसरी शादी करने का परामर्श तक दे दिया था और यह कहा था कि उसका कभी-कभी मिलने आना ही पल्लवी के लिए पर्याप्त था। सचिन को यह सुनकर तात्कालिक रूप से आश्चर्य हुआ था और उसने इतना ही पूछा था कि ऐसा क्यों करना चाहिए? होटल के नीचे पहुंचकर नदी का वेग बहुत उद्दाम हो जाता था और कोई भी पर्यटक चट्टानों पर चलते हुए वहां तक पहुंचने का साहस नहीं कर पाता था। यह नदी मानो जीवन का प्रवाह थी जिसके अनियंत्रित वेग से बाध्य होकर दोनों थोड़ी देर के लिए एक ही चट्टान पर सटकर बैठ गए थे और उड़ते हुए बादलों में अपने भविष्य की योजनाओं को देख रहे थे। उस दिन पल्लवी ने एक हल्के गुलाबी रंग का सलवार सूट पहन रखा था जोकि बादलों से मेल खा रहा था। अभी मानसून यहां तक नहीं पहुंचा था और बरसात भी नहीं हुई थी, किन्तु कभी-कभी हल्की-हल्की फुहारें पड़ जाया करती थीं और सांध्य-प्रभाकर की रश्मियों में तैरते हुए यह बादल भविष्य की आग्नेयता को लिए हुए प्रतीत होते थे। कुछ देर इसी प्रवाह में डूबकर वे सम्भल-सम्भलकर किनारे पर लौट आए थे और होटल के लिए चल पड़े थे। अगला दिन उन्होंने रोहतांग दर्रे की यात्रा को दिया था और वहां पर खींची गई कुछ तस्वीरें एक अविस्मरणीय सौंदर्य का स्मृति-चिह्न बन गई थीं।

व्यास नदी पर बना हुआ चामुण्डा देवी का मंदिर भी उन दिनों एक सुंदर पर्यटन स्थल था। यह मंदिर व्यास नदी के किनारे होने के कारण नैसर्गिक सौंदर्य से ओत-प्रोत था। मंदिर के सामने नदी की धारा में छोटी-छोटी चट्टानें अवस्थित थीं जिन पर बैठकर आकाश में उड़ते हुए बादलों को देखना एक सुखद अनुभव हो सकता था। मंदिर के सामने प्रवाहित जलधारा स्फटिक की तरह पारदर्शी, स्वच्छ और हिमशीतल थी जिसमें क्रीड़ा करने वाले किसी गंधर्वलोक के प्राणी प्रतीत होते थे। जैसाकि प्राय: मंदिरों के बारे में कहा जाता है—इस मंदिर के बारे में भी यह किंवदंती प्रचलित थी कि यहां पर मांगी गई प्रत्येक मनोकामना पूरी होती थी। पल्लवी ने भी कुछ मांगा था, किन्तु सचिन

के पूछने पर उसने यह नहीं बताया था कि उसकी मनोकामना क्या थी? सचिन ने जो मांगा था, वह स्वाभाविक होते हुए भी अपूर्ण ही रह गया था और सचिन इस बात का साक्षी था कि किंवदंतियां केवल किंवदंतियां ही हो सकती हैं। जिस दिन दोनों इस मंदिर में पहुंचे थे उस दिन सार्वजनिक अवकाश का दिन था और बहुत से स्थानीय निवासी यहां पर पिकनिक करने आए हुए थे। निस्संदेह इस स्थान को उन दिनों एक श्रेष्ठ पिकनिक स्पॉट माना जा सकता था।

सचिन और पल्लवी दोनों मनाली से मण्डी और बिलासपुर होते हुए शिमला के लिए प्रस्थान कर गए थे। उनकी बस जिस समय शिमला पहुंची थी, उस समय पौ फट रही थी और सभी दुकानें व रेस्तरां अभी बंद थे। उन दिनों अंतर्राज्यीय बस अड्डे से माल रोड तक लगातार सीढ़ियां बनी हुई नहीं थीं और बीच का बाजार भी इतना बड़ा नहीं था। इस बाजार की जगह पहाड़ियां थीं और इन बीच की पहाड़ियों पर बने हुए निचले होटल सस्ते व साधारण थे। कुली अपरिचित पर्यटकों को सबसे पहले इन निचले होटलों में फंसाने का प्रयास करते थे, किन्तु समझदार पर्यटक उनके झांसे में नहीं आते थे। अच्छे होटल केवल रिज व माल रोड पर ही स्थित थे और आज भी यही बात लागू होती है। माल रोड पर चढ़ने के लिए उन दिनों लिफ्ट भी अंतर्राज्यीय बस-अड्डे की ओर न होकर तिब्बत मार्केट की ओर स्थित थी। इसलिए कुली ने सामान उठाकर दोनों को अपने पीछे-पीछे आने के लिए कहा था। वह बहुत आड़े-तिरछे और ऊबड़-खाबड़ ढंग से ऊपर चढ़ते हुए आखिर रिज पर गांधीजी की मूर्ति के सामने पहुंच गया था। इस मूर्ति के पीछे उन दिनों लकड़ी मार्केट नहीं था बल्कि बहुत से होटल और ढाबे बने हुए थे। नीचे का तिब्बती बाजार व सब्जी मंडी यथावत स्थित थे। स्थानीय बस स्टैण्ड भी आज की तरह ही तिब्बती बाजार के नीचे बना हुआ था जहां से पर्यटक बसें आती-जाती थीं। रिज और रेलवे स्टेशन के बीच की माल रोड प्रायः ऐसी ही थी और टाउन हॉल इत्यादि इमारतें भी जस-की-तस बनी हुई थीं। पर्यटक स्वागत-केन्द्र भी इसी स्थान पर बना हुआ था और रेलवे स्टेशन से नीचे उतरकर अंतर्राज्यीय बस अड्डे तक जाने वाली सड़क भी इसी प्रकार विद्यमान थी। उन दिनों भीड़-भाड़ अवश्य कम हुआ करती थी।

सचिन को हिमाचल प्रदेश में सबसे अधिक सुंदर शिमला और इसके आसपास का क्षेत्र ही लगा था। रिज पर पहुंचकर दोनों ने थोड़ी देर विश्राम किया था और फिर होटल का अन्वेषण प्रारंभ कर दिया था। शीघ्र ही उन्हें होटल प्रिंस पसंद आ गया था जोकि वहां पर स्थित था जहां पर आज लकड़ी बाजार है। सबसे ऊपर वाली मंजिल को ग्राउंड फ्लोर कहा जाता था और इस

जीवन स्थगित है

पर रिसेप्शन बना हुआ था। सीढ़ियों से नीचे उतरने पर क्रमश: पहली, दूसरी और तीसरी मंजिल आती थी। दोनों को सबसे निचली मंजिल का एक कक्ष पसंद आया था। इस कक्ष के वातायन के शीशे से बर्फ से ढका हुआ हरे-भरे जंगल से आच्छादित एक नीला पहाड़ दिखाई देता था। यह दृश्य अनुपम था और इसका सौंदर्य हिमाचल में पाए जाने वाले किसी भी सुंदर स्थल से बढ़-चढ़कर था। कमरे में सोते-जागते, उठते-बैठते, घूमते-फिरते हुए इस हिमाच्छादित पहाड़ को देखना भरपूर मनोरंजन था। सीढ़ियों से नीचे उतरने के कारण यह कमरा घाटी में बना हुआ था और पहाड़ की चोटी सड़क से भी ऊंची थी। रात को पहाड़ियों के बीच में जलते हुए बल्ब ऐसे लगते थे जैसे आकाश के तारे हों जो ठिठुरकर एक जगह बैठ गए हों। पहाड़ियों के ऊपर तैरते हुए बादलों के टुकड़े कंधे पर पड़े हुए दुशाले जैसे दिखते थे। इस कमरे का किराया उन दिनों 150 रुपए प्रतिदिन था, किन्तु यह कमरा निश्चित ही रिज पर बने हुए सुंदरतम कमरों में से एक था। सचिन को शिमला अन्य पर्वतीय स्थलों की तुलना में कुछ विशिष्ट लगा था और इसके कुछ कारण थे। पहला कारण यह था कि शिमला अच्छा-खासा शहर था; यह बाकी पर्वतीय स्थलों की तरह ऊब पैदा करने वाला नहीं था और यहां पर जितने दिन चाहो रहा जा सकता था। मई-जून के महीनों में भी यहां का वातावरण अत्यंत मनोरम था; ठंड के साथ-साथ वातावरण में एक नमी भी थी जो धुंध के उड़ते हुए बादलों जैसी लगती थी। प्राय: धुंध के ये छोटे-छोटे टुकड़े पर्यटकों को छूते हुए गुजरते थे। तीसरा कारण यहां की वास्तुकला थी। ग्राउंड फ्लोर सबसे ऊपर होता था और बाकी मंजिलों पर रहने के लिए सीढ़ियों से नीचे उतरना पड़ता था। नीचे की मंजिलों से पर्वतीय परिवेश बहुत अद्भुत दिखाई दिया करता था। चौथा कारण यह था कि शिमला के आसपास ऐसे बहुत से दर्शनीय स्थल थे जिन्हें पर्यटक बसों के माध्यम से देखा जा सकता था। वस्तुत: तो शिमला की तुलना केवल डलहौजी से ही हो सकती थी। जिन पर्यटकों को हिमाचल में लम्बे समय तक रहना हो, उनके लिए सर्वाधिक उपयुक्त आज भी शिमला और डलहौजी ये दो ही शहर हैं।

सचिन और पल्लवी ने पांच भ्रमण यात्राओं का आरक्षण भी करवाया था। पर्यटक बसें प्रात: माल रोड के सूचना केन्द्र से प्रारंभ होती थीं और शाम को स्थानीय बस स्टैण्ड पर लाकर छोड़ देती थीं जहां से लिफ्ट द्वारा सब्जी मंडी पहुंचा जाता था। सब्जी मंडी से पैदल चलकर तिब्बतन मार्केट होते हुए पर्यटक वापस माल रोड पहुंचते थे। आसपास के दर्शनीय स्थानों में पांच घाटियां, फागू, कुफरी, चैल, नालडेहरा, नारकण्डा, कसौली इत्यादि विशेष उल्लेखनीय थे। इन स्थानों में कसौली को सबसे अधिक सुंदर माना जा सकता था। कसौली में वादी

का सौंदर्य अत्यंत मनोरम है। बस अड्डे से लेकर मंकी प्वाइंट तक का पैदल मार्ग हजारों सुंदर नैसर्गिक दृश्यों से ओतप्रोत है। यहां प्रतिदिन भ्रमण करने पर हिमाचल के सौंदर्य से गहन संस्पर्श व आत्मीयता संभव है। कसौली को सुंदरता में शिमला व डलहौजी से भी बढ़-चढ़कर माना जा सकता है, किन्तु यहां रहने के लिए उपयुक्त होटलों की कमी है। वस्तुत: तो कसौली भारत के सुंदरतम पर्यटन-स्थलों में से एक है जहां लम्बे समय तक रहना उपयुक्त हो सकता है।

शिमला से चलकर दोनों मेक्लोडगंज पहुंचे थे और यहां के पर्यटन-विभाग द्वारा संचालित होटल भागसू में रुके थे। मेक्लोडगंज को ऊपरी धर्मशाला भी कहा जाता है और यह स्थान बौद्ध मंदिर व दलाई लामा के कारण प्रसिद्ध है। दलाई लामा का अर्थ होता है प्रधान पुरोहित और यहां के सभी लामा गृहस्थ जीवन व्यतीत करते हैं । उन दिनों दलाई लामा भी यहीं थे और यहां आकर एक आध्यात्मिक शांति का अनुभव होता था। भ्रमण के लिए मेक्लोडगंज में अच्छी सड़कें बनी हुई थीं और यहां आकर कसौली व कौसानी की स्मृति पुनर्जागृत हो जाती थी। काठमाण्डू में बालाजू से तपोवन के बीच का क्षेत्र भी सुंदरता में इन्हीं स्थानों के समकक्ष कहा जा सकता है, यह क्षेत्र काठमाण्डू को चीन से जोड़ने वाले राजमार्ग पर अवस्थित है और इसे नागार्जुन हिल्स कहा जाता है।

सचिन और पल्लवी जैसे ही हिमाचल प्रदेश से वापस लौटे थे, उनके विवाह का पहला वर्ष समाप्यप्राय हो चुका था। यह वर्ष कुल मिलाकर सचिन के लिए एक गहरी विवशता और उदासी लेकर आया था। उसकी निराशा के कारण बिल्कुल ही स्पष्ट और गंभीर थे। पहला कारण पल्लवी का अन्य पुरुषों के प्रति मर्यादाहीन व्यवहार था जिसके कारण सचिन की सामाजिक प्रतिष्ठा को आघात पहुंचता था; किसी ने भी इतनी असौम्य स्त्री शायद ही दूसरी देखी थी। दूसरा कारण विवाहित नैतिकता के प्रति पल्लवी की दायित्वहीनता थी, वह प्रत्येक पुरुष को ही प्रेयसी-भाव से देखती थी और विवाह की संस्था का उसके लिए कोई अर्थ नहीं था। पल्लवी के लिए विवाह समाज द्वारा आरोपित एक दिखावा मात्र था, वह इसे कोई कमिटमेंट नहीं समझती थी। वह इस प्रकार की स्त्री थी जो मनचाहा आचरण करना अपना अधिकार समझती है और विवाहित होना इस आचरण के संदर्भ में असंगत होता है। तीसरा कारण मनीष को लेकर था। सप्ताहांत पर पल्लवी बिना सचिन की सहमति की परवाह करे माणिक्यपुर चल देती थी और सचिन को उसका साथ देना पड़ता था। वहां पर घर के सदस्यों द्वारा बार-बार सचिन की उपस्थिति में मनीष की समस्या को उठाया जाता था जो उसे अप्रिय लगता था। बार-बार सचिन को यह स्पष्ट करना पड़ता था कि इस विषय में वह कुछ भी सुनना नहीं चाहता था। अंत में सचिन ने

जीवन स्थगित है

सप्ताहांत पर माणिक्यपुर जाना बंद कर दिया था और पल्लवी अकेली ही माणिक्यपुर जाने लगी थी। इस सम्बंध में वह सचिन के विरोध की स्पष्ट अवहेलना करती थी। धीरे-धीरे सचिन के सभी परिजन यह आशंका व्यक्त करने लगे थे कि पल्लवी के माणिक्यपुर में किसी से प्रणय सम्बंध थे। कुछ लोग तो यह कहने से भी नहीं चूकते थे कि पल्लवी अपने तीनों ही भाइयों सुभाष, विमल व विक्रम की चहेती थी। सचिन और पल्लवी के बीच की दूरियां अब धीरे-धीरे बढ़ने लगी थीं। वे प्राय: अलग-अलग कमरों में सोते थे और उनके सामीप्य में महीनों-महीनों का व्यवधान पड़ने लगा था।

विवाह का डेढ़ वर्ष पूरा होते-होते गायत्री इस बात को समझ गई थी कि सचिन कदापि मनीष का दायित्व स्वयं पर नहीं लेगा; यह बात ही सचिन की कल्पना के बाहर थी। उन लोगों ने सचिन को सुदेश समझकर बहुत बड़ी भूल की थी। यदि वे सुदेश की बात मानकर पल्लवी के साथ उसका विवाह कर देते तो न पल्लवी की उन्मुक्तता में कोई बाधा पहुंचती और न ही सुदेश मनीष को कोई कष्ट होने देता। अब दोनों मां-बेटियां मिलकर अपनी यह भूल सुधारना चाहती थीं और इस बार युक्तिपूर्वक सुदेश से विवाह का प्रयास करना चाहती थीं ताकि अन्य परिजनों को इस सपिण्ड विवाह के लिए बाध्य कर सकें। उन्होंने इसके लिए एक त्रिसूत्रीय योजना बनाई थी। उनकी योजना यह थी कि सबसे पहले पल्लवी सुदेश से मिलकर एक शिशु को जन्म देगी, फिर वह हरियाणा में एक अच्छी नौकरी ढूंढ़ लेगी और फिर वे दोनों मिलकर सुदेश के घरवालों के सामने दुबारा इस विवाह का प्रस्ताव रखेंगे और उन्हें इस प्रस्ताव को मानने के लिए बाध्य कर देंगे। गायत्री का विचार था कि उसके पास इसके अतिरिक्त और कोई भी उपाय नहीं बचा था। सुदेश यद्यपि एक बस कंडक्टर ही था; वह वर्णहीन और विद्रूप भी था, किन्तु पल्लवी ने अपने जीवन में वास्तविक लगाव केवल सुदेश के प्रति ही अनुभव किया था, इसलिए इस योजना को क्रियान्वित करने में गायत्री के समक्ष कोई कठिनाई नहीं थी। पल्लवी इन दिनों सप्ताहांत पर अकेली ही माणिक्यपुर आ रही थी और शनिवार व रविवार की रात्रि वहीं व्यतीत करती थी। सुदेश पहले की तरह ही करनाल से बस लेकर आ रहा था और प्रति दो रात्रियों में से एक माणिक्यपुर में व्यतीत कर रहा था अर्थात् वह शनिवार और रविवार में से एक रात्रि को वहीं होता था। अब इन दोनों ने पहली मंजिल के एक ही कमरे में साथ-साथ सोना प्रारंभ कर दिया था और पल्लवी बहुत शीघ्र ही गर्भवती हो गई थी। यह सब पूर्व नियोजित था। पिछले मासिक स्राव के बाद जनवरी के पूरे एक महीने तक उसका सचिन के साथ कोई संसर्ग ही नहीं हुआ था, इसलिए पल्लवी इस बात के प्रति पूरी

तरह आश्वस्त थी कि उसके गर्भाधान का कारण सुदेश ही था। सचिन ने इस ओर ध्यान नहीं दिया था। एक-दो महीने और बीत गए थे और इसके बाद पल्लवी ने सचिन को भी बता दिया था कि दिसम्बर के बाद एक बार भी उसका मासिक स्राव नहीं हुआ है। पल्लवी इस बारे में एक डायरी भी रखती थी इसलिए उसे प्रारंभ से ही इस विषय में कोई संदेह नहीं हुआ था। किन्तु सचिन होने वाले शिशु को अपना ही आत्मज समझ रहा था क्योंकि उसका ध्यान किसी भी आशंका की ओर नहीं गया था। इस प्रकार पल्लवी और गायत्री ने अपनी योजना का पहला भाग सफलतापूर्वक क्रियान्वित कर लिया था।

योजना के दूसरे भाग का सम्बंध हरियाणा के किसी कॉलेज में नौकरी मिलने से था। राजस्थान में सब पल्लवी को सचिन की पत्नी और सुदेश की बहन के रूप में जानते थे। सुदेश की पत्नी के रूप में रहने के लिए पल्लवी को राजस्थान की नौकरी छोड़कर हरियाणा में नौकरी ढूंढ़ना आवश्यक था। वह अनूपशहर के महिला महाविद्यालय में दो वर्ष के परिवीक्षाकाल पर चल रही थी। अब उसने प्रबंधकों के साथ असहयोग करना प्रारंभ कर दिया था और उनके प्रति यह स्पष्ट कर दिया था कि वह इस सेवा के प्रति गंभीर नहीं थी। इसलिए प्रबंधकों ने दो वर्ष पूरे होते ही मई के प्रथम सप्ताह में उसके सेवाकाल का समापन कर दिया था। इस सेवा की समाप्ति के कारण पल्लवी ने अब माणिक्यपुर में ही रहना प्रारंभ कर दिया था। उसने सुदेश को साथ लेकर हरियाणा के विभिन्न स्थानों में चक्कर लगाना भी आरंभ कर दिया था। सभी पारिवारिक सम्बंधी और परिचित भी इस मुद्दे पर उसकी सहायता करने का भरसक प्रयास कर रहे थे। किन्तु पल्लवी को हरियाणा में कोई भी सम्मानजनक नौकरी मिलने में दिक्कत आ रही थी; छोटी-मोटी नौकरी से सुदेश संतुष्ट नहीं था। क्योंकि वह स्वयं की नौकरी छोड़कर पल्लवी की नौकरी पर ही निर्भर रहना चाहता था। उसे स्वयं की नौकरी पसंद नहीं थी और उसकी तरफ से विवाह करने का कारण पल्लवी का प्राध्यापक होना ही था। पल्लवी को हरियाणा में नौकरी मिलना संभव नहीं हो सकता था, इसके कुछ कारण थे। कॉलेज में प्राध्यापक बनने के लिए उन दिनों नेट (राष्ट्रीय योग्यता परीक्षा) में उत्तीर्ण होना आवश्यक था और पल्लवी दो बार प्रयास करके भी इसमें उत्तीर्ण नहीं हो पाई थी। नेट में छूट केवल उन अभ्यर्थियों को थी जिन्होंने पहले से ही पी.एच.डी कर रखी थी और पल्लवी तब तक पी-एच.डी नहीं थी। हरियाणा के स्कूल विभाग में भी उसे अच्छी नौकरी नहीं मिल सकती थी क्योंकि उसने बी.एड. भी नहीं कर रखा था। पल्लवी अपनी योजना के अनुसार अनूपशहर की नौकरी छूटते ही माणिक्यपुर रहने के लिए चली गई थी। माणिक्यपुर में रहकर वह अगले चार वर्ष तक नेट में उत्तीर्ण होने का प्रयास करती रही थी, किन्तु उसे सफलता नहीं मिली थी। अंत में

निराश होकर सुदेश ने अपनी ही नौकरी में मन लगाने का मानस बना लिया था और हरियाणा की एक साधारण पढ़ी-लिखी लड़की से विवाह भी कर लिया था। इस प्रकार गायत्री और पल्लवी की योजना का दूसरा और तीसरा भाग क्रियान्वित होने से रह गया था। सुदेश ने पल्लवी के बच्चे का पिता होते हुए भी नौकरी के अभाव में उससे विवाह करने से मना कर दिया था। इधर पल्लवी भी नौकरी को ही अधिक आवश्यक समझती थी, भले ही उसे राजस्थान में ही उपयुक्त नौकरी मिले।

विवाह के बाद लगभग दो वर्षों तक सचिन और पल्लवी साथ-साथ रहे थे और दो वर्षों के इस सतत साहचर्य ने सचिन को भी अस्तव्यस्त करके रख दिया था। पल्लवी का सारा व्यक्तित्व ही एक जालसाज और मक्कार युवती का व्यक्तित्व था। वह एक ऐसे परिवार से आई थी जो अपनी लड़कियों को कोई भी संस्कार देना आवश्यक नहीं समझता था। इस परिवार में नारी जीवन की सार्थकता शुद्ध पशुप्रवृत्ति को ही माना जाता था। यह परिवार इस देश की मुख्यधारा के प्रति सर्वथा अनास्थावान था और ये लोग प्रचलित सांस्कृतिक मूल्यों को केवल पाखण्ड समझते थे। विवाहित जीवन का प्रत्येक दिन सचिन के लिए भोजन के उस ग्रास जैसा था जिसे मुंह में लेने से पहले दो मरी हुई मक्खियों को निकालकर फेंकना पड़ता था अथवा उसके लिए विवाहित जीवन खीर की ऐसी कटोरी की तरह था जिसमें भूल से शक्कर के स्थान पर नमक घुल गया हो। सचिन ऐसे विवाह को एक अभिशाप की तरह समझता था जिसके कारण स्त्री-पुरुष एक ही छत के नीचे रहने के लिए बाध्य हों और एक दूसरे से घृणा करते हों। पल्लवी की वैवाहिक नैतिकता में कोई आस्था ही नहीं थी। उसके लिए विवाह कोई कमिटमेंट न होकर एक परिस्थितिजन्य सुविधा मात्र थी। वह प्रत्येक पुरुष में ही एक पति को देखती थी भले ही समाज उनमें से एक ही के साथ रहने की स्वीकृति देता हो। उसका विचार था कि ऐसे समाज को मूर्ख बनाने में दम्पति को एक-दूसरे का सहयोग करना चाहिए और खूब ऐश करनी चाहिए। पल्लवी की इस विचारधारा को उन्मुक्त यौन की धारणा भी कहा जा सकता था; वह समस्त नैतिकता को बुद्धिहीन लोगों की सामर्थ्यहीनता मात्र समझती थी। वह यह भी चाहती थी कि सचिन भी उसी की विचारधारा के अनुसंग आचरण करे। उनका आवास महिला महाविद्यालय के ठीक पीछे था और उसने बार-बार सचिन से भूल करवाने का प्रयास किया था। वह रिक्त कालांशों में अपनी सहकर्मिणियों को अपने घर ले आती थी, उन्हें सचिन के पास अकेले छोड़कर स्वयं क्लास लेने कॉलेज चली जाया करती थी। किन्तु सचिन की इस विषय में पल्लवी से घोर असहमति थी जिसे वह बार-बार उसके प्रति प्रकट भी कर चुका था। सचिन की दृष्टि में विवाह व

यौन मुक्ति परस्पर विरोधी धारणाएं थीं और इन दोनों का एक साथ सामंजस्य नहीं बैठ सकता था। सचिन ने बार-बार पल्लवी को यह समझाने का प्रयास किया था कि यौन मुक्ति को मान्यता देते ही दाम्पत्य ही सार्थकता समाप्त हो जाती है क्योंकि विवाह का आधार ही कमिटमेंट होता है। पल्लवी बचपन से ही अपनी पशुप्रवृत्तियों के साथ ही जीती आई थी और वह इन पशुप्रवृत्तियों से ऊपर उठने को तैयार नहीं थी। उसके पैतृक परिवार का परिवेश ही ऐसा था कि वह सचिन को भ्रांत समझती थी। यह दोनों के बीच में संघर्ष का पहला कारण था। इस दम्पति के बीच में संघर्ष का दूसरा कारण मनीष को लेकर था। इस सम्बंध में सचिन को पूरे परिवार का रवैया ही अनर्गल लगता था। ऐसा लगता था जैसे दोनों ओर की संतति-परम्परा ही घनचक्कर थी। ऐसे पागल अन्यत्र दुर्लभ ही हो सकते थे। मनीष के तीन भाई और चार बहनें थीं, इनके होते हुए भी गायत्री यह कल्पना कर सकी थी कि उसके बाद मनीष का दायित्व सचिन संभालेगा और उसका भंगीकर्म भी वही करेगा। सचिन प्रत्येक दृष्टिकोण से पल्लवी से अधिक योग्य था और इस परिणय-सूत्र के लिए न तो उसने अपने पिता को कभी क्षमा किया था और न ही दीप्ति को। स्वाभाविक है कि मनीष का नाम सुनना ही उसके लिए असह्य था और इस विषय में वह अपने सास-ससुर और पल्लवी के दृष्टिकोण को समाजविरोधी और अमानवीय समझता था। एक दृष्टि से यह परिवार बिल्कुल ही पागल था क्योंकि भारतीय संस्कृति में दामाद से इस तरह की प्रत्याशा रखने को अकल्पनीय ही कहा जाएगा और ऐसा कोई भी उदाहरण ढूंढ़ने पर भी नहीं मिलेगा। कुछ मनुष्य ऐसे भी होते हैं जिन्हें दूसरों का राई जितना पागलपन भी सरलता से दिख जाता है किन्तु स्वयं का पहाड़ जैसा पागलपन भी दृष्टिगोचर नहीं होता है।

सचिन का अगला सत्र प्रायः अकेले रहकर ही व्यतीत हुआ था। पल्लवी मई के महीने में सेवानिवृत्त होकर माणिक्यपुर रहने चली गई थी और वहीं पर उसने सिद्धार्थ को जन्म दिया था। दिसम्बर के शीतकालीन अवकाश में वह कुछ दिनों के लिए जलपूजन-संस्कार के उपलक्ष्य में सज्जनपुर गई थी और इसके कुछ समय बाद वह फरवरी माह में अनूपशहर भी आई थी। इस प्रकार पूरा सत्र व्यतीत हो गया था। जैसाकि स्वाभाविक था सिद्धार्थ के जन्म के बाद पल्लवी ने सचिन के साथ रहने में कोई रुचि नहीं ली थी। इसका पहला कारण यह था कि इस सारी अवधि में वह सुदेश को लेकर हरियाणा में नौकरी ढूंढ़ती रही थी और नेट की तैयारी भी करती रही थी। उसका उद्देश्य अब हरियाणा में नौकरी ढूंढ़कर सुदेश से विवाह करना हो गया था। इसके पीछे दूसरा कारण यह था कि सिद्धार्थ के जन्म के बाद गायत्री और पल्लवी दोनों उसकी सुरक्षा

को लेकर आशंकित हो गई थीं। वे दोनों इस बात को समझ रही थीं कि किसी भी समय सचिन अथवा उसका परिवार यह जान जाएगा कि सिद्धार्थ अवैध संतान है। जैसे ही सिद्धार्थ बड़ा होता, यह बात अवश्य पहचान में आ जाती क्योंकि सिद्धार्थ का सचिन से कुछ भी तालमेल दिखाई पड़ना असम्भव था। सचिन ने इस अकेलेपन का भी लाभ उठाया था। यद्यपि उसकी दृष्टि में राजस्थान प्रशासनिक सेवा का उतना महत्त्व नहीं था जितना कि भारतीय प्रशासनिक सेवा का था। किन्तु उसके पास मनीष की समस्या से छूटने का यही एक उपाय बचा था कि वह प्रांतीय प्रशासनिक सेवा में चला जाए। जैसाकि पूर्वत: उल्लेख आ चुका है कीर्तिजी ने अपने आपराधिक कृत्य द्वारा न केवल सचिन के इस प्रयास को विफल कर दिया था अपितु आयु-सीमा में छूट के नियम को भी निरस्त करवा दिया था जिससे उसके दो आगामी अवसर भी छिन गए थे। अपनी विक्षिप्तता में कीर्तिजी ने एक बार फिर सचिन का घोर अहित कर डाला था।

अगला सत्र प्रारंभ होते ही सचिन ने अपना स्थानांतरण वापस राजकीय महाविद्यालय उपेन्द्रनगर करवा लिया था। यह जुलाई 1986 की बात है और उस समय सिद्धार्थ कुछ ही महीने का था। पल्लवी की नियुक्ति की सम्भावना अनूपशहर में अब समाप्त हो चुकी थी, इसके अतिरिक्त मनीष वाली समस्या से पीछा छुड़ाने के लिए भी माणिक्यपुर से दूर रहना आवश्यक हो गया था। सचिन ने अपने प्रार्थनापत्र में चार स्थानों के नाम लिखे थे जिनमें से एक स्थान उसे दे दिया गया था। स्थानांतरण का आदेश प्राप्त होने पर पल्लवी ने न तो सचिन के सामान की पैकिंग में कोई सहायता की थी और न ही उसके साथ उपेन्द्रनगर जाने में कोई रुचि ली थी। जहां तक पल्लवी का प्रश्न था, उसके लिए यह व्यवहार करना आवश्यक हो गया था क्योंकि वह माणिक्यपुर में ही रहकर अपनी योजना के शेष भाग को क्रियान्वित करने में लगी हुई थी। किन्तु, जहां तक सचिन का प्रश्न है, उसे पल्लवी के इस समय के व्यवहार से बहुत आश्चर्य हुआ था। उसने अकारण सचिन से झगड़ा कर लिया था और वह धमकी देकर चल पड़ी थी कि अब यह घर कभी भी दुबारा नहीं बसेगा। वह एक अटैची में कपड़े भरकर और नौ महीने के सिद्धार्थ को अपनी गोद में उठाकर हमेशा के लिए जाने का कह रही थी और सचिन उसको विस्मित दृष्टि से देख रहा था। सचिन ने इसे उस समय पल्लवी का एक नाटक ही समझा था क्योंकि इसके पीछे छिपे हुए प्रयोजन का उसे कुछ भी पता नहीं था। क्योंकि सचिन पल्लवी और गायत्री की सारी योजना से उस समय अनभिज्ञ था इसलिए उसने पल्लवी को क्षमा कर दिया था और इतना नाटक करने पर भी वह उसे अपने साथ उपेन्द्रनगर ले जाने के लिए एक बार फिर माणिक्यपुर चला

गया था। वहां से तीनों एक साथ उपेन्द्रनगर आ गए थे और कुछ समय उपेन्द्रनगर में बिताकर आशीष के विवाह में उपस्थित होने के लिए सज्जनपुर चले गए थे। 10 अक्टूबर से लेकर 25 अक्टूबर तक दीवाली की छुट्टियां थीं और नवम्बर के दूसरे सप्ताह में आशीष का विवाह था, इसलिए पल्लवी विवाह होने तक सज्जनपुर में ही रुक गई थी। पल्लवी को अपनी योजना का शेष भाग पूरा करने के लिए विवाह के तुरंत बाद पुनः माणिक्यपुर पहुंचना था, इसलिए विवाह समाप्त होते ही उसने एक बार फिर सचिन के साथ झगड़ने का नाटक किया था और कहा था कि वह हमेशा के लिए सम्बंध-विच्छेद करके जा रही है।

यह नाटक उसने दूसरी बार किया था। वस्तुतः वह फिर माणिक्यपुर पहुंचकर नेट की तैयारी करना चाहती थी, हरियाणा में नौकरी ढूंढ़ना चाहती थी और इसके बाद सुदेश से विवाह करना चाहती थी। सचिन और उसके घरवाले इस बार भी उसके व्यवहार को समझने में असमर्थ रहे थे। यह सब होने के बाद भी पल्लवी ने सचिन को पत्र लिखना नहीं छोड़ा था। पहले उसने उपेन्द्रनगर चार पत्र लिखे थे और फिर वह अकस्मात् सिद्धार्थ को लेकर उपेन्द्रनगर आ गई थी। सचिन उसके व्यवहार से विक्षुब्ध था और इस बार उसने स्पष्टतः अपनी शर्तों को पल्लवी के सामने रख दिया था। सचिन ने कहा था कि पल्लवी को एक अंतिम निर्णय ले लेना चाहिए था। यदि उसे सचिन के साथ रहना था तो उसे सचिन की तीन बातें माननी पड़ेंगी, नहीं तो वह सचिन को हमेशा के लिए छोड़कर जाने के लिए स्वतंत्र थी। पहली बात यह कि मनीष के मुद्दे को निष्ठापूर्वक सदा के लिए त्यागना पड़ेगा, सचिन जीवनपर्यंत कभी भी मनीष के बारे में एक भी शब्द नहीं सुनेगा। दूसरी बात पल्लवी बार-बार माणिक्यपुर नहीं जाएगी और अगले छह महीने तक माणिक्यपुर न जाकर उसे अपनी विश्वसनीयता का प्रमाण देना पड़ेगा। तीसरी बात चरित्र के मामले में उसे निश्चित रूप से नैतिक होना पड़ेगा और इस सदंर्भ में कोई भी पाखण्ड काम नहीं देगा। सचिन ने पल्लवी को तीन दिन सोचने के लिए दिए थे, यदि वह इन तीनों शर्तों का वास्तव में ईमानदारीपूर्वक पालन करना चाहती थी तो ही वह सचिन के साथ रह सकती थी, नहीं तो उसे हमेशा के लिए इस संबंध को तोड़ना पड़ेगा। इन शर्तों में से किसी भी एक का पालन न करना सचिन के लिए असह्य होगा। विवाह के समय वर, वधू से एक ही वर मांगता है कि वधू को वर के चित्त और वर के वित्त के अनुसार आचरण करना पड़ेगा। बदले में वह वधू की सात बातें मानता है, यही हिन्दू विवाह का अर्थ है। पल्लवी ने हमेशा के लिए सम्बंध-विच्छेद करने का निर्णय लिया था और वह सचिन को बिना कुछ अपनी योजना के बारे में बताए छोड़कर चली गई

थी। यह तीसरी बार हुआ था। सारे ही परिवार का आचरण अत्यंत धूर्ततापूर्ण था। यह परिवार जानता था कि जैसे ही सिद्धार्थ थोड़ा-सा बड़ा होगा वह पहचान में आ जाएगा और पहचान में आते ही वह उत्तराधिकार से वंचित हो जाएगा। पल्लवी ने सिद्धार्थ के पहचान में आने से पहले ही उसे सचिन की आंखों से ओझल कर दिया था ताकि सचिन को एक लम्बे समय तक भ्रम में रखा जा सके। आशीष के विवाह पर आए हुए सभी सम्बंधियों ने भी सिद्धार्थ को सचिन का ही औरस पुत्र समझा था और यह कहा था कि सिद्धार्थ हूबहू अपने दादा पर गया था।

यद्यपि सचिन यह तो नहीं समझ पाया था कि सिद्धार्थ उसका आत्मज नहीं था, फिर भी इन परिस्थितियों में उसके लिए विवाह-विच्छेद की डिक्री प्राप्त करना आवश्यक हो गया था। कीर्तिजी ने सचिन को चारित्रिक आधार पर विवाह-विच्छेद प्राप्त करने से मना कर दिया था, इसलिए सचिन के पास एकमात्र आधार क्रूरता का बचा था। सचिन ने दो वर्ष और प्रतीक्षा करना उचित समझा था और इसके बाद क्रूरता व अभित्याग के आधार पर जिला न्यायालय, उपेन्द्रनगर में विवाह-विच्छेद के लिए आवेदन प्रस्तुत कर दिया था। कुछ समय और बीत गया था, सिद्धार्थ चार वर्ष का हो गया था और गायत्री व पल्लवी की योजना विफल हो गई थी। पल्लवी राष्ट्रीय योग्यता परीक्षा (नेट) को सारे प्रयासों के बाद भी उत्तीर्ण नहीं कर पाई थी और हरियाणा में नौकरी मिलने की संभावना उसके लिए समाप्त हो गई थी। नौकरी न मिलने के कारण सुदेश ने भी अन्यत्र विवाह कर लिया था। पूरजी स्वामी ने भी अब अपनी गलती मान ली थी कि विवाह-सम्बंध का मामला इतना सरल नहीं था और विवाह से पहले लड़के-लड़की का परिचित होना आवश्यक था। पल्लवी ने भी अब परिस्थितियों से समझौता कर लिया था और अंततोगत्वा शेखावाटी के ही एक कस्बे वल्लभनगर में एक निजी महाविद्यालय में कार्यग्रहण कर लिया था। अब वह सचिन के साथ भी नहीं रह सकती थी, इसका कारण सिद्धार्थ व मनीष दोनों थे।

हिन्दुस्तान की न्यायिक प्रणाली स्वगत अंतर्विरोधों से भरी हुई है, यह बात केवल वे लोग ही समझ सकते है जिन्हें भारतीय न्यायालयों का व्यावहारिक अनुभव है। उन्नीसवीं शताब्दी के आसपास हम यूरोप की सभ्य जातियों के शासकीय सम्पर्क में आए थे, उनसे प्रभावित होकर हमने उनका सारा न्यायशास्त्र तथा विधितंत्र प्राय: जस का तस ही लागू कर दिया था। किन्तु इन जातियों के यहां से चले जाने के बाद जो न्यायाधीश न्यायालयों में बैठते हैं, जो वकील वहां पैरवी करते हैं और जो गवाह वहां बयान देने आते हैं वे सभी भारतीय हैं और

पश्चिम के इस तंत्र में किसी की भी हार्दिक निष्ठा नहीं है। यदि हमारे भीतर ईमानदारी से टटोलेंगे तो हम पाएंगे कि विधि के शासन के प्रति हमारा कोई वास्तविक कमिटमेंट ही नहीं है। इसलिए हम पाश्चात्य विधि को भी हिन्दुस्तानी ढंग से लागू करते हैं और सब कुछ हास्यास्पद बनकर रह जाता है। यह वैसी ही स्थिति है जैसे बच्चों को पिलाने के काम आने वाली पोलियो की बूंदें मटकों में भरकर एक अस्पताल से दूसरे अस्पताल में पहुंचाई जाती हैं। सचिन के एक सहकर्मी थे जो पोलियो से ग्रस्त हो गए थे और फिर भरसक सावधानी के बावजूद उनका एकमात्र पुत्र भी पोलियो से ग्रस्त हो गया था, मुझे ऐसे मौकों पर दोनों पिता-पुत्रों की स्मृति आ जाती है। वास्तविकता तो यह है कि आज भी हमारी सारी सोच आदिम है और हमारे सारे जीवन-मूल्य गुफा मानवों जैसे हैं। हम प्रजातंत्र और मानवाधिकारों के बारे में कितनी ही परिचर्चा करें, किन्तु आज तक भी हम इन सिद्धांतों की वर्णमाला तक आत्मसात नहीं कर पाए हैं। हमारी सारी मानसिकता ही रूढ़िवादी है और मनुष्य की गरिमा के हनन पर टिकी है। हमारे समाज में कोई भी विधि के समक्ष समानता के व्यवहार में भरोसा नहीं करता है और कानून का निष्पादन भी सबके प्रति भिन्न-भिन्न होता है। कानून का रवैया सबके प्रति एक-सा नहीं होता है। कानून की आंखों पर बंधी हुई पट्टी भी हमारे यहां पारदर्शी होती है और लोगों के चेहरे पहचाने बिना हमारे यहां कानून किसी भी व्याख्या पर नहीं पहुंचना चाहता है। कानून के हाथ में हमारे यहां भी तराजू होती है, किन्तु उसके पलड़ों में रखे गए तर्कों का वजन प्रत्येक व्यक्ति के संदर्भ में भिन्न-भिन्न होता है। हमारे यहां का कानून आंखें खोल-खोलकर अपने सामने खड़े व्यक्तियों को देखता है और फिर उनके तर्कों का वजन तौलता है। इस देश में हम न्याय से बचने के लिए अनेक निमित्त ढूंढ़ लेते हैं, हमारे लिए व्यावहारिक ज्ञान और पूर्वाग्रह कानून से भी ऊपर होते हैं। हमारे यहां आज भी बड़ा आदमी बड़ा आदमी होता है और छोटा आदमी छोटा आदमी होता है और हमारे मापदण्ड दोनों के लिए भिन्न-भिन्न होते हैं। सच तो यह है कि मात्र परिधान बदल लेने से मनुष्य के भीतर की आत्मा नहीं बदलती है। आज भी हमारी सारी सोच सामंतवादी और दकियानूसी है। आज भी हमारे न्यायालयों में जो लोग बैठे हैं उनमें सबका उद्देश्य न्याय देना व न्याय दिलाना नहीं होता है, अपितु वहां भी धन की ही तूती बोलती है। हमारे सार्वजनिक जीवन का मूलतंत्र सभी स्थानों पर एक ही है—

विद्या ददाति विनयं, विनयं ददाति पात्रताम्

पात्रत्वाद् धनम् आप्नोति, यत्र धनं तत्र जय:।

अर्थात् सत्पात्र वही है जो विनयी है और जय उसी की होती है जिसके पास धन है। सत्पात्र वही है जो अपने विरोध को प्रकट नहीं करता है और विजय उसी की निश्चित है जो धन का व्यय कर सकता है। हमारे

देश में सत्पात्र आज भी उसी को माना जाता है जो इस अर्थशास्त्र को समझता है।

अरविन्द त्रिपाठी उपेन्द्रनगर की दीवानी अदालतों के जाने-माने वकील थे और संयोग से वे सचिन के पड़ोसी भी थे। सारा विवरण बताने पर उन्होंने सचिन को आश्वस्त करते हुए कहा था कि विवाह-विच्छेद का मुकदमा समयबद्ध होता है और आशा है कि इसका निर्णय भी तीन साल के भीतर ही हो जाएगा और निर्णय भी हमारे पक्ष में ही होगा। इस पर सचिन ने क्रूरता एवं अभित्याग के आधार पर विवाह-विच्छेद के लिए प्रार्थनापत्र प्रस्तुत कर दिया था और इसकी एक प्रति तामील के लिए माणिक्यपुर भेज दी गई थी। कोई डेढ़ साल निकल गया था, किन्तु बार-बार सम्मन भिजवाने पर भी उसकी तामील नहीं हो पा रही थी। इसे संयोग ही कहना चाहिए कि इसके बाद सचिन को किसी से यह पता लग गया था कि पल्लवी उन दिनों वल्लभनगर के एक कॉलेज में प्राध्यापिका के रूप में कार्य कर रही थी। अगली तारीख इस प्रार्थनापत्र को इस कॉलेज के प्राचार्य के हवाले से भेजा गया था और तब जाकर इसकी तामील हो पाई थी। तामील होने के बाद पल्लवी का बड़ा भाई सुभाष अदालत में हाजिर हुआ था जोकि स्वयं भी एक वकील था। उसने वकालतनामा दाखिल किया था और जवाबदावा के लिए समय मांग लिया था। इससे अगली तारीख पर एक स्थानीय वकील श्री कांतिभूषण शर्मा ने पल्लवी की ओर से वकालतनामा दाखिल किया था और जवाबदावा के लिए फिर समय मांग लिया था। किसी तारीख पर श्री सुभाष शर्मा नहीं आते थे तो किसी पर श्री कांतिभूषण शर्मा नहीं आते थे और इस प्रकार तारीखें पड़ती चली गई थीं।

हिन्दुस्तान की अदालतें एक विचित्र प्रकार का तमाशा प्रस्तुत करती हैं। अदालतों में छोटे-छोटे कारणों से कार्य स्थगित हो जाता है। कई बार दोनों पक्षों के वकीलों में से एक पक्ष का वकील उपस्थित ही नहीं होता। कई बार जज साहब अपने चेम्बर में ही बैठे रहते हैं और आसन पर दिखाई ही नहीं देते हैं। इस प्रकार बहुत-सी तारीखें व्यर्थ चली जाती हैं, सामान्यत: यदि किसी मुकदमे की दस तारीखें पड़ती हैं तो उनमें से औसतन एक पर कार्यवाही आगे बढ़ती है। इस प्रकार जिस मुकदमे में न्यूनतम एक वर्ष लगना चाहिए उसमें दस वर्ष तक लग जाते हैं। प्रत्येक तारीख पर कार्यालय की लोहे की अलमारियों में से कोई पचास-साठ फाइलें बाहर निकलती हैं और जज साहब की मेज पर लाकर रख दी जाती हैं। रीडर सबसे पहले इनमें से जमानत की अर्जियों को अलग छांटता है। लगभग ग्यारह बजे जज साहब आसन पर आकर बैठते हैं। लगभग दो घंटे जमानत की अर्जियों को निपटाने में लग जाते हैं। इसके बाद किसी एक

आपराधिक मामले की फाइल को लिया जाता है। इसको निपटाते-निपटाते लंच का समय हो जाता है। दो बजे जज साहब फिर कुर्सी पर दिखाई देते हैं। मेज पर रखी हुई दीवानी मामलों की पचास-साठ फाइलों में से रीडर जज साहब के विमर्श से पांच-सात फाइलें अलग से छांटता है जिन पर कार्यवाही आगे बढ़ानी होती है। शेष मुकदमों के लिए हरकारा दोनों ओर के वकीलों को आवाज लगाता है; उनको पूछकर फाइलों पर अगली तारीख डाल दी जाती है और उनको वापस कार्यालय की लोहे की अलमारियों में पहुंचा दिया जाता है। जज साहब को और वकीलों को यह पहले से ही पता होता है कि आज किस मुकदमे में काम होगा और किस मुकदमे में अगली तारीख पड़ेगी, किन्तु मुवक्किलों को सस्पेंस में रखा जाता है जिससे वे शाम पांच बजे तक अदालत की शोभा बढ़ाते रहते हैं।

सचिन व पल्लवी के मुकदमे में एक और अतिरिक्त बहाना खड़ा कर लिया गया था। प्रत्येक तारीख पर सुभाष कह देता था कि वह स्वयं वकील है और उसे दूर से आना पड़ता है। माणिक्यपुर में भी उसे तारीखें भुगतनी पड़ती है इसलिए केवल शनिवार की ही तारीख डाली जाए। दोनों तरफ के वकील ही सुभाष के सहकर्मी थे, इसलिए कोई भी उसकी बात का विरोध नहीं करता था और तारीखें भी लम्बी-लम्बी पड़ती थीं। बहुत से कारण ऐसे थे जिनका सचिन के पास कोई भी निराकरण नहीं था जैसेकि पल्लवी के पिता का पचास सालों से अदालतों में जूते घिसटना, जज साहब का मुकदमे में रुचि नहीं लेना, सुभाष का केवल शनिवार की ही तारीख मांगना, दोनों पक्षों में से किसी एक पक्ष के वकील का प्राय: अनुपस्थित रहना, शिक्षकों को वास्तविक न्यायिक प्रक्रिया के रहस्य का ज्ञान न होना इत्यादि। इन सब कारणों के चलते मुकदमा तर्कसंगतता की प्रत्येक सीमा का उल्लंघन कर रहा था। यह सब अड़चनें चलती रही थीं और जवाबदावा दाखिल होते-होते डेढ़ वर्ष का समय और निकल गया था। इस प्रकार तीन वर्ष का प्रावधायी समय निकल चुका था और मुकदमा अभी प्रारंभ भी नहीं हुआ था।

छोटे वकील साहब भी काफी भाग-दौड़ कर रहे थे। उन्होंने सचिन को यह चुनौती दे रखी थी कि उनकी सारी जिंदगी अदालतों में ही बीती है और वे किसी भी हालत में तलाक नहीं होने देंगे। उनका कहना था कि वे कानून को जेब में रखकर चलते हैं क्योंकि उनको पता है कि अदालतों में क्या होता है और किस प्रकार होता है। वे अदालत के बाहर भी सचिन के लिए लगातार परेशानियां खड़ी कर रहे थे। सचिन को उपेन्द्रनगर जिला अदालत में मुकदमा दायर करने के बाद यह पता लगा था कि इस परिवार के अधिकांश कुटुम्बी और सम्बंधी उपेन्द्रनगर में ही रहते थे। उनके सम्बंधी कॉलेज-शिक्षा विभाग में

जीवन स्थगित है

भी थे, प्रशासन में भी थे, सरकार में भी थे और इन लोगों को आधी-अधूरी जानकारियां देकर भ्रमित करना वकील साहब के बाएं हाथ का खेल था। अपने परिचितों और सम्बंधियों को भ्रमित करके उन्होंने तीन बार सचिन का स्थानांतरण भी दूर-दराज के स्थानों पर करवा दिया था ताकि वह नियमित रूप से मुकदमे की तारीख पर उपस्थित नहीं हो सके।

प्रतिकूल परिस्थितियों में घिरने पर ही सचिन को यह समझ में आया था कि हिन्दुस्तान का समाज सच्चाई और औचित्य के प्रति कितना संवेदनहीन आचरण करता है। जो लोग वर्षों से सचिन के सहकर्मी थे और जिनको वह अच्छे लोग समझता था, उन्होंने भी यह कह दिया था कि उनका काम यह देखना नहीं है कि कौन-सा पक्ष पीड़ित है और कौन-सा पक्ष अन्यायपूर्ण है अपितु उनका काम यह देखना है कि सामाजिक संदर्भों में कौन उनके अधिक निकट है और कौन उनके लिए अधिक विघ्न पैदा कर सकता है? अच्छे-भले लोग भी औचित्य के विरुद्ध विघ्नतोष को ही अधिक महत्त्व दे रहे थे, जैसेकि उनके भीतर की आत्मा मर चुकी थी। इस देश के निवासियों में एक समान्य प्रवृत्ति यह पाई जाती है कि उन्हें न्याय और विवेक से कोई भी प्रयोजन नहीं होता है, किसी भी विवाद में पक्ष ग्रहण करने से पहले वे केवल यह देखते हैं कि उनके लिए सुविधापूर्ण और लाभदायक क्या है? कौन से पक्ष का साथ देकर वे स्वयं को असुविधा से बचा सकते हैं और बिना किसी संघर्ष के अपनी स्वार्थ सिद्धि कर सकते हैं। हिन्दुस्तान के आदमी के लिए मात्र स्वार्थ ही सार्थक रह गया है, विवेक और सिद्धांत को वह व्यर्थ की बातचीत समझता है। एक तरह से उसने जीवन से हार मान ली है और एक विवेकशून्य पशु की तरह अस्तित्व में बने रहने को ही वह सब कुछ समझने लगा है। वह यह भूल गया है कि जिस दिन मनुष्य के भीतर का विवेक मर जाता है, उसकी मनुष्यता भी मर जाती है और सुविधाभोगी मनुष्य केवल पशुओं की तरह जीते हैं।

अस्तु, तीनों बार सचिन ने स्थानांतरण निरस्त करवा लिया था यद्यपि उसे इसके लिए पर्याप्त आर्थिक हानि उठानी पड़ी थी और संघर्ष भी करना पड़ा था। सचिन ने न्यायालय जाना कभी भी बंद नहीं किया था और वह प्रत्येक तारीख को व्यक्तिगत रूप से सम्भाल रहा था क्योंकि स्वयं के संकल्प के अतिरिक्त कोई भी उसके प्रति निष्ठावान नहीं था। यहां तक कि स्वयं कीर्तिजी भी असहयोग कर रहे थे। जवाबदावा दाखिल होने के बाद प्रार्थी और अप्रार्थिनी दोनों को बुलाया जाता है और दोनों के बीच में समझौता कराने का प्रयास किया जाता है। हिन्दुओं की सोच आज भी वही है कि गले में डाला गया फंदा गले से अधिक मजबूत होना चाहिए। समाज की निष्ठा केवल फंदे को बचाने के

प्रति होती है, गला घुटने से उसका कोई सरोकार नहीं होता। अदालत के पास किसी भी प्रकार का कोई समयबोध नहीं था। पल्लवी एक वकील की पुत्री थी जिसने न्यायिक अधिकारियों की भरपूर सेवा करते हुए पचास वर्ष गुजार दिए थे, इसलिए भी उसे समझौता-वार्ता में उपस्थित होने की कोई शीघ्रता अनुभव नहीं हो रही थी। पहली समझौता-वार्ता में ही उपस्थित होने में उसने कोई दो वर्ष लगा दिए थे अर्थात् मुकदमा प्रारंभ होने के पांच वर्ष पश्चात् वह पहली बार अदालत में उपस्थित हुई थी। दोनों सात वर्षों से लगातार अलग-अलग रह रहे थे, इसलिए सचिन ने विवाह के औचित्य को ही नकार दिया था और समझौता-वार्ता विफल हो गई थी। इस समझौता-वार्ता के बाद पहले जज साहब का स्थानांतरण हो गया था। पांच वर्षों तक जज के आसन पर एक ही व्यक्ति आसीन रहा था और पांच वर्षों में मुकदमा समझौता-वार्ता तक ही पहुंचा था।

इसके बाद जो दूसरे जज साहब आए थे, वे तीन वर्षों तक आसन पर टिके रहे थे। उन्होंने सचिन की एक भी बात पर ध्यान नहीं दिया था और लगातार तीन वर्षों तक तारीख पर तारीख डालते चले गए थे। इस समय मुकदमा फाइल पर 'बिन्दु निर्धारण और अनुतोष' पर चल रहा था। उन मुद्दों को निर्धारित किया जाना था जिन्हें साबित करना था और प्रार्थी को देय अनुतोष का निर्णय करना था। जब इन जज साहब ने कार्यग्रहण किया था तब भी मुकदमा बिन्दु-निर्धारण पर ही था, जिन दिन ये स्थानांतरित होकर गए थे उस दिन भी मुकदमा बिन्दु-निर्धारण पर ही था और इन्होंने मुकदमे को एक इंच भी आगे नहीं सरकने दिया था।

तीसरे जज साहब भी पांच वर्ष तक पदासीन रहे थे। आते ही फाइल देखकर सारी परिस्थिति पर उन्होंने बहुत आश्चर्य प्रकट किया था और 'अभियोजन एवं अनुतोष' हेतु बिन्दु-निर्धारण कर दिया था। इसके बाद दोनों ओर के गवाहों की सूची भी ले ली थी। किन्तु इसके बाद मुकदमा फिर वहीं अटक कर रह गया था। प्रतिपक्ष ने कांतिभूषण शर्मा के साथ-साथ एक और वकील श्री राजेन्द्र गोयल को खड़ा कर दिया था और श्री कांतिभूषण कुछ समय के लिए दृश्य से गायब हो गए थे। नए वकील साहब के आग्रह के कारण एक बार फिर मुकदमा 'दूसरी समझौता-वार्ता' पर रख दिया गया था। यद्यपि यह न्यायिक प्रक्रिया की अवहेलना थी, फिर भी सचिन के वकील साहब ने इसका विरोध करना उचित नहीं समझा था। इस प्रकार मुकदमा प्रारंभ होने के नौ वर्ष पश्चात् दूसरी समझौता-वार्ता का आयोजन हुआ था जोकि विफल हो गई थी। इसके बाद पुन: एक बार श्री कांतिभूषण शर्मा का मुकदमे की सुनवाई में पुनर्भव

हो गया था और उन्होंने संशोधित जवाबदावा पेश करने की अनुमति मांगी थी। इसे तैयार किया गया था और इसके दाखिले पर बहस की गई थी, इस प्रकार तीन वर्ष और निकल गए थे। मुकदमे को प्रारंभ हुए बारह वर्ष बीत चुके थे और अभी तक मुकदमा गवाही तक भी नहीं पहुंचा था। संशोधित जबावदावा को दाखिल कर दिया गया था और मुकदमा प्रारंभ होने के बारह साल बाद इसे अतिरिक्त जिला न्यायाधीश (प्रथम) को स्थानांतरित कर दिया गया था। ये एक मात्र न्यायिक अधिकारी थे जिन्होंने मुकदमे में रुचि ली थी, इससे संबंधित गवाहियां करवाई थीं और इसके बाद इसे फैसले के लिए पुन: जिला न्यायाधीश को भेज दिया था।

इस समय चौथे जज साहब जिला न्यायाधीश के आसन पर विराजमान थे। अब मुकदमा बहस पर आ गया था, किन्तु आश्चर्य है कि इतने आगे बढ़े हुए मुकदमे को भी तीसरी बार समझौता-वार्ता पर रख दिया गया था। लगता है कि भारत वास्तव में ही एक महान देश है, क्योंकि इस देश में जिला न्यायाधीश के आसन पर बैठे हुए लोग भी वैधानिक प्रावधानों को उतना महत्त्व नहीं देते हैं जितना वे सांस्कृतिक परम्पराओं से अनुप्राणित होते हैं। तीसरी समझौता-वार्ता के निमित्त से भी कई तारीखें और पड़ गई थीं और मुकदमे को चलते हुए पंद्रह वर्ष बीत गए थे। स्वाभाविक है कि तीसरी समझौता-वार्ता भी विफल हो गई थी और अब न्यायाधीश के आसन पर पांचवें जज साहब विराजमान थे। पहले बहस हुई थी, फिर न्यायिक अलगाव की डिक्री दी गई थी जिसे तलाक में बदलने में एक साल और लग गया था। जिस समय न्यायिक विवाह-विच्छेद हुआ था, उस समय सचिन और पल्लवी को अलग-अलग रहते हुए अठारह वर्ष बीत चुके थे और सचिन की अवस्था 51 वर्ष से ऊपर हो गई थी। सचिन ने इस अर्से में बार-बार कीर्तिजी से यह आग्रह किया था कि उन्हें बिना विधिक विवाह-विच्छेद के ही दूसरा संबंध देख लेना चाहिए और यह काम उन्हें युक्तिपूर्वक करना चाहिए जिससे सचिन की राजकीय सेवा में कोई व्यवधान नहीं पड़े। इसके लिए वे एक गृहिणी (हाउस-कीपर) का विज्ञापन दे सकते हैं जो माता-पिता के पास जयपुर में रह जाए और सचिन उपेन्द्रनगर से प्रत्येक सप्ताहांत पर जयपुर आता-जाता रहे। न्यायिक-विच्छेद के बाद इस सम्बंध को विधिवत विवाह का रूप दे दिया जाएगा। यह तरीका एकदम ठीक था किन्तु कीर्तिजी ने इसमें सहयोग करने से मना कर दिया था। ऐसी परिस्थितियों में परिवार का सहयोग बहुत आवश्यक होता है जिसके अभाव में यह योजना सफल नहीं हो सकती थी।

इस सारे प्रकरण से यह पता लगता है कि हमारा समाज दूसरों के प्रति कितना संवेदनशून्य है। जब पल्लवी और सचिन अलग-अलग हुए थे उस

समय सचिन की अवस्था मात्र 33 वर्ष थी और पल्लवी के घरवाले भी यह अच्छी तरह जानते थे कि दोनों में से एक भी पक्षकार साथ रहने के पक्ष में नहीं था। पल्लवी ने गायत्री से मिलकर जो स्थितियां पैदा कर दी थीं उनमें साथ रहना संभव ही नहीं था। पल्लवी सचिन और सिद्धार्थ में से एक को चुनना चाहती थी और उसने सिद्धार्थ को तथा अपनी उन्मुक्तता को चुन लिया था। जब विवाह-विच्छेद का वाद प्रारंभ हुआ था तो सचिन की आयु 35 वर्ष की थी। सचिन ने बार-बार प्रतिपक्ष को यह समझाने का प्रयास किया था कि विवाह-विच्छेद अवश्यम्भावी है, वे इसे विलम्बित करके एक ऐसा कार्य कर रहे हैं जिसमें उनको कोई लाभ नहीं हो सकता है और सचिन को अकारण गम्भीर हानि हो रही है। तो इस तरह का कार्य करने का उद्देश्य क्या है? श्री गोपालनारायण शर्मा को कानून की डिग्री लेने में ही छह वर्ष लगे थे और विधि का उनका ज्ञान भी अत्यल्प था। यहां तक कि स्वयं उनकी पुत्री के मुकदमे में उनके द्वारा प्रस्तुत जवाबदावा को उपेन्द्रनगर के एक अन्य वकील श्री कांतिभूषण शर्मा को संशोधित करना पड़ा था, फिर भी उन्होंने सचिन के अठारह वर्ष बरबाद करके यह सिद्ध कर दिया था कि वे एक मंजे हुए अभिभाषक थे। लगता है कि भारतीय न्यायालयों में योग्यता का अर्थ कानून का ज्ञान न होकर केवल तिकड़मी होना ही रह गया है। अर्थात् सत्पात्र वही है जो खुशामदी है और तिकड़मी है।

पचास वर्ष का होते-होते सचिन अपनी व्यक्तिगत परिस्थितियों में अंतर्निहित सम्भावनाओं के प्रति विकल्परहित हो गया था। बुराई का प्रतिकार और औचित्यपूर्ण संघर्ष आवश्यक होते हैं, यह सब उसने किया भी था किन्तु अब इसकी कोई स्पष्ट उपादेयता नहीं बची थी। समय के साथ पारिवारिक परिवेश में भी महत्त्वपूर्ण परिवर्तन हो चुके थे। सभी भाई-बहनों का विवाह हो चुका था। सबसे छोटा गौरव भी अब डॉक्टर बन गया था और उसने एक डॉक्टर लड़की से विवाह भी कर लिया था। भाईयों की पत्नियां सचिन को परिवार का एक सदस्य न समझकर मात्र एक सम्बंधी समझती थीं। परिवार की उनकी परिभाषा में सास-ससुर भी सीमांत पर ही खड़े रह जाते थे, देवर-जेठ तो उनको बहुत दूर दिखाई देते थे। माता-पिता का व्यवहार सचिन से प्रारंभ से ही ऐसा था जैसाकि किसी राष्ट्र की केन्द्रीय सरकार का अपने एक उपनिवेश के प्रति होता है। सचिन का जन्म, शैशव और बचपन कभी के उनकी स्मृति से लुप्त हो चुके थे, वे उनके लिए किसी पूर्ववर्ती मनवन्तर की घटनाएं जैसी थीं। अब वे समझ गए थे कि न तो सचिन का दूसरा विवाह हो सकता है और न ही बच्चे हो सकते हैं जिससे उनकी कोई भी रुचि सचिन के भविष्य में नहीं बची

थी। जहां तक भाई-बहनों का प्रश्न था, उन्हें माता-पिता की रुग्ण मानसिकता से असम्पृक्त नहीं कहा जा सकता था। लीक को छोड़कर केवल वे ही चल सकते हैं जिनमें सिंह, शायर अथवा सपूत होने की क्षमता हो, अन्यथा रुग्ण मानसिकता की परम्परा से बच पाना संतान के लिए संभव नहीं हो पाता है। इस प्रकार सचिन अपने परिवार से किसी भी प्रकार की समझ और सहयोग की अपेक्षा रखने की स्थिति में नहीं था। वह एक ऐसी बंद गली के आखिरी मकान के सामने खड़ा था जिसके सभी घरों के दरवाजों पर मोटे-मोटे ताले लटक रहे थे। अब उसके लिए विपरीत दिशा में चलकर एक नया मोड़ मुड़ना आवश्यक हो गया था। यह गली अब हमेशा के लिए उससे छूटने वाली थी।

सचिन के लिए सारे संघर्ष की परिणिति घोर निराशा में हुई थी, वह पचास वर्ष से ऊपर हो गया था और अब उसके लिए अपनी जीवन-ऊर्जा को एक नई दिशा देना आवश्यक हो गया था। आचार्य चाणक्य ने ठीक कहा है– 'व्यसनं न केन प्राप्तम्' अर्थात् कोई भी मनुष्य मनोव्यसनों के अभाव में जीवित नहीं रह सकता है। यदि हम अच्छे मनोव्यसन को नहीं पकड़ते हैं तो बुरे मनोव्यसन हमें स्वत: ही पकड़ लेते हैं। यदि हम दूसरों को सुख नहीं पहुंचा सकते हैं तो हमारी तुष्टि दूसरों के दुख से होने लगती है। सचिन प्रारंभ से ही कविताएं लिख रहा था, सबसे पहले उसने अपनी कविताओं के एक संकलन को प्रकाशित करने का मानस बनाया था। इसके पश्चात् उसने कुछ संस्मरण लिखे थे और इन संस्मरणों के संग्रह को भी प्रकाशित किया था। उसके भीतर एक विवशतापूर्ण घुटन थी और वह स्वयं को अभिव्यक्त करके इस घुटन से बाहर निकलना चाहता था। उसके भीतर एक आक्रोश भी था जिसकी दिशा अंतत: नकारात्मक हो सकती थी, इसलिए इस आक्रोश को भी एक सम्यक दिशा देना आवश्यक हो गया था। वह अपने लेखन के माध्यम से स्वयं को और अपने परिवेश को अनुभूति के सूक्ष्म धरातल पर ठीक-ठीक समझ लेना चाहता था। संयोगवश ये दोनों पुस्तकें कीर्तिजी को भी मिल गई थीं और एक बार फिर उन्होंने बहुत अप्रत्याशित प्रतिक्रिया व्यक्त की थी। उन्होंने कहा था कि सचिन का साहस बिना उनसे अनुमति लिए इन पुस्तकों को प्रकाशित करवाने का कैसे हो गया था? इसके बाद उन्होंने सचिन के सामने कुछ शर्तें रखी थीं। उनकी पहली शर्त यह थी कि उसे ये पुस्तकें वापस लेनी पड़ेंगी और इनकी एक-एक प्रति बाजार से जब्त करनी पड़ेगी। दूसरी शर्त यह थी कि जो भी पुस्तक सचिन लिखेगा उसे कीर्तिजी संशोधित करेंगे और अपने नाम से छपवाएंगे। तीसरी शर्त यह थी कि सचिन को अब तक की अपनी सारी जमा-पूंजी कीर्तिजी को सौंपनी पड़ेगी और भविष्य में प्रतिमाह आधा वेतन अथवा पेंशन भी उन्हें देना होगा तथा पेंशन

के एकमुश्त सारे लाभ भी उन्हें ही देने पड़ेंगे। इनमें से एक भी शर्त उचित नहीं थी, क्योंकि घर में सचिन के अतिरिक्त सभी की स्थिति बहुत सम्पन्न थी। कीर्तिजी की चौथी शर्त यह थी कि सचिन भाइयों में सबसे बड़ा था, इसलिए उसको कीर्तिजी का प्रत्येक आदेश चाहे कितना भी अनुचित हो बिना कोई तर्क-विर्तक किए मानना पड़ेगा। यदि सचिन इन शर्तों का पालन नहीं करना चाहता है तो उसे अविलम्ब परिवार के प्रत्येक सदस्य से अपने सम्बंध विच्छिन्न करने पड़ेंगे। स्वाभाविक है कि सचिन ने घर छोड़ देने का निर्णय कर लिया था। एक दिन घर में सचिन के अतिरिक्त केवल कीर्तिजी व सबसे छोटी बहन प्रज्ञा थी। कीर्तिजी ने सचिन को पानी में जहर मिलाकर देने का मंतव्य बना लिया था और कहीं से जहर की एक छोटी सीसी भी निकाल ली थी। कहते हैं कि मारने वाले से बचाने वाला बड़ा होता है; यह जहर की सीसी हाथ से छूटकर फर्श पर लुढ़क गई थी और सारा जहर बिखर गया था। इसी समय सचिन नींद से बाहर आ गया था और उसने कीर्तिजी व प्रज्ञा को बात करते हुए सुन लिया था। संयोग से दो पड़ोसियों ने भी उनकी बातचीत सुन ली थी और शोर मचाकर सचिन को जगा दिया था। इसके बाद यह बात सारे अड़ोस-पड़ोस में भी फैल गई थी। सचिन उस दिन यद्यपि अस्वस्थ था, किन्तु फिर भी अविलम्ब उसने घर को छोड़ दिया था और अपनी पुस्तकें एक थैले में भरकर और आवश्यक सामान लेकर वह एक होटल में चला गया था।

सचिन का अब तक का सारा जीवन सिद्धार्थ के प्रति चिंता में ही बीता था। मुकदमा समाप्त होने तक भी वह यह नहीं समझ पाया था कि सिद्धार्थ सुदेश का पुत्र था । सचिन ने उसे आखिरी बार तब देखा था जब वह डेढ़ वर्ष का था और इसके बाद उसके ननिहालवालों ने कभी भी इन दोनों को आमने-सामने नहीं होने दिया था। मुकदमा समाप्त होने के कोई तीन साल बाद दूरभाष पर पल्लवी से बात करने पर सचिन को यह पता लगा था कि हायर सैकेण्डरी करने के पश्चात् पिछले चार साल से सिद्धार्थ घर पर बैठकर किसी अच्छे पाठ्यक्रम में जाने के लिए प्रयास कर रहा था, किन्तु उसका प्रवेश नहीं हो पा रहा था। पल्लवी ने पूछा था कि क्या सचिन अनुदान देकर सिद्धार्थ के भविष्य को बचाना चाहेगा? प्रत्युत्तर में सचिन ने सिद्धार्थ के बैंक खाते में दस लाख रुपए जमा करवा दिए थे जिससे सिद्धार्थ का प्रवेश एक निजी आयुर्विज्ञान महाविद्यालय में हो गया था। इसके बाद पल्लवी और सिद्धार्थ सचिन को व्यक्तिगत रूप से धन्यवाद देने के लिए जयपुर तक आए थे और इस बार पल्लवी ने कुछ गूढ़ बातें भी सचिन को बताई थीं। सिद्धार्थ की सहायता करने के कारण पल्लवी में यह परिवर्तन आया था और वह सचिन को

270 जीवन स्थगित है

भविष्यत: अंधकार में नहीं रखना चाहती थी। उसने बताया था कि सिद्धार्थ सुदेश का बेटा था और इसीलिए सिद्धार्थ के जन्म के बाद वह सचिन को छोड़कर चली गई थी। वकील साहब ने कीर्तिजी के बारे में भी सब कुछ पता कर लिया था और पल्लवी ने उस सारे षड्यंत्र के प्रति भी सचिन को अवगत कर दिया था जो कीर्तिजी ने सचिन के विरुद्ध भारतीय प्रशासनिक सेवा, प्रांतीय सेवा व विवाह के समय किया था। उसने सब कुछ विस्तारपूर्वक सचिन को बताया था। पल्लवी नहीं चाहती थी कि भविष्य में सचिन सिद्धार्थ को लेकर चिंतित रहे अथवा अपनी योजनाओं में सिद्धार्थ के कारण कोई हेरफेर करे। ये तीनों की आखिरी मुलाकात थी और इसके कुछ समय पश्चात् ही छोटे वकील साहब और गायत्री का भी निधन हो गया था।

सचिन को अपने जीवन का अधिकांश समय एकाकी रहकर ही व्यतीत करना पड़ा था जिससे उसके भोजन में भी परहेज व संतुलन का अभाव रहा था। इसके कारण वृद्धावस्था आते-आते उसे बहुत-सी व्याधियों ने भी घेर लिया था। इन व्याधियों में रक्तवसा की अधिकता, रक्तचाप की अधिकता, थॉयराइड की न्यूनता व शारीरिक स्थूलता इत्यादि प्रमुख थीं। सचिन को जीवन में लगभग सभी सुख-सुविधा के अवसरों से भी वंचित रहना पड़ा था। यदि उसका चयन प्रशासनिक सेवाओं में हो गया होता तो उसे प्रसन्नता हुई होती, यदि उसका विवाह किसी उपयुक्त स्त्री से हुआ होता तो भी उसे प्रसन्नता हुई होती और यदि उसके अपने बच्चे भी हुए होते तो भी उसे प्रसन्नता हुई होती, किन्तु वह इन सभी नैसर्गिक अधिकारों से वंचित रह गया था। सचिन को कभी किसी ने दुखी नहीं देखा था, किन्तु हो सकता है कि इन सभी प्रतिकूल परिस्थितियों का उसके स्वास्थ्य पर भी विपरीत प्रभाव पड़ा हो।

मैं समय हूं और इस बात का साक्षी हूं कि इन्हीं परिस्थितियों में जीते-जीते एक दिन सचिन का प्रारब्ध पूरा हो गया था और हृदयगति रुकने के कारण उसकी आकस्मिक मृत्यु हो गई थी। एक बार पुन: उसकी आत्मा असम्प्रज्ञात समाधि में लीन हो गई थी। कहते हैं कि उसका अदृष्ट अभी शेष था और एक बार पुनश्च उसका जीवन स्थगित हो गया था। कथा अभी शेष है।

■ ■ ■